Meinen Enkelkindern
Samuel †
Daniel Benjamin
Alina Beate †

Inhalt

Eine Einladung 11
Zur Entstehung des Buches 14

1. Dogmatik als Phänomen 19

1.1   Warum überhaupt Dogmatik? 19
1.1.1 Dogmatik von außen gesehen: Selbststeuerung
       der Kirche 19
1.1.2 »Was Christen glauben« – ein Perspektivenwechsel . 24
1.1.3 Reden »im Glauben« und »auf Hoffnung hin« 30
1.1.4 Dogmatik als ältere Schwester des biblischen
       Kanons 36
1.1.5 Keine Angst vor Dogmen! 44

1.2   Sprachelemente der Dogmatik 53
1.2.1 Einstimmendes Reden 54
1.2.2 Dialogdefinite Sätze 63
1.2.3 Generative Aussagen 70

1.3   Dogmatik als theologische Urteilsbildung 73
1.3.1 Glaubensnotwendige Unterscheidungen treffen 74
1.3.2 Wegweisenden Regeln folgen 82
1.3.3 Zusammenhänge wahrnehmen 91

1.4   Lehre – Verständigung im Konsens 95
1.4.1 Lehrbildung 97
1.4.2 Die dogmatische Dynamik der Lehre 101
1.4.3 Verbindlichkeit im Glauben 103

1.5   Spiritualität und Glaube 112
1.5.1 Theologisches Reden in assertorischen Aussagen . 112
1.5.2 Einübung in die Glaubenssprache 124
1.5.3 Dogmatik als Gedächtnisstütze 130

2. Dogmatik in der Kirche 139

2.1 Dogmatische Aussagen: innere Gründe kirchlichen Handelns 139

2.2 Schuldbekenntnis in der Bitte um Vergebung 150
2.2.1 Bekannte Sünde 150
2.2.2 Menschen vor Gott 153
2.2.3 Eine neue Zeiterfahrung 155

2.3 Gebetsformen 158
2.3.1 »Lex orandi – lex credendi« 158
2.3.2 Reden von Gott in Klage, Bitte und Lobpreis ... 163

2.4 Verkündigung 167
2.4.1 Selbstprüfung im Hören 167
2.4.2 Eine ungefragte Botschaft 175
2.4.3 Geistesgegenwart 179

2.5 Gottesdienst als Zuspruch des Segens und als Aufbau der Gemeinde 183

2.6 Seelsorge 190
2.6.1 Anstöße der Seelsorge für die Dogmatik 190
2.6.2 Das Verhältnis von »Natur« und »Gnade« als Konfiguration der Selbsterkenntnis 192
2.6.3 Aufgebrochene Selbsterkenntnis: sich in Gottes Urteil wahrnehmen 196
2.6.4 Überraschungen im seelsorgerlichen Gespräch ... 198

2.7 Unterricht 203
2.7.1 Glauben lernen? 203
2.7.2 Antworten können 210

2.8 Kirchenleitung 215
2.8.1 Kirchenleitung als Theologie 216
2.8.2 Konsensbildung 222
2.8.3 Frei werden für die freie Gnade Gottes 227

2.9 Mission 228
2.9.1 Mission oder Ausbreitung des Christentums? ... 228

Inhalt

2.9.2	Reichweite und Geltungsbereich	236
2.9.3	Anderen begegnen	240

3. Dogmatik – auf den Weg gebracht 243

3.1	Ausmaß und Tragweite theologischer Erkenntnis	243
3.1.1	In den theologischen Begründungszusammenhang hineinwachsen	243
3.1.2	Das Kirchenjahr als Disposition der Dogmatik	247
3.1.3	Weiterdenken! Der Aufriß der Dogmatik	251
3.2	Der Charakter der Dogmatik	262
3.2.1	Charakteristik	263
3.2.2	Axiomatik	267
3.2.3	»Gegenstand der Dogmatik« – eine verfängliche Frage	278
3.3	»Schrifttreue« – kein »Schriftprinzip«	280
3.3.1	Was heißt »Mit der Bibel anfangen«?	280
3.3.2	Begründen bedeutet auch streiten	284
3.3.3	Dogmatische Regeln für das Bibellesen	291

4. Dogmatik in der Krise: Holzwege und Sackgassen 297

4.1	Dogmatik unter Dogmatismusverdacht	297
4.1.1	Gefährdete Integrität	297
4.1.2	»Prinzipienlehre«, »Fundamentaltheologie« und »Enzyklopädie« als Krisenerscheinungen	310
4.1.3	Selbstkorrekturen und Erkenntniswachstum	319
4.2	»Kontextuelle Theologie« als Gegenströmung zur Dogmatik	325
4.2.1	Das Reizwort »Kontext«	325
4.2.2	»Kontext« als Wurzel der Theologie?	328
4.2.3	Entdeckungs- und Begründungszusammenhang	333
4.3	Ethik als Katalysator für Dogmatik?	335
4.3.1	Die Schnittstelle von Dogmatik und Ethik	336

| 4.3.2 | Zur ethischen Urteilsbildung in der Theologie | 341 |
| 4.3.3 | Hoffen im Handeln | 347 |

5.	**Dogmatik als Beruf**	351
5.1	Berufsbild und Berufskrankheiten	351
5.2	Dogmatik als Diagnostik und Anwaltschaft	356
5.3	Dogmatik als Form und Forum des Glaubensgespräches	359

Anhang 363

Leitsätze 363

Vorarbeiten und Ergänzungen 370

Register
  Bibel 376
  Basistexte 378
  Namen 378
  Theologische Begriffe 381

Eine Einladung

Sie sind gebeten, in die Werkstatt der Dogmatik einzutreten: um zu entdecken, daß Sie – wenn Fragen des christlichen Glaubens Sie bewegen, bedrängen oder auch beschweren (das eine wird selten ohne das andere der Fall sein) – längst mit Dogmatik beschäftigt sind, nur daß Sie es wahrscheinlich nicht immer schon bemerkt haben. Ich möchte Ihnen dogmatisches Arbeiten vorstellen, Sie mit seinen Regeln vertraut machen, und ich hoffe, daß Sie dann alsbald bemerken, inwiefern Sie selber mit im Spiele sind. Sie werden dann nicht mit einem gelegentlichen Besuch vorlieb nehmen oder Begegnungen mit Dogmatik mit einer Betriebsbesichtigung verwechseln, bei der Sie nur andere bei ihrer Tätigkeit sehen, die vielleicht den Eindruck einer blühenden Produktivität erweckt, wo Sie aber möglicherweise bloße Betriebsamkeit bemerken oder auch auf einige Anzeichen von Betriebsblindheit treffen.

Mag sein, daß Sie von dem Titel dieses Buches etwas anderes erwartet haben. Vielleicht eine Bemühung um die Basis des christlichen Glaubens: eine Grundlegung, die Pfähle in einen unsicher gewordenen Boden einrammen muß, um Fundamente zu legen (oder zu ergründen), welche eine Darlegung christlichen Glaubens wieder zu tragen versprechen. Denn was »Christentum« oder »christlicher Glaube« heißt, ist ja vielfach fraglich geworden. Erhebliche Anstrengungen wären vonnöten, um »christlichen Glauben« wieder glaubwürdig werden zu lassen und von seiner Existenzberechtigung zu überzeugen. Eine solche Begründung müßte vermutlich darlegen, warum es einen unersetzlichen Verlust bedeuten würde, sollte »christlicher Glaube« von der geschichtlichen, kulturellen Bildfläche verschwinden. – Davon handelt diese Hinführung nicht, jedenfalls geht sie nicht davon aus; erst im 4. Kapitel, bei den Krisenerscheinungen der Dogmatik, muß davon die Rede sein.

Oder wenn Sie nicht gar so skeptisch über das Unternehmen »Dogmatik« denken, wenn Sie es nicht als ein Geschäft ansehen, das unbeirrt mit altertümlichen Produkten handelt, obwohl sie längst aus dem Gebrauch gekommen sind und nur noch von einigen Unentwegten gefragt werden, die noch nicht wissen, was die

Stunde geschlagen hat – auch dann könnten Sie wünschen, zur Dogmatik möglichst voraussetzungslos hingeführt zu werden, sozusagen von einem Nullpunkt aus und dann nur mit allerkleinsten Schritten, so behutsam, daß es am besten niemand merkt, daß sie zu einer Ortsveränderung führen. Es müßten doch zunächst einmal die Bedingungen dargelegt werden, unter denen Dogmatik überhaupt möglich werden kann. Dazu bedürfte es einer grundlegenden Sondierung mit den modernsten kritischen Instrumenten, damit das Material vorgegebener Dogmatik rekonstruiert und mit einer statisch geprüften Konstruktion gesichert werden kann, gleichsam mit einem Stahlgerüst, in das von neuem die Bauteile eingefügt werden können, deren tragende Elemente hinfällig geworden waren. – Auf solche Sanierungsprogramme werden wir ebenfalls eingehen (4.1; 4.2), aber besser nicht mit ihnen beginnen.

Einsetzen möchte ich mit dem wirklich Elementaren, und das ist kein tatsächlicher oder kritisch hergestellter Nullpunkt. Elementar heißt: ausgehen von dem, in dem wir uns immer schon bewegen, und sei es mit Mühe und im Streit – und dann versuchen, darüber Klarheit zu gewinnen.

Gelegentlich könnten Sie sich daran stoßen, daß ich allzu direkt theologisch rede, anscheinend unvermittelt, so, als ob ich mit der Tür ins Haus fallen wollte. Das kann ich nicht im vorhinein erklären, weil es sich – wenn überhaupt – im Laufe der Darstellung von selber ergibt. Dafür möchte ich mich nicht entschuldigen, aber ich sollte Sie darauf vorbereiten. Denn dieses Vorgehen hat einen Grund in der Sache selbst: Der Dogmatik kann sich nur nähern, auch mit bohrenden Fragen, wer bereit ist, sich dem zu stellen, was sie zu sagen hat. Auch ihre Begründungsfragen lassen sich nicht erörtern, bevor nicht mindestens versucht worden ist, sie als Bestandteil dogmatischen Denkens ernstzunehmen, statt sie als einen Unterbau anzusehen, durch den man wie durch eine unbewachte, für jeden und jede offene Kellertür in sie einbrechen kann. Darum werde ich erst dann beschreiben und reflektieren, wenn ich zuvor theologische Aussagen formuliert – und das heißt auch: assertorisch – geredet habe.

Diejenigen von meinen Studierenden konnten am besten in diese Grundlegung »einsteigen« und die gezeigten Zugänge beschreiben, die gewohnt waren, sich mit anderen – und mit sich selbst – nicht nur über ausdrückliche »Glaubensfragen« auseinanderzusetzen, auch nicht nur darüber, was sie sonst in irgendeiner, vielleicht bloß gewohnter, vielleicht problematischer Weise mit »Gott«, »Glaube«, »Religion«, »Kirche« verbanden. Vielmehr wollten sie erfahren – und sich im Fragen danach üben –, *wie begründet* all das ist, was ihnen im Raum der Kirche, in ihrem Reden und Handeln, oder auch im weiteren Einzugsbereich des Christentums vor Augen und zu Ohren kommt und worauf dies wirklich und wahrhaftig aufmerksam macht. Nicht zu vergessen die jungen Theologinnen und Theologen aus Kirchen (beispielsweise aus Asien und Afrika), die in ihrem theologischen Unterricht Wahrheitskriterien vermissen und die bemerkt haben, daß deswegen das kirchliche Reden und Handeln ins Schlingern gerät! Ist es hierzulande wesentlich anders?

Um auf »Dogmatik« vorzubereiten, muß hinreichend erkennbar sein, wo sie in Erscheinung tritt und wie sie begegnet. Darum beginne ich damit, sozusagen ihre Gesichtszüge zu skizzieren. Exemplarische Beispiele sollen mit ihrem Mienenspiel vertraut machen, in der Hoffnung, daß sie als eine Denkbewegung erkennbar wird, in die wir unwillkürlich hineingezogen werden. Dies geschieht, wenn wir lernen, uns den Fragen auszusetzen, die sich mit dem Dasein von »Kirche« stellen – und zwar so stellen, daß wir über ihr Dasein staunen, wenn wir versuchen, ihm ein wenig mehr auf den Grund zu kommen, gerade wenn es verwunderlich und unbegreiflich ist, also mehr als bloß ärgerlich oder anfechtbar.

Dogmatik begegnen wir angesichts dessen, was »Kirche« heißt und zu wahrlich vielen Fragen Anlaß gibt. Es gilt zu sondieren, welche davon in medias res führen: in das Herz dessen, was wirklich ist.

Ein lebendiges Bild der Dogmatik können wir am ehesten gewinnen, wenn wir uns ihr von verschiedenen Seiten her nähern und so mit ihr bekannt, ja möglichst vertraut werden. Darum ist dieses Buch nicht so aufgebaut, daß ein Wissensstand von Anfang bis Ende präsentiert wird, auch nicht so, daß ein solcher Wissensstand Baustein für Baustein aufgetürmt wird. Wir werden immer wieder unter verschiedenen Blickwinkeln mit Elementarem einsetzen oder von einem komplexen Eindruck aus auf Elementares zu sprechen kommen. Dadurch wird der Charakter der Dogmatik, so hoffe ich, allmählich immer plastischer hervortreten.

In einer Werkstatt werden Erfahrungen weitergegeben, nicht Lehren erteilt. Lehrbücher stehen am Ende des Lernens, das sich durch Beteiligung an kleineren, dann immer größeren Teilaufgaben vollzieht, und sie bilden dann eine Zusammenfassung des Gelernten, Erprobten (vgl. THOMAS S. KUHN, The Structure of Scientific Revolutions, Chicago [University of Chicago Press] 1962, übersetzt von Kurt Simon/Hermann Vetter: Die Struktur wissenschaftlicher Revolutionen [stw 25], Frankfurt a. M. ¹⁰1989).

Erste Leseerfahrungen meiner studentischen Mitarbeiterinnen und Mitarbeiter haben gezeigt, daß es – besonders zu Anfang des Studiums – sinnvoll sein kann, mit dem 2. Kapitel zu beginnen. Ein Freund empfiehlt sogar, mit dem Schlußkapitel einzusteigen. Zwar ist die Reihenfolge der Kapitel nicht beliebig, aber es entspricht der Vielfalt der Wege zur Dogmatik – und auch dem Perspektivenwechsel, der im Buch verschiedentlich vollzogen wird –, daß verschiedene Zugänge durchaus möglich und sogar erwünscht sind.

Bei Abkürzungen von Zeitschriften und Buchreihen folge ich SIEGFRIED M. SCHWERTNER, Internationales Abkürzungsverzeichnis für Theologie und Grenzgebiete, Berlin/New York ²1994 (IATG).

Bibeltexte werden in der Regel nach der revidierten Luther-Übersetzung, gelegentlich nach der ‚Einheitsübersetzung der Heiligen Schrift' (Stuttgart 1980) und ausnahmsweise mit eigener Übertragung zitiert.

Zur Entstehung des Buches

Diese Zugänge zur Dogmatik haben eine längere Entstehungsgeschichte, und einiges daraus sei berichtet, damit ihr Horizont und einige unvermeidliche Eigentümlichkeiten verständlich werden.

Begonnen wurden sie in meinem Artikel »Dogmatik I. Enzyklopädischer Überblick und Dogmatik im deutschsprachigen Raum«: TRE 9, 1982, 41–77. Frederick Herzog von der Divinity School der Duke University in Durham, North Carolina (USA), der im selben Band über »Dogmatik in Nordamerika« berichtet hatte, regte eine Übersetzung meiner Darstellung an, um sie auch für das theologische Gespräch im englischsprachigen Raum bekanntzumachen. Dem standen leider rechtliche Bedenken des Verlages entgegen. Darum entschloß ich mich zu einer Neufassung.

Für ihre Erweiterung sprachen *zunächst* Einblicke, die ich in die theologische Ausbildung an verschiedenen Orten in den USA und an der Christlich-Theologischen Akademie in Warschau gewinnen konnte, und auch der regelmäßige Austausch mit Kollegen in Oxford und Budapest. Beides machte mich auf den ökumenischen Charakter der Dogmatik aufmerksam. Um diesen Charakter kennenzulernen, genügt nicht der Rekurs auf große gemeinsame Traditionen, der im Rückgriff auf Überlieferungen erreichbar ist, die den Kirchen anfänglich gemeinsam waren und in ihren Lebensformen lebendig geblieben sind, und sei es nur rudimentär. Daß überhaupt ein solcher gemeinsamer Rückhalt besteht, ergab sich viel eher aus fortlaufenden Gesprächen, in denen diese Grundlagen als tragende Elemente hervortraten, auch ohne daß Statuten ausgetauscht und ein kleinster gemeinsamer Nenner ausfindig gemacht worden wären. Gehört es nicht zu den Wahrheitszeichen der Theologie, daß in Gesprächen, deren Partner und Partnerinnen wirklich aufeinander hören, eine solche Gemeinsamkeit aufleuchtet, gerade auch dort, wo sie nicht historisch, sozialpsychologisch oder sonstwie erklärbar ist? Begegnungen mit Dogmatik führen früher oder später auch zur Überraschung über ihre Einheit – über viele Grenzen und Schranken hinweg.

Sodann haben mich die Aufenthalte in England und den USA und Gespräche mit Freunden in Polen und Ungarn immer wieder auf regionale Spezialitäten aufmerksam gemacht, die danach fragen lassen, auf welche Grundtexte sich eine Dogmatik an ihrem Ort tatsächlich stützt – oder stützen sollte, wenn sie in Zweifelsfällen oder in Entscheidungssituationen danach gefragt wird, worauf sie sich berufen kann. Darum nenne ich neben den wegweisenden Konsensformulierungen der Alten Kirche und der reformatorischen Theologie (aufgeführt in 1.3.3) die Barmer Theologische Erklärung (1934), die als Lehre in 1.4.1 skizziert und deren Artikel in 1.3 und 2.8 herangezogen werden. Damit mag fürs erste der »Standort« meiner Darlegungen gekennzeichnet sein. Dieser Ort soll nicht zugunsten einer Überschau verlassen werden, aber er ist auch nur insoweit von Bedeutung, als er den Hintergrund bestimmter Denkerfahrungen markiert, die über sich selbst hinausweisen. Einiges kann auch eingeklammert bleiben, es ist – vielleicht nur vorläufig – von bloß »regionalem« Interesse, so Teile aus dem 3. und dem 4. Kapitel. Sie können zur Not auch überschlagen werden, obwohl sie für den Aufriß des Ganzen wichtig sind.

Einen weiteren Anstoß bildeten *schließlich* zahlreiche Gespräche mit Philosophen und Naturwissenschaftlern und naturwissenschaftlich interessierten Theologen im Center of Theological Inquiry in Princeton, New Jersey (USA), in dem ich mehrmals für längere Zeit zu Gast sein durfte, zweimal ermöglicht durch ein Forschungsstipendium der Volkswagen-Stiftung, wofür ich auch an dieser Stelle herzlich danke. Im Meinungsaustausch stellte sich heraus, daß die gegenseitige Verständigung unter anderem darunter leidet, daß viel zuwenig bekannt ist, wie Theologie aufgebaut ist und in Erscheinung tritt. Meistens wird sie von Philosophen und Naturwissenschaftlern in Form von Fertig- oder Halbfertigprodukten verarbeitet, meistens in der Auswahl von Fragestellungen (etwa »Schöpfung: Kontingenz der Welt« oder »Indeterminismus und Freiheit«), die für einen Vergleich von Anschauungen über Sachverhalte gemeinsamen Interesses geeignet erscheinen. So werden Theorieelemente z. B. der Kosmologie auf theologische Grundlagen projiziert, oder es werden alles übergreifende Welterklärungen aufgeboten, wenn es nicht sogar dabei bleibt, den persönlichen Glauben von Wissenschaftlern mit ihrer Wissenschaft irgendwie – und das heißt: wie, weiß man nicht oder jedenfalls nicht genau – in Einklang zu bringen. Dabei wird die Theologie auf einzelne Themen zurechtgeschnitten, die als Versatzstücke für eine andere Szenerie gebraucht werden.

Was »Theological Inquiry«, theologisches Forschen, bedeutet: diese Frage darf auch nicht mit dem Verweis auf historische Untersuchungen innerhalb der Theologie erledigt werden, so imposant sie sich darstellen mögen. Was theologische Forschung und speziell Grundlagenforschung sei, hat mich in früheren Beiträgen zu einer Theorie der Theologie beschäftigt, und sie versuche ich jetzt fortzuführen. Vorstudien zu manchen Abschnitten des Buches habe ich in Aufsätzen veröffentlicht, um durch Gespräche darüber weitere Klärungen zu gewinnen, und ich danke allen, die mir durch ihre Anregungen und Kritik geholfen haben, daß diese Stränge zu einem Muster verwoben werden konnten. In jenen Studien – sie werden im Anhang unter »Vorarbeiten« aufgelistet – bin ich auch ausführlicher auf eine Gesprächslage und auf einschlägige Literatur eingegangen; darum konnte ich mich jetzt auf die wichtigsten Belege beschränken und habe Leseempfehlungen auf weiterführende Literatur – gerade auch auf andere Positionen – im Anschluß an einzelne Abschnitte vermerkt. Nur gelegentlich habe ich zusätzliche Hinweise in Anmerkungen genannt. Im ganzen möchte ich den Eindruck vermeiden, als sei die Dogmatik auf einem vielfach durchgrabenen Gelände aufgebaut.

Zugänge zur Dogmatik in Form einer Darlegung theologischer Urteilsbildung halte ich nicht zuletzt deshalb für erforderlich, weil seit einigen Jahrzehnten unklar geworden ist, mit welchen Mitteln die Theologie auf die geistige Klimakatastrophe, auf umgewirbelte Wahrnehmungen als Reaktionen auf Realitätsveränderungen größten Ausmaßes und kaum übersehbarer Folgen eingehen kann, m. a. W. wie sie sich geschichtlich zu verstehen vermag. Es ist üblich geworden, philosophische Konzepte oder umfassende Theorien über die Verfassung der Wirklichkeit heranzuziehen oder sich an ihrer Entwicklung zu beteiligen, um dann die Theologie in diesem Rahmen erneut zur Sprache zu bringen. So soll erreicht werden, daß sie nicht mehr vom Fluß der Dinge hinweggespült wird, auch wenn es kaum mehr gelingen mag (und auch gar nicht mehr wünschbar ist), ihr einen Stand im Fluß der Dinge zu verschaffen. Ängstlich ist man bemüht, den Glauben nicht veralteten Denkmitteln zu überlassen. Wird die Dogmatik nur als ein Traditionsstück angesehen, dann scheint am ehesten sie ersetzbar, und sei es durch eine andere Besinnung auf Überlieferungen.

Ohne vorwegnehmen zu wollen, was erst im folgenden gesagt und hoffentlich auch gezeigt werden kann: Die Dogmatik trägt, wenn sie sich wirklich als Denkbewegung zeigen kann, erstaunliche Kräfte zur Erneuerung in sich, allerdings nicht die Scheindynamik einer unabsehbaren Anpassungsfähigkeit, sondern sie gibt zumindest Spuren der »Erneuerung des Sinnes« zu erkennen, von der Paulus im Römerbrief (12,2) spricht, die durch Gottes unerschöpfliche Taten seiner unermeßlichen Barmherzigkeit geschaffen wird. Aus der Erwartung, die in diesem Handeln begründet ist, kann der Theologie eine Sensibilität für das erwachsen, was geschehen ist und geschieht. Dazu muß sie sich allerdings Gottes Handeln aussetzen. Deshalb – nicht etwa um einer Selbstbehauptung willen – darf sie sich beharrlich weigern, eine Form von Daseinsbewältigung sein zu wollen. Im Gedenken und in Erwartung des Handelns Gottes konstituiert sich die theologische Wahrnehmung von Geschichtlichkeit. Das christliche Reden von Gott impliziert eine bestimmte Erfahrung von Zeit, und daraus haben Theologen gelernt, von Gegenwart, Vergangenheit und Zukunft so zu sprechen, daß diese nicht auf einer Zeitstrecke aneinandergereiht erscheinen, bei der als vergänglich und vergangen gilt, was nicht andauert, und als künftig, was noch nicht ist.

Darum hoffe ich, daß diese Wege zur Dogmatik und die Begegnungen mit ihr nicht nur Studierende der Theologie zu ihr hinführen können, sondern daß sie auch Pfarrerinnen und Pfarrer, Religionslehrer und Religionslehrerinnen anregen, Dogmatik wieder als Teil ihres Berufs zu entdecken.

Michael Beintker (Münster), Hinrich Stoevesandt (Basel), Hans G. Ulrich (Erlangen), Rowan Williams (Oxford, jetzt Newport), Diogenes Allen und Daniel L. Migliore (Princeton) danke ich für manche Impulse und Verbesserungsvorschläge, dem Direktor des Center of Theological Inquiry, Dr. Wallace M. Alston, und den directors of research, Prof. Don S. Browning und Bishop William H. Lazareth, für ihre Förderung. Bei der Ausarbeitung haben mich meine früheren und jetzigen Mitarbeiterinnen und Mitarbeiter durch Anregungen und konstruktive Kritik unterstützt, zumal Dr. Heinrich Assel, Dr. Rainer Fischer, Prof. Dr. Ernstpeter Maurer (Dortmund) und ganz besonders Dr. Caroline Schröder. Einen Teil der Arbeiten für die Register konnte ich Frau Swantje Eibach-Danzeglocke übertragen, einen anderen und die drucktechnische Einrichtung des Textes Herrn Henning Theißen.

Dankbar gedenke ich der Freunde, die dieses Buch auf den Weg brachten und zu seiner Gestaltung oder zur Verdeutlichung einzelner Abschnitte beigetragen haben, seine Ausführung aber nicht mehr miterleben konnten: Paul L. Lehmann (New York), Harold Nebelsick (Louisville/Princeton), Hellmut Traub (Bietigheim), Ervin Vályi-Nagy (Budapest). Bei und mit ihnen habe ich das mutuum colloquium erfahren, das die Dogmatik trägt.

Princeton, den 26. Februar 1998

Gerhard Sauter

1. Dogmatik als Phänomen

1.1 Warum überhaupt Dogmatik?

1.1.1 Dogmatik von außen gesehen: Selbststeuerung der Kirche

Dogmatik ist nicht überall und jederzeit in der Christenheit anzutreffen. Ausgesprochenermaßen als »Disziplin« findet sie sich in der römisch-katholischen Kirche: als Disziplin im Doppelsinn von »Unterricht« und von »Zucht und Ordnung«. Als Lehrgebiet und Lernangebot hat sie ebenfalls einen angestammten Platz in der evangelischen Theologie, als Studienfach allerdings nur auf dem europäischen Kontinent, dagegen in Skandinavien bloß zum Teil (an manchen schwedischen Hochschulen wurde sie zeitweise durch die Religionswissenschaften weitgehend verdrängt), dann wieder in Schottland und in denjenigen Ausbildungsstätten außerhalb Europas, die Kirchen »konfessioneller«, d. h. lutherischer oder reformierter Prägung verpflichtet sind. Anders beispielsweise in England und Nordamerika: dort wird in der Regel »Systematische Theologie« oder auch einfach »Theologie« unterrichtet, und wir werden uns noch (in 3.1) zu fragen haben, ob und wieweit sich dies mit »Dogmatik« überlappt oder sich wenigstens mit ihr berührt. Viele Kirchen und christliche Gemeinschaften verzichten auf dergleichen völlig. Oder bloß auf den Namen?

Um Dogmatik unbeschadet verbreiteter Vorbehalte oder auch nur Vorurteile zu Gesicht zu bekommen, empfiehlt es sich, vorübergehend Distanz zu der Rolle zu gewinnen, die »Dogmatik« in der Theologie und ihrer Geschichte spielt. Dazu kann die Perspektive eines Außenstehenden verhelfen, der die Lebensfähigkeit von »Religion« erfassen will: Religion, wie sie als gesellschaftliches Phänomen in Erscheinung tritt.

> Unter Dogmatik verstehen wir im weitesten Sinne jene gedanklichen Konzepte, mit denen das Grundmaterial religiöser Erfahrungen und situationsbezogener Interpretationen gesichtet, fachlich bearbeitet, auf Fehler hin kontrolliert und systematisiert wird.

So definiert der Systemtheoretiker NIKLAS LUHMANN die religiöse Dogmatik: als ein soziologisch erklärbares Phänomen (Funktion der Religion, Frankfurt a. M. 1977, 126). Er fragt, was Dogmatik leistet, und antwortet: Sie registriert die Wirklichkeitssicht eines »Systems«, d. h. eines sozialen Gebildes, das über seine eigene Lebensfähigkeit Auskunft gibt. Eine gemeinsame religiöse Überzeugung, eine Lebensführung, die Menschen miteinander verbindet und die sie wechselseitig verpflichtet, bedarf der Regelung. Diese Regelung darf keine bloß äußerliche Reglementierung sein, sondern beruht auf religiösen Erfahrungen und versucht, deren Gehalt auszudrücken. Dazu bedarf es der »Systematisierung«, die innere Widersprüche ausschließt und gedankliche Zusammenhänge herstellt. Nur so kann eine religiöse Gesamtsicht in sich stimmig werden, sonst würde sie diffus ausfallen und keine Orientierung mehr geben. Würde sie in völlig verschiedene Direktiven auseinanderstreben und sich gar in ihren Grundaussagen widersprechen, stünde sie sich selbst im Wege und könnte nur Verwirrung stiften. Außerdem muß die Balance »religiöser Erfahrungen und situationsbezogener Interpretationen« gewahrt bleiben. Erfahrungen müssen auf die jeweilige Lage der religiösen Kommunikanten hin ausgelegt werden, damit sie in deren Lebenswelt eingreifen können. Fixiert Dogmatik sich auf das erstere – auf religiöse Erfahrungen, die meist schon seit langem sprachlich vermittelt sind –, so gerät sie in Gefahr zu erstarren, sich auf das zu versteifen, was sich früher einmal bewährte und seitdem galt. Verlagert sich jedoch das religiöse Interesse auf situationsbezogene Interpretationen, dann neigt es dazu, seine Erfahrungen nur noch aus der Deutung der jeweiligen »Lage« zu gewinnen; vor lauter Beweglichkeit verliert es das Zentrum seiner Überzeugungskraft und wird zum Spielball dessen, was gerade die Aufmerksamkeit auf sich zieht.

Warum Dogmatik? Soziologisch betrachtet: weil sie Gewähr dafür bietet, daß eine religiöse Gemeinschaft lebensfähig bleibt, indem sie sich in ständiger Auseinandersetzung mit ihrer Umwelt selber steuert. Dieser Austausch muß immer wieder bilanziert werden, damit er weiterführen kann. Wenn Dogmatik dies erbringt, bewährt sie sich als Mittel zur Selbststeuerung sozialer Systeme religiöser Herkunft. Mehr noch: sie ist lebenswichtig, sie tut not, heute mehr denn je, wenn Religion nicht in beliebige private Überzeugungen zerfallen und damit aus dem gesellschaftlichen Gesamtleben verschwinden soll. Darum ist zu bedauern, daß Dogmatik heutzutage solch ein Schattendasein führt. Gleichen Kirchen und religiöse Gruppen nicht oft genug Schiffen, die in einer Flut von Eindrücken, Aufgaben und Wertvorstellungen dahintreiben, die dabei nicht mehr Kurs halten können oder gar scheitern, weil ihre Navigation in Unordnung geraten oder ihr Steuer zerbrochen ist? Mehr Dogmatik wäre vonnöten, eine funktionstüchtige Dogmatik, versteht sich, nämlich im Sinne der zitierten Definition. Ob das, was sich in der Theologie »Dogmatik« nennt, diesen Namen auch verdient, müßte sie erst einmal unter Beweis stellen.

Luhmanns Umschreibung der Dogmatik kann den Blick dafür schärfen, wie eine religiöse Gemeinschaft sich selber zu steuern vermag. Ob dies für alle Religionen überhaupt in Frage kommt – gleichgültig, ob sie nun »gedankliche Konzepte« brauchen oder darauf verzichten –, steht auf einem anderen Blatt und braucht uns hier nicht zu beschäftigen. Luhmann hat seine Definition nicht freihändig gewonnen; sie lehnt sich an Systematisierungen an, die für den abendländischen Kulturraum typisch sind. Sie haben auch eine Rechtsdogmatik hervorgebracht, die das positive Recht – Rechtssatzungen eines Gemeinwesens – kontrolliert und entfalten hilft. Die Rechtsdogmatik ist die Systematik des positiven Rechts. Gesetzestexte müssen in ihrem Beziehungsgefüge dargestellt, ihre innere Zuordnung muß aufgewiesen werden. Erst dann lassen sie sich zusammenhängend auf neue Fälle anwenden, und wenn Widersprüche auftreten, sind die Fehlerquellen der Auslegung zu suchen und durch Einordnung in das Ganze auszuräumen.

Die Definition einer funktionstüchtigen Dogmatik ist weitherzig genug, um verschiedene Formen gemeinschaftlicher Selbstregulierung mittels »gedanklicher Konzepte« zu erfassen, und zwar in einer Bandbreite, die deutlich über das hinausgeht, was in der Christenheit ausdrücklich »Dogmatik« genannt zu werden pflegt.

Die östlich-orthodoxe Kirche hat ihre Überlieferung in der Ordnung des Gottesdienstes aufgegliedert und im Reichtum der Liturgie bewahrt. Ihre Einheit kann als »Theologie« ausgelegt werden. Einzelne Themen, die im Gottesdienst immer wieder zur Sprache kommen, wurden von herausragenden Theologen kommentiert, und deren Gedanken lassen sich zusammenstellen und weiter erläutern. »Dogmatik« heißt dies allerdings nicht, und es steht auch nicht als Textgebilde der Liturgie gegenüber.[1]

---

1 Die »Orthodoxe Dogmatik« des Rumänen DUMITRU STANILOAE (I–III, Zürich/Einsiedeln/Köln und Gütersloh 1985–1995) ist eine Ausnahme, die die Regel bestätigt; dieses Werk schlägt eine Brücke zwischen der griechischen

Für die anglikanische Kirche bildet ebenfalls die Liturgie den Leitfaden der Theologie, und mehr als das[2]: Theologische Veränderungen vollziehen sich in der Umgestaltung der Liturgie und sind dementsprechend heiß umstritten, oder sie bleiben Randerscheinungen, die kaum mehr als intellektuell interessieren, auch wenn sie noch so radikal anmuten mögen. »Theologie« besteht im wesentlichen aus rezipierter Überlieferung, wie sie vor allem in den großen Denkleistungen der Kirchenväter und der Theologen des Mittelalters maßgebende Gestalt gewonnen hat.

In anderen Kirchen und Glaubensgemeinschaften (die sich aus unterschiedlichsten Gründen nicht »Kirchen« nennen wollen) ist Theologie in ihr Liedgut, in die Gebete, die Unterweisung für die Lebensführung und nicht zuletzt in ihr Ethos eingegangen. So haben es kirchenkritische Bewegungen im Mittelalter gehalten, dafür haben sich auch die »lower churches« in England, Methodisten und Baptisten, entschieden, in Deutschland »Freikirchen« genannt; in den USA sind sie diejenigen Denominationen, die im Protestantismus heute am weitesten verbreitet sind und ihre Botschaft mehr und mehr auch in andere Länder missionarisch ausstrahlen. Wenn im Methodismus zu systematischen Darstellungen angesetzt wird, dann im engen Anschluß an das gottesdienstliche Leben[3] oder um Direktiven für die Lebensführung zu gewinnen[4] oder – ähnlich wie in der anglikanischen Theologie – im Hören auf die Stimmen der Alten Kirche, um in theologisch dürftig gewordener Zeit aus deren Quellen zu schöpfen[5]. Dies sind Anzeichen einer Öffnung für die Denkerfahrungen anderer Kirchen,

---

und russischen orthodoxen Theologie und westlichem theologischem Denken. – Der Liturgie als Quelle der Theologie kommt am nächsten KARL CHRISTIAN FELMY, Die orthodoxe Theologie der Gegenwart, Darmstadt 1990.

2 Siehe dazu die umfassende Darstellung von HORTON DAVIES, Worship and Theology in England I–V, Princeton, New Jersey (Princeton University Press) 1961–1975. ²I–III, Grand Rapids, Mich. (Wm. B. Eerdmans) 1996.

3 GEOFFREY WAINWRIGHT, Doxology: The Praise of God in Worship, Doctrine, and Life. A Systematic Theology, New York (Oxford University Press) 1980. ²1984.

4 WALTER KLAIBER/MANFRED MARQUARDT, Gelebte Gnade. Grundriß einer Theologie der Evangelisch-methodistischen Kirche, Stuttgart 1993.

5 THOMAS C. ODEN, Systematic Theology I: The Living God; II: The Word of Life; III: Life in the Spirit, San Francisco (Harper & Row) 1987, 1989, 1992.

zunächst für diejenigen theologischen Traditionen, die als »ökumenisch« gelten, wie sie vor allem aus der Dogmenentwicklung der Christenheit in den ersten fünf Jahrhunderten hervorgegangen sind. Handelt es sich hierbei bereits um eigene dogmatische Arbeit? Oder vorerst um Anleihen aus anderen Werkstätten der Dogmatik? Oder gar um Leihgaben aus dem Museum der Dogmengeschichte, die nur mühsam, mit gehörigen Anstrengungen geschichtlichen Verstehens, wieder in Gebrauch genommen werden sollen?

Ein anderer Beweggrund für eine »Dogmatik« im bisher beschriebenen Sinne ist das Bedürfnis, die Prinzipien christlicher Lebensführung zusammenhängend zur Geltung zu bringen: Wie lauten die Richtlinien einer Glaubensgemeinschaft für das »rechte Leben«, wie können ihre Handlungsperspektiven so weit wie nur möglich und allgemein verbindlich erschlossen werden? – Ein solcher Start beim Ethos ist typisch für Beiträge mennonitischer Theologen, aus der Täuferbewegung, die in ihrer Geschichte manche schlechte Erfahrungen mit dogmatischen Richtlinien von Kirchen gemacht hat.[6] So soll die Theologie einer Glaubensgemeinschaft auch anderen gegenüber deutlich werden.

Dies alles entspricht weitestgehend der Definition, die Luhmann anbietet, und es kann auch in ihr untergebracht werden. Sie eignet sich dafür, Formen der Regulierung miteinander zu vergleichen und namhaft zu machen, was solchen Regulierungen gemeinsam ist, trotz Unterschieden etwa institutioneller Natur. Allerdings kann dergleichen nur in einer Außenperspektive festgestellt werden. Für sie stehen Dogmatiken – gleichgültig, ob sie so heißen oder nicht, wenn sie nur vergleichbar funktionieren – auf einer Ebene, wie Reagenzgläser, die mit unterschiedlichen Mischungen teilweise identischer Substanzen in verschiedenen Mischungsverhältnissen gefüllt sind.

---

6 Explorations of Systematic Theology from Mennonite Perspectives, ed. by WILLARD M. SWARTLEY (Occasional Papers No. 7), Elkhart, Ind. (Institute of Mennonite Studies) 1984. – JAMES WM. MCCLENDON, Systematic Theology I: Ethics, Nashville, Tenn. (Abingdon Press) 1986. Der Mennonit McClendon ist, wie er im Vorwort schreibt, zu seiner Darstellung bezeichnenderweise durch seine Lehrtätigkeit an der katholischen Universität Notre Dame, Ind. und durch die Zusammenarbeit mit dortigen Kollegen inspiriert worden.

Für die Außenperspektive gilt:

(1.) Dogmatik erscheint als Bezugssystem von Glaubensäußerungen, das zeigt, wie diese Äußerungen zusammenstimmen.

Dogmatik muß sein, weil jede Operation, d. h. jeder Gedankengang, jede Aussage, jede Handlungsform nur dann wirksam vollzogen werden kann, wenn sie in einem Beziehungssystem steht, sonst ist sie ziellos und richtungslos. Der Sinn einer Handlung, der Sinn eines Gedankenganges, der Sinn eines Redens muß im Gefüge der gemeinsam verbindlichen Dimensionen und Horizonte verortet werden können. Fehlt ein Bezugsrahmen, können sich Sinnthemen nicht verdichten, und sie können sich auch nicht erweitern und genauer erfassen lassen. Ohne Bezugsrahmen bliebe nur ein chaotisches Feld, das keine Verständigung mehr erlaubt. Dann verfällt religiöse Erfahrung, wird Religion zu einer privaten und damit auch beliebigen Angelegenheit. Es bedarf der Dogmatik, weil sie Bestimmungsrichtungen anbietet, an denen sich gemeinschaftliches Reden und Handeln orientieren kann und dadurch auch zu einem gemeinschaftsbildenden Erfahrungsrahmen wird. Nur durch Bestimmungsrichtungen entstehen Strukturen, an die sich alle Beteiligten halten, um die eigenen Gedanken und Handlungsweisen abmessen zu können. Nur dadurch wird eine Transparenz eröffnet, die den Anschluß einzelner Überzeugungen und auch relativ abweichender Überzeugungen erlaubt.

Jede Dogmatik *kann* so angesehen werden. Doch wenn sie sich selber nur so ansieht und nichts weiter zu sehen bekommt, hört sie auf, Dogmatik zu sein – jedenfalls eine Dogmatik, die »theologisch« zu heißen verdient.

1.1.2 »Was Christen glauben« – ein Perspektivenwechsel

Um theologische Dogmatik wahrnehmen zu können, müssen wir die Perspektive wechseln.

Ein Motiv hierfür ist der Befund, der sich aus den eben skizzierten Beobachtungen ergibt. In vielen Kirchen und christlichen Gemeinschaften zeigt sich bei näherem Zusehen eine implizite Dogmatik: ein Grundbestand religiöser Erfahrungen, der aus verschiedenen Äußerungen erhoben, dann entfaltet und schließlich

Warum überhaupt Dogmatik?

systematisiert werden kann. Er bildet den »Subtext« für Texte, die in den Lebensformen der Kirche oder der Gemeinschaft eine maßgebende Rolle spielen. Andere Kirchen kennen dagegen eine explizite Dogmatik, die auch »Dogmatik« genannt wird und den kirchlichen Lebensformen *gegenübersteht*. Das kann verschieden geschehen: in der römisch-katholischen Kirche in der Doppelgestalt der dogmatischen Disziplin als lehramtliche Ordnung und theologischer Unterricht, in der evangelischen Theologie als eine »Institution« eigenen Ranges in anderer (in 1.1.5 zu beschreibender) Beziehung zur Kirche.

Dogmatik steht in gewisser Weise für sich. Nicht, daß sie sich vom Gottesdienst, vom Gebet, von der Verkündigung, der Seelsorge und anderen kirchlichen Handlungsweisen und von »religiösen Erfahrungen« überhaupt distanzieren oder sogar davon abnabeln dürfte! Sie hebt sich ab, ohne »abgehoben« in höhere Sphären zu entweichen. Eine freischwebende Dogmatik wäre ein Selbstwiderspruch. Mit einer Systematisierung bloß des Grundmaterials religiöser Erfahrung kann es nicht sein Bewenden haben, jedenfalls nicht ohne Substanzverlust.

Dogmatik als Gegenüber deckt sich nicht mit einem Reglement, das sich eine Kirche gibt, mit einer Art Hausordnung, an die sie sich hinfort halten will und der sie sich unterstellt. So wäre auch sie ein Gegenüber, aber eines, das Unterwerfung verlangt. Die Angst vor einem solchen Gegenüber, vor jeder Art von Vorschriften für »Religion«, kann aber leicht dazu führen, daß die *Regeln* aus dem Blick geraten, nach denen sich die Urteilsbildung in der Kirche vollzieht. Eine Dogmatik, die für sich steht, kann diesen Gesichtspunkt zumindest wahren helfen.

Gehen wir einen Schritt weiter, einen für die Begegnung mit Dogmatik entscheidenden Schritt! Zeichnet sich nicht in dem Gegenüber, das die Dogmatik darstellt, ein Gegenüber auch zur Dogmatik ab? Das hängt freilich davon ab, worauf diese Dogmatik ausgerichtet ist. Sie kann als sprachliches Gegenüber Zeichen dafür sein, daß »religiöse Erfahrung« und entsprechendes Reden innerhalb einer Glaubensgemeinschaft sich an »etwas« hält, das außerhalb ihrer steht und ihr gegenübertritt, auf das sie *hinweist*, weil es ihr Reden begründet. Dann macht sich im sprachlichen Gegenüber ein wesenhaftes Gegenüber bemerkbar.

Um dies genau und deutlich genug sagen zu können, müssen wir dogmatisch reden, nicht mehr nur über Dogmatik.

(2.) Dogmatik im genuin theologischen Sinne sagt aus, was als glaub-würdig unbedingt und unter allen Umständen zu sagen ist: Gott hat kundgetan, wer er ist. Er hat sich selbst geäußert – in der Zusage seines Handelns. Diese Zusage befreit menschliche Urteilskraft zur Wahrnehmung der von Gott verheißenen Wirklichkeit, sie erweckt Glauben: zum Glauben als Gottes Werk und als Einstimmung von Menschen in sein Wirken. Gottes Verheißung steht der Kirche gegenüber, indem sie Menschen zu diesem Glauben ruft.

In einer Wolken- und Feuersäule hat Gott sein Volk im Exodus aus der Knechtschaft in Ägypten durch die Wüste in das verheißene Land geleitet (Ex 13,21). Dies ist ein Gleichnis für »Gottes Verheißung« als Gegenüber zum wandernden Gottesvolk. Indem die Dogmatik auf diese verhüllte und zugleich hinreichend deutliche Gegenwart verweist, kann sie selber – nachgeordnet – wegweisend sein.

Zugestanden: das ist ein hoher Anspruch, der uns Erhebliches zumutet. Was ich eben zu umreißen versuchte, darf deshalb auch nicht als eine bündige Definition gelesen werden, eher als ein Umriß, dessen Konturen erst in weiteren Begegnungen hervortreten können. Zunächst muß ich mich darauf beschränken, die Komplexität des Umschriebenen einigermaßen aufzufächern.

Zuallererst: Dogmatisches Reden ist wesensmäßig ein Reden in der Kirche, gerade dann, wenn die Dogmatik der Kirche gegenübersteht. Sie nimmt keinen Standpunkt jenseits der Kirche ein, um sich dann allmählich der Kirche zu nähern und irgendwann in sie einzutreten, weil sie sich über kurz oder lang mit der kirchlichen Überlieferung befassen muß, die ja auch der Dogmatik ihren »Stoff«, ihr »Material« gibt. Wer sich auf die Dogmatik einläßt, wird vielmehr von Anfang an damit vertraut gemacht, daß sie sich auf ein bestimmtes Reden von Gott bezieht, eben auf das Reden, das die Kirche trägt. Ob sich das Reden der Kirche auch tatsächlich von diesem Reden tragen läßt, ob sie in dem, was sie sagt und tut und darüber denkt, Gottes Verheißung als ihr Gegenüber im Blick behält: gerade dies wird die Dogmatik sie zu fragen haben. Dabei wird sie sich auch von Fall zu Fall gegen eine Kirche, die dies verschweigt oder zu vergessen droht, wenden müssen, ohne daß sie sich ständig als Kirchenkritikerin gebärdet.

Ich übergehe jetzt eine Frage, die durch den zweiten Leitsatz aufgeworfen sein mag: Ob es nicht viel zu vollmundig ist, von

»der« Kirche zu sprechen, statt von einzelnen Kirchen. Dazu ist vorläufig zu bemerken: Gottes Verheißung führt als Gegenüber eine jede Dogmatik über ihre Partikularität hinaus, d. h. sie versagt ihr, mit ihrem Blick an den Grenzen »ihrer« Kirche hängenzubleiben. Aus dem gleichen Grunde ist es jedoch erlaubt, unbefangen »die« Dogmatik zu sagen, nicht etwa »die Dogmatik der Vereinigten Evangelisch-Lutherischen Kirche Deutschlands« oder »die Dogmatik der Evangelischen Kirche der Union«. Tendenziell kann jede einzelne Dogmatik nur auf das hinarbeiten, was aller Dogmatik gemeinsam ist, weil Gottes Verheißung ihr Gegenüber bildet: allen Ausprägungen der Dogmatik gegenüber.

Dogmatisch reden heißt zwar: gleichsam von innen heraus reden, doch nicht nur innerhalb eines religiösen Sozialgebildes – denn dann bliebe es bei einer Binnenverständigung –, sondern in einer Blickrichtung, die über dieses Gebilde klipp und klar *hinausweist*, ohne es hinter sich zu lassen und für überflüssig zu erklären. Diese Blickrichtung wird nicht durch einen transzendierenden Aufschwung, einen ekstatischen Ausbruch oder eine Tiefenbohrung gewonnen. Auch das, was Luhmann »Grundmaterial religiöser Erfahrungen« nannte, wird gleichsam aufgebrochen. Es wird nicht nur in seiner Tiefendimension erschlossen: auf das hin, was den innersten »Grund« dieser Erfahrung bildet. Vielmehr wird es aufgerissen und in eine *Bewegung* versetzt, die bestimmte *Wahrnehmungen* gewährt.

Die Einheit dieser Wahrnehmungen heißt in der Sprache der Christenheit »*Glaube*«: im Doppelsinn des Wahrgenommenen und der Wahrnehmung – einer Wahrnehmung, die im Wahrgenommenen gewissermaßen vor Anker geht. Dieses Woraufhin der Dogmatik werde ich im folgenden *Externität* nennen, und damit schließe ich mich einem fundamentalen Ausspruch MARTIN LUTHERS an, der das Thema der *Glaubensgewißheit* anschlägt und damit die Ebene der Bemühung um die Lebensfähigkeit religiöser Gemeinschaft verläßt, um zu sagen, wie es zur Gemeinschaft Gottes mit uns kommt:

Hocque fundamentum est nostrum: Evangelium iubet intueri nos non benefacta et perfectionem nostram, sed ipsum deum promittentem, Ipsum Christum Mediatorem. [...]

Atque haec est ratio, cur nostra Theologia certa sit: Quia rapit nos a nobis et ponit nos extra nos, ut non nitamur viribus, conscientia, sensu, persona, operibus nostris, sed eo nitamur, quod est extra nos,

Hoc est, promissione et veritate Dei, quae fallere non potest ([Große] Vorlesung über den Galaterbrief [Druck 1535]: WA 40/I,589,17–19. 25–28, zu Gal 4,6).

Unsere Grundlage ist dies: Das Evangelium heißt uns, nicht unsere guten Taten und Vollkommenheiten anzusehen, sondern Gott, der der Verheißende ist, Christus, den Mittler. [...]

Dies ist also der Grund, warum unsere Theologie voller Gewißheit ist: Sie reißt uns von uns selbst los und stellt uns außerhalb von uns, so daß wir uns nicht auf unsere Kräfte, unser Gewissen, unser Wahrnehmungsvermögen, unseren Charakter und unsere Werke, sondern auf das verlassen, was außerhalb von uns ist, das heißt: auf die Verheißung und die Wahrheit Gottes, die nicht trügen können.

Die Externität des Glaubens ist das »außer uns« der Wahrheit Gottes, das die Verheißung in sich trägt: Dort hinein werden wir versetzt, darin gehalten und so aufgenommen, daß dieses »außer uns« nicht mehr ein »ohne uns« oder gar ein »gegen uns« bleibt, sondern zum »mit uns« wird.

Dogmatik unterstützt und stärkt die Urteilskraft des Glaubens. Sie ziert nicht die »Gläubigkeit« einzelner, wie immer diese auch zustandegekommen sein mag, sondern verhilft zur Deutlichkeit des gemeinsamen Glaubens als Gegenstand und Bewegung. Dogmatik dient der Wahrnehmung des Glaubens und dem Glauben als Wahrnehmung der von Gott verheißenen Wirklichkeit (→ 1.5; 3.3).

Schließlich muß ich das Augenmerk noch auf die Wendung »unbedingt und unter allen Umständen« im zweiten Leitsatz richten, denn sie hat es in sich. Mit »unbedingt« ist gemeint: *Was* die Dogmatik zu sagen hat, kann sie keinen anderen Bedingungen unterwerfen als dem Ermöglichungsgrund ihres Redens. Sicherlich redet sie immer unter bestimmten Umständen, in einer gegebenen Situation, aus einer geschichtlichen, kulturellen, vielleicht auch sozial mehr oder minder gebundenen Lage heraus. Dies alles darf aber das, was sie zu sagen hat, nicht bestimmen (→ 3.1; 4.2).

»Unbedingt«: dieses Wort mag auch von PAUL TILLICH her bekannt sein. Tillich markiert damit die existentielle Zuspitzung der christlichen Botschaft:

Das religiöse Betroffensein ist unbedingt und total, es macht alle anderen Arten von Betroffensein vorläufig. Das, was uns unbedingt angeht, ist von allen zufälligen Bedingungen der menschlichen Existenz unabhängig. [...] Hier gibt es kein Ausweichen. Was uns unbedingt angeht, läßt keinen Augenblick der Gleichgültigkeit und des Vergessens zu. Es ist ein Gegenstand unendlicher Leidenschaft.

Das Wort »angehen« weist auf den »existentiellen« Charakter der religiösen Erfahrung hin. [...] Das, was unbedingt ist, gibt sich selbst nur dem Zustand unbedingten Betroffenseins (Systematische Theologie I, Berlin ⁹1987, 19).

Im Unterschied zu dem, »was uns unbedingt angeht«, will der zweite Leitsatz das dogmatische Reden als unbedingt kennzeichnen. Gewiß ist auch dieses Reden »betroffen«, d. h. niemals unbeteiligt, gleichgültig. Doch es soll sagen, was von Gott her zu sagen ist – und zwar: von Gott zu sagen ist –, statt einer Betroffenheit Ausdruck zu verleihen. Dadurch unterscheidet sich Dogmatik von einer bloßen Reflexion auf religiöse Erfahrung oder von einer Kontrolle der inneren Stimmigkeit religiöser Weltsicht. Insofern ist der Titel »Dogmatik« ein Programm, oder eher die Markierung eines Auftrages, einer bestimmten, nicht selbstgewählten Aufgabe.

Mit alledem haben wir uns recht weit vorgewagt und anscheinend einen Riesenschritt vollzogen: mitten in die Dogmatik hinein, in medias res des christlichen Glaubens. Und damit ist ein Wechsel der Redeweise verknüpft, der für die theologische Dogmatik bezeichnend ist: Sie kann nicht umhin, »wir« zu sagen, um unmißverständlich einzuladen, an jener Bewegung teilzunehmen und dadurch einen vergleichenden Standpunkt und eine Außenperspektive zu verlassen. Dogmatik ist ein Reden *in* der Kirche, jedoch von Anfang an im Blick auf alles, was Gott getan hat und tun will – gerade auch über Kirchengrenzen hinaus. Dies bringt es mit sich, daß wir *unversehens* »wir« sagen, jedoch nicht in dem Sinne, daß wir über uns selber reden. Auch bedeutet dieses »wir« weder, daß sich die Dogmatik nur an diejenigen richtet, die gerade der Kirche angehören, noch heißt es gar, daß sie alle »Angesprochenen« rhetorisch vereinnahmen will (→ 2.9). Die Redeweise wird auch nicht derart gewechselt, daß von Beschreibungen, die jeder und jede ungezwungen nachvollziehen kann, zu bloßen Behauptungen übergegangen würde, die man sich gefallen lassen müßte. Auch eine theologische Dogmatik wird immer wieder beschreiben müssen: so, daß ihre Denkbewegung nachvollzogen werden kann, indem verständlich wird, was sie sagt – gerade auch denen, die damit, aus welchen Motiven auch immer, nicht einverstanden sind. Es werden also je und dann Perspektivenwechsel nötig sein, denn auch sie gehören zur inneren Beweglichkeit der Dogmatik.

Ihre Beweglichkeit wird jedoch erheblich eingeschnürt, wenn sie nur Auskunft über das geben soll, »was Christen glauben«. Mit diesem Wunsch treten viele erwartungsvoll an sie heran. Vielleicht wollen sie identifizieren, was sie unter »christlichem Glauben« bislang verstanden haben. Oder sie möchten gern genauer erfahren, was alles denn nun »zu glauben ist«, und zwar in vollem Umfang, wirklich und wahrhaftig alles, vom Anfang bis zum Ende. In der Tat: es gibt immer wieder Bücher namens »Dogmatik«, die eine Inventur »des christlichen Glaubens« liefern, eine summarische Zusammenstellung, was ‚eigentlich' geglaubt werden muß. Gerade sie schrecken aber vor der Begegnung mit Dogmatik zurück, denn sie nähren das Vorurteil, Dogmatik sei bloße Traditionsverwaltung.

Trotzdem: die Frage nach dem, »was Christen glauben«, dürfen wir nicht fallenlassen. Denn mit diesem »Was« steht und fällt, daß Menschen, die sich Christen nennen, überhaupt etwas wahrnehmen, das zu sagen sich nicht nur lohnt, sondern dem sie gar nicht ausweichen können, weil es wirklich ist. Darum habe ich die Formel »Was Christen glauben« im zweiten Leitsatz durch die Formulierung erläutert: *»was als glaub-würdig unbedingt und unter allen Umständen zu sagen ist«.*

Wie aber tritt dies in Erscheinung? Wie kommt es zur Sprache? Gehen wir dieser Frage nach, und zwar in einer neutestamentlichen Schrift, weil wir hier noch keine dogmatischen Texte vor uns haben und gleichwohl auf ein Reden treffen werden, das sich mit der bisherigen Umschreibung von Dogmatik zumindest berührt!

ALOIS GRILLMEIER, Mit ihm und in ihm. Christologische Forschungen und Perspektiven, Freiburg/Basel/Wien 1975, bes. 528-554. - ROBERT W. JENSON, The Triune Identity: God according to the Gospel, Philadelphia, Pa. (Fortress Press) 1982. - ERNSTPETER MAURER (Hg.), Der lebendige Gott. Texte zur Trinitätslehre (TB 94), Gütersloh 1999.

1.1.3 Reden »im Glauben« und »auf Hoffnung hin«

In 1. Korintherbrief zeigt Paulus exemplarisch, wie eine Glaubensaussage zum Kristallisationspunkt einer Auseinandersetzung wird, eines turbulenten Dialogs mit drohenden Gesprächsabbrüchen. Der Dialog läuft auf diesen entscheidenden Punkt zu und kann von ihm aus von neuem geführt werden – und zwar so, daß der aufgebrochene Dissens (mit allem, was in Korinth selbstverständlich oder gleichgültig schien) zum Konsens hin geöffnet wird: zu dem Konsens, der aus der Einstimmung in Gottes Verheißung erwächst und nicht eine Übereinstimmung darüber ist, was man gemeinsam empfindet.

Dabei beruft Paulus sich auf eine Überlieferung (1. Kor 15,3f.), er stützt sich also vordergründig auf das, was bereits andere verbindlich gesagt haben, für dessen Zuverlässigkeit sie einstehen und was sie weitergeben können. Mit dem Rekurs auf diese Überlieferung, so sehr sie durch Autoritäten gesichert sein mag, ist aber noch nicht wirklich theologisch begründet, was er in einer bestimmten Konfliktlage unbedingt sagen muß. Diese Überlieferung verweist ja darauf, daß Jesus Christus kraft des Handelns Gottes lebt, und zwar so, daß er unsere Hoffnung auf das Leben unter Gott, mit ihm und bei ihm begründet.

Die theologische Argumentation verweist also auf *Gottes verheißungsvolles Handeln: was Gott so getan hat, daß er sein weiteres Handeln und sein Mit-Sein zusagt.* Dieses Handeln steht »hinter« der theologischen Sequenz von 1. Kor 15. Es steht jedoch nicht derart hinter dem Text, daß wir es als Entstehungsbedingung des Textes historisch rekonstruieren müßten, damit wir auf diese Weise den Text von neuem erzeugen könnten, nachdem wir begriffen haben, warum und wie er entstehen konnte. »Gottes verheißungsvolles Handeln« heißt vielmehr die theologische Begründung dessen, was Paulus im einzelnen ausführt. Sie zeichnet sich in seinen Argumentationsschritten ab und gibt ihnen ihre Einheit: die Einheit dessen, was »im Glauben«, d. h. im Vernehmen und Annehmen dieses Handelns, und »auf Hoffnung hin«, im Ausstrecken auf seine Zusage, zu sagen ist. Insofern »steht« diese Begründung nicht hinter dem Text, sondern im Text, wenn auch nicht gerade mit seinen Worten. Sie steht jedoch auch dem Text gegenüber, ist nicht in ihm gefangen und eingeschlossen. Darum kann sie auch für sich ausgesprochen werden und steht hinter anderen Texten. So werden diese zu Keimzellen dogmatischer Aussagen, die das gleiche sagen, gesondert, aber nicht abgesondert.

Mit diesem Gegenüber und den Argumenten, die ihm den Raum lassen, der ihm gebührt, wird ein »Grundmaterial religiöser

Erfahrungen« (N. LUHMANN) von Grund auf in Frage gestellt: ein Freiheitserlebnis, das sich bei näherem Zusehen als rücksichts- und lieblos entpuppt, auch wenn es sich als unbegrenzt versteht. Indem Paulus ihm die Hoffnung auf das Leben in Gott entgegenstellt, werden »Hoffnung« und »Freiheit« in den Zusammenhang der Tat Gottes an Jesus Christus gestellt. Hier hat Gott gezeigt, wer er ist. Darum können Grund und Erstreckung der Hoffnung nun als Vertrauen auf diesen Gott ausgesagt werden. Das ist es, was als glaub-würdig unbedingt und unter allen Umständen gesagt werden muß. Unter anderen Umständen mag diese bestimmte Hoffnung anders entfaltet werden. Doch es kann keine andere Hoffnung sein, wenn sie wirklich Vertrauen auf diesen Gott ist. Und daß sie diese Hoffnung bleibt, muß sich daran zeigen, daß sie sich auf die Auferweckung Jesu Christi von den Toten bezieht – eine Beziehung, von der wiederum sehr viel zu sagen ist.

Auch dies könnte immer noch wie ein gedankliches Konzept aussehen, mit dem das Grundmaterial religiöser Erfahrungen und situationsbezogener Interpretationen gesichtet und systematisiert wird. Der entscheidende Unterschied besteht darin, daß der Grund der Hoffnung so zur Sprache gebracht wird, daß er als Gottes Verheißung vernehmbar wird. Erst indem er unmißverständlich auf Gott verweist – auf den Gott, der sich in all dem erklärt, was er tut und verheißt –, erweist er sich als der »Grund zu glauben«. Dieser Grund besteht nicht aus dem Bodensatz religiöser Erfahrung. Er wird zugesagt und so erfahren, nicht in Erfahrung gebracht. Mit ihm wird ausgesagt, *warum* wir glauben, *wenn* wir glauben, *was* wir glauben. Eine solche tautologisch anmutende Kettenformulierung ist gerade in ihrer Anstößigkeit geeignet, das innere Gefüge der Glaubenssprache anzuzeigen, in dem Begründung, Bedingung und Inhalt miteinander verschränkt sind. Nur in dieser Verschränkung kann gesagt werden, daß, warum und wie sich Menschen verlassen, indem sie sich auf Gott verlassen, ihm allein vertrauen. Darum ist die Glaubenssprache in sich so voraussetzungsreich.

Glaubensaussagen umgeben den Glauben wie Wächter, damit er sich in ihrem Schutz entfalten kann. Diese Wächter passen nicht wie Gefängnisaufseher mit mißtrauischen Augen auf, daß er ihnen auf keinen Fall entwischt. Sie sind treue Begleiter.

Mit alledem habe ich versucht, den Argumentationsgang von 1. Kor 15 und dessen Tiefenstruktur nachzuzeichnen. Inwiefern sind wir jetzt der Dogmatik nähergekommen? Paulus durchstößt das Dickicht von Handlungsweisen und Überzeugungen, die dieses Tun begleiten. Er kommt diesem Wirrwarr auf den Grund, indem er eine Frage auf Leben und Tod formuliert, die Frage, die zum Glauben, zur Hoffnung und zur Liebe ruft (vgl. 1. Kor 13,13). Ihre Antwort verweist auf *den* Zusammenhang, der *hinter* allen Handlungszusammenhängen und ihrer gedanklichen Bewältigung steht, der aber nur mit Hilfe bestimmter Aussagen wahrzunehmen ist: Gottes Wirklichkeit und alles, was in Beziehung zu ihr steht. Solche Aussagen können abgekürzt *Glaubensaussagen* genannt werden, obwohl diese Bezeichnung mißverständlich ist: es sind keine Aussagen, die bereits »Glauben« als religiöse Haltung voraussetzen oder die eine solche Haltung reflektieren, sondern Sätze, die *im Glauben und auf Hoffnung hin* gesprochen werden. Sie richten sich auf Gott selber, der sich in ein Verhältnis zu uns Menschen gesetzt hat, nämlich als Richter und Retter: dies gilt es auszusprechen. Darin besteht der Wahrheitsanspruch theologischen Redens – und hier treffen wir auf Dogmatik.

Paulus setzt sich im 1. Korintherbrief mit Konflikten verschiedenster Art auseinander, die diese Gemeinde zu zerreißen drohen. Gruppierungen sind entstanden, für die die Berufung auf ein Parteihaupt wichtiger ist als Zugehörigkeit aller Gemeindeglieder zu Jesus Christus. Weiter gilt es zu fragen: Sind Ehe und Ehelosigkeit gleichwertig, zumal in bedrängter Zeit? Ist es gleichgültig oder lebensentscheidend (und zwar für ein Leben getrennt von Gott oder in Gemeinschaft mit ihm!), was wir essen und trinken und wem die Lebensmacht über die Lebensmittel zukommt? Ist das Herrenmahl eine religiöse Party, bei der sich Gleichgestimmte selber feiern – und wenn nicht: Was bedeutet die Gemeinschaft mit dem Leib und Blut Christi, wenn Satte und Darbende zusammenkommen? Führen unterschiedliche Begabungen zu einer Rangordnung, oder worauf sind sie bezogen?

Der Apostel spricht kein Machtwort über diese und andere Streitfragen. Er versucht, ihnen auf den Grund zu kommen und sie so aufzudecken, daß sich jeder selbst ein Urteil über ihr Gewicht und ihre Tragweite bilden kann. So geht es etwa bei der skandalösen Abspeisung während des Herrenmahles unversehens um wesentlich mehr als nur ein unanständiges Verhalten; Paulus macht deutlich, daß die Feier uns Gott selbst gegenüberstellt. Andere Auseinandersetzungen – wie die Frage nach dem Verzehr von Götzenopferfleisch – führt er über ein kurzsichtiges Entweder/Oder hinaus und läßt so die »Innenspannung« des Glaubens hervortreten. Seine gesamte Argumentation läuft dabei auf das Evangelium zu, das er gepredigt hat, das die Gemeinde empfängt und in dem sie ihren Stand hat (15,1): Tod und Auferweckung Jesu Christi. Um die Osterbotschaft zu bekräftigen, setzt er mit einem Traditionsbeweis ein, aber der springende Punkt lautet: »Wenn die Toten nicht auferweckt werden, ist Christus nicht auferstanden. Wenn Christus nicht auferweckt worden ist, ist euer Glaube vergeblich, steckt ihr in euren Sünden. Dann sind auch die, die in Christus entschlafen sind, verloren. Wenn wir allein für dieses Leben auf Christus hoffen würden, wären wir die bejammernswürdigsten von allen Menschen« (15,16.19).

Dies ist eine theologische Sequenz. Sie baut nicht auf Vorstellungen eines Lebens nach dem Tode oder der Verewigung eines wahrhaft gelebten Lebens auf, auf Vorstellungen, die durch ein glaubhaft bezeugtes Ereignis bestätigt sein könnten. Hier stellt sich vielmehr die Glaubensfrage: Wem können wir allezeit vertrauen? Und wer *ist* es (nicht: wer war es, von dem euch erzählt wurde, sondern: wer ist es *jetzt*, und wer *wird* er sein!), dem wir im Leben und Sterben vertrauen? Die Frage, was Christen glauben, wird unversehens radikalisiert. Daß der angebetete Jesus über den Tod erhaben sei, war offensichtlich religiöses Gemeingut der Christen in Korinth. Doch ebenso scheint man davon überzeugt gewesen zu sein, über das Schicksal jedes »Gläubigen« sei schon entschieden: es habe sich in einer völlig neuen und unbeschränkten Freiheitserfahrung erfüllt.

Angesichts dessen genügt es dem Apostel keineswegs, einen Glaubenssatz, der jeden Sonntag feierlich rezitiert wird, nochmals einzuschärfen und daraus Folgerungen für die Lebensführung abzuleiten. Paulus behaftet die Gemeindeglieder von Korinth bei dem, was sie in jedem Gottesdienst feiern und zu erleben meinen, er fragt aber nach der Erstreckung ihres Redens von Jesus Christus und stellt fragend heraus, daß dieser Kern bei vielen in Korinth hoffnungslos verdeckt worden ist. Mit ihrer Hoffnung »allein in diesem Leben auf Christus« haben sie sich mit ihrem Tod abgefunden, ihnen sind aber auch alle anderen gleichgültig geworden – und dadurch verleugnen sie den Charakter dieser Hoffnung! Paulus braucht ein ganzes umfangreiches Kapitel, um in teils verwickelten Gedankengängen die Akzente recht zu setzen, indem er diese Hoffnung gleichsam ausschreitet. Grund unserer Hoffnung ist nicht das glaubwürdig bezeugte Faktum der Auferstehung

Jesu, sondern das Handeln *Gottes* in diesem Ereignis. Deshalb schließt die Auferweckung Jesu Christi ein, daß wir in der Hoffnung auf unsere Auferstehung leben, mehr noch: daß der auferweckte Jesus Christus die Hoffnung für die Toten und für die Lebenden ist. »Wir werden [...] als falsche Zeugen Gottes entlarvt, weil wir im Widerspruch zu Gott das Zeugnis abgelegt haben: Er hat Christus auferweckt. Er hat ihn eben nicht auferweckt, wenn Tote nicht auferweckt werden« (15,15). »Auch die in Christus Entschlafenen sind dann verloren« (V. 18). Die Verse 15f. und 17 weisen darauf hin, daß der »Schluß« von Jesu Geschick auf das Schicksal aller Menschen nicht auf der menschlichen »Verfassung« Jesu beruht. Gott hat vielmehr über die Todesgrenze hinweg gegriffen, und nun ist nicht mehr sie der Horizont unserer Erwartungen, auch nicht mehr so, daß hinter ihr ein Jenseits des Todes begänne. Mit der Auferweckung Jesu Christi ist ein neuer Horizont aufgerissen, sie ist der erste Schritt einer neuen Geschichte, deren Staffelung in V. 23-28 skizziert wird. Der theologische Hinweis auf das Handeln des lebendigen Gottes führt sodann darauf, daß selbst der Tod am Ende Gott keinen Widerstand mehr wird leisten können. Gott wird »alles in allem sein« (15,28). Und schließlich kommt Paulus in spannungsvollen Metaphern auf das Geheimnis der Verwandlung zu sprechen, die jeden einzelnen Menschen im Augenblick der Auferweckung gänzlich »durchsichtig« für Gott machen wird. Das Kapitel schließt mit einem Lobpreis Gottes, »der uns den Sieg gibt durch unsern Herrn Jesus Christus« (V. 57).

Im Blick auf den bisherigen Briefduktus zeigt sich jetzt, daß Paulus alle fälligen Entscheidungen in der Frage nach Grund und Erstreckung der Hoffnung bündelt. So sind beispielsweise seine Ausführungen zum Verhältnis der »Starken« zu den »Schwachen« in der Perspektive von 1. Kor 15 durchschlagend: Christen fürchteten, sich durch den Fleischgenuß, der durch Opfer »geheiligt« wurde, mit Abgötterei zu infizieren. Darum suchten sie sich »schwachen Gewissens« von jedem Verkehr mit Menschen fernzuhalten, bei denen sie solch gottlosen Leichtsinn befürchteten. Wer dagegen wußte, daß Gott der Herr über alles ist, mochte sich gegen Mißbräuche immun fühlen, die nach dem Urteil seines »starken Gewissens« nur auf Irrtümern beruhen konnten. Was er aß und mit wem, das meinte er deshalb frei entscheiden zu können – und damit verriet er unversehens den Grund der gemeinsamen Hoffnung.

Dies stellt Paulus als die Glaubensfrage schlechthin heraus. Wer sie beantwortet, wird erkennen, daß durch sie entschieden wird, was sie ausgrenzt und zuläßt, und auch, was sie offenläßt. Der Gehalt der Antwort steht aber nicht in der Freiheit des Menschen und zu seiner Disposition. Der Antwortende kann nur einstimmen in Gottes Handeln an dem Gekreuzigten – oder er widerspricht Gott selber.

(3.) Dogmatik wird gebildet als Gefüge von Antworten auf die dreifach elementare Frage, warum wir glauben, wenn wir glauben, was wir glauben.

Darum deckt sich »der Glaube« keineswegs mit dem Bestand alles dessen, was »zu glauben ist« und »nur geglaubt werden kann«. Zugleich mit dem, *was* Christen glauben, wird gesagt, *warum* wir glauben, *wenn* wir glauben. Diese Kettenformulierung macht auf die Unabschließbarkeit der Glaubenssprache aufmerksam, das heißt: Sie zeigt an, daß es der Sprache des Glaubens nicht erlaubt ist, bei der Antwort auf eine dieser Fragen stehenzubleiben, denn keine einzelne Antwort ist ohne die beiden anderen möglich. Sie verweisen wechselseitig aufeinander, und ihre Beantwortung ergibt deshalb einen lebendigen, nie endgültig fixierbaren Zusammenhang. Sie bringt also die Dynamik einer *inneren* Auseinandersetzung zum Ausdruck. Die Kirche braucht dazu nicht ihr eigenes Sprachgefüge verlassen oder anderes auf sich beziehen, um zur Rechenschaft über ihr Reden und Handeln angeregt zu werden. Den ersten und entscheidenden Impuls empfängt sie von innen. Dazu gehört freilich, daß die dreifache Frage uns auch bewegt oder daß wir sie uns wenigstens aneignen können – daß wir also so elementar zu fragen verstehen.

1.1.4 Dogmatik als ältere Schwester des biblischen Kanons

Das Gefüge von Glaubensaussagen, wie es sich beispielhaft bei Paulus abzeichnete, verselbständigte sich, entwickelte seine eigene innere Dynamik und bildet sich bis zum heutigen Tage weiter aus. Hätte es nicht viel näher gelegen, eine Systematik der Schriften zu entwickeln, die den Christen heilig sind? Ihren Generalnenner ausfindig zu machen wie einen Schlüssel, der jede von ihnen aufschließt wie die Zimmer eines prächtigen Palastes, an dessen

Bau viele mitgewirkt und ihre Spuren hinterlassen haben, an einem Bau, der auch recht lange gedauert hat und daher keinem einheitlichen Stil verpflichtet ist, der aber einen großen Bauplan erkennen läßt, nach dem man sich in den riesigen Zimmerfluchten zurechtfinden, ja heimisch werden kann? In der Geschichte der christlichen Theologie ist dies immer wieder versucht worden: aus den heiligen Schriften, der Bibel, heraus eine solche Systematik zu entwickeln, am besten mit Hilfe einer theologischen Grundaussage, auf die alles zustrebt und die in vielen Variationen wiederkehrt. Dieser Systematik könnten dann im Laufe der Auslegungsgeschichte situationsbezogene Ergänzungen zuwachsen, dadurch würde sie bereichert und könnte sich integrativ bewähren.

Für eine solche Systematik hat es schon früh ein ebenso faszinierendes wie abschreckendes Beispiel gegeben: die Heilslehre MARCIONS (ca. 85-160). Seine Gedankengebilde sind nur fragmentarisch überliefert und uns aus der Sicht seiner theologischen Gegner bekannt. Gleichwohl sind sie auch in diesen Umrissen faszinierend geschlossen, in sich stimmig und widerspruchsfrei, allerdings auf fatale Weise. FRIEDRICH NIETZSCHE überschrieb eine seiner Kriegserklärungen an die philosophische Tradition »Götzendämmerung, oder: Wie man mit dem Hammer philosophiert« (1889). Marcions Programm könnte heißen »Heil gegen die verhängnisvoll geschaffene Welt, oder: Wie man mit dem Rasiermesser theologisiert«.

Marcion wollte sich ganz und ausschließlich auf den »Christus des guten Gottes« konzentrieren, auf den Heilsbringer, der in eine vom »Schöpfergott« unterjochte Welt kommt. Wie mit einem Urknall beginnt eine vollkommen neue Geschichte: die Befreiung der Welt, die durch einen unbarmherzig mächtigen Gott eingerichtet worden ist, durch den himmlischen Erlöser, der trotz seines Leidens in einer Welt voller Bedrückungen sich nicht besiegen läßt. Diese radikal messianische Systematik beruht auf dem Erlebnis der Erlösung und verspricht, dem Geheimnis der Welt auf den Grund zu kommen, das gesamte Leben zu erhellen, Altes und Neues in der Geschichte bündig zu unterscheiden und die Erlösten ihrer himmlischen Bestimmung zuzuführen. Marcion konnte mit dieser Systematik auch »literarkritisch« operieren. Mit seinem Erlösungsgedanken hatte er ein scharfgeschliffenes Instrument zur Hand, mit dem er die gesunde Substanz der christlichen Heilslehre von fremdem Gewebe unterschied. Er löste aus den überlieferten Texten die wahren, weil befreienden Sätze von ihrer Überwucherung durch falsche Überzeugungen von Gott und Welt, die aus dem heillosen Respekt vor dem tyrannischen Schöpfer-Gott entstanden seien. Marcions sachkritischem Rasiermesser fallen so die gesamte Schöpfungsgeschichte, aber auch große Teile der Jesustradition und des apostolischen Briefkorpus zum Opfer.

Marcions unheimlich schlüssige Systematik fasziniert immer wieder, vor allem in düsteren Zeiten, in denen die Welt nur noch ein furchterregendes Antlitz zeigt.[7] Die Auseinandersetzung mit Marcions Theologie und ihren Variationen ist deshalb längst noch nicht zu den Akten gelegt; sie gleicht vielmehr einem schwelenden Brand, der rasch neu aufflammen kann.

Seinerzeit hat die Kirche gegen Marcion die apostolische Überlieferung ins Feld geführt und damit begonnen, den *Kanon* heiliger Schriften zusammenzustellen. Ungefähr zur gleichen Zeit entstand die *regula fidei* als Kurzformel des christlichen Glaubens. Dieses Zusammentreffen ist nicht zufällig. Die »Glaubensregel« will zum Lesen der Bibel anleiten, und zwar so, daß die Erstreckung des Handelns Gottes von der Schöpfung bis zum Ende aller Dinge wahrgenommen wird – und damit dies wirklich in alle Richtungen, von Gott her zur Welt und wieder zu Gott hin, gesagt werden kann, bedarf es der Schriften, die so spannungsvoll von Gottes Handeln reden, daß dies niemals auf einen Nenner gebracht werden kann.

Mit Kanon und Glaubensregel bekannte sich die Kirche zu *Gottes endgültigem Handeln in Jesus Christus als Externität des Redens im Glauben und auf Hoffnung hin*. Gottes Handeln kommt diesem Reden zuvor, es steht ihm gegenüber und kann von menschlichem Reden nicht eingeholt oder gar einverleibt werden. Darum ist und bleibt es *extern*, außerhalb unser selbst: es ist das ganz Andere der menschlichen Rede – und doch kommt es *in* ihr zur Sprache, ein Außen im Innen, weder als Außenseite noch als Gegenpol.

In dieser Beziehung sind Bibel und Glaubensregel gleichursprünglich, mögen auch die äußeren Veranlassungen verschieden gewesen sein; historisch gesehen ist die Dogmatik sogar die ältere

---

[7] So unter dem Eindruck der Erschütterungen durch den Ersten Weltkrieg: ADOLF VON HARNACK, Marcion, das Evangelium vom fremden Gott. Eine Monographie zur Geschichte der Grundlegung der katholischen Kirche, Leipzig 1921. ²1924, Nachdruck Darmstadt 1960.

Schwester des biblischen Kanons, auch wenn sie noch nicht diesen Namen trug. Der biblische Kanon ist eine Frucht des Christusbekenntnisses, insofern ohne Dogmatik nicht zu denken: Die Dogmatik ist notwendig, um überhaupt wissen zu können, was man in der Kirche lesen soll – und was nicht. In diesem Rahmen ist sie auch erforderlich, damit wir die Bibel auf das hin lesen können, was sie sagen will.

Die Grenzbestimmung, die die Kirche von innen her vollzog, erwies sich als eine Entscheidung von großer Tragweite, erheblich folgen- und perspektivenreicher, als man wohl anfangs ahnte. Die Kirche grenzte sich auch gegen anderslautende Überzeugungen ab und erklärte sie zu Häresien, zu Trennungen von ihrer Zustimmung zu Gottes Handeln und damit zum Heil selbst. Damit zog sie aber keine selbstgewählten Grenzen, sondern hielt sich innerhalb der Grenzen des Glaubens und der Hoffnung, die ihr gewiesen worden waren. Diesen Raum erkannte sie im Ganzen der biblischen Schriften. Mit der Zusammenstellung des Kanons erkannte sie dieses Ganze an und sprach es so knapp und klar wie nur möglich in der Glaubensregel aus, um die Externität nicht aus den Augen zu verlieren, die «hinter» den heiligen Schriften steht und doch allein «in» ihnen zu finden ist.

Für die Abgrenzung der Überlieferung machte sie die Dignität der Schriften, ihr Alter und ihre Herkunft geltend: lauter Kriterien, die zwar respektabel klingen, aber im einzelnen viel schwerer greifen und auch mehr offenlassen müssen, als Marcions einheitliche Heilslehre zu bieten verspricht, die sich ja unmittelbar auf Christus und ihn allein zu berufen scheint. Der Preis für den Kanon war dementsprechend hoch: Herrenworte, die durchaus nicht auf einen Nenner zu bringen sind; die (bereits von Marcion beobachtete) Spannung zwischen Paulus und Jakobus; vor allem aber wurden »das Gesetz und die Propheten«, auf die Jesus und die Apostel sich berufen hatten, in das Buch der Kirche einbezogen – war das nun eine Usurpation der jüdischen Bibel (deren Umfang erst damals, gleichsam im Gegenzug, festgelegt wurde), oder bedeutete es nicht eher eine offene Flanke zum Judentum hin? Das »Alte Testament« als Teil der Bibel wurde zur Quelle weiterer Konflikte um den Gott Abrahams, Isaaks und Jakobs. In der Kirche wird er angerufen als Vater Jesu Christi, der den Gekreuzigten von den Toten auferweckt hat – »den Juden ein Ärgernis und den Griechen eine Torheit« (1. Kor 1,23)! Hätte man sich nicht dies alles mit einem Schlage mit Hilfe einer möglichst einfachen religiösen Logik ersparen können, mit einer New-Age-Bewegung, die viele in ihren Bann zieht, weil sie den Jesus-Glauben mit der Erfahrung einer besseren Welt zu verzahnen versteht? Was solcher Erfahrung nicht zugänglich ist, mag als Erblast der verdorbenen Welt einer abgedankten Gottheit zugeschrieben werden!

Die Kirche hat bewußt diese Richtung nicht eingeschlagen. Sie wollte sich ihren Weg von dem Gott weisen lassen, den Jesus den »Gott der Lebenden« nennt (Mt 22,32). Seine Verheißung und sein Gebot vernahm sie, getreu der Predigt und dem Gebet Jesu, aus dem Gesetz und den Propheten, und über alle dort ergangenen Verheißungen hörte sie in Jesus Christus das Ja Gottes gesprochen (2. Kor 1,20), bezeugt durch die Apostel. *Dies* erkannte sie als das Ganze der heiligen Schrift und erkannte es als Kanon an.

Hat die Kirche mit ihrer Bestimmung des Kanonischen eine hieb- und stichfeste Entscheidung gefällt? Historisch-kritisch gesehen, bleibt sie in mehr als einem Punkt fragwürdig. Doch wir sehen nun: Hinter dem Maßstab des Alters der Schriften und der Autorität ihrer Verfasser steht eine fundamental andere Auffassung vom Ganzen der Glaubenswahrheit, ja vom Charakter des Glaubens.

Und deshalb ist es wohl kein Zufall, daß etwa gleichzeitig mit der Feststellung des Kanons die *regula fidei* formuliert wird. Sie soll mit anderen Worten, aber in Übereinstimmung mit dem Ganzen der Bibel möglichst kurz und treffend aussagen, »was Christen glauben« – nicht in Form einer statistischen Bestandsaufnahme, sondern verbindlich: was Christen glauben, wenn sie wirklich glauben, insofern: was sie zu glauben haben. Das können wir als die Geburtsstunde der Dogmatik ansehen, wenn wir dieses Bild sofort einschränken: die Nabelschnur zur Bibel wurde gerade nicht durchschnitten! Von nun an werden Texte der Bibel zur Seite stehen, die gerade zeigen sollen, daß und wie die Kirche sich an die Bibel hält.

(4.) Aufgabe der Dogmatik ist es, die Tiefenstruktur der Wahrheit des Glaubens an Jesus Christus und dessen Erstreckung anders zum Ausdruck zu bringen, als es eine systematisierende Schriftauslegung vermag. Dogmatik eröffnet ein komplexes Gefüge von Glaubenssätzen, die aufeinander verweisen, sich wechselseitig beleuchten und zu verstehen geben.

Der dritte Leitsatz handelte von der Verschränkung der elementaren Fragen, die durch Glaubensaussagen beantwortet werden. Entsprechend verhält es sich mit den Inhalten der Dogmatik: mit dem, was sie im einzelnen und in ihrem genuinen Zusammenhang (in einem *systema*; → 3.1.3) zu sagen hat. Wie die Kettenformulierung »warum wir glauben, wenn wir glauben, was wir glauben« die innere Verwiesenheit auf syntaktischer Ebene zeigt, bilden auch die propositionalen Gehalte (die Aussagen) ein systema aus, dessen innere Struktur ebenfalls ein Verweisungsgeflecht ist.

Dogmatik beschäftigt sich also nicht mit einem Katalog von Glaubenssätzen, der hierarchisch oder chronologisch gegliedert ist und der schrittweise durchgegangen, um nicht zu sagen: abgearbeitet werden müßte. Sie hat vielmehr das Gefüge von Glaubenssätzen transparent zu machen, ihre Struktur(en) aufzudecken, ihren Verweisungen zu folgen und dadurch neue Beziehungen zu ermessen, die wiederum geprüft werden müssen, ob sie »im Glauben« und »auf Hoffnung hin« stichhaltig sind.

»Glaube« ist ein Ganzes von Propositionen, das so voraussetzungsreich ist, daß wir immer nur mit einer von ihnen beginnen können, und zwar wechselweise. Glauben beginnt nicht erst, wenn eine Anzahl von Propositionen als bewahrheitet gelten kann.

Alle, die im Glauben und auf Hoffnung hin reden möchten, sind in die Verantwortung genommen, das Glaubensgespräch, an dem sie teilhaben, behutsam zu führen, engagiert zu beobachten, ihm durch neue Einsichten, vielleicht Präzisierungen und Reduktionen aufs Wesentliche, Nährstoffe zuzuführen, Wildwuchs zu beschneiden, ihm auch Luft zu verschaffen, wenn es durch Unkraut oder fremdes Rankenwerk zuzuwachsen und zu verkümmern droht. Das Verweisungsgeflecht der Dogmatik soll helfen, verantwortlich von Gott zu reden, von Gottes Wirklichkeit und von allem, was in Beziehung zu ihr steht, also dafür zu sorgen – soweit es menschenmöglich ist –, daß Gottes Fülle zur Sprache kommt. Diese Fülle läßt sich nicht auf begrenzte Funktionen reduzieren oder in unsere Sprache gleichsam einbauen – eine schreckliche Vorstellung, aber leider nur allzu realistisch! Die Komplexität der Dogmatik kann im besten Falle nur den Reichtum dessen widerspiegeln, was im Glauben und auf Hoffnung hin zu sagen ist. Sie wird damit nie zum Ende kommen – auch wenn diese Schriftauslegung noch so vollständig und differenziert ist!

Die Glaubenswahrheit *ganz* zum Ausdruck bringen, kann nicht bedeuten, sie so auf den Begriff zu bringen, daß man sie damit im

Rücken hat und so Hoffnung und Erinnerung verrät. Dies beobachtete Paulus bei seinen Gegnern in Korinth. Die Dogmatik kann ihre Aufgabe ganz im Gegenteil nur in Angriff nehmen, indem Aussagen formuliert werden, die in unterschiedlichen Situationen dazu anleiten und einladen, die Erstreckung des Glaubens auszuschreiten.

Die Bibel ist als Kanon, als Richtschnur der Kirche, sogar erst im Kampf um das rechte Verständnis des Ganzen heiliger Schriften entstanden. Dies konnte methodisch verschieden geschehen: einmal durch eine Rechenschaft über den Bibelgebrauch, eine Anweisung zum rechten Verstehen der einzelnen Texte im Ganzen der heiligen Schrift; zum anderen durch Texte, die das, was in der Bibel zugesprochen, erzählt und angesagt ist, anders, aber im gleichen Sinne sagen.

Ein solches Beispiel für christliche Lehre, die nichts anderes als eine Anleitung zum Bibelstudium sein will, ist AUGUSTINS Schrift *De doctrina christiana* (397/426). Sie widmet sich zunächst Grundfragen des Glaubens, geht ausführlich auf Fragen der Bibelauslegung ein und schließt mit einer Anweisung zum Predigen. So beantwortet Augustin die erste der eingangs genannten Fragen (»Was glauben Christen?«), indem er den ausgesprochenen Glauben der Kirche auf die Bibel bezieht und darlegt, wie die Bibel als Quelle des Glaubens zu verstehen ist, welche Schwierigkeiten sich dabei ergeben und wie sie gemeistert werden können. Dieser hermeneutische Teil ist der Kern des Buches. Er enthält eine Theorie darüber, wie sich die biblische Sprache (*signum*) zur Wirklichkeit (*res*) verhält, die in der Bibel bezeichnet wird. Augustin strebt damit eine Gesamtauffassung von Gott, Mensch und Welt an, und dies wirft die Frage auf, ob das, was in einzelnen biblischen Texten gesagt ist, bereits in dieser Gesamtauffassung vorgefunden werden kann. In diesem Falle würde das Hören auf die Bibel durch eine Bibel-Systematik ersetzt, indem die Auslegung biblischer Texte ein theologisches Vor-Wissen im nachhinein nur noch illustriert, auch wenn die Gesamtauffassung der Bibel entnommen sein sollte. Wer immer schon weiß, was die Bibel zu sagen hat, braucht dies durch seine Auslegung nur noch zu bestätigen. – Auch wenn Augustin selber dieser Gefahr zu erliegen scheint, wendet er sich doch mit aller Leidenschaft gegen die Unbelehrbarkeit, die mit einer solchen Gesamtauffassung einhergeht. Ihm stehen Zeitgenossen vor Augen (sie ähneln Fundamentalisten von heute), die entweder Bibelworte wortwörtlich in Anspruch nehmen und dabei verfehlen, was diese Worte selber mitteilen wollen. Oder es sind Menschen, die von ihrer eigenen religiösen Erfahrung begeistert sind, die mit Gottes Geist auf Du und Du stehen (die Gegenfront zu Fundamentalisten: Spiritualisten, die sich auf ihre unmittelbare Geistverbundenheit mit Gott berufen) und die Bibel ebenso wie überlieferte Glaubensbekenntnisse an ihrer eigenen Unmittelbarkeit zu Gott messen. Sie halten auch jede Predigt für überflüssig, wenn diese nicht bloß bestätigt, was sie schon in sich fühlen. Beide Einstellungen sind typisch für die Verachtung der Wirklichkeit (*res*), die in der Bibel zur Sprache kommt, ohne mit ihr zur Deckung zu kommen.

Auch für »Dogmatik« als gegliederte Darstellung des christlichen Glaubens hat AUGUSTIN eines der frühesten Beispiele gegeben: mit seinem *Enchiridion de fide, spe et caritate* (Handbüchlein über Glaube, Hoffnung und Liebe), verfaßt zwischen 421 und 424. Als »Handbüchlein« will es nicht nur »handlich« sein, sondern dem Christen zur Hand gehen, wenn er sich über Grund, Wesen und Ausrichtung seines Lebens zu orientieren sucht. Der Titel lehnt sich an 1. Kor 13,13 an; die Schrift handelt indessen nicht eigentlich von Glauben, Liebe und Hoffnung so, wie man sie später als theologische Kardinaltugenden verstanden hat. Augustin entfaltet vielmehr das Ganze dessen, was Christen glauben, hoffen und worauf sie ihre Liebe richten, jeweils im Blick auf den Dreieinen Gott: Vater, Sohn und Geist. Sein Elementarbuch ist gleichsam eine Wegweisung und -begleitung für die Anrufung Gottes: im Gedenken an das, was Gott getan hat, in der Wahrnehmung seiner heilvollen Gegenwart und im Vertrauen auf die von ihm bestimmte Zukunft. Augustin zeigt damit, daß sich das Reden von Gott vom Anfang bis zum Ende aller Dinge erstreckt. Zugleich wendet es sich der Fülle Gottes zu, wie sie sich im Handeln des Vaters, des Sohnes und des Geistes kundtut und gleichwohl ihr Geheimnis wahrt. Das Denken, das dies aufzufassen versucht, muß der Spannweite des Redens von Gott folgen. Es wird also an keinem Punkt stehenbleiben können und trotzdem nicht uferlos werden. Es bewegt sich in einem bestimmten Raum – in dem Raum, den Gottes Handeln bestimmt. Seine Tiefe ist ebenfalls begrenzt, denn nur Gott selber kann uns wahrnehmen lassen, was er und wie er sich erschließt.

Augustin vermittelt eine schon ausgebildete Form theologischer Darstellung; ihre Grundstruktur hat sich bis in die Gegenwart erhalten. Sie unterscheidet sich von einer weitläufig zusammengestellten Wiedergabe christlicher Überlieferung, die den »rechten Glauben« möglichst vollständig festhalten will. Diesen Typus repräsentiert JOHANNES VON DAMASKUS (ca. 670–750) mit seiner »Genauen Darlegung des orthodoxen Glaubens« ("Εκδοσις τῆς ὀρθοδόξου πίστεως), der maßgebenden Sammlung von Lehrtexten der östlich-orthodoxen Kirche. Diese ist gewissermaßen ein »Lehrbuch der Kirche«, ohne eine »theologische Lehre« mit eigenen Argumentationsschritten und Rechenschaft über ihre Begründung zu sein. Johannes Damascenus hat zusammengestellt, was überliefert worden war. Er gliedert im wesentlichen trinitätstheologisch, ohne auf ein thematisches Gleichgewicht oder auf andere ordnende Gesichtspunkte zu achten. Was in der Überlieferung ausführlich erörtert worden war, führt er breit aus und erwähnt nur kurz, was ohne größere Widerstände in Geltung steht.

Wir befinden uns hier an einer Wegscheide christlicher Theologie. Sie kann die Richtung einer weiterschreitenden Glaubensüberlieferung einschlagen, die – wie in 1.1.1 skizziert – in den Lebensformen der Kirche enthalten ist, insbesondere im Gottesdienst und im Unterricht. Diese Äußerungen kirchlichen Lebens können zusammengestellt werden, ohne daß sie für sich eine Einheit bildeten.

Oder Theologie formt sich auf andere Weise: systematisch ohne Systematisierung. Sie löst sich dann durchaus nicht vom gottesdienstlichen Ritus und anderen kirchlichen Lebensformen (zumindest ist dies ursprünglich keineswegs der Fall). Aber sie entwickelt sich selbständig und hat jedenfalls nicht bloß die Aufgabe, Gottesdienst, Unterweisung und Frömmigkeit zu begleiten. Sie soll nicht nur festhalten und sozusagen in Ordnung halten, »was Christen glauben«. Sondern sie will dies sagen, indem Rechenschaft darüber gegeben wird, »warum wir glauben können«. Das kann (wie bei AUGUSTIN) geschehen, indem über die Einheit Gottes im Ausmaß seines Werkes nachgedacht wird.

ADOLF MARTIN RITTER, Art. Glaubensbekenntnis(se) V. Alte Kirche: TRE 13, 1984, 399–412 (zur *regula fidei*: 402–405).

1.1.5 Keine Angst vor Dogmen!

Die Frage »Warum können wir glauben?« kann aber auch den Zugang zu den Fundamenten des Glaubens eröffnen und nach dem

Aufbau der Rechenschaft über den Glauben fragen lassen: also danach, wie und womit theologisches Denken beginnt.

Diesen Weg ist die Kirche im Westen weithin gegangen, und ihre Grundlagenkrisis im 16. Jahrhundert – die zur sog. Kirchenspaltung führte – hat gerade daran, aufs Ganze gesehen, verhältnismäßig wenig geändert. Auch wenn das Gespräch zwischen den Kirchen der Reformation und der römisch-katholischen Kirche sich lange Zeit in Kontroversen über das Kirchentrennende erschöpfte, stoßen wir doch immer wieder auf eine gemeinsame Absicht:

(5.) Dogmatik ist der Versuch, die Endgültigkeit und Fülle des Handelns Gottes auszusagen, das die Geschichte der Menschen nicht abschließt, sondern ihnen Zukunft zusagt: die vollendete Gemeinschaft Gottes mit den Menschen, die sich bereits jetzt ankündigt, wo Gottes Geist Menschen mit Gott und miteinander verbindet.

Die Kirche soll in die Zukunft weiterschreiten, die Gott verheißen hat, und dabei kann nichts von alledem, was gleichzeitig oder im Laufe der Zeit geschieht, ihr gleichgültig sein. Um hier Kurs halten zu können, bedarf es eines Kompasses: der Dogmatik. Diese soll nicht *alles* sagen – und schon gar nicht immer alles sagen wollen –, sondern es soll ihr gerade ermöglicht werden, *Neues* zu sagen. Wie ist dies möglich?

Die Antwort kann sich auf den zweiten und den vierten Leitsatz stützen. Element der Dogmatik ist, was als glaub-würdig unbedingt und unter allen Umständen gesagt werden muß: die Endgültigkeit und Fülle der Offenbarung Gottes als *Verheißung* für uns Menschen. Ausgesprochen werden kann dies alles nur im Vertrauen auf Gott, gehalten in dem, was er den Menschen zugesprochen hat. Damit ist die *Erstreckung* angezeigt, der wir zu folgen haben: Gottes Sein als Vater, Sohn und Geist, sein Handeln in Schöpfung, Versöhnung, Erlösung und Vollendung der Welt. (Die Trias Schöpfung – Erlösung – Vollendung entspricht eher der ostkirchlichen Theologie, im Westen steht die Versöhnung in der Mitte. Hinter diesem Sprachgebrauch verbergen sich auch unterschiedliche Auffassungen vom Handeln Gottes, die einander ergänzen können. Darum werde ich im folgenden beide Reihen wechselweise nennen.)

Das ist es, was Christen glauben – nicht, weil es ihnen vorgeschrieben ist, sondern indem sie einstimmen in das, was Gott verheißungsvoll getan hat. Das bestimmt ihre Erwartung und ermöglicht ihre Liebe als Hingabe für andere, und so können sie glauben.

Gerade die Endgültigkeit und Fülle der Offenbarung eröffnet Zukunft – dies lenkt auch zum zweiten Leitsatz zurück: Die Glaubenswahrheit kann nicht ganz zum Ausdruck gebracht werden, indem man ihren kleinsten Nenner formuliert. Wir haben schon bei Paulus gesehen: Von Jesu Auferweckung läßt sich nicht sprechen, ohne daß Gottes Handeln in den Blick kommt. Es ist das schöpferische Handeln Gottes, das dem Tode die Macht nimmt. Die Verwandlung in den Geistleib (1. Kor 15,44) verweist auf die Kirche als geistgewirkten Leib Christi (1. Kor 12), in der auch die Geschöpflichkeit der Christen neu zur Geltung kommt (1. Kor 6–10). Jeder Versuch, dieses Geflecht auf eines seiner Momente zu reduzieren, läßt die Erwartung der Gegenwart Gottes erstarren. So ist es kein Zufall, daß bereits die altkirchlichen Glaubensbekenntnisse das Handeln Gottes als Erstreckung – Schöpfung, Versöhnung, Erlösung und Vollendung – und Gott selber als lebendige Einheit von Vater, Sohn und Geist auszusagen versuchen. Die Fülle der Offenbarung läßt sich nicht ausschöpfen, aber sie läßt sich trinitarisch umreißen. Diese Struktur ist bis heute für die Dogmatik maßgebend.

Die Sätze, in denen die Fülle der Offenbarung ausgesprochen wird, habe ich vorläufig »Glaubensaussagen« genannt. Weshalb nicht gleich »dogmatische Sätze« oder »Dogmen«? Weil es gar nicht einfach ist, stichhaltig zu erklären, wie die Bezeichnung *»Dogmen«* unmißverständlich verwendet werden kann, vor allem, wenn man sich vor Augen hält, in welcher Situation und in welchem Sinne sie eingeführt wurde.

Erinnern wir uns an die Vorbehalte, die der Dogmatik entgegengebracht werden: »Dogmatik«, »dogmatisch«: das klingt freilich wenig anziehend für Ohren, die fürchten, ihr Gehör werde verdorben durch Behauptungen, die einfach in die Welt gesetzt wurden und die verlangen, auf Biegen oder Brechen festgehalten zu werden. Wer dogmatisch redet – und so heißt es nicht nur in der Theologie, sondern auch etwa in der Politik oder in alltäglichen Auseinandersetzungen –, gilt als verbissen, denn er steht unter dem Verdacht, auf Argumente zu verzichten und sich auf keine Kritik einlassen zu wollen. Als »dogmatisch« wird betrachtet, was keine Widerrede duldet, unerschütterlich zwar, aber auch starr und lähmend, ja tot. Es ist fix und fertig – und macht womöglich fix und fertig. (Bei einem Manuskript, in dem »δογματικῶς« mit »lehrhaft« wiedergegeben worden war, meinte der Setzer in der Druckerei, dies sei doch wohl ein Versehen, und änderte um in »lebhaft« – ein Wunschtraum von Dogmatikern und für Dogmatik.) »Dogmatisch« riecht nach penetranter Rechthaberei, im Englischen ist es sogar gleichbedeutend mit »arrogant«. Wie kam es zu diesem schlechten Ruf?

Was die Theologie angeht, so beruhen solche Vorbehalte zum einen auf herkömmlicher Verzahnung von »Dogmatik« und »kirchlicher Autorität«. Zum anderen rühren sie daher, daß »Dogmatik« auf eine langdauernde kirchliche Tradition zurückblickt und deshalb oft als Anwältin des Traditionalismus auftritt. Wenn beide Motive sich dann sogar verbünden, erscheint Dogmatik als traditionalistisches Machtinstrument der Kirche, das jede neue, ungewohnte oder gar radikal-kritische Lebensäußerung erbarmungslos niederzuschlagen droht. So jedenfalls ist Dogmatik oft genug erlebt worden, und die Loslösung christlicher Gemeinschaften von den »Großkirchen« und deren Reglement ging deshalb Hand in Hand mit einer Emanzipation von der Dogmatik überhaupt. Daraus erklärt es sich, daß »Dogmatik« auch dort, wo ihr in der theologischen Wissenschaft ein Platz eingeräumt wird, oft einen schlechten Stand hat. Sie scheint die freie Forschung zu hemmen, den kritischen Geist zu knebeln, wirkt gar wie eine Zuchtrute, mit der die »Amtskirche« in theologische Fakultäten hineinregieren möchte. Oder sie schaut wie ein Rammbock aus, der mit Hilfe von »Dogmen«, von ehernen Grundsätzen aus und sozusagen mit gottgegebenen Garantien ein selbständiges theologisches Denken erschüttern soll: ein Denken, das ohne Fesselung von außen – heiße sie nun »Kirche« oder auch »Bedürfnisse der Frömmigkeit« – der Frage nach Wahrheit und der Wahrnehmung von Wirklichkeit nachgehen will.

So beklagt etwa ALBERT SCHWEITZER, Jesus sei

> in den Kirchen eingemauert. [...] Die Kirchen stellten ein Dogma über Jesus auf. Als Historiker würde ich zwar sagen, daß sie mußten, daß sie, geschichtlich betrachtet, nicht anders konnten. Aber da es sich hier nur darum handelt, zu reden von dem, was *ist*, constatiere ich, daß die Kirchen einen lebendigen Menschen einem Gebäude von

Dogmen einfügten, seine einfache, lebendige Menschlichkeit aufhoben und ihn denen unzugänglich machten, die nicht in diesem Bau drin standen (»Jesus und wir«, Vortrag im liberalen Verein [Straßburg] am 22.1.1906, bisher unveröffentlicht).

Im Tonfall Schweitzers müßte es weiter heißen: Die dogmatische Einmauerung Jesu begrub ihn lebendig, und dadurch wurde die Kirche nicht nur zum Wächter an diesem Mausoleum, sondern sie hat sich selbst das Leben Jesu genommen.

»Dogmatik« gilt darum als Erbfeind des geschichtlichen Lebens, ja der Lebendigkeit überhaupt. In diesem Sinne gehört die Polemik gegen alles »Dogmatische« zum Repertoire der historischen Forschung in der Theologie und ihrer Folgerungen für »Leben« und »Praxis«. Wie oft können wir hören oder lesen, die Propheten und Apostel seien keine Dogmatiker gewesen. Wie richtig! Aber sie waren auch keine Vertreter historischer und Praktischer Theologie. Das spricht mitnichten gegen diese Fächer, sondern sollte der Frage unbefangen Raum geben, in welchem Sinne »Dogmatik« auch dort begegnet, wo sie sich nicht (oder noch nicht) als »Disziplin«, als »Lehrgebäude« oder ähnliches zeigt.

Dogmen sind Grundsätze – so lautet das Vorurteil weiter –, die nicht mehr in Frage gestellt werden dürfen. Man könne wohl über sie diskutieren, aber eigentlich lohne sich das nicht, denn sie ließen sich nicht revidieren.

Vielleicht vermindert es solche Berührungsängste mit dem Wort »Dogma«, wenn wir bedenken, daß sie auch von Theologen geteilt wurden, die es seit dem 2. Jahrhundert in den Sprachgebrauch der Kirche aufnahmen, jedoch nicht zügig, nicht einheitlich und mit manchen Bedenken und Einschränkungen.

Das Wort »Dogma« hatte damals eine schillernde Bedeutungsbreite. Sie reichte von bloß subjektiver Überzeugung bis zu deren genauem Gegenteil, philosophischen Erkenntnissen, die gegenüber skeptischen Einsprüchen gesichert waren, von autoritativer Festsetzung zu festgefahrener gegnerischer Meinung. »Dogma« konnte auch ein kultischer, rechtlicher oder theologischer Grundsatz oder ein politisches Dekret sein. Wer ein Dogma aufstellte und vertrat, mußte auch für es bürgen können. Bedeutete »Dogma« einen kaiserlichen Machtspruch, der seine Anerkennung erzwang, dann brauchte man nicht weiter zu fragen, worin seine Geltung begründet ist. Diesem Sprachgebrauch wollte sich die altkirchliche Theologie gerade nicht unbesehen unterwerfen. BASILIUS VON CAESAREA nennt die Wahrheit, die in der Kirche öffentlich ausgesprochen wird, »Kerygma« und reserviert »Dogma« für die Überlieferung der Glaubensgeheimnisse, die von den Mönchen in der Abgeschiedenheit ihres geistlichen Lebens bewahrt werden (*De spiritu sancto* 66: SC 17, 232f.). »Dogmata« sind nicht jedermanns Sache – aber sie sind auch kein Geheimwissen. Sie eignen sich nur nicht, zu Markte getragen oder auf dem Forum der Öffentlichkeit feilgeboten zu werden, wo nur ihr sozialer Wert abgeschätzt wird. Auch die Wahrheit der Bibel liegt, wie Basilius meint, nicht vor aller Augen, sondern öffnet sich nur dem geistlichen Verständnis. Es bedarf der unmittelbaren Erleuchtung durch Gott, und darauf muß man sich durch eine besondere Lebensführung vorbereiten. Ein Dogma darf nicht ausposaunt werden, es gehört eher zum innersten Verständigungsbereich der Kirche, in dem Christen sich und einander über ihren Glauben Rechenschaft geben. Hier urteilen Berufene allein nach den Kriterien des Glaubens und reden nicht aus irgendeinem anderen Mitteilungsbedürfnis heraus. Das Dogma würde seinen Charakter verändern, wenn es dazu benutzt würde, den christlichen Glauben öffentlich zu verbreiten. So haben Theologen das bis dahin freischwebende Wort »dogma«, das eine festgefügte Meinung oder Setzung bezeichnete, der Kirche in einem besonderen Sinne zu eigen gemacht: Dogma heißt der Glaubenssatz, der für sich selber spricht, der so untrüglich klar ist, daß sich die Kirche daran halten und sich ihr Reden und Handeln darauf stützen kann. Dogmen bedürfen keiner weiteren Erklärung und Absicherung.

Erst später setzt sich eine andere Wortbedeutung durch, in gewisser Hinsicht ein Rückschritt vom vorher weithin üblichen Sprachgebrauch. »Dogma« heißt nun ein Glaubenssatz, der von der Kirche ausdrücklich als solcher festgestellt wurde und dadurch sanktioniert worden ist, etwa kraft einer Konzilsentscheidung, die noch später durch päpstliche Dekrete abgelöst wird. Die Dogmen sprechen nicht – oder nicht mehr nur – für sich selber, denn sie sind autoritative Festlegungen, die mit den Machtmitteln, die der Kirche zur Verfügung stehen, auch durchgesetzt werden. Von ihnen darf in keinem Punkte abweichen, wer der Kirche angehören und sich nicht von ihr ausschließen will. Das ist der Sprachgebrauch, der im 4. Jahrhundert entsteht, zusammen mit den Konzilsentscheidungen, mit denen sich die Kirche im spätrömischen Reich als Reichskirche etabliert und sich damit mit dem römischen Rechtssystem verbindet. Eine nicht ungefährliche Nachbarschaft! Dogma klingt jetzt nach Reglement und Disziplinierung. Wird dadurch nicht vorgeschrieben, *was* Christen zu glauben haben? Wird ihnen nicht sogar vorgeschrieben, *wie* sie zu glauben haben, nämlich indem sie sich ohne Wenn und Aber an die Glaubensvorschrift halten und *ihr* glauben, ohne nachzufragen, warum? Denn die Antwort kann doch nur lauten: Weil es die Kirche gesagt hat, oder: weil es der Glaube der Kirche ist!

Wir müssen jedoch weiterfragen: Warum ist es der Glaube der Kirche? Und warum konnte die Kirche gerade dies und nichts anderes sagen? Wer versucht, darauf eine Antwort zu geben – statt sich mit der faktischen Feststellung zu begnügen, daß eine kirchliche Instanz eben dies deklariert habe –, unterscheidet zwischen der Gegebenheit des Dogmas und seiner Begründung. Diese Unterscheidung intendiert, daß das Dogma ein kirchlich anerkannter Glaubenssatz ist, weil er wahr ist – und nicht umgekehrt: daß er wahr ist, weil die Kirche ihn behauptet. Doch ist das wirklich so? Dies ist eine bleibende Frage, die gerade die Dogmatik offenhalten muß!

Dieses eigentümliche Verhältnis von »Wahrheit« und »Geltung« ist nicht immer schon geklärt, sondern muß immer wieder von neuem erfragt werden. Deshalb bedarf es der *Dogmatik als Vergewisserung von kirchlichen Glaubenssätzen*, oder, wie man auch zu sagen pflegt, der Dogmatik als Reflexion des Glaubens der Kirche. Eine solche Reflexion ist nötig, um gedanklich nachzuvollziehen und soweit wie möglich zu ergründen, was die Kirche verbindlich gemacht hat, und warum sie dies so und nicht anders sagte. Gerade hier ist jedoch daran zu erinnern, daß Dogmatik nicht erst dann entsteht, wenn kirchliche Glaubenssätze rechtsverbindlich entschieden werden, und daß sie sich nicht darin erschöpft, solche Glaubenssätze plausibel zu machen. So wird »Dogmatik« in der römisch-katholischen Theologie definiert. Sie ist, schreibt KARL RAHNER,

> die Wissenschaft vom kirchlichen Dogma, also die nach methodischen, der jeweiligen Sache gemäßen Prinzipien unternommene, den Gegenstand möglichst allseitig erfassende (systematische) Reflexion auf das Dogma der Kirche und damit auf alles, was zum Verständnis des Dogmas methodisch und inhaltlich notwendig oder förderlich ist (Art. Dogmatik: Sacramentum mundi I, Freiburg u. a. 1967, 917).

Hier bedeutet »Dogma« das Ganze der Glaubenssätze, die bisher von der Kirche deklariert worden sind. Dieses Ganze ist mehr als die Summe seiner Teile, d. h. der im Laufe der Zeit feierlich verkündeten Dogmen. Sie sind im Handbuch kirchlicher Lehrentscheidungen gesammelt, und dieses Enchiridion bildet nach wie vor die Textgrundlage katholischer Dogmatik. Die Dogmatik römisch-katholischer Theologie hat nicht nur die Aufgabe, die geschichtlich gewachsene Lehre als konsistent zu erweisen – dieser Aufgabe widmen sich auch viele evangelische Theologen und Theologinnen. Traditionelle katholische Dogmatik soll darüber hinaus auch die Entscheidungen des Lehramts so nachvollziehen, daß nach ihrer Übereinstimmung mit der Bibel nicht mehr von Grund auf gefragt werden muß, sondern daß diese Übereinstimmung nur noch festgestellt zu werden braucht.

Die reformatorische Theologie hat die Differenz zwischen der Begründung des Dogmas und seiner faktischen Gegebenheit verschärft und oft dramatisiert. Auch sie stimmte altkirchlichen Konzilsentscheidungen zu, vor allem jenen, die von Gottes Dreieinheit und der Einheit Jesu Christi mit Gott handeln. Andere Sätze kirchlicher Lehre, etwa den von der eucharistischen Verwandlung von Brot und Wein in Christi Leib und Blut (die 1215 formulierte Transsubstantiationslehre), hat sie nicht anerkannt. Auch die Entscheidung des zweiten Konzils von Nizäa (787) über die Bilderverehrung, die für die Frömmigkeit und das theologische Denken im Osten von höchster Bedeutung geworden ist, hat sie (darin einer Entscheidung der gesamten westlichen Kirche folgend) übergangen.

Denn die reformatorische Theologie stellte ausdrücklich die Begründungsfrage und beantwortete sie, indem sie die kirchlich anerkannten Sätze daraufhin prüfte, ob sie mit der Bibel übereinstimmen. Jener Prozeß wird uns noch beschäftigen (→ 3.2). Er erlaubt nicht mehr, ohne weiteres vom »Dogma der Kirche« zu sprechen, sofern mit »Dogma« die Wahrheit des Glaubens selbst gemeint sein soll. Die Kirche »hat« ja nicht die Wahrheit, sondern sie verhält sich zu ihr, indem sie in allem, was sie sagt und tut, auf Gott hinweist. So »steht« und »bleibt« sie »in der Wahrheit«.

Wir sehen: der Sprachgebrauch wird kompliziert, wenn zu viele Intentionen auf einen Nenner gebracht werden sollen. Bleiben wir bei der Bezeichnung »Dogma« für einen Glaubenssatz, der von der Kirche als solcher deklariert worden ist, dann haben wir eine bestimmte Anzahl von Dogmen zur Kenntnis zu nehmen, die vermehrt werden kann. Das ist der offizielle römisch-katholische Sprachgebrauch. Er wird jedoch, wie KARL RAHNERS Definition zeigt, relativiert, wenn mit »Dogma« das Ganze des Glaubens der Kirche gemeint ist. Dahinter steht die Vorstellung, daß dieses Ganze im Laufe der Kirchengeschichte entfaltet wird, und dazu kann die Dogmatik als »Wissenschaft vom Dogma« beitragen. Sie bleibt dabei an die deklarierten Dogmen gebunden.

Der Sprachgebrauch wird jedoch unklar, wenn er sich an die römisch-katholische Definition anlehnt, ohne zugleich den römisch-katholischen Kirchenbegriff zu übernehmen. Das hat unmittelbare Konsequenzen für das Kirchenverständnis. Die Kirche kann institutionell nicht so aufgebaut sein, daß sie (oder wer an ihrer Spitze steht) bestimmt, was als Glaubensaussage zu gelten hat. Vielmehr wird die Kirche durch ihre Einstimmung in die Wahrheit bestimmt, d. h. durch ihre Unterordnung unter das, was im Glauben unbedingt gesagt werden muß – nicht mehr, aber auch nicht weniger. Dieser Zusatz ist wichtig. Mit dem »nicht weniger« ist ein Sprachzusammenhang umrissen und gleichsam ein sprachlicher Raum abgesteckt, in dem wir uns immer schon bewegen, wenn wir »im Glauben« und »auf Glauben hin« reden. Dogmatik im Sinne evangelischer Theologie versucht, diesen Sprachraum abzuschreiten und über ihre Schritte Rechenschaft zu geben.

Dogmatik im Sinne evangelischer Theologie hat sich an das zu halten und auf das zu verweisen, was der Kirche zu sagen anvertraut ist: woraus sie lebt und was sie mitzuteilen hat.

Dies ist keine Eierschale katholischer Lehre, die die Reformatoren noch nicht ganz abschütteln konnten – ein solcher Vorwurf sollte späteren Generationen vorbehalten bleiben, die ein »undogmatisches Christentum« zu entdecken meinten. Eine solche Abneigung gegen die Stellung der Dogmatik zur Kirche geht aber fehl. Denn Dogmatik ist kein institutionalisiertes Selbstgespräch der Kirche, sondern sie steht der Kirche ebenso kritisch wie solidarisch fragend gegenüber. Sie hat ja nicht den »Glauben der Kirche« zu bewachen, sondern sie dient der Kirche, indem sie ihr beisteht, wenn es gilt, die Wahrheit zu sagen und sie zu bedenken, statt bloß »funktionsfähig« zu bleiben. Dogmatik lebt, wenn sie lebt, in der Kirche – und sie bezieht sich zugleich auf sie und steht ihr insofern gegenüber. Wenn in der Gemeinschaft des Glaubens gesagt wird, worauf Menschen sich im Leben und Sterben verlassen können, dann führt dies über die jeweiligen Grenzen der

Kirche hinaus. Darum ist Dogmatik relativ selbständig gegenüber der Kirche – und hilft so zu verstehen, was »Kirche« heißt.

Dogmatiken mit ökumenischem Zuschnitt (s. auch Anm. 3 und 5): EDMUND SCHLINK, Ökumenische Dogmatik. Grundzüge, Göttingen 1983. ²1993. – WOLFHART PANNENBERG, Systematische Theologie I–III, Göttingen 1988–1993. – ROBERT W. JENSON, Systematic Theology, New York (Oxford University Press) 1997.

Zum Begriff »Dogma«: JAN KOOPMANS, Das altkirchliche Dogma in der Reformation (BEvTh 22), München 1955. – MARTIN ELZE, Der Begriff des Dogmas in der Alten Kirche: ZThK 61 (1964) 421–438. – HANS JOACHIM IWAND, Der moderne Mensch und das Dogma: DERS., Nachgelassene Werke II: Vorträge und Aufsätze, hg. von Dieter Schellong/Karl Gerhard Steck, München 1966, 91–105. – ULRICH WIKKERT/CARL HEINZ RATSCHOW, Art. Dogma: TRE 9, 1982, 26–41.

1.2 Sprachelemente der Dogmatik

In einem zweiten Durchgang soll die Sprachstruktur in Augenschein genommmen werden, die für die Dogmatik typisch ist: gleichsam Knochen und Muskeln, die für einen Bewegungsapparat zusammenwirken, keine Bausteine, die auf einem Fundament in die Höhe geführt werden. Diese Struktur gibt den grundlegenden Unterscheidungen, den wegweisenden Regeln und den weitreichenden Zusammenhängen, die wir kennenlernen werden (→ 1.3), ihren Halt.

Vielleicht erscheint Ihnen dieser Abschnitt – und auch die folgenden im 1. Kapitel – zu »trocken«, womöglich wie eine Anleitung zum Trockenschwimmen, ohne das Element, in dem wir uns bewegen können. Dann überspringen Sie 1.2–1.5 zunächst einmal und kommen erst wieder darauf zurück, wenn Sie das zweite Kapitel und vielleicht auch noch 4.1 gelesen haben. Oder Sie nehmen sich einen Text vor, in dem Dogmatik gleichsam exerziert wird, und achten dort auf Sprachelemente und auf die theologische Urteilsbildung, damit Sie sich dann mit beiden noch einmal in ihrem theoretischen Zusammenhang (1.2; 1.3) und ihrem Kontext (1.4; 1.5) näher vertraut machen können. Die Beispiele, die ich im folgenden nenne, sind übrigens grundlegende dogmatische Texte, keine bloßen Illustrationen, und darum für den Aufbau der Dogmatik maßgebend.

1.2.1 Einstimmendes Reden

Von den Redeweisen, die die »Materie« der Dogmatik in unverwechselbarer Weise mitteilen, ist als erstes die einstimmende Rede, die *Homologie* zu nennen, im theologischen Sinne dieses Begriffs: das schlichte, uneingeschränkte Ja zu dem, was von Gott her wirklich und deshalb unbedingt und unter allen Umständen zu sagen ist. Dieses Ja spricht zustimmend aus, »was wirklich ist«, es beschränkt sich also nicht auf ein einverständliches Murmeln oder auf eine applaudierende Interjektion.

In solchem Ja zeichnet sich der ursprüngliche Augenblick ab, in dem sich der Sprachnebel von Illusionen und Lebenslügen urplötzlich lichtet, ein schlagartiges Wahrnehmen, in dem sich jedes Wenn und Aber erübrigt und wo auch der Spiralnebel der Reflexion in sich zusammenfällt. Dieses Ja macht die Voraussetzung kenntlich, in der die Theologie sich weiterbewegen kann. Es ist das Ja, das zur Sprache bringt, daß und wie Gott sich vernehmbar gemacht hat – und darum ist dieses Ja der hinreichende Grund für das Reden aus Glauben und auf Hoffnung hin. Wir kennen keine weitere Voraussetzung als dieses Handeln für das Reden von Gott. Darum fangen wir mit diesem Ja immer wieder an, denn wir können es niemals hinter uns zurücklassen. Und wenn wir einen Einstieg von anderer Seite her und aus anderen Anlässen versuchen, sehen wir uns früher oder später auf diesen Anfang zurückgeworfen.

Sagt Gott endgültig, wer *er* ist, so fragt sich gerade jetzt, wer *ich* bin, der da einstimmt und »Ja« sagen kann. Wird Gottes Verheißung gehört, dann fällt auf mich ein Licht, in dem ich mich anders wahrnehme, als ich mich zu kennen meine – erschreckend anders. Es ist ein Licht, daß mir nur erlaubt, »ich« zu sagen, wenn Gott mir sagt: »Du« bist verloren – und gerade dir gilt meine Verheißung; in der Sprache der Rechtfertigungslehre: »Du« bist Sünder und Gerechter zugleich (→ 3.2.1) Darum kann Gottes Verheißung nur im Glauben vernommen werden: im Glauben, der dieser Verheißung folgt, ihr nicht vorausgeht, ja der mit ihrem Vernehmen zugleich geschaffen wird. Darum ist der lichtende Augenblick der Einstimmung keine intuitive Einsicht, keine erleuchtete Schau mit ihrem Evidenzerlebnis. Die Einstimmung ist das unerhört andere Wort der Anfechtung des Glaubens, der nichts mehr von sich aus zu sagen vermag.

Das griechische Verb ὁμολογεῖν bedeutet im theologischen Sprachgebrauch: für jeden und jede hörbar erklären, was verbindlich ist – und zugleich sich selber zu dem erklären, was in dieser Form ausgesprochen wird, insofern einstimmen, übereinstimmen, bekennen. »Erklärt« wird also nicht dadurch, daß eine Behauptung durch einen Beweissatz begründet und darauf zurückgeführt wird. Was homologisch zu sagen ist, »besteht« in sich selbst. *Die Homologie sagt, was für sich selber spricht, aber mitgesprochen werden will. Sie kennzeichnet das Verhältnis der Redenden zu dem, was sie sagen, als Angewiesensein und Gebundenheit, hinter die sie nicht zurückgehen können.* Im Rahmen menschlicher Verständigung markiert die Homologie deshalb den Einsatzpunkt verbindlichen Redens, das keine anderen Voraussetzungen wahrhaben kann als die Bedingung, unter der es selber steht.

Die christliche Homologie kennt nur *eine* grundlegende Bedingung – eben die, die sie selber nennt in allem, was sie ausspricht: Gott hat in der Geschichte Jesu Christi gehandelt, hier hat er Bestimmtes getan und verheißen. Es ist die *Grundbedingung für die Konstitution christlichen Redens*, sozusagen die implizite und innere Bedingung für alles, was »im Glauben« gesagt, getan – und erlitten wird.

Diese Bedingung kann gedrängter oder ausführlicher formuliert werden. Besonders kurz faßt PAULUS sich in Röm 10,9f.:

> Denn wenn du mit deinem Munde bekennst, daß Jesus der Herr ist, und in deinem Herzen glaubst, daß ihn Gott von den Toten auferweckt hat, so wirst du gerettet. Denn wenn man von Herzen glaubt, so wird man gerecht; und wenn man mit dem Munde bekennt, so wird man gerettet.

Bekennen und Glauben sind hier untrennbar verbunden: Indem Gott Jesus von den Toten erweckte, hat er ihn zum Herrn der Lebenden gemacht. Ihm gehört ausdrücklich an, wer ihn »den Herrn« (Kyrios) nennt, und wer ihn als Herrn bekennt, dem ist Christi Sieg über den Tod gewiß. Paulus betont: Dies müssen wir sagen können, nicht nur spüren, in symbolischen Handlungen darstellen oder in anderer Weise uns zu eigen machen. Es muß ausgesprochen werden. Nur das? Meint »Bekennen« nicht mehr, heißt es nicht: gleichsam an die Rampe der Öffentlichkeit treten und *sich als Bekenner deutlich machen*, die eigene Gewißheit kundtun und weitergeben? Oder kommt es nicht auf den Ernstfall an, wo das Bekenntnis das Leben kosten kann? Paulus schließt dies alles nicht aus, aber er macht es nicht zur Regel für das Bekennen. Es kommt darauf an, daß man Bestimmtes aussprechen *kann*, daß man genau dies sagen *kann* und nicht etwas anderes unterstellt.

(6.) Die Homologie spricht aus, was sich für Glaubende aus sich selbst versteht – und so macht sie zugleich deutlich, wie es zum bekennenden Glauben überhaupt kommen kann. Im Bekennen stellt sich die Person vorbehaltlos in das hinein, was von Gott her geschieht und damit auch ihr zuteil wird – sie bekennt sich dazu, weil sie sich hier vor Gott findet. Wer homologisch redet, setzt an beidem an, auf das hin er selber angesprochen worden ist: bei Gottes Rede und seinem Handeln. Die Homologie sagt, womit wir im Glauben und auf Hoffnung hin zu reden anfangen.

Was versteht sich in der Theologie aus sich selber (nicht: von selbst)? Etwas, das »Glaubende« *nicht an sich selber* zeigen können, sondern mit dem sie *von sich weg*weisen, weil sie sich erkannt sehen. Sie würden etwas anderes demonstrieren, wenn sie auf sich selbst verweisen oder sich in das hinein versenken wollten, was sie in der Tiefe ihrer Selbstbesinnung auffinden und was sie wie durch ein Grundwasser miteinander und mit anderen verbinden mag. Was den Glauben möglich macht, kann allein *bekannt* werden. Wer »bekennt«, stimmt ein, indem er Bestimmtes sagt. Dies steht dem Sprecher, dem »Bekenner« gegenüber (darauf wird bei der Kennzeichnung theologischer Aussagen und des Gegenstandes der Dogmatik noch genauer einzugehen sein). Wenn ein Mensch nicht sich ausbreitet, sondern von dem spricht, was Gott auch ihm zugesprochen hat – also nicht von seiner »Gläubigkeit«, sondern vom Glauben, dem er zustimmt und in den er einstimmt –, wird er, gerade weil er selbstvergessen und sachlich zu reden weiß, auf den Glauben hinweisen und, wenn Gott will, auch andere für den Glauben öffnen können.

Die Homologie sagt aus, was in voller Freiheit des Glaubens gesagt werden *muß*, weil wir nichts anderes, Gegensätzliches sagen *können*, ohne in einen radikalen Widerspruch, in einen Selbstwiderspruch zu geraten. Was in diesem tieferen und zugleich schlichten Sinne selbstverständlich ist, läßt sich oft viel schwerer als anderes sagen. Problematisches leuchtet meistens viel eher als diskutabel ein, und wenn es gilt, Menschen zu begeistern und hinter sich zu bringen, genügen manchmal ein paar treffende Worte, die nur eingehämmert zu werden brauchen.

Bisher habe ich vorzugsweise von »Homologie« gesprochen, weil das Wort *Bekenntnis* einen Bedeutungswandel erfahren hat. Heute werden als »Bekenntnisse« oft Texte demonstrativen Charakters bezeichnet. Vom »Bekennen« wird mittlerweile vor allem erwartet, daß es zeigt, wo der oder die »Bekenner« stehen und im unübersichtlichen Terrain religiöser, geistiger, politischer, sozialer Auseinandersetzung unzweifelhaft anzutreffen sind. Hier werden von einzelnen Christen und von der Kirche »eindeutige« Antworten verlangt: Antworten, die die Positionsbestimmung erleichtern. Hinter dieser Erwartung steht ein verständliches Klärungsbedürfnis. Ist aber der Antwort auf komplexe Sachfragen immer durch solche Eindeutigkeit gedient, die oft das Problem nur auf einen Entscheidungspunkt reduziert und erst dadurch eine Alternative erreicht? Auffällig ist auch, daß ein solches »Bekennen« vorwiegend »Nein!« sagt; Abgrenzungen fallen offensichtlich leichter als eine Zustimmung aus vollem Herzen. Ein Nein verspricht auch, von der Unsicherheit zu entlasten, die von vielschichtigen und unübersichtlichen Herausforderungen und Aufgabenkomplexen herrührt. Das verträgt sich aber schwerlich damit, daß in der christlichen Sprachtradition das Bekenntnis mit der Homologie verwachsen ist und darum zuallererst ein Ja des Glaubens und der Hoffnung zu sagen versucht. So ist es auch gegenüber »Andersdenkenden« viel offener.

Daß sich inzwischen eine andere Bedeutung von »Bekennntnis« etabliert hat, beruht auf einem Ortswechsel des Bekennens. In der frühen Christenheit war die Homologie vorzugsweise in der Taufpraxis verwurzelt; bekennend nannte der Täufling die Gründe zu glauben und stellte sich damit in die Gemeinschaft des Glaubens. Dies änderte sich unter äußerem Zwang, auch wenn die gleichen Worte wie beim ungezwungenen Bekennen gesagt wurden. Wer sich zu Jesus Christus bekennen sollte – etwa im Martyrium oder auch bei innerkirchlichen Kontroversen –, mußte zeigen, zu wem er gehörte. Ein Bekenntnis wird jetzt von dem Akt des Bekennens her verstanden, der die Position des Bekenners gegenüber anderen Positionen klarstellt. Das Bekenntnis kann dabei immer noch homologischen Charakter haben. Wenn jemand in äußerster Bedrängnis nur noch bekennen und nichts weiter mehr darlegen kann, wird das Bekenntnis zur *ultima ratio*. Wem von anderen nichts mehr abgenommen wird, ja wer sein Existenzrecht bestritten sieht, wird sagen, was der letzte Grund seines Daseins ist, ohne weitere Rücksicht auf das Verständnis oder gar die Zustimmung anderer.

In dem Maße, wie Bekenntnisformulierungen kirchenrechtliche oder reichsrechtliche Bedeutung erhielten, wurde die Zustimmung zu diesen Formulierungen maßgebend. Das Bekenntnis wird zum Erkennungszeichen. Jetzt sieht es beinahe so aus, als werde eine Vorleistung dafür verlangt, daß jemandem geglaubt werden kann. Wer das, was als »Glaube« formuliert ist, nicht ohne jeden Abstrich und ohne auch das leiseste Zögern festhält, ist verloren.

Wird das Bekenntnis zu einer Art Eintrittskarte, die man vorweisen muß, um Einlaß in die himmlische Seligkeit zu erhalten? Diesen Eindruck erweckt ein Glaubensbekenntnis, das vermutlich im 5. oder 6. Jahrhundert entstanden ist: das sog. *Symbolum Athanasianum*. Nach seiner Eingangsformel wird es auch als *Symbolum quicunque* bezeichnet: »Wer gerettet werden will, muß zuallererst den katholischen Glauben bewahren« – und nun folgt eine Aufzählung von Sätzen, die die theologische Entwicklung zwischen den ökumenischen Konzilien von Konstantinopel (381), Ephesus (431) und Chalcedon (451) zusammenfassen. Zum Schluß heißt es nochmals ausdrücklich: »Dies ist der katholische Glaube; keiner kann gerettet werden, der ihn nicht treu und fest geglaubt hat.«

Hier müssen wir uns an Röm 10,9 erinnern lassen:

> Denn wenn du mit deinem Munde bekennst, daß Jesus der Herr ist, und in deinem Herzen glaubst, daß ihn Gott von den Toten auferweckt hat, so wirst du gerettet.

Können wir uns etwa vorstellen, daß diese Worte im Gottesdienst gesungen werden, ohne daß zugleich das Gefühl einer Sonderstellung, ja eines Besitzstandes entsteht? Und doch sollen hier die Gründe des Glaubens genannt werden, die für jeden unverzichtbar sind, der zu sagen unternimmt »Ich glaube«. Nicht anders als in Röm 10,9f., nur wesentlich breiter werden die inneren Gründe aufgeführt. Das Bekenntnis ist keinerlei Vorbedingung im Sinne einer Vorleistung: Nur wer dieses und jenes »geglaubt«, d. h. wortwörtlich gesagt hat, wird deshalb gerettet werden. Es wäre verhängnisvoll, wollten wir hier eine Reihenfolge vermuten: Erst muß dies und jenes gesagt werden, dann wird Glauben möglich.

Vielmehr bilden Bekenntnis und Glaube eine Einheit, gleichwie »Mund« und »Herz« in Röm 10,9f. zusammengehören. Beides kann nur um den Preis der Selbstverstümmelung auseinandergerissen werden. Freilich bleibt es eine (m. E. zu verneinende) Frage, ob man die innere Bedingung des Bekennens mit einer Klausel versehen kann, die so abschließend klingt wie die Eingangs- und Schlußformel des *Symbolum quicunque* und die alle anderen Menschen ausschließt, die anders reden und denken. Allerdings sollte deutlich bleiben: Dieses Symbol will – wie die übrigen genannten Bekenntnisse – vor allem eines einschärfen: anders, d. h. substantiell etwas anderes kann nicht wirklich geglaubt werden, wenn wir nicht in tiefe Widersprüche geraten wollen! Wer gefragt wird oder sich selber fragt, wem er glaubt und warum er glauben kann, wird immer auch sagen müssen, was er glaubt – die Gründe dafür eingeschlossen. Die großen kirchlichen Bekenntnisse wollen, recht verstanden, zu dieser Selbstprüfung verhelfen.

So verstehen sich auch die zahlreichen Neuformulierungen der Reformationszeit, die in Konsenstexten oder Kirchenordnungen dokumentiert sind. Sie gehen aus intensiven theologischen Bemühungen hervor, den im Hören auf die Bibel gewonnenen Konsens auszusagen – und zwar so, daß damit die Glaubensbegründung deutlich wird. Auf den ersten Blick ähneln diese Texte den überlieferten Glaubensbekenntnissen, die z. T. ausdrücklich aufgenommen werden oder deren wichtigste Aussagen anklingen. Von ihnen wollten sich die Kirchen der Reformation, die von Rom ausgeschlossen worden waren, nicht trennen, so wenig wie von dem Gottesdienst, in dem sie verwurzelt sind. Die Glaubensbegründung wird nun eigens genannt: Glauben können wir nur, weil Gott uns, die Gottlosen, gerechtfertigt hat, und dies hören wir aus seinem Wort, das uns Vergebung unserer Sünden zuspricht. Damit werden alle folgenden Aussagen unter die Klausel des Handelns Gottes gestellt, und so entfällt das Mißverständnis, als könnten Menschen Gottes Urteil vorwegnehmen. Sie können dies auch nicht tun, wenn sie im Namen der Kirche sprechen.

Weil allerdings die »Bekenntnisse« der Reformationszeit zugleich den »Bekenntnisstand« ihrer Anhänger bekundeten, wurden sie zu Kennzeichen von Konfessionen. Kirchen unterscheiden sich, häufig bedingt durch die politischen Umstände mit ihren Rechtsfolgen, durch ihr Bekenntnis bzw. durch ihre Bekenntnisschriften: in den lutherischen Kirchen dokumentiert im Konkordienbuch (1580), auf reformierter Seite flexibler, oft regional verschieden und mit Kirchenordnungen verknüpft. Auf diesen Prozeß soll hier nur deshalb hingewiesen werden, weil er eine konfessionelle Bedeutung des Bekenntnisses, der *confessio*, verständlich macht, die seinen homologischen Charakter zu überlagern droht. Wenn ein solches Bekenntnis in einer Kirche in Geltung bleibt (selbst wenn es nur noch auf dem Papier steht), zeigt es an, welcher Bekenntnis-Tradition sich diese Kirche verpflichtet weiß. Unter solchen Vorzeichen sind Bekenntnisse rezipiert, redigiert (und dabei oft verdünnt oder an allen Seiten beschnitten), auf Missionsfelder exportiert und je nach Bedarf umgeschrieben worden.

Diesen Prozeß habe ich skizzieren müssen, weil wir uns durch seine Nebentöne nicht irritieren lassen dürfen. *Das Bekenntnis ist seinem Ursprung nach Homologie, und es bleibt dies im Grunde auch*. Es nennt die innere Bedingung für das, was »im Glauben« zu sagen ist, und gibt durch das, was es im einzelnen sagt (und dafür sind thematisch keine Grenzen gesetzt) zu erkennen, warum das Gesagte glaub-würdig ist. Darin besteht die theologische Eigenart *und zugleich die logische Struktur der Homologie*. Sie formuliert und verbindet Sätze, die nicht verneint werden können – andernfalls würde der Glaube aufgehoben. Indem die Homologie so die »Logik« des Glaubens nachzeichnet, zeigt sie *zugleich* das Verhältnis der Glaubensaussagen zum »Glaubensgrund« – ohne dieses Verhältnis eigens zu entfalten, etwa im Rückgriff auf den frommen Menschen, der das, was ihn zuinnerst bewegt, als »Glaube« zum Ausdruck bringen möchte. Vielmehr reicht es aus, wenn Menschen auf Gott verweisen, wenn sie nichts anderes sagen und es deutlich aussprechen. Dieser Verweis wird immer ein Gefüge von Aussagen sein (»Erstreckung«, ← 1.1.4, 1.1.5), in dem sich der Glaubensgrund gleichsam von selber abzeichnet.

Gerade die Eigenart der Homologie, die »Logik« des Glaubens in Aussagen nachzuzeichnen und *dadurch* die notwendigen Bedingungen des Glaubens zu zeigen, ist *zugleich* eine Chance: Neue Situationen können ganz anders gesehen und erschlossen werden, gerade weil die Glaubensaussagen eine »Kontur« aufweisen und gleichsam gezielt »anzuwenden« sind. Neu erschlossene Situationen markieren den Spielraum für ein neues Reden von Gott, das gleichwohl nicht aus der Homologie heraustritt. Hier wird ausgesagt (und in diesem Sinne »ausgeführt«), was für den Glauben offensteht, wenn Menschen sich ihrem Tun und Lassen zuwenden: ihrer Beziehung zu anderen Menschen und zur Welt, in der sie leben und deren Teil sie sind. Was können sie jeweils ermessen, wenn sie im Glauben und auf Glauben hin reden? »Im Glauben reden« bedeutet schlicht: Bestimmtes sagen – und anderes, was dadurch ausgeschlossen ist, eben nicht sagen.

So beispielhaft MARTIN LUTHER im »Kleinen Katechismus« (1529): »Ich glaube an Gott den Vater, den Schöpfer Himmels und der Erden. – Was ist das? – Antwort: Ich glaube, daß mich Gott geschaffen hat samt allen Kreaturen ...« Ich verdanke mich Gott und stehe deshalb in Gemeinschaft mit allen Geschöpfen. Ich habe mir nicht selbst das Leben gegeben, schulde es letztlich auch nicht meinen Eltern, meiner Familie, meinem Volk, meiner Kultur; ich kann meine Existenz nicht zum Gegenstand meiner Bemühungen machen (wohlgemerkt: es wäre mir wohl möglich, ich mag meinem Leben seinen Sinn zu verschaffen oder zu entziehen suchen, aber ich *kann* weder das eine noch das andere tun, weil ich dann als Richter über mein Leben unaufhaltsam in Widerspruch zum Glauben geriete). Ich kann allein in den Grenzen meines Geschaffen-Seins leben, aber diese Grenzen geben mir Raum und Rückhalt. Ich brauche nicht umherzuirren, um meine Bestimmung zu finden. Sie begegnet mir in meiner Geschöpflichkeit, in Gemeinschaft mit anderen geschaffenen Wesen. In dieser Begegnung stoße ich auf Gott den Schöpfer, aber er geht nicht in solcher Beziehung auf, sondern setzt mich in das rechte Verhältnis zu mir und zu anderen, und in diesem Verhältnis bekomme ich mit ihm zu tun, der alles Leben bewahrt und erhält. Und wie dieses »Bewahren und Erhalten« zu sehen ist, inmitten aller menschenmöglichen Zerstörung und Selbstvernichtung des Lebens in der Welt – das ist eine anschließende Frage, die allein auf Glauben hin, in der Suche nach Gott, wie er ist und wirkt, vertrauensvoll gestellt und weiter verfolgt werden kann.

Das ist sozusagen die Argumentationsbewegung nach vorn hin, in womöglich unerschlossenes Gelände: Sie ermöglicht der Dogmatik, Neues zu sagen. Was in dieser Richtung gesagt wird, oft erst versuchsweise und den Weg suchend, muß sich die Rückfrage gefallen lassen: *Warum* kann gerade dies gesagt werden – und warum anderes nicht? In dieser Kehre muß die notwendige Bedingung, müssen die glaub-würdigen Gründe genannt werden, die so zu reden erlauben und das Gegenteil zu sagen verbieten. Diese Gründe entspringen nicht einem tiefen, sprachlosen Gefühl, keiner Ur-Erfahrung, auf die der Befragte sich zurückziehen könnte. Er kann nicht sagen: »Ich glaube, weil ich glaube ...« und dann diesen Satz unendlich, bis zur Erschöpfung wiederholen. Eine solche Antwort wäre nichtssagend, sie könnte allenfalls bedeuten, daß der »Glaubende« sich auf sich selber bezieht und sich selber glaubt. Die angemessene Antwort kann nur lauten: »Ich glaube, daß ...« – und dann folgt, was im Glauben zu sagen ist und nicht verschwiegen werden darf. *Die glaubensnotwendige Bedingung wird also als Glaubensaussage oder in einer Kette von Glaubensaussagen formuliert.*

Es sei wiederholt, daß es sich hierbei um theologische Beziehungen handelt, nicht etwa um Rückgriffe auf traditionelle Formeln. Natürlich steht diese Argumentation in einer Geschichte, bezieht sich auf früher Gesagtes. Aber das ist hier (noch) nicht der springende Punkt. Vielmehr kommt es darauf an, daß »Glauben« als Einstimmung in das, was »zu glauben ist«, immer zugleich »bekannt« wird. Glaube ist nie sprachlos oder eine unergründliche Gemütsbewegung, die dann noch sprachlich zum Ausdruck kommen möchte; Glaubensaussagen sind keine Ausdrucksformen des Glaubens, keine sekundären Äußerungen, die auf einen vorsprachlichen »Glaubensgrund« zurückgehen, der durch die personale Beziehung zu Christus im »Verkehr des Christen mit Gott« gebildet würde (WILHELM HERRMANN, Der Verkehr des Christen mit Gott, Tübingen [7]1921).

Gewiß geht Glauben nicht in einer Glaubenssprache, in einem »Sprachspiel« auf – zumal für Menschen nicht, die mit der Sprache ringen, gerade wenn sie im Glauben reden möchten und fürchten müssen, an ihrer Sprachunfähigkeit zu scheitern (→ 1.5.2). Doch daß Glauben nicht in Glaubenssprache aufgeht und warum: dies muß gesagt werden können und kann gar nicht anders als ausgesagt werden. Insofern *kommen wir aus der Sprache nicht heraus. Sie kann und soll die Mitteilungsweise für distinkte, unterscheidbare und darum erkennbare Sachverhalte sein, nicht Tummelplatz für Expressionen.* Darum ist es so wichtig, sprachlogische Beziehungen genau zu beachten. Glaubensnotwendige Bedingungen müssen so unmißverständlich ausgesagt werden, daß klar ist, was es bedeutet, sich an sie zu halten und sich auch jedem anderen gegenüber an sie gebunden zu wissen. Für alles, was daraufhin gesagt – und getan! – werden kann, und das durchaus nicht mit geläufigen »frommen Worten«, sondern in einer bestimmten Gesprächslage, in einer bestimmten Situation und mit dem Spürsinn dafür, was hier im einzelnen zu sagen ist und in welcher Weise: für dies alles bleibt ein weiter Spielraum. Die Gründe müssen nicht immer ausdrücklich ausgesprochen werden, aber sie müssen genannt werden können. Wenn dies geschieht, ist die Sprache kein Teufelskreis, sondern sie erlaubt, Voraussetzungen von Folgerungen zu unterscheiden und jene zu klären, zu präzisieren, und, falls nötig, ihre Formulierung zu revidieren.

Evangelische Bekenntnisse. Bekenntnisse der Reformation und neuere theologische Erklärungen I–II, hg. von Rudolf Mau, Bielefeld 1998.

1.2.2 Dialogdefinite Sätze

Grundlegende Glaubensaussagen sind oft als Dogmen formuliert worden: als verläßliche Sätze, die zu illusionsloser Wahrnehmung verhelfen, keineswegs als eine Art Zwangsjacke für Reden und Denken. Dogmen sind Aussagen aus Glauben auf Glauben hin, die ganz besonders genau, unmißverständlich und trennscharf formuliert worden sind. Warum?

Dogmen unterscheiden sich von der Homologie nicht in ihrer Form, sondern in ihrer Funktion. Sie sind ausgesprochene theologische Denkerfahrungen: Wie das Bekenntnis nennen sie Grundbedingungen, weil und sofern sie sagen, was für uns Menschen von Gott schlechthin gegeben ist – so, daß wir dadurch zugleich dafür aufgeschlossen werden, es aufnehmen und darin einstimmen können. Nur so kann »Dogma« wirklich eine »Glaubenssache« sein, ohne bloß eine Grundannahme auszudrücken, hinter die wir nicht weiter zurückgehen können oder möchten. »Dogma« bringt zur Sprache, was sich unwiderleglich zur Geltung gebracht hat, darum ist es kein Machtspruch von außen. Wer ein solches Dogma anerkennt, sagt, daß er von dessen Wahrheit überführt worden ist; seine Zustimmung entspringt daraus, ist also kein zusätzlicher akklamatorischer Akt, von dem die Geltung des Dogmas abhinge. Sich auf ein Dogma einzulassen, mit seiner Hilfe weiterzufragen: das ist, recht verstanden, ein Zeichen bescheidener Zuversicht, ein Vertrauen auf die Chancen menschlichen Erkennens auf der Grundlage dessen, was kein Mensch und keine Gruppe von Menschen – auch nicht die Kirche! – selbstmächtig erzeugen kann.

(7.) Eine exemplarisch »dichte« Glaubensaussage kann »Dogma« heißen. Wer sich auf sie beruft, zeigt an, worauf er unter allen Umständen zurückgreifen darf, wenn er in der Erwartung Gottes voranschreiten will.

Dogmen sind Sätze, zu denen wir immer wieder zurückkehren können und müssen, weil sie den gültigen und (vorläufig) bleibenden Erkenntnisgehalt theologischen Redens aussagen. Dogmen eröffnen Gespräche und schließen sie ab, ohne weitere zu verhindern. Denn in Dogmen sind vielfach erprobte, verläßliche Denkerfahrungen gespeichert und verdichtet. Ihrer Begründung kann nachgegangen, ihre Erstreckung kann abgeschritten werden. Insofern sind sie *dialogdefinit*: sie geben die theologisch sinnvollen Grenzen eines Glaubensgespräches zu erkennen und erschließen weitere Glaubensgespräche.

Evangelische Theologie spricht vorzugsweise von *dem* Dogma – nicht etwa, weil sie nur ein einziges zu bieten hätte, sondern um der Einheit aller Glaubensaussagen willen, die für andere maßgebend sind und sie abzuleiten erlauben. Diese Einheit ist die Christuserkenntnis, darum gibt es strenggenommen nur ein Dogma. Weil jedoch die Christuserkenntnis vielfältig ist, können einzelne Aussagen, die für andere grundlegend sind, durchaus Dogmen genannt werden. Anders in der katholischen Theologie. Dort heißen Dogmen die unverrückbaren Sätze, die die Kirche bzw. der Papst verbindlich gemacht hat, um damit die Grenzen der Kirche als Gemeinschaft der wahrhaft Glaubenden zu ziehen. Dabei wird mit einer Dogmenentwicklung gerechnet, die das geschichtliche Erkenntniswachstum der Kirche widerspiegeln soll.

Warum kommen wir auf Dogmen zurück? Um das wirklich Wesentliche nicht zu versäumen, um die *theologischen Denkerfahrungen der Christenheit* nicht gedankenlos oder gar mutwillig auszuschlagen. In Dogmen sind Denkerfahrungen eingegangen, d. h. Erkenntnisbemühungen, die zu einem sprachlichen Ergebnis geführt haben, auf dem weiter aufgebaut werden kann. Sie verknüpfen das, was im Glauben und auf Glauben hin zu sagen ist, aufs engste mit der Antwort auf die Grundfrage: Warum können Menschen glauben? Und diese Antwort ist zugleich ein Akt der Einstimmung: »Ich glaube ...«, »Wir glauben an Gott ...«, das heißt zugleich: Wir vertrauen uns ihm an in allem, was er ist, getan hat und mitteilt.

Dogmen sind theologische Aussagen, die sich als besonders verläßlich erwiesen haben. Das rührt auch daher, daß auf ihre Formulierung besondere Sorgfalt verwandt worden ist, um für die Auseinandersetzungen, die meist vorausgegangen sind und wiederkehren könnten, Klärung zu bringen, also zu Unterscheidungen zu verhelfen, die für den Glauben notwendig sind.

Sehen wir zum Beispiel, wie die Einstimmung des Glaubens im Bekenntnis zum Dreieinen Gott im *Symbolum Nicaenum* präzisiert und entfaltet wird: im Reden von Gott in der Einheit seines schöpferischen, erlösenden und vollendenden Handelns. Dieses Handeln umfängt uns, jedoch nicht als ein Einerlei, sondern als ein jeweils distinktes, von anderem unterschiedenes Tun. Die Bibel bringt uns auf die Spur des Handelns Gottes in Schöpfung, Versöhnung und Erlösung. Wechselt Gott dabei gleichsam die Gestalt, tritt er in verschiedenen Rollen auf? Dieses Mißverständnis sollte in Nizäa ausdrücklich ausgeschlossen werden, weil es das Handeln Gottes auf verschiedene Begegnungsweisen verteilte und dadurch auch auf den falschen Gedanken brachte, daß Gott in seinem Handeln sozusagen aufgehe. In dieser Auseinandersetzung wurde eine theologische Denkerfahrung gewonnen: Wir können die Einheit Gottes nur so nachzeichnen, daß der Eine Gott sein Wesen, seine Gottheit in innergöttlichen »Relationen« hat (vgl. JOHANNES CALVIN, Institutio christianae religionis I 13,6.18f.). Die Beziehung des Vaters zum Sohn erschließt sich als Ursprung der Freiheit; ihre Beziehung wird im Heiligen Geist offenbar als Liebe, als Gegenüber in gegenseitiger Freiheit, die jedem bloßen Einerlei wehrt. Das Bekenntnis zum Dreieinen Gott artikuliert diese vielfach gestaffelte Denkerfahrung des Glaubens.

Eine der weiteren Denkerfahrungen, die in diesem Dogma festgehalten werden, wurde im Begriff »Person« gebündelt. Umgangssprachlich bedeutete damals »Person« ein Wesen, das spricht und handelt, oder auch die »Maske« oder »Rolle« im Theater. Letzteres konnte nicht in Betracht kommen, denn Gott spielt nicht bloß eine Rolle in der Welt, er zieht keine Maske über, um seine Gottheit dahinter zu verstecken. Vielmehr handelt er »in Person« des Vaters, des Sohnes und des Geistes, jede Person den beiden anderen zugewandt und gemeinsam mit ihnen handelnd in der Zuwendung zu ihrer Schöpfung. Grundlegend für alle diese Beziehungen ist das Verhältnis jeder göttlichen Person zur anderen, das keine Verwechslung erlaubt, und weiterhin das unumkehrbare Verhältnis Gottes zum Geschöpf. – Daraus konnten später auch Einsichten in das Menschsein erwachsen. Denn Gott, der in sich selbst ist, indem er auf einen anderen hin ist, zeigt Menschen – biblisch gesprochen – sein Angesicht und spricht sie als seine Geschöpf an. Der Mensch, der so angeredet wird, wird dadurch ebenfalls als »Person« kenntlich – und dies nicht ohne Erkenntnis dessen, was von Gott ausgeht, ja was in Gott selber vorgeht. Menschen können einander begegnen vor Gottes Angesicht. Person ist und bleibt der Mensch, weil Gott sich ihm zuwendet, ihn in sein Tun einbezieht – und dies geschieht zugleich so, daß jede Person in eine Fülle von Lebensbeziehungen hineingestellt wird, auf die sie einzugehen vermag. Sie kann diese Fülle auf sich wirken lassen, ohne sich an sie preiszugeben. Sich als »Person« verstehen heißt darum, das eigene So-und-nicht-anders-Sein anzunehmen, ebenso dankbar wie hoffnungsvoll.

Mit diesem theologischen Personbegriff wird angezeigt, worin menschliche Personalität ihren Grund hat. Sie wurzelt im Sein und Tun Gottes, der kein in sich abgeschlossenes und ruhendes Für-sich-Sein ist, sondern »den anderen« in Freiheit will und sich in unerschöpflicher Liebe mit ihm verbindet. Unerschöpflich ist Gott, indem er uns immer wieder erneut begegnet, in unverhoffter Weise anredet, uns nicht bei uns selber verharren läßt. – Damit sind grundlegende Unterscheidungen getroffen und weitestreichende Beziehungen aufgewiesen – Unterscheidungen und Beziehungen, die allein »im Glauben« und »auf Glauben hin« genannt werden können, aber so auch in ihrer Tiefe und Reichweite zu ermessen sind. Um dies aufzuzeichnen, müßten wir eine mehrdimensionale Sprachfigur zur Hilfe nehmen: eine Bewegung, die vom »Ich glaube« ausgeht, sich gleichsam in mehrfachen Verschlingungen erstreckt, zum Ausgangspunkt zurückkehrt, aber gerade so wieder zu einem neuen Weg wird, also niemals in sich zurückläuft.

Wie kümmerlich wäre es dagegen, nur beim »Ich« zu verharren und das »Ich glaube« nur als Entfaltung dieses Ich verstehen zu wollen, um dann alles weitere daraus abzuleiten! Dem entspräche die Vorstellung, »Person« sei ein Wesen, das für sich selbst besteht, indem es sich zu sich selber verhält. Ein Wesen, das seine Fühler nach allen Seiten ausstreckt, um möglichst die ganze Welt zu ertasten und sich in Beziehung zu allem zu setzen, in unendlicher Ferne auch zu »Gott« als Inbegriff der Wirklichkeit als ganzer. Glaube wäre dann vielleicht ein unabsehbarer Prozeß des Weiterschreitens, in dem alle Räume des Denkens, Fühlens und Wollens durchmessen werden, bei jedem Schritt ebenso befriedigt wie ungestillt.

Das wäre nicht tiefer, radikaler, ursprünglicher gedacht, als es die Denkerfahrung des trinitarischen Dogmas erlaubt, sondern anders, nämlich in einer unendlich reflexiven Selbstbewegung, die um das »Ich« kreist. Das trinitarische Dogma hält dagegen die

Frage fest, wie wir zu reden und daraufhin zu denken beginnen können, wenn wir Gott suchen – und wie das *Reden von Gott* uns zu der Erkenntnis führt, daß wir selber in Freiheit und Liebe *unverwechselbar*, eben: zur *Person* werden. Es beantwortet diese Frage so, daß deutlich wird: Wir können uns diesen Ursprung nicht erdenken. Aber wir sollen wissen, was wir begründetermaßen sagen können – und zwar so, daß uns dies in bestimmten Aussagen gegenübersteht, damit wir sehen, woran wir gewiesen sind und worauf wir uns auch gegenseitig verweisen können.

Ist es vorstellbar, daß diese Denkerfahrung revidiert werden könnte? Warum nicht! Sie ist ja eine Denkerfahrung, nicht wie ein Meteor vom Himmel gefallen, der ein riesiges Loch schlägt, das man anstaunen könnte. Sie ist eine menschliche Bemühung, sagen wir es ruhig: eine unerhörte Anstrengung, hervorgegangen aus der Aufgabe, möglichst genau, unmißverständlich und weitreichend auszusagen, *wer »Gott« ist*, den Menschen anrufen, dem sie antworten, zu dem sie sich ausstrecken. Und als »Glaube« wurde zugleich ausgesprochen, *wer »wir« sind*, die wir antworten, fragen, unsere Bedürftigkeit entdecken und hoffen können. Bei dieser Anstrengung ging es – die Dogmengeschichte zeigt es auf Schritt und Tritt – oft allzu menschlich, auch kirchenpolitisch und mitunter sogar staatspolitisch zu. Vor allem hat die fällige Auseinandersetzung mit dem spätantiken Denken und seiner Sprachwelt ihre Spuren hinterlassen. Warum wäre hier nicht manches weiter zu denken, anders und vielleicht besser zu formulieren?

Bisherige Versuche haben jedoch über das trinitarische Dogma nie wirklich substantiell hinausgeführt. Die problematische Kehrseite dieser Akzeptanz zeigt sich in der gegenwärtigen Theologie darin, daß sie geradezu für alle möglichen innovativen theologischen Versuche beansprucht wird. Dies wäre im einzelnen zu prüfen, und eine solche Überprüfung müßte auch religionsphilosophische Reflexionen zur Trinitätslehre (etwa von GEORG WILHELM FRIEDRICH HEGEL und FRIEDRICH WILHELM JOSEPH SCHELLING) und die weitere Geschichte des Personbegriffes einbeziehen. Das Dogma sollte zwar mehr als einmal zum alten Eisen geworfen werden, aber es hat sich doch als beständiger erwiesen als so vieles, das als Ersatz ausgedacht wurde. Immer wieder zeigte es sich, daß die Formulierungen der Konzilien von Nizäa (325) und Konstantinopel (381) viel reicher und deshalb auch offener waren, als man zunächst geahnt hatte. Sie wuchsen gleichsam über das hinaus, was ihre Urheber gewollt hatten und was diesen, Papst und Kaiser eingeschlossen, als dringlich vor Augen stand. Die Glaubensaussage über den Dreieinen Gott wurde dabei nicht einfach weiterentwickelt. Sie wurde immer genauer in ihrer Struktur erfaßt, ihr Beziehungsreichtum trat klarer ins Licht – und dies muß in der Dogmatik gezeigt, darüber muß weiter nachgedacht werden: die theologische Grundbedingung war mit einer Aussagenkette in den Blick getreten, die eine Fülle neuer Erkenntnisse zur Folge hatte.

So wenig also eine Revision des Dogmas der Trinität ausgeschlossen werden kann, so sehr ist es die Aufgabe der Dogmatik, dieses Dogma als eine Denkerfahrung auszulegen und nachzudenken, die sich – bisher jedenfalls – als unerhört verläßlich erwiesen hat, nicht zuletzt bei neuen Entdeckungen des Menschseins vor Gott.

Wer von nun an in dieser Aussagenfolge des Dogmas seine Hoffnungen und Zweifel, seine Erinnerungen und Erwartungen, sein Tun und Lassen aussprechen will, immer danach fragend, was er im Glauben unbedingt zu sagen vermöchte, trifft auf die Grundbedingung des Glaubens. Sie ist so formuliert, daß sie zur Einstimmung einlädt in Gottes Handeln, in dem er kundtut, wer er ist, ohne in diesem Handeln aufzugehen. Auf Grund dieser Einstimmung können Menschen sagen: »Wir glauben« – und darin übereinstimmen: »Wir haben an derselben Erkenntnis teil, auch wenn unsere Lebenslage, unsere persönlichen und gemeinschaftlichen Erfahrungen noch so verschieden lauten mögen. Auf diese Denkerfahrung kommen wir, soweit wir bis jetzt sehen können, unter allen Umständen zurück – nicht, weil ein Kirchenkonzil es einmal so beschlossen hat, auch nicht, weil sie ein ehrwürdiges Alter erreicht oder eine Tradition gestiftet hat, und schließlich auch nicht, weil sie uns aus der gottesdienstlichen Liturgie vertraut sein mag, sondern letztlich allein deshalb, weil sich immer wieder zeigt, daß wir auf diese Denkerfahrung angewiesen sind. Wir übernehmen sie, weil wir ihr zustimmen können (nicht umgekehrt!), und wir können ihr zustimmen, weil sie sich als tragend erwiesen hat, auch in stürmischen Zeiten und trotz radikaler Infragestellung.«

Darum heißt es zu Beginn der *Confessio Augustana* (1530): »in großer Übereinstimmung« *(magno consensu)* werde »bei uns«, den Kirchen evangelischen Glaubens, »gelehrt«, daß »der Entscheid der Synode von Nizäa über die Einheit der göttlichen Wesenheit und die drei Personen wahr und ohne jeden Zweifel zu glauben sei«. Dies ist der entscheidende Punkt: Der Konsens beruht darauf, daß die Konzilserklärung »wahr« ist (und nicht etwa: althergebracht oder gewohnheitsmäßig immer noch in Kraft). Denn in ihr wird eine Grundbedingung des Redens von Gott genannt, hinter die niemand zurückgehen kann. Daß dies der Fall ist, muß jedoch wiederum im Konsens ausgesprochen werden: im Konsens des Glaubens, mit dem sich Christen zu Gott bekennen und damit die Wahrheit ihres Redens vor Gott, vor anderen und sich selbst gegenüber verantworten (→ 1.4.3).

»Dogma« ist also in erster Linie nicht in seiner Beziehung zur Kirche, die diese Aussage oder Aussagenreihe formuliert, zu sehen, sondern in seiner Aufgabe, dem Reden von Gott zu dienen. Es ist eine Aussage bzw. eine Aussagenkette, die artikuliert, was von Gott her erschlossen wird. Mit ihr wird eine entsprechende Denkbewegung in gewisser Weise abgeschlossen. Ich betone: in gewisser Weise, denn niemand kann voraussehen, ob nicht neue Aussagen zustande kommen, die vielleicht die früheren nicht einfach beiseite schieben, aber einen Erkenntnisfortschritt bedeuten. Darum ist auch keine noch so tiefgreifende Korrektur von bisher Gesagtem ausgeschlossen, wenn sie nicht die Grundlagen theologischer Erkenntnis verneint; vielleicht treten diese Grundlagen durch eine Erschütterung nur neu ans Licht. Kein Dogma kann für alle Zeiten oder gar für die Ewigkeit formuliert werden. Wäre dies möglich, dann wäre es eine wahrheitsdefinite Aussage. Sie würde vorwegnehmen, was zu beurteilen allein Gott zukommt. Das kommt für die Theologie nicht in Betracht; sonst wäre sie nicht *theologia viatorum*, Begleitung des Volkes Gottes auf seinem Weg in der Geschichte Gottes mit den Menschen. Aussagen, von denen wir in der Dogmatik ausgehen und auf die wir zurückkommen können, sind *dialogdefinit*: sie bilden die Voraussetzungen des theologischen Diskurses. Sie helfen der Theologie und durch sie der Kirche, sich nicht auf dem Wege festzusetzen, der ihr gewiesen worden ist.

WILHELM KAMLAH/PAUL LORENZEN, Logische Propädeutik. Vorschule des vernünftigen Redens (BI-Hochschultaschenbücher 227), Mannheim ²1973, Nachdruck 1992. – JOACHIM TRACK, Sprachkritische Untersuchungen zum christlichen Reden von Gott (FSÖTh 37), Göttingen 1977.

1.2.3 Generative Aussagen

Dogmatik ist ein komplexer Sprachzusammenhang, ausgelöst durch den »Urknall« der Homologie, gebildet durch ein Netz dialogdefiniter Sätze, spannungsvoll in Bewegung gehalten durch generative Aussagen.

»Dogmatik« zeigt sich – im Blick auf ihren Aufbau – als theologischer Erkenntnisstand, der intensiv und extensiv auf die Einheit des christlichen Glaubens ausgerichtet ist: gewiesen an die Erstreckung des Handelns Gottes, die das Gedenken und die Hoffnung der Kirche Jesu Christi konstituiert.

Dogmatik zeigt sich außerdem zweischichtig. Sie kennt Aussagen *über* andere Aussagen, die jene kontrollieren; ein für die evangelische Theologie konstitutives Beispiel ist die Rechtfertigungslehre: Alles, was wir von uns und von der Welt sagen können, ist auf Gottes rettendes und richtendes Urteil ausgerichtet (→ 3.2.1). So entsteht ein *dichtes* Aussagengewebe. Dogmatisches Reden ist *intensiv*. Jetzt kommt es nicht entscheidend darauf an, *wieviel* gesagt wird, sonden *was dogmatisch* gesagt werden kann: worauf sich Menschen verlassen können, wenn sie fragen oder gefragt werden, *warum* sie glauben, *wenn* sie glauben, *was* sie glauben.

(8.) Dogmatik markiert den Stand theologischer Erkenntnis, der vorläufigen Ergebnischarakter hat: Er erlaubt einen theologischen Diskurs, der sich auf bewährte Fragestellungen und Antworten verlassen kann, ohne bei ihnen zu verharren; vielmehr ist er bereit und fähig, Einsichten im Gespräch über bestehende Grenzen hinweg zu bewähren, um im Glauben wachsen zu können.

Dabei sind zahlreiche Variationen, unterschiedliche Akzentuierungen, entsprechend verschiedene Muster möglich – darum gibt es auch so viele »Dogmatiken«. Ob sie diesen Namen verdienen, hängt davon ab, ob sie in ihrer Konstitution übereinstimmen, d. h. im Blick auf die Externität des Glaubens (← 1.1.2).

Wie weit Dogmatik entwickelt ist, hängt auch davon ab, wieviel Zeit eine Kirche gehabt hat, welche Gelegenheiten ihr gewährt wurden und welche sie ergriffen hat, um ihre Erkenntnis hinreichend zu formulieren. Das ökumenische Gespräch, vor allem mit den sog. Jungen Kirchen, wird nicht selten dadurch belastet, daß der Erkenntnisstand einer Kirche gegen den einer anderen ausgespielt wird, statt daß gemeinsam die bisherige Summe oder die Vielfalt von Denkerfahrungen gewürdigt und von allen beachtet wird. Die Wahrnehmung, die zur Dogmatik führt, ist aber noch viel mehr dadurch bedingt, wie und wieweit Gott sich selbst erschließt. Und menschliche Erkenntnismöglichkeiten können von Eigensucht getrübt, durch Anmaßung verfälscht und durch Selbsttäuschung nahezu zerstört werden.

Dogmatik ist ökumenisch ausgerichtet, wenn und soweit sie auf die Erstreckung des Handelns Gottes blickt. Wie weit ihre Geltung reicht, ist dagegen eine andere Frage, die wir später bedenken müssen (→ 2.9.2).

Wegen ihrer Tiefenstruktur ist Dogmatik eine *systematische* Disziplin, zum guten Teil die *Grundlagenforschung und Kriteriologie der Theologie*, in Bewegung gehalten durch das, was Menschen unbedingt sagen müssen und was in ihrem Reden, so unvollkommen und undurchsichtig es oft auch erscheinen mag, zum Durchbruch kommt. Inwiefern setzt sich hier die Wahrheit durch, in der Menschen von Gott gehalten werden und die ihnen erst zu sagen erlaubt, wer dieser Gott ist? Oder handelt es sich um Ausbrüche von Erfahrungen, die einem Abgrund menschlichen Erlebens entspringen? Oder um Eindrücke von Höhenflügen menschlicher Sehnsüchte, bei denen jede Bodenhaftung verloren geht? Oder gar um sprachliche Exzesse, gespeist aus betäubenden Selbstgesprächen, auch kollektiver Art?

Die Dogmatik ist eine Disziplin im ganz schlichten Sinne dieses Wortes. Sie will einüben in das, was im Glauben gesagt werden darf, indem sie darauf dringt, daß hier Aussagen erforderlich sind, Sätze also, die Bestimmtes in bestimmter, unverwechselbarer Weise sagen und anderes, Gegenteiliges ausschließen. Dogmatik hat also nicht nur zu sagen, was aus Glauben auf Glauben hin gesagt werden kann. Ebenso wichtig ist, daß klar und deutlich wird, was Christen *nicht* sagen können, und *warum* nicht. Dogmatik wehrt also der sprachlichen Willkür – gerade dort, wo wir so sehr auf Sprache angewiesen sind. Theologie bewegt sich im Medium der Sprache, in einem Feld also, in dem »Mitteilung« in keiner Weise hintergangen, unterlaufen oder durch irgendwelche tiefschürfenden Begründungsversuche unterbaut werden kann. Mit alledem kann die Dogmatik Vertrauen wecken, weit davon entfernt, einfach zu »disziplinieren«. Denn sie dient der Klarheit der

Sprache christlichen Glaubens, indem sie – je nach dem Stand gemeinsamer Erkenntnis – umreißt, was in ihr »mit guten Gründen«, nämlich im Glauben, gesagt werden kann.

Dies aber muß *so konsistent und kohärent wie nur möglich* gesagt werden. Die Dogmatik ist eine *sprachliche Einheit* mit Aussagen, die aufeinander verweisen und gleichwohl selbständig sind, auch wenn sie im einzelnen in Verbindung mit anderen, nicht-dogmatischen Sätzen und Redeweisen stehen. Sie stellt sich als innerlich zusammenhängend und nur insofern als geschlossen dar – unbeschadet ihrer geschichtlichen Entstehung und des dialogischen Prozesses, in dem sie sich bewegt. Eine Prüfung einzelner Sätze erfolgt allein mit Hilfe der glaubensnotwendigen Bedingungen, nicht durch andere Prinzipien.

Was gehört zu diesem Erkenntnisstand? Für die katholische Dogmatik dürfte die Antwort leichtfallen, weil sie sich auf die bisherigen Deklarationen des kirchlichen Lehramts stützt; dieser Dogmenbestand wird reflektiert und ausgelegt. Die Dogmatik erfüllt also eine hermeneutische Aufgabe, indem sie »übersetzt«, was die Kirche als glaubensverbindlich festgestellt hat.

Die Kirchen der Reformation haben sich anders verhalten. Zwar haben sie immer wieder auf einen Grundbestand von dogmatischen Aussagen zurückgegriffen, aber nur deshalb, weil diese sich ihnen als Substanz biblischer Texte erschlossen. Der Verzicht auf lehramtliche Autorität entspricht der Unmittelbarkeit, in der sich die reformatorischen Kirchen der Schrift gegenüber wissen (→ 3.3.1). Sie haben sich (← 1.1.5) den altkirchlichen Konzilsentscheidungen in der Trinitätslehre und der Christologie angeschlossen, es aber tunlichst vermieden, »Kirche« zu dogmatisieren. Dafür trafen sie zwei weitere grundlegende Unterscheidungen. In der Rechtfertigungslehre bekannten sie sich zum richtenden und rettenden Handeln Gottes, in das sich keine menschliche Leistung einmischen kann: Wir können unser Heil allein im Glauben empfangen, nicht erwirken. Diese Lehre wurde als Paraphrase des Evangeliums formuliert, wie es in der Bibel bezeugt ist. Die Reformatoren wollten sich damit der Botschaft von Gottes freier Gnade unterstellen und danach alles beurteilen, was in der Kirche als Gemeinschaft der gerechtfertigten Sünder gesagt und getan werden kann. Sie haben sich direkt auf die Bibel berufen, nicht um die kirchliche Tradition beiseitezuschieben, sondern um nach deren Legitimität zu fragen. Die Unterscheidung von Bibel und

Kirche entspricht der Erkenntnis, daß die Kirche ihren Ursprung in Gottes Wort und Gottes Geist hat, mit denen Gott heute in der Welt sein Werk vollbringt. Beide, die Rechtfertigungslehre wie die Berufung auf die »heilige Schrift« allein (das später so genannte »Schriftprinzip« → 3.3), sagen im Grunde, wie »Kirche« zu glauben ist, ohne *an* die Kirche glauben zu müssen.

1.3   Dogmatik als theologische Urteilsbildung

Wie ist Dogmatik konstituiert? Wir fragen in einem weiteren Durchgang nach ihrem inneren Aufbau, nach ihrer Struktur und deren Elementen.

Uns interessiert hier noch nicht der thematische Aufriß der Dogmatik. Zwar gibt es eine klassische Anordnung von Themen: Gott und seine Schöpfung, Jesus Christus als Retter der Menschheit, die Kirche Jesu Christi, die Zukunft des Menschen und der Welt. Doch abgesehen davon, daß diese Reihenfolge auch anders sein könnte – sie sagt nicht, wie diese Themen zustandegekommen und wie sie innerlich miteinander verschränkt sind.

Wenn wir uns dagegen der *Struktur der Dogmatik* zuwenden, zeigt sie sich als lebendiges, im Wachsen begriffenes Sprachgebilde. Erst später (in 3.1) soll die Architektur der Dogmatik dargestellt werden: sozusagen ihre Bauweise, mit charakteristischen Beispielen aus ihrer Baugeschichte.

Die Dogmatik, in die hier eingeführt werden soll, ist kein lückenloser Bestand fremden Wissens, mit dem wir uns auseinandersetzen, das wir kritisch sichten und das wir dann, je nachdem, abweisen oder zustimmend aufnehmen können. Wenn es sich so verhielte, bedürfte es nur zweierlei: eines Standpunktes, von dem aus das Überlieferte oder sonstwie Übermittelte zur Kenntnis genommen wird, und einer Methode der Aneignung. Oder wenn Dogmatik auf Äußerungen der religiösen Befindlichkeit beruhte, käme es allein darauf an, das Zur-Sprache-Bringen dieser Befindlichkeit einzuüben und vorhandenes Sprachmaterial dafür heranzuziehen. Dogmatik ist jedoch ein *Prozeß der Urteilsbildung* im Glauben und auf Hoffnung hin. In diesem Prozeß befinden wir uns oder wir werden in ihn hineingezogen, wenn auch in verschiedener Intensität, mit unterschiedlichem Informationsstand und mit einem Urteilsvermögen, das sich entwickeln muß. Dazu soll dogmatisches Denken anleiten.

1.3.1 Glaubensnotwendige Unterscheidungen treffen

(9.) Die Dogmatik setzt mit glaubensnotwendigen Unterscheidungen ein: zwischen dem, was »im Glauben« und »auf Hoffnung hin« unter allen Umständen zur Sprache gebracht werden muß, und dem, was unter keinen Umständen gesagt werden kann.

Glaubensnotwendige Unterscheidungen helfen, den Raum abzustecken, in dem wir uns »im Glauben« und »auf Hoffnung hin« bewegen können. Es gibt vieles, was man sagen kann, was man denken kann, womit man anfangen kann, aber nicht alles ist dann wirklich in der Theologie auch möglich und begründet.

Beispielhaft vollzieht eine solche Grundunterscheidung die »Theologische Erklärung« der Bekenntnissynode der Deutschen Evangelischen Kirche »zur gegenwärtigen Lage der Deutschen Evangelischen Kirche« vom 31. Mai 1934 (Die Barmer Theologische Erklärung. Einführung und Dokumentation, hg. von Alfred Burgsmüller/Rudolf Weth, Neukirchen-Vluyn ⁴1984) mit ihrer ersten These.

Eine historische Erläuterung vorweg: Dieser Text entstand in einer Situation, in der die Einheit der deutschen evangelischen Kirche aufs äußerste gefährdet war, und zwar gerade deshalb, weil sie mit kirchenpolitischen und politischen Mitteln erzwungen werden sollte. Mit dem Nationalsozialismus war die Frage nach der Beziehung zwischen Kirche und Staat neu gestellt, und die den Nationalsozialisten nahestehenden »Deutschen Christen« sahen die Chance gekommen, die evangelischen Landeskirchen mit ihren verschiedenen Bekenntnissen (lutherisch, reformiert, uniert) unter der Flagge der »völkischen Bewegung« zusammenzuführen und eine Nationalkirche zu schaffen. Ihre Identität sollte diese Kirche in der »Sendung Deutschlands« finden, gespeist aus den Erfahrungen des deutschen Volkes in seiner Geschichte.

Soweit zur Lage. Nun zur Sache: Die Kirchenvertreter und Theologen, die sich in Barmen zusammenfanden, haben zu dieser Situation nicht direkt Stellung genommen. Sie gaben eine Theologische Erklärung mit sechs Thesen ab, in denen sie sich auf das konzentrierten, was unbedingt und unter allen Umständen glaub-würdig zu sagen war. Nur zu sagen *war*, eben in dieser Lage und im Blick auf sie? Nein, dies gerade nicht. Die Thesen sind so formuliert, daß deutlich wird, was unter allen Umständen zu sagen *ist*, auch wenn die Umstände anders sein mögen.

Jede These ist unter einen Bibelvers oder zwei gestellt, nicht zur erbaulichen Verzierung, sondern damit die These auf ihre Übereinstimmung mit dem biblischen Zeugnis geprüft werden kann. Warum und inwiefern diese Übereinstimmung glaubensentscheidend ist, sagt gleich die erste These im Anschluß an Joh 14,6 und 10,1.9:

> »Ich bin der Weg und die Wahrheit und das Leben; niemand kommt zum Vater denn durch mich.« – »Wahrlich, wahrlich, ich sage euch: Wer nicht zur Tür hineingeht in den Schafstall, sondern steigt anderswo hinein, der ist ein Dieb und ein Mörder. Ich bin die Tür; so jemand durch mich eingeht, der wird selig werden.«

> Jesus Christus, wie er uns in der heiligen Schrift bezeugt wird, ist das eine Wort Gottes, das wir zu hören, dem wir im Leben und im Sterben zu vertrauen und zu gehorchen haben.

> Wir verwerfen die falsche Lehre, als könne und müsse die Kirche als Quelle ihrer Verkündigung außer und neben diesem einen Worte Gottes auch noch andere Ereignisse und Mächte, Gestalten und Wahrheiten als Gottes Offenbarung anerkennen.

Der letzte Abschnitt, der »Verwerfungssatz«, läßt noch am ehesten die Herausforderung erkennen, vor der die Kirche seinerzeit stand: Sie solle außer und neben diesem einen (das heißt: einheitlichen, also nicht zwiespältigen oder gleichsam in unterschiedlich bedeutsame Teile zerlegbaren) Worte Gottes in der Person »Jesus Christus« *als Quelle ihrer Verkündigung* und *als Gottes Offenbarung* auch noch andere geschichtliche Tatsachen, Figuren, Bewegungen oder Prinzipien *anerkennen*. Eben dies forderte – in jener Lage – eine »völkische Religion«, die Gottes Stimme aus deutschem Blut und Boden zu vernehmen glaubte (ja: tatsächlich *glaubte*) und aus der Geschichte des deutschen Wesens mit ihren produktiven Erschütterungen Gottes Willen herauslas. Dagegen sagt die Barmer Erklärung: Ausgeschlossen, daß dies Offenbarung und Quelle der Verkündigung sein könnte! Es mögen ja durchaus mächtige geschichtliche Ereignisse und Gestalten sein, vielleicht gar von solcher Deutungskraft, daß sie als unwiderlegbar gelten. Aber sie dürfen weder erklären noch gar ersetzen, was Gott in Jesus Christus ein für allemal gesagt hat. Darum kann die Kirche ihre Einheit niemals in geschichtlich entstandenen, sozialen Einheiten oder in politischen Einigungsbewegungen finden wollen.

Diese Abgrenzung beleuchtet die These, sie gibt deren Profil deutlicher zu erkennen. Die These sagt aber nicht einfach das Gegenteil dessen, was sie verneint. Sie stellt sich der Frage: »Wem können wir vertrauen, und warum können wir glauben?«, und sie antwortet: Dem, der sich in Jesus Christus und in ihm allein vernehmbar gemacht hat – so, daß »glauben« nunmehr heißt, im Leben und im Sterben Christus zu folgen, zu vertrauen und zu gehorchen. Denn Gott hat sich in Jesus Christus, in seinem Leben, Sterben und seiner Gegenwart als Auferstandener so vernehmbar gemacht, daß ihm gefolgt, auf ihn vertraut und ihm gehorcht werden kann.

Solche Schritte sind an das Hören des Wortes Gottes gebunden. Das Hören auf die Verheißung und das Geheiß Gottes bricht das Selbstgespräch auf, in dem Menschen, Gruppen und Völker sich bespiegeln. Sie sind heillos in sich selber befangen, wenn sie auf ihre Befindlichkeit, ihre Herkunft, ihre Geschichte, ihre Erfahrungen starren und sich an das halten, was sie ihnen deutend entnehmen. Das Selbstgespräch sucht sich eine Grundlage zu verschaffen, die doch allein in der Externität der Verheißung und Weisung Gottes besteht (← 1.1.2).

Die These markiert, was *unbedingt* zu sagen ist, wenn gefragt wird: »Wem dürfen wir vertrauen, auf wen oder worauf hören, wem gehorchen, wem im Leben und Sterben folgen? Was *müssen* wir sagen – heute, aber nicht nur heute! –, was würde katastrophal verkehrt, wenn wir dies verschweigen würden?« Wir können nicht anders als so reden, und wir können nichts anderes sagen. Darum *unbedingt*. Das bedeutet zum einen: notwendigerweise, ohne Rücksicht auf die Bedingungen, unter denen wir reden; rücksichtslos freilich nicht, um uns durchzusetzen, sondern gerade um in äußerster Bedrängnis noch stehen zu können, ohne falsche Rücksichten, weil hoffnungsvoll. Mit »unbedingt« ist zugleich gemeint: auf jeden Fall, nicht nur unter gewissen Bedingungen, in einer besonderen Lage, sondern auch unter allen anderen Umständen, nicht heute so und morgen vielleicht anders. Zwar ist es immer auf einen bestimmten Umstand bezogen, es muß jedoch *unter allen Umständen* gesagt werden, ist also nicht Gelegenheitssache.

Was unbedingt gesagt werden muß, entspringt nicht dieser Grundbeziehung, ist nicht einfach ihr Ausdruck. Hier wird vielmehr die Antwort von Menschen auf Gottes Zusage, auf seine

Verheißung und Weisung laut, verursacht nicht durch etwas, was in ihnen liegt und (wenn sie sich nicht selbst verfehlen wollen) zur Aussprache drängt und allenfalls darauf wartet, von außen her geweckt zu werden. Hervorgerufen wird diese Antwort durch die unerwartete Anrede Gottes, die an sie ergangen ist und gehört werden will. Menschen sehen sich herausgerufen, nicht nur aus der Geschlossenheit ihrer Daseinsbedingungen, sondern aus dem Gefangensein in ihr Selbst, aus dem Bei-sich-selber-Bleiben, das LUTHER die heillose Selbstverkrümmung genannt hat (*homo incurvatus in se*: WA 56,356,5). Was unbedingt gesagt werden muß, steigt nicht aus dem Innersten des Menschen empor, es stimmt auch nicht mit alledem zusammen, was andere Menschen in grundlegender Selbstbesinnung ebenso erfahren mögen. Menschen stimmen überein, indem sie in das einstimmen, was Gott für sie getan und zu ihnen gesagt hat. Verschweigen hieße, diese Vorgegebenheit zu vergessen oder zu übersehen.

Darauf konzentriert sich die erste These der Barmer Erklärung. Sie will wegweisend sagen, woran sich die Verkündigung der Kirche unbedingt zu halten hat, wenn die Kirche die Gemeinschaft derer sein will, die auf Gott hören. In ihr finden sich Menschen, die (nicht weniger als alle anderen) sich bereits in Anspruch genommen wissen: durch ihre soziale Rolle, durch ihren Beruf mit seinen Verpflichtungen, durch Notstände, die gebieterisch zu ihnen sprechen – lauter keineswegs gleichgültige Bedingungen. Wie aber können diese so verschieden geprägten Menschen im Glauben zusammenstimmen – angesichts ihrer divergierenden Perspektiven, bedingt durch ihre Erfahrungen, ihre sozialen Beziehungen und nicht zuletzt durch ihre Stellung, ihren Ort, der ihnen eine geringere oder größere Übersicht und Umschau erlaubt? Sie könnten vielleicht alle eine gemeinsame Verpflichtung eingeschärft bekommen und diese als übergreifendes Handlungsziel anerkennen. Oder sie mögen sich durch eine »Welt-Anschauung«, eine gebieterische Sicht der Welt, der Gesellschaft, der Geschichte mit ihren Gefahren und ihren Chancen miteinander verbunden wissen. Dergleichen, so meint es der Verwerfungssatz der ersten Barmer These, gehört zu jenen »Ereignissen und Mächten, Gestalten und Wahrheiten«. Sie können nicht als pure Einbildungen abgetan werden. Sie existieren nicht nur, sie ziehen uns nicht bloß in ihren Bann. Wir können sie auch schwerlich übergehen, wenn wir uns im Alltag zurechtfinden und mit anderen Menschen verständigen oder auseinandersetzen wollen. Doch eines sind sie nicht: Gottes

Offenbarung, und darum können sie nicht Quelle der Verkündigung der Kirche sein.

Die These beschränkt sich darauf, diese Unterscheidung aufzuzeigen. Gewiß ist sie auslegungs- und erläuterungsbedürftig. Was setzt sie nicht alles voraus! »Jesus Christus, wie er uns in der heiligen Schrift bezeugt wird« – kann man das so geballt sagen, wenn man daran denkt, wie wenig konform die Evangelien von Jesus erzählen, wie verschieden die Bilder sind, die die anderen neutestamentlichen Schriften von Christus zeichnen, und wie sich dies alles zum Alten Testament verhält? Hätte es nicht anders, provozierender heißen müssen: »Jesus Christus, der Jude«? Man könnte meinen, mit einem Schlage wäre so Stellung bezogen worden, gegen den Aufmarsch des antisemitischen Rassenwahns der Nationalsozialisten wie gegen den seit langem schwelenden Antijudaismus in den christlichen Kirchen!

Das sind nur zwei nachträgliche Fragen von vielen. Erst eine genauere Entfaltung der These könnte sie beantworten. Sie müßte berücksichtigen, in welchem Verhältnis die zitierten Verse aus dem Johannes-Evangelium zu der These stehen. Das ist eine systematische Aufgabe, die sich den Zusammenhängen widmet, die in der These angedeutet sind. Sie müßte auch die Begriffe klären, die gebraucht werden: Jesus Christus als Wort Gottes, Offenbarung, Verkündigung, heilige Schrift – inwiefern gehört gerade hier das Alte Testament hinzu? Die These kann darüber keine erschöpfende Auskunft geben. Nicht nur, weil sie knapp gefaßt sein muß, um eine Parole auszugeben, ein Losungswort, an dem sich die Mitstreiter erkennen. Die These muß sich vielmehr beschränken, weil sie *eine glaubensnotwendige Unterscheidung treffen* soll.

Es ist die Unterscheidung zwischen dem Hören auf Gott, das zum Vertrauen und Gehorsam ruft, und – dagegen richtet sich der Verwerfungssatz – jeglichem Versuch, aus einer Notlage, aus einer mit eindringender Situationsanalyse erhobenen Herausforderung den Ruf Gottes zu vernehmen. Dergleichen führt nur zu einem Selbstgespräch kleineren oder größeren Ausmaßes, mit dem Menschen unablässig um sich selber kreisen, auf sich reflektieren, sich in der Lage bespiegeln, in der sie sich befinden und die sie in Anspruch nimmt. Die These will einschärfen: Es gibt diesen Unterschied – Gott sei Dank, daß es ihn gibt, denn sonst würden wir uns in solchen Selbstgesprächen verlieren, ohne daß wir sähen, daß wir uns darin erschöpfen! Wir müssen diese Unterscheidung treffen, sobald Ereignisse und Gestalten Macht über uns gewinnen, weil sie beanspruchen, die Wahrheit zu sein und das letzte Wort zu behalten.

Wie diese Unterscheidung im einzelnen zu treffen ist, gegen welche Ereignisse und Gestalten mit ihrem Geltungsdrang und Wahrheitsanspruch sie sich richtet: das wird nicht festgelegt. Es kann auch nicht ein für allemal gesagt werden, denn dann wäre die These so etwas wie eine Generalanweisung. Die These läßt eine Vielzahl von Anwendungen offen. Sie grenzt jedoch ein, was für die Kirche möglich ist, indem sie umreißt, was unter allen Umständen unbedingt gesagt werden muß – weil sonst ein Hören auf Gott nicht mehr möglich wäre, soweit Menschen Verantwortung dafür tragen.

Was jeweils zu unterscheiden ist, können wir deshalb auch nicht aus dem Verwerfungssatz herauslesen. Zwar scheint er noch am ehesten Anhaltspunkte für weitere Anwendungen zu bieten, weil er die damalige Frontlinie ahnen läßt. Wer die These 1934 und in den folgenden Jahren las, wußte schon, wer gemeint war. Aber es führt – jedenfalls für die theologische Urteilsbildung – keinen Schritt weiter, wenn jene Frontlinie markiert und dann in die Gegenwart übertragen wird, nach dem Motto: Wie sahen damals die Gegner aus, und wo können wir sie heute wiedererkennen? Oder: Die »Haltung«, die damals falsch war, ist auch heute verkehrt, darum müssen wir die seinerzeit zutreffende Kritik nur aktualisieren.

Solche Frontstellungen reichen an glaubensnotwendige Unterscheidungen gar nicht heran, sie können sie sogar verdunkeln. Die Unterscheidung zwischen dem, was unbedingt gesagt werden muß, und dem, was unter keinen Umständen gesagt werden darf, kann und will Entscheidungen anderer Art nicht treffen. Sie kann etwa nicht vorschreiben, wo, wie und wem gegenüber eine solche Entscheidung getroffen werden muß. Sie wäre sonst nicht wegweisend und unter Umständen bahnbrechend, sie würde nur Scheuklappen anlegen und die Zügel ergreifen, damit es zu keiner Abweichung kommt. Die Unterscheidung kann nur ausschließen, was um des Glaubens willen nicht gesagt werden kann, weil man sonst auf Irrwege geraten oder, schlimmer noch, sich Irrlichtern anvertrauen würde.

Die These entzieht sich – wie die anderen Thesen der Barmer Theologischen Erklärung, wie überhaupt alle guten theologischen Sätze – der beliebten Alternative »konkret oder abstrakt«. Wer unter »konkret« etwas Handgreifliches versteht, in dem er sich sofort wiederfindet (etwa eine Lagebeschreibung, die ihm in die Augen springt, oder Figuren, die ihm Sympathie oder Antipathie einflößen und bei denen er sogleich bemerkt, wie er zu ihnen steht), der mag den Verwerfungssatz der ersten Barmer These noch einigermaßen anschaulich finden. Die These selbst erscheint ihm viel zu allgemein, von den geschichtlichen Vorgängen abgezogen und deshalb abstrakt. *Konkret ist aber nicht der Fall, sondern das Fällen eines Urteils.* Bezöge sich die Barmer These allein auf die nationalsozialistische Bewegung und ihre Gefolgsleute, die Deutschen Christen, dann hätte sie nur religionspolitisch etwas zu sagen. Dann müßten wir heute auf die Suche nach einer »Revolution von rechts« mit christlichem Anstrich gehen oder eine Art nationales Christentum aufspüren, um die These ohne viel Federlesens aktualisieren zu können. Doch was wäre damit gewonnen? Wir könnten Fronten ziehen und Position beziehen im politischen Stellungskrieg und im Streit der Weltanschauungen. Die erste Barmer These wäre dann – aber nur dann und solange – gültig, wenn eine solche Konstellation besteht, oder die Frontstellung müßte durch Auseinandersetzungen geschaffen werden, damit im Sinne dieser These operiert werden kann.

Bemerken wir, auf welche Abwege dies führt? Eine glaubensnotwendige Unterscheidung wird verwechselt mit einer Aufteilung der Welt in Feinde und Freunde, in Böse und Gute, wobei immer schon deutlich ist, an welcher Seite der stehen will, der so urteilt. Dabei wäre Theologie mit einer politischen Strategie vertauscht – mit einer fatalen Auffassung von Politik übrigens, die nur Gegner und Mitstreiter kennt! Sie könnte schwerlich mehr zum Glauben rufen und unter Gottes Urteil stellen, dem alle ausgesetzt sind, an welcher Front und auf welcher Seite von Fronten auch immer. Und gerade gegen einen totalen Krieg im Namen allmächtiger Politik, die alles Vertrauen für sich beansprucht und unbedingte Gefolgschaft verlangt, richtet sich die erste Barmer These!

> Will man sie statt dessen aus ihrem geschichtlich-sozialen Zusammenhang ableiten, dann könnte sie etwa so erläutert werden: Die These ist angesichts des nationalsozialistischen totalen Staates und seiner Welt-Anschauung entstanden. Daß Ereignisse und Mächte, Gestalten und Wahrheiten beanspruchen, Gottes Wahrheit zu sein, ist Symptom einer religiös überhöhten Politik oder einer politischen Religion. Vielleicht wird eine solche Weihe gar nicht ausdrücklich vollzogen, sondern versteckt sich hinter dem Anspruch, das gesamte

Leben zu durchdringen, es von außen und innen her zu erschließen und so theoretisch wie praktisch allgegenwärtig zu sein. Was sich dem nicht unterordnet, stört und muß bekämpft, muß mit allen Mitteln ausgeschlossen werden. Das ist die Denkart und Handlungsweise, die aus einer Welt-Anschauung stammt. Anders als Anschauungen von der Welt, ohne die niemand auskommen kann, wenn er einigermaßen umsichtig leben will, weiß die Welt-Anschauung (und sie beansprucht dann immer, die einzig mögliche zu sein!), was die Welt im innersten zusammenhält und wie sie bewältigt werden kann. Die Welt-Anschauung erhebt einen totalen, allumfassenden Anspruch. Sie weiß sich einig mit dem Gesetz des Handelns, unter dem sie angetreten ist und das ihr, früher oder später, die Welt zu beherrschen erlaubt. Sie ist selber eine Macht, auch wenn sie sich in »Gestalten« verkörpern mag und von Mächtigen in die Hände genommen wird. Welt-Anschauungen wollen die Welt auf ein Prinzip zurückführen, sie von ihm her aus den Angeln oder, je nachdem, in die Angeln heben. Sie kennen und anerkennen nichts, was ihrem Geltungsanspruch widerspricht.

Mit dieser Skizze habe ich versucht, die Welt-Anschauung, der sich die Kirche im »Dritten Reich« gegenüber sah, selber ein wenig zu erklären. Ob man sie so verallgemeinern kann, daß der Nationalsozialismus mit früheren, gleichzeitigen oder späteren Welt-Anschauungen vergleichbar wird, oder ob er ein unvergleichlich widersinniger, anachronistischer Sonderfall war: darüber kann man bereits streiten.

Wir bewegen uns bei einer solchen kontextuellen Erklärung (→ 4.2.1) auf der Ebene einer Theorie, die Aufbau und Zerfall der Kultur beschreibt. Im Nachweis von Normalität und Abnormitäten versucht sie, geschichtliche Vorgänge von ihrer Struktur her einsichtig zu machen. Sie kann zum Beispiel darauf hinweisen, daß Welt-Anschauungen zur Zeit der Weltbilder gehören, die mit dem Europa des 18. oder 19. Jahrhunderts beginnt. Oder es werden Ähnlichkeiten von Welt-Anschauungen mit den antiken Staatsreligionen aufgedeckt. Mit einer von ihnen, dem römischen Staat, ist das junge Christentum ähnlich zusammengestoßen wie die Kirchen mit totalitären Staaten des 20. Jahrhunderts.

Solche Erklärungen können in begrenztem Maße hilfreich sein. Sie zeigen z. B., was nach mancherlei Erfahrungen zur Förderung politischer Kultur zu beachten ist. Die Barmer Erklärung stützt sich jedoch nicht auf solche Analysen und Prognosen, sie erinnert an das Erste Gebot: »Ich bin der Herr, dein Gott [...]. Du sollst keine anderen Götter haben neben mir« (Ex 20,2f.; Dt 5,6f.).

Wir sind gefragt, warum und wie wir von diesem Gott reden können und ob wir ihm vertrauen. Zwischen Gottesdienst und Götzendienst gibt es keine Kompromisse.

Wo begegnet uns dieses Spannungsfeld? Was müssen wir in ihm unterscheiden, unbedingt und unter allen Umständen? Auf diese Frage antwortet die erste Barmer These, sie antwortet auf dogmatisch aufschlußreiche Weise, indem sie Schritte einer Urteilsbildung vollzieht und einlädt, in diesem Sinne weiter zu urteilen.

1.3.2 Wegweisenden Regeln folgen

(10.) Den Kern der Dogmatik bilden theologische Dialogregeln. Sie weisen zum Glauben und zur Hoffnung, indem sie aussagen, worauf wir uns unter allen Umständen argumentierend verlassen können.

Diesen Leitsatz möchte ich selber eine Regel nennen. Regeln sind weder der Generalschlüssel für alle Lebenslagen noch bloße Gebrauchsanweisungen. Sie gehören zu dem Vorgang hinzu, dessen Regelhaftigkeit sie bezeichnen, und sind selber Bestandteil dieses Geschehens. Die Regeln des Schachspiels begrenzen die undenkbar vielen Züge auf die, die im Rahmen des Spiels möglich sind – und lassen so eine begrenzte Menge von Konstellationen zu, die immer noch unvorstellbar groß ist. Verkehrsregeln sollen Gefahren vermindern; dadurch sind der Fahrweise Grenzen gesetzt, innerhalb deren jeder oder jede sich frei bewegen und – darauf kommt es ja an – seinen oder ihren Weg finden kann.

Solche Vergleiche mögen für die Theologie deplaciert erscheinen – ist sie doch kein Spiel und auch etwas wesenhaft anderes als ein Kodex von Richtlinien! Gewiß – aber das ist nicht der Vergleichspunkt. Dieser besteht zum einen darin, daß Mitspieler sich an Regeln halten müssen, sonst bricht die Interaktion zusammen oder wird zu einem anderen Spiel. Zum anderen wäre für den Beobachter ohne Regeln gar nicht erkennbar, um welches Geschehen es sich jeweils handelt. Ohne sie wäre unbegreiflich, was vor sich geht, es bliebe eine Ansammlung völlig beliebiger, zusammenhangloser Momente, auf die sich niemand einlassen kann. Man würde alsbald nicht mehr »mitkommen«, weil man nicht weiß, was hier geschieht (und in diesem Sinne: »was hier gespielt wird«). Es kommt darauf an, *den Regeln zu folgen*, um »im Spiel zu sein«, auch wenn man nicht mitspielen, sondern das Spiel von außen verfolgen will.

Grundlegende, maßgebende theologische Aussagen sind Denk- und Erkenntnisregeln. Auf ihnen beruht theologische Verständigung. Diese Verständigung ist als Bemühen von *Menschen* um wahrhafte Erkenntnis vorläufig, unabgeschlossen – und deshalb auf zielgerichtete Dialogverläufe (im Unterschied zu beliebigem Gedanken- und Meinungsaustausch) angewiesen. Theologie vollzieht sich im verbindlichen Gespräch über gemeinsame Wahrnehmungen; sie entsteht nicht dadurch, daß Theologen oder Theologinnen einen Denkfaden aus sich herausspinnen und damit andere umgarnen.

Darum sind grundlegende, maßgebende theologische Aussagen zugleich *Dialogregeln*. Sie sind Regeln für Gespräche zwischen Menschen – etwa für einen Dialog, wie er in den paulinischen Briefen geführt wird, einen Dialog über Sachverhalte, der auch den Leser einlädt, an diesem Gespräch teilzunehmen – oder für den inneren Dialog eines Menschen mit sich selbst. Theologische Dialogregeln betreffen Sachverhalte des Glaubens. Sie dienen dem *Glaubensgespräch*, das nicht nur zu besonderen Gelegenheiten, sondern immer dann geführt wird, wenn es gilt, Sachverhalte des Glaubens zu klären.

In dem Maße, wie Dogmatik die Regeln theologischer Urteilsbildung nennt und sich nach ihnen richtet (nicht: sie anwendet), entfernt sie sich von einer bloßen Traditionsverwaltung.

Dialogregeln bestimmen den Gesprächsverlauf, ohne ihn in ein bestimmtes Schema zu zwängen. Sie bilden die Kristallisationskerne dieses Gesprächs – die entscheidungsträchtigen Wegmarken! – und zeigen (wie wir in 1.1.3 am Beispiel des 1. Korintherbriefes sehen konnten), was »im Glauben« und »auf Hoffnung hin« gesagt und nicht mehr gesagt werden kann. Damit engen sie das Glaubensgespräch nicht ein, im Gegenteil: sie ermöglichen es und erlauben, daß es in voller Freiheit des Glaubens und offen für jede neue Einsicht geführt wird. Dialogregeln dienen dem Gespräch, indem sie aussprechen, was auf jeden Fall gesagt werden muß, früher oder später. Je nach der Gesprächslage stehen Dialogregeln am Anfang oder stellen sich im Gesprächsverlauf als Richtpunkte heraus. Was glaubensentscheidend ist, wird allerspätestens bewußt, wenn Wege sich trennen müssen: dort, wo man nicht weitergehen kann, ohne in Widerspruch zu dem zu geraten, was allein im Glauben und in ihm allein zu sagen ist.

Das dürfte der Sinn der altkirchlichen *regula fidei*, der Glaubensregel, gewesen sein. In ihr wurde zum erstenmal zusammenhängend formuliert, was im Glauben gesagt werden kann und nicht verschwiegen werden darf. Damals stand das Wort »Regel« noch nicht unter dem Verdacht, ein formales Reglement zu bedeuten. Eher lag es nahe, »Regel« als Norm zu verstehen. Auch das ist mißverständlich. Denn nun könnte man daran denken, die Glaubensregel sei kurz und bündig »der christliche Glaube«, und man brauche aus diesen wenigen Sätzen nur noch abzuleiten, was im Rahmen dieses Glaubens weiter gesagt werden dürfe. Das wäre eine nur extensive Auslegung und Anwendung, nicht aber eine *Erkenntnis* – die uns zwar auf bestimmte, konturierte, aber zuweilen auch überraschende Wahrnehmungen stoßen läßt. Erkenntnis vollzieht sich nicht im Unbestimmten, Freischwebenden, sondern auf Wegen in einem bestimmten Terrain, jedoch nicht auf ein für allemal gelegten Gleisen, die man nur abzufahren braucht.

Die Regelhaftigkeit jeder Erkenntnis und der Verständigung, die auf Erkenntnis ausgerichtet ist, hat LUDWIG WITTGENSTEIN in seiner Sprachspiel-Theorie aufgewiesen (Philosophische Untersuchungen, Werkausgabe I, Frankfurt a. M. 1984, 225–580). Sie zeigt die Grenzen, innerhalb deren wir uns immer schon bewegen, wenn wir in bestimmter Weise reden. Über diese Grenzen gelangen wir nicht hinaus, solange wir überhaupt Sprache gebrauchen. Auch alles, was auf andere Weise – etwa intuitiv – wahrgenommen werden mag oder unterschiedlich aufgefaßt wird, kann nur in den Grenzen der Sprache mitgeteilt werden. In diesen Grenzen sind verschiedene Sprachspiele möglich. Dazu gehören die kompliziertesten wissenschaftlichen Theorien ebenso wie die einfachsten alltagssprachlichen Verständigungsformen. Allesamt haben sie nichts zu tun mit einer Spielwiese, wo jeder sich nach Lust und Laune austoben kann. Die Theorie der Sprachspiele will das Verhältnis einer Verständigung, in der eine bestimmte Erkenntnis gewonnen wird, zu den Regeln beleuchten, die hier befolgt werden. Mehr kann und will sie nicht leisten. Das ist bereits sehr viel. Wir werden beispielsweise darauf aufmerksam gemacht, daß niemand von einem Sprachspiel unvermittelt in ein anderes überwechselt, ohne auch anderen Regeln zu folgen – so wenig wie ein Tennisspieler plötzlich durch einen Boxkampf eine Entscheidung herbeiführen darf.

Gilt ähnliches auch für die Theologie? Unwillkürlich mag man sich dagegen sträuben. Und doch – ist nicht gerade die Theologie

Dogmatik als theologische Urteilsbildung

ein Sprachspiel im geschilderten Sinne? Gewiß alles andere als eine Spielerei, auch keine mechanische Regelfolge, die nur abgerufen werden müßte, aber sie ist gebunden an bestimmte Wörter und an ihren Zusammenhang in einem bestimmten Sinn! Bedenken wir nur einmal das Wort »Glaube«, das alltagssprachlich eine subjektive Einstellung bezeichnen kann (»Ich glaube, daß sich das so und so zugetragen haben mag«), eine Vorstufe zur Meinung, die weniger unbestimmt ist, und zum wirklichen Wissen; es kann auch eine Vertrauensäußerung bedeuten (»Ich glaube dir«). Wer jedoch sagt »Ich glaube, daß mich Gott geschaffen hat« oder »Ich glaube an Jesus Christus« oder »Ich glaube die Auferstehung der Toten«, der nimmt den alltagssprachlichen Wortgebrauch nicht einfach in Anspruch, auch nicht als Worthülse, die mit einem neuen Inhalt gefüllt wird. Hier findet der Übergang in ein anderes Sprachspiel statt. Das Wort »Glaube« wird nicht mehr mit »Meinung« assoziiert und nicht mehr der »Erkenntnis« entgegengesetzt. Diese Veränderung hängt mit einer Verschiebung des Schwerpunktes zusammen: Im ersten Fall (»Ich glaube, daß sich das so und so zugetragen haben mag«) liegt der Schwerpunkt auf der ersten Satzhälfte und der in ihr ausgedrückten Unsicherheit – dagegen liegt im Satz »Ich glaube, daß mich Gott geschaffen hat« der Schwerpunkt auf der zweiten Satzhälfte und auf der Gewißheit, die der Glaubensgegenstand gewährt. So wird »zur Regel gemacht«, indem gesagt wird, »was die Regel ist«, wenn Christen sagen, was sie glauben, wem sie vertrauen und warum sie glauben können. Wer dieser Regel folgt, verbreitet keine subjektiven Überzeugungen, mit denen er andere überreden mag. Um zu verstehen, wie ein mit »Ich glaube« eingeleiteter Satz etwas Bestimmtes aussagen kann, müssen wir uns diesen Wechsel des Sprachspiels vor Augen halten. Das neue Sprachspiel ist dadurch charakterisiert, daß sich die eigene Ungewißheit nicht mehr thematisieren muß. Darum sind die Teilnehmer dieses Sprachspiels ganz selbstvergessen bei der Sache. Das Sprachspiel entspricht darin jedem guten Spiel: Es ist ernsthaft, ohne verbissen zu sein. Dialogregeln sagen längst nicht alles, was im einzelnen gesagt werden könnte und müßte. Sonst wäre der Dialog überflüssig, oder er bestünde nur in einer stereotypen Wiederholung. Die dogmatischen Regeln, in denen das Verhältnis von Vater, Sohn und Geist in Beziehung gesetzt wird zum Weg von Mensch und Welt zwischen Schöpfung und Erlösung, legen im ganzen eine Perspektive fest, die uns immer wieder Neues entdecken läßt.

Bereits der 1. Korintherbrief zeigt, daß die Probleme der Gemeinde in Korinth nicht mittels autoritativer Zitate bewältigt werden können, sondern im Glaubensgespräch verschärft zu formulieren sind – in einem Glaubensgespräch, das durch bestimmte Grundaussagen zugleich Kontur gewinnt *und* in Gang gebracht wird.

Insofern verhindern Dialogregeln freilich auch, daß man einfach drauflos redet, und sei es im Anschluß an etwas, das andere schon immer gesagt haben. Dann bestünde das Glaubensgespräch aus bloßen Konventionen – eine Gefahr, die in der Geschichte der Kirche schon früh gesehen worden ist. »Unser Herr Christus hat sich die Wahrheit genannt, nicht die Gewohnheit«, sagt TERTULLIAN treffend (*De virginibus velandis* 1.1: CSEL 2,1209,9f.). Sonst könnten wir im Glaubensgespräch nicht Regeln folgen, sondern müßten irgendeiner Instanz nachgehen, die vorschreibt, was wir nachbeten sollen. Dialogregeln widerstehen aber einem autoritären Denken, das bloß nachgeahmt zu werden braucht oder bloße Zustimmung verlangt. Dann bedürfte es keines Dialogs mit Rede und Gegenrede, der zu einem Ergebnis kommt, sondern eines Leithammels, dem die Herde mit zustimmendem Blöken nachstrebt. Gegen eine solche »Gefolgschaftstreue« hat sich nicht zuletzt die erste Barmer These ausgesprochen, angesichts eines »Führerprinzips«, das ein kollektives politisches Wollen verbürgen sollte. Ist das schon verhängnisvoll für die politische Kultur, um wieviel mehr für die Kirche als Gemeinschaft des Glaubens! Sie mag dadurch für längere oder kürzere Zeit mehr Geschlossenheit erreichen, aber um den Preis innerer Schwäche, die durch den Verzicht auf ein wirkliches Glaubensgespräch erzeugt wird.

Die Entstehung einer Dialogregel zeigt beispielhaft die Entscheidung des Konzils von Chalcedon (451) über die Art und Weise, wie von Jesus Christus recht geredet werden kann. Diese Dialogregel kann als Antwort auf die Frage verstanden werden: »Wer ist Jesus Christus, den wir anrufen, dessen Kommens in die Welt wir gedenken, dessen Tod wir in jedem Gottesdienst verkündigen, bis er kommt, und den wir als die Hoffnung des Lebens erwarten?« Das war und ist eine ganz elementare Frage, die sich mit jeder Berufung auf Jesus stellt und die durch den christlichen Gottesdienst, das Gebet zu Jesus Christus und die Frage nach seiner Gegenwart im Herrenmahl aufgeworfen worden war. Sie mußte beantwortet werden, um klar zu sagen, wer dieser Jesus ist:

in einer religiösen Umwelt, die viele Götter und manche gottverwandten Heroen kannte, aber auch angesichts des jüdischen Redens von Gott, der über alles Irdische unendlich erhaben ist und der wohl den Messias als Herold und Wegbereiter der kommenden Welt vorausschickt, seine Gottheit aber nie mit einem Menschen verbindet.

Auf den beiden vorangegangenen Konzilien von Nizäa (325) und Konstantinopel (381) hatte die Kirche das Bekenntnis zur Dreieinheit Gottes als Vater, Sohn und Geist formuliert. Jetzt galt es, die Einheit von Gott und Mensch in Jesus Christus auszusagen. Das war keine »Denkaufgabe«, die erst durch die Berührung mit der philosophisch hochreflektierten Sprachtradition jener Zeit unausweichlich geworden wäre.[8] Sie ergab sich bereits aus der Rechenschaft über alles, was in der Auslegung der Bibel über Gott und Mensch gesagt werden sollte und was in jedem persönlichen und gemeinschaftlichen Reden von Gott rechtens gesagt werden konnte – im Blick auf das Ganze des Glaubensgespräches also.

Die Antwort des Konzils lautet im wesentlichen:

> In der Nachfolge der heiligen Väter lehren wir alle nachdrücklich und übereinstimmend, als einen und denselben Sohn zu bekennen unsern Herrn Jesus Christus ... in zwei Naturen, unvermischt, unverwandelt, ungetrennt und ungeteilt. Keineswegs wird der Unterschied der Naturen wegen der Einigung aufgehoben. Vielmehr wird die Eigentümlichkeit einer jeden Natur gewahrt, da beide in einer Person und Hypostase zusammenkommen.

Dieser Formulierung gingen langwierige, heftige Kontroversen und verschiedene Kompromißversuche voraus, Streitigkeiten – wie es schien – um Worte, ja um Buchstaben. Das Konzil hat einen Schlußpunkt gesetzt, über den in der Folgezeit niemand wirklich hinausgekommen ist, hinter den aber auch niemand zurückfallen konnte, wenn er nicht Wesentliches verkennen wollte. Diese Aussage hat sich immer wieder als Dialogregel von besonderer Tragweite erwiesen.

---

8 Vgl. ADOLF VON HARNACKS berühmte programmatische Definition: »Das Dogma ist in seiner Conception und in seinem Ausbau ein Werk des griechischen Geistes auf dem Boden des Evangeliums« (Lehrbuch der Dogmengeschichte I, Tübingen [4]1909, 20).

Diesen Charakter erhielt sie nicht durch einen kaiserlichen Machtspruch, so sehr der Kaiser auch in politischer Absicht zur Einigung nötigte, um endlich wieder Ordnung zu schaffen, nicht nur bei den streitlustigen Theologen, sondern beim »Kirchenvolk«, das sich ebenfalls in die Haare geraten war; es stand ja in der Tat auf dem Spiel, was jeden Christen für sein Gebet, für seine Teilnahme am Gottesdienst, für sein Bibelverständnis leidenschaftlich interessieren mußte.

Der Konsens wurde auch nicht mit Hilfe philosophischer Ordnungsbegriffe erreicht, die so einleuchtend gewesen wären, daß man sich von einer eigenen Klärung entlastet sehen konnte. Die Begriffe »Natur« und »Hypostase« haben eher Verständnisprobleme aufgeworfen (weniger gilt dies für den theologisch neu gefaßten Personbegriff). Heute stehen sie unter dem Verdacht, nur ein statisches Verhältnis auszudrücken. Wegweisend wurde vielmehr die vierfache Abgrenzung »unvermischt, unverwandelt, ungetrennt, ungeteilt«. Sie verneint die vier Möglichkeiten, die »Einigung in der Unterscheidung und Unterscheidung in der Einigung« zu denken: durch Mischen, Verwandeln, Verknüpfen und Zusammensetzen. Wir können uns dies am ehesten mit einem Geviert veranschaulichen, durch das die vier Denkmöglichkeiten (mehr sind nicht vorstellbar) ausgeschlossen werden:

unvermischt

ungetrennt   ungeteilt

unverwandelt

Das Geheimnis der Einheit von Gottheit und Menschheit in der Person »Jesus Christus« befindet sich – sprachlich gesehen – gleichsam in dem Leerraum, in jenem Feld, das durch die vierfache Abgrenzung nach allen Seiten hin gebildet wird. Es ist als solches unausdenkbar, ein reines Wunder. Doch wir können von ihm reden, indem wir unbedingt alles vermeiden, was als eine Art Symbiose oder als ein Auseinanderreißen von Gott und Mensch verstanden werden könnte.

Damit wird zugleich präzisiert, was ich in 1.3.1 »glaubensnotwendige Unterscheidungen« genannt habe. Die Einheit von

Gott und Mensch in Jesus Christus umfaßt ja nicht allein das Geheimnis der Menschwerdung Gottes, sondern umgreift ebenso sein und unser Menschsein in der Welt, unter dem Fluch der Vergänglichkeit. Als wahrer Gott und wahrer Mensch erlöst Jesus Christus alle, die schuldhaft von Gott getrennt sind. Deshalb und daraufhin können Menschen glauben – wunderbarerweise und doch nicht unaussprechlich. Gott nimmt die unrettbar verlorene Menschheit an. Er »versöhnte in Christus die Welt mit ihm selber« (2. Kor 5,19), ohne damit seine Gottheit preiszugeben. Versöhnung bedeutet nicht Verschmelzung in ein unterschiedsloses Einerlei, sondern in ihr handelt Gott an der Welt und bleibt so von ihr unterschieden, ohne sich von ihr trennen zu lassen.

Darum sind Unterscheidungen nötig, glaubensnotwendige Unterscheidungen, die zur Dialogregel geworden sind, weil sie immer wieder und immer dort Orientierung bieten, wo das Verhältnis von Gott und Mensch erfragt wird. Solche Unterscheidungen sagen, daß Gottheit und Menschheit unterschieden, aber nicht getrennt sind. Es sind Unterscheidungen, die sich auf das Versöhnt-Sein und Versöhnt-Werden der Welt mit Gott beziehen. Sie erlauben nicht, die Versöhnung der Welt mit Gott auf einzelne Menschen zu beschränken oder gar nur auf ihre Seele. Diese Versöhnung ist aber auch keine vollendete Tatsache in dem Sinne, daß sich alle Menschen immer schon in ihr befinden, gleichgültig, ob sie damit zu tun bekommen oder nicht. Vielmehr wird Versöhnung in der Bitte ausgesprochen: »Lasset euch versöhnen mit Gott!« (2. Kor 5,20) und ist insofern ein unaufhörlicher Ruf zum Glauben.

Dieser Ruf zum Glauben bindet an Jesus Christus. Er sagt, wem wir angehören und wie diese Gemeinschaft beschaffen ist. Das wird weiter erläutert durch die zweite These der Barmer Erklärung. Sie entspringt der Grundunterscheidung von Chalcedon und zeigt zugleich, daß diese Regel dialogdefinit ist und auf andere Fragen angewandt werden kann:

»Jesus Christus ist uns gemacht von Gott zur Weisheit und zur Gerechtigkeit und zur Heiligung und zur Erlösung« (1. Kor 1,30).

Wie Jesus Christus Gottes Zuspruch der Vergebung aller unserer Sünden ist, so und mit gleichem Ernst ist er auch Gottes kräftiger Anspruch auf unser ganzes Leben; durch ihn widerfährt uns frohe Befreiung aus den gottlosen Bindungen dieser Welt zu freiem, dankbarem Dienst an seinen Geschöpfen.

Wir verwerfen die falsche Lehre, als gebe es Bereiche unseres Lebens, in denen wir nicht Jesus Christus, sondern anderen Herren zu eigen wären, Bereiche, in denen wir nicht der Rechtfertigung und Heiligung durch ihn bedürften.

Diese Regel spricht mehrere Unterschiede an: Zuspruch und Anspruch, Befreiung und Gebundenheit, Rechtfertigung und Heiligung, indirekt auch Glaube und Handeln, in alledem aber: Gottes Handeln und unser Tun. Wir sind in alledem auf Gott in Jesus Christus angewiesen. In ihm sind wir mit Gott verbunden. In dieser Gemeinschaft sind wir ganz befreit und völlig beansprucht.

Zuspruch und Anspruch: Wird hier wirklich die Unterscheidung zwischen Gottes Handeln und menschlichem Handeln durchgeführt? Oder wird durch einen kleinen Sprachnebel der Anschein erweckt, hier ginge es um einen Übergang? Das wäre ein Fluchtweg aus dem Problem, wie sich Gottes und menschliches Handeln zueinander verhalten.

Welche Richtung wird hier gewiesen? Sie scheint dadurch angegeben zu sein, daß aus der Zugehörigkeit zu Jesus Christus ein Tun folgt, das dieser Gemeinschaft entspricht: Weil uns in Jesus Christus alles zuteil wird, was uns vor Gott bestehen läßt, darum gehört ihm unser Leben ganz. Müßte sich dies nicht darstellen lassen, indem unser Tun das *abbildet*, was Jesus Christus für uns ist: Weisheit, Gerechtigkeit, Heiligung und Erlösung? Könnte dies nicht etwa im Schaffen gerechter Verhältnisse geschehen, oder in der Demonstration eines heiligen Lebens, in einer Lebensführung, die Befreiung weiterträgt?

Die zweite Barmer These weist aber einen solchen Weg gerade nicht. Sie zeigt dies, indem sie »Rechtfertigung« und »Heiligung« streng für das reserviert, was Christus für uns tut und wessen wir unablässig bedürfen, um wirklich handeln zu können. Er selbst ist zur Weisheit und Gerechtigkeit, zur Heiligung und zur Erlösung »gemacht worden«, er hat sich dem, was Gott ist und will, unterzogen. In seiner Nachfolge sind und bleiben wir dem Urteil Gottes unterstellt. Wir können uns auf keine Weise rechtfertigen, auch nicht durch das, was wir leisten (und schon gar nicht können wir durch unser Tun eine Art Beweis antreten für das, was Gott an uns getan hat). Ebensowenig ist es uns möglich, uns selbst und unseren Verantwortungsbereich durch ein bestimmtes Tun und Lassen zu heiligen.

Darum gibt es keinen menschenmöglichen Rückschluß vom Handeln auf den Glauben, und darum kann umgekehrt auch der Glaube nicht einfach ein ausgezeichnetes Handeln zur Folge haben, das für sich sprechen würde. Es gibt keinen Bereich des Lebens, in dem wir der Rechtfertigung *wie* der Heiligung durch Jesus Christus *nicht* bedürften. Unser Tun wäre verkehrt, es würde in eine falsche Richtung gehen, wenn es sich nicht immer und überall an Jesus Christus weisen ließe. Und das zeigt sich daran, daß es in nichts dem zu widersprechen sucht, was Jesus Christus für uns ist. Dies ist der Ruf zum Glauben für all unser Handeln.

Dadurch wird Urteilsbildung möglich, innerhalb der Grenzen, die die Unterscheidung zwischen der Herrschaft Jesu Christi und menschlicher Eigenmacht gezeigt hat. Was hier und heute die »gott-losen Bindungen« sind, von denen wir befreit sind, muß erkannt werden. Doch dies erkennt nur, wer sieht, daß er und sein Tun der Rechtfertigung und Heiligung bedarf. Dieser Regel gilt es zu folgen – im Vertrauen darauf, daß die Befreiung zu »frohem, dankbarem Dienst an Gottes Geschöpfen« Gestalt annimmt: daß sie so wahrgenommen werden kann, daß ein Handeln als Dienst an Gottes Geschöpfen im einzelnen möglich wird.

1.3.3 Zusammenhänge wahrnehmen

(11.) Dogmatik wird durch den – nach vorn hin offenen – Zusammenhang aller theologischen Aussagen gebildet.

Dogmatik ist im Idealfall der Sprachzusammenhang, der repräsentiert, was für den christlichen Glauben zusammengehört – dem können wir uns jedoch immer nur annähern. »Für den christlichen Glauben«: dies ist zunächst nicht viel mehr als ein Etikett, das anzeigt, was sich hier vollzieht (oder im Sinne des zehnten Leitsatzes: was hier vor sich geht, »was gespielt wird«). Was »Glaube« und »christlich« wirklich *sind*, kann erst in jenem Sprachzusammenhang, also dogmatisch dargelegt werden. Aus dieser Beziehung können wir uns nicht lösen, wenn wir deutlich und sachgemäß – im zweiten Leitsatz hieß es: »glaub-würdig« – reden wollen. Glaubwürdig ist dann keine vertrauenerweckende oder schlagartig überzeugende Haltung. In diesem Falle würde sie alle Aufmerksamkeit auf den Sprecher oder Handelnden ziehen statt auf das, »was er zu sagen hat« – und zwar so zu sagen, daß es zum Glauben weist: zum Vertrauen auf Gott, auf den wir uns im Leben und Sterben verlassen.

Dieser sprachliche Zusammenhang besitzt eine Erstreckung, im Sinne von Eph 3,17-19:

> Christus möge durch den Glauben in euren Herzen wohnen, die ihr in der Liebe eingewurzelt und gegründet seid. So könnt ihr mit allen Heiligen begreifen, welches die Breite und die Länge und die Höhe und die Tiefe ist, auch die Liebe Christi erkennen, die alle Erkenntnis übertrifft, damit ihr erfüllt werdet mit der ganzen Gottesfülle.

Breite, Länge, Höhe und Tiefe: wie ein dreidimensionaler Raum, gegliedert durch vorn und hinten, oben und unten, links und rechts. Diese Gliederung erlaubt es, Sachverhalte an ihrem Ort aufzufinden, Verhältnisse anzugeben, Beziehungen zu sehen, eine Anschauung zu gewinnen. Zwar übersteigt die Liebe Christi, deren wir gewahr werden sollen, jedes Wissen. Unser Wissen von den Dingen bekommt diese Liebe nicht zu fassen. Doch gerade so, als die unser gewohntes und ausgedehntes Fassungsvermögen übersteigende Fülle, soll sie erfaßt – und das heißt auch: ausgesprochen – werden, ohne daß wir sie sozusagen sprachlich verschlingen. Und auch unser Verhältnis zu dem, was hier angemessen zu sagen wäre, oder eher: das Mißverhältnis unseres Sprachvermögens zu dem, was uns erfaßt – auch dies hat seinen sprachlichen Ort, und sei es an den äußersten Grenzen der Sprache. Dogmatik geht gleichsam in die Tiefe, und zwar so, daß diese Vertiefung immer intensiver wird.

Der Glaube ist weder wahrnehmungslos noch unartikuliert. Auszusagen gilt, was er wahrnimmt, und zwar weder durch eine »Sicht« oder durch einen besonderen »Blick«, noch durch einen überragenden »Sinn« für bestimmmte Dinge. In der Erläuterung zu den Leitsätzen 9 und 10 hieß es vielmehr: Unterscheidungen treffen, Regeln folgen. Wege auf einem bestimmten, uns gewiesenen Terrain sollen beschritten werden. Wir bewegen uns gleichsam in einem Raum, der zu erkennen gibt, was in ihm aufeinander bezogen ist. Hier gibt es ein »Zuvor« und ein »Daraufhin«, ein nicht zeitliches Vorher und Nachher wie auch ein zeitliches Früher und Später, Nähe und Ferne, Intensität und Ausdehnung, Zuordnungen und Abgrenzungen. Wir können das Ganze nie überblicken, sondern nur in es hineinwachsen.

Ein Musterbeispiel für eine solche theologische Unterscheidung und Zuordnung zweier Gegebenheiten, deren Beziehung zueinander oft strittig ist – Kirche und Staat –, gibt die fünfte These der Barmer Theologischen Erklärung (Hervorhebungen sind hinzugefügt):

»Fürchtet Gott, ehret den König!« (1. Petr 2,17)

Die Schrift sagt uns, daß der Staat nach göttlicher Anordnung die Aufgabe hat, in der *noch nicht erlösten Welt*, in der auch die Kirche steht, nach dem Maß menschlicher Einsicht und menschlichen Vermögens unter Androhung und Ausübung von Gewalt *für Recht und Frieden zu sorgen*. Die Kirche erkennt in Dank und Ehrfurcht gegen Gott die Wohltat dieser seiner Anordnung an. Sie *erinnert an Gottes Reich, an Gottes Gebot und Gerechtigkeit* und damit an die Verantwortung der Regierenden und Regierten. Sie *vertraut und gehorcht der Kraft des Wortes*, durch das Gott alle Dinge trägt.

Wir verwerfen die falsche Lehre, als solle und könne der Staat über seinen besonderen Auftrag hinaus die einzige und totale Ordnung menschlichen Lebens werden und also auch die Bestimmung der Kirche erfüllen.

Wir verwerfen die falsche Lehre, als solle und könne sich die Kirche über ihren besonderen Auftrag hinaus staatliche Art, staatliche Aufgaben und staatliche Würde aneignen und damit selbst zu einem Organ des Staates werden.

Eine glaubensnotwendige Unterscheidung zwischen Kirche und Staat: werden beide vermischt, droht der Staat zu einem totalen und damit zu einem Staats-Unwesen zu werden. Umgekehrt würde sich die Kirche ihrer Freiheit begeben, wollte sie sich als quasi-Staat gebärden. Sie ist weder »staatstragende Kraft« noch eine Art »Staat im Staate«, möglicherweise gegen den Staat – was gewiß nicht ausschließt, daß sie sich im Rahmen der staatlichen Ordnung politisch äußert, u. U. recht kritisch. Die glaubensnotwendige Unterscheidung soll dergleichen ethischen Einsichten und Aufgabenstellungen den Weg bahnen. Sie selbst richtet sich gegen eine politische Totalität, die Gottes Anordnung verletzen würde. Das Gegenüber von Kirche und Staat zeigt die heilvolle Begrenztheit beider – zum Zeichen dafür, daß beide allein Gott zu eigen sind.

Innerhalb dieser glaubensnotwendigen Unterscheidung werden nun weitere theologische Zuordnungen namhaft gemacht. Sie ziehen auch neue Unterscheidungen nach sich, die Unterschiede betreffen, die auf die *Erstreckung* des Glaubens und der Hoffnung hinweisen:

Wir leben in einer *unerlösten* Welt. Nicht in einer verkehrten Welt, die wir umzukrempeln, vom Kopf auf die Füße zu stellen oder irgendwie vollkommen anders zu »machen« hätten! Sondern in einer Welt, in der die Macht des Bösen noch nicht zum Erliegen gekommen ist. Unsere Welt ist *noch nicht*, wie sie nach dem Willen Gottes sein sollte. Aber dies können wir nur sagen im Blick auf den Willen Gottes, den er selber ausführt.

Und dieser Wille schwebt nicht wie eine Idee über uns oder steht wie eine Utopie vor uns. Wir lassen uns an Gottes Reich, an Gottes Gebot und Gerechtigkeit *erinnern* – indem wir um sie beten. Darin sind Glaube und Hoffnung verankert. Sie *richten* sich darauf, daß Gott alle Dinge trägt (Gottes *Für*-Sicht, seine Vorsehung) und daß wir *darauf* hoffen dürfen: »Erlöse uns von dem Bösen« (Mt 6,13).

Die Kirche erinnert damit – das heißt: in ihrem Fürbittengebet und in ihrer Predigt – an die *Verantwortung* der Regierenden und der Regierten. Es ist die Verantwortung, für Recht und Frieden zu sorgen – was gerade dadurch gefährdet werden könnte, daß die theologischen Begriffe »Reich Gottes«, »Gottes Gebot« und »Gottes Gerechtigkeit« politisch »umgesetzt« werden sollten. Diese Begriffe stehen aber auch nicht beziehungslos neben der politischen Verantwortung. Ihre Beziehung lebt im Gebet und in der Predigt.

Beide bilden gleichsam das Scharnier zwischen Kirche und Staat, zwischen Einzelnen und Gesellschaft. Glaube und Hoffnung sind ebensowenig Privatsache wie Zielsetzungen der Politik.

Der Zusammenhang des Glaubens und der Hoffnung lautet: Gottes Für-sicht und seine Verheißung der Erlösung für die ganze Welt. Mit dogmatischen Begriffen: Providenz und Weltvollendung als Hoffnungsperspektive. Diesen Zusammenhang galt es damals, angesichts einer aktuellen Geistesverwirrung – der Verwechslung von Staat und Kirche, Politik und Religion – zu erkennen. Die glaubensnotwendigen Unterscheidungen erlauben jedoch über diesen Anlaß, der sich wiederholen kann, hinaus, sich innerhalb der neu erkannten theologischen Verweisungen zu orientieren.

Diese Orientierung hilft, die Begegnung mit demselben lebendigen Gott zu *erwarten*, den auch die Bibel bezeugt. Deshalb muß es einen Zusammenhang von Aussagen geben, einen Zusammenhang, der widerspiegelt, daß wir immer *denselben* Gott erwarten und ihm begegnen. Die These deutet darauf hin, indem sie der Kirche die Aufgabe zumißt, an Gottes Reich, Gebot und Gerechtigkeit zu *erinnern*. Wie kann die Kirche dies dem Staat gegenüber vertreten? In erster Linie durch das, was sie von Gott her und vor Gott sagt, nämlich in ihrer Verkündigung und Fürbitte. So bestimmt sie sich in ihrem Verhältnis zum Staat nicht durch ihre traditionelle kulturelle Rolle oder durch eine besondere gesellschaftliche Funktion, sondern durch das, was ihr zu sagen und zu tun anvertraut ist – und indem sie dies unablässig sagt und tut, wächst sie in das Ganze des Handelns Gottes hinein. Dafür bedarf es der Geduld des Denkens und der geistigen Spannkraft, um nicht in vorläufigen Eindrücken steckenzubleiben und aus ihnen voreilige Schlüsse zu ziehen. Kurzatmige Gedanken, bloße Assoziationen und rasch hingeworfene Einfälle sind, so anregend sie auch sein mögen, kein Gütezeichen der Dogmatik.

ANDERS JEFFNER, Kriterien christlicher Glaubenslehre. Eine prinzipielle Untersuchung heutiger protestantischer Dogmatik im deutschen Sprachbereich (AUU.SDCU 15), Uppsala 1976. – GERHARD SAUTER/ALEX STOCK, Arbeitsweisen Systematischer Theologie. Eine Anleitung (studium theologie 2), München/Mainz 1976. ²1982.

Zu Ludwig Wittgenstein: GERD BRAND, Die grundlegenden Texte von Ludwig Wittgenstein, Frankfurt a. M. 1975. – FERGUS KERR OP, Theology after Wittgenstein, London (SPCK) ²1997. – REGINE MUNZ, Religion als Beispiel. Sprache und Methode bei Ludwig Wittgenstein, Düsseldorf/Bonn 1997.

1.4 Lehre – Verständigung im Konsens

Nun nehmen wir eine bestimmte *Gattung* theologischer Texte in den Blick. Sie berühren sich mit dogmatischen Texten in mancher Hinsicht, heben sich aber auch von ihnen ab, ohne daß sie in einen Gegensatz zu ihnen geraten dürfen. Denn sie setzen dogmatische Texte teils voraus, teils geben sie Impulse für weitere theologische Arbeit: indem sie die Frage verschärfen, was eine Kirche unter gar keinen Umständen sagen darf, wenn sie im Glauben und auf Hoffnung hin redet. Sie tragen zur glaubensnotwendigen *Grenzziehung* bei.

Wir werden hier den in 1.3 beschriebenen Strukturmomenten dogmatischen Redens erneut begegnen, auch kehren manche

Sprachelemente der Dogmatik (1.2) wieder. Jedoch haben solche Texte (erstens) eine andere *Funktion* als die Dogmatik, deren Aufgabe ja darin besteht, soweit wie möglich das Ganze dessen zu entfalten, was im Glauben auf Hoffnung hin unter allen Umständen zu sagen ist. Damit verglichen sind die Texte, denen wir uns nun zuwenden wollen, in ihrem Aussagegehalt zugespitzt: Sie halten fest, was eine Kirche zu sagen sich verpflichtet sieht, wenn sie nach ihrem Kirchesein gefragt wird und wenn sie darauf antwortet, wodurch und wie sie sich theologisch leiten läßt. Darum sind diese Texte (zweitens) wesentlich knapper gefaßt als dogmatische Textgebilde: Sie *komprimieren* die Rechenschaft einer Kirche, und zwar einer bestimmten Kirche zu einem bestimmten Zeitpunkt, meistens in einem für sie kritischen Moment, in dem das Kirchesein der Kirche auf dem Spiel steht. Ihre Verpflichtung kommt am deutlichsten (drittens) durch die ausdrückliche *Selbstbindung der Kirche* an solche Texte zum Ausdruck: Sie werden für verbindlich erklärt, weil sie auf Verbindlichem beruhen, und nun nehmen sie einen Rang ein, der mit dem Grundgesetz eines Rechtsstaates verglichen werden kann. Im Unterschied dazu sind diese Texte aber nicht aus einer Vereinbarung einer verfassungsgebenden Versammlung erwachsen, die die Konstitution eines Staates umreißen will.

Die Selbstbindung der Kirche spricht aus, daß sie sich theologische Verbindlichkeit nicht selber schaffen kann. Sie sieht sich angewiesen auf das, was Gott getan und zu tun verheißen hat und wie er anwesend ist. Gottes Gegenwart in all ihrer Erstreckung ist der »Gegenstand« kirchlicher Lehre, Gegenstand auch im Sinne eines Widerstandes, der sich allen Versuchen, ihn zu übersehen oder zu verdrängen, widersetzt.

Diese drei Merkmale kennzeichnen theologische Texte als *kirchliche Lehre* – im Gegenüber zur Irrlehre.

(12.) Kirchliche Lehre spricht aus, was eine Kirche sich unbedingt gesagt sein lassen will.

Dogmatik wird sich immer auf Lehre beziehen, sofern sie sich einer Kirche zugehörig weiß, wenn sie sich also nicht der Illusion hingibt, freischwebend existieren zu können. Und umgekehrt bedarf kirchliche Lehre der Urteilsbildung, wie sie der Dogmatik eigentümlich ist.

Damit habe ich versucht, »Lehre« so zu umschreiben, wie sie in der Geschichte evangelischer Kirche und Theologie in Erscheinung tritt, aber auch mit ähnlich wirkenden Texten oder Redeweisen anderer Kirchen sinnvoll verglichen werden kann. Manche Kirchen und Glaubensgemeinschaften, die auf ausgesprochene »Dogmatik« verzichten (← 1.1.1), sind auch von jeher einer ausdrücklichen Lehrbildung abgeneigt. Was sie als glaubensverbindlich festhalten und überliefern, haben sie in ihren Liedern, Gebeten und ethischen Normen zum Ausdruck gebracht. Was sie verbindet, zeigt sich in der Liturgie, im Bibelgebrauch, in der Einstellung zum Staat, zur öffentlichen Moral und zur gesellschaftlich vorherrschenden religiösen Kultur (in Nordamerika: *civil religion*), vor allem aber in ethischen Zielsetzungen, die die Gemeindeglieder verpflichten und sie miteinander verbinden. – Hat eine solche gemeinsame Willensbildung ohne Lehre nicht auch längst Kirchen eingeholt, die auf eine Lehrtradition zurückblicken können?

1.4.1 Lehrbildung

Zur Erläuterung sei ein Beispiel aus jüngster Zeit genannt:

Die United Church of Christ der Vereinigten Staaten von Amerika, eine seit 1957 bestehende Kirchenunion, die 1980 eine Kirchengemeinschaft mit der deutschen Evangelischen Kirche der Union eingegangen ist, war anfänglich ohne »Bekenntnis«.[9] Die Kirchen, die diese Union bildeten, gehörten zu den amerikanischen Glaubensgemeinschaften, die teilweise Lehrtraditionen aus den europäischen Kirchen übernommen hatten, aus denen ihre Gründer stammten. In der United Church of Christ wuchsen kongregationalistisches, reformiertes und teilweise auch lutherisches Erbe zusammen. Bewußt wurde darauf verzichtet, ein ge-

---

9 Siehe HANNS-PETER KEILING, Die Entstehung der »United Church of Christ« (USA). Fallstudie einer Kirchenunion unter Berücksichtigung des Problems der Ortsgemeinde, Berlin 1969. – LOUIS H. GUNNEMANN, The Shaping of the United Church of Christ: An Essay in the History of American Christianity, New York/Philadelphia (United Church Press) 1977. – DERS., United and Uniting: The Meaning of an Ecclesial Journey. United Church of Christ 1957–1987, New York (United Church Press) 1987. – FREDERICK HERZOG, Thesen zum Zusammenführen der Ströme der Reformation: EvTh 43 (1983) 548–556.

meinsames Glaubensbekenntnis neu zu formulieren oder sich an eine Bekenntnisüberlieferung anzuschließen; statt dessen wurde ein »Statement of Faith« vorgelegt, das unterschiedlichen Überzeugungen Raum gewähren und dazu anregen wollte, immer wieder neu christliche Überzeugungen auszusprechen.[10] Doch bald zeigte sich, daß gerade das politische und soziale Engagement und der Gemeindeaufbau der verbindlichen Lehre bedürfen, wenn sie nicht ihr Fähnchen nach den wechselnden Winden öffentlicher Meinung hängen wollen oder – nur scheinbar im Gegensatz dazu – instrumentalisiert werden sollen, damit sie den Zielen der Kirchenführung dienen können.

Darum wurde 1977, zwanzig Jahre nach der Unionsbildung, ein Dokument (»report«) der Lehrbildung vorgelegt: »Toward the Task of Sound Teaching in the United Church of Christ« (abgedruckt bei FREDERICK HERZOG, Justice Church: The New Function of the Church in North American Christianity, Maryknoll, New York [Orbis Books] 1980, 140–148, übersetzt: »Unterwegs zum Auftrag verbindlichen Lehrens in der United Church of Christ«: ÖR 23 [1979] 282–290). Der amerikanische Titel lehnt sich an den Sprachgebrauch der Pastoralbriefe an: »gesunde Lehre« (1. Tim 1,10; 2. Tim 4,3; Tit 1,9; 2,1; vgl. 1. Tim 6,3; 2. Tim 1,13; Tit 2,8) heißt die rechte Lehre, die zur rechten Lebensführung verhilft – im Gegensatz zu allen verfälschten und deshalb verwirrenden Weltanschauungen. »Sound Teaching« mag freilich auch die Assoziation des schönen Klanges, des Wohllauts erwecken, einer erhebenden und zugleich mitreißenden Musik. Vermieden wird das belastete Wort »doctrine«, das für viele zu sehr nach autoritativer Belehrung schmeckt. Nicht eine Doktrin erscheint als geboten, sondern ein Lehren, das zum Lernen inmitten der Zweifelsfälle und Zweideutigkeiten des täglichen Lebens verhilft.

Über die Hintergründe dieser Lehrbildung heißt es in der Präambel, die Kirche habe »ihren Glauben durch christliche Gegenwartsnähe und Einsatz für Minderheiten zu leben« gesucht.

> Antwortende Aktion hatte gewöhnlich Vorrang vor theologischer Reflexion. [...] Dabei hat die UCC allerdings, wie es scheint, offen-

---

10 Abgedruckt bei L. H. Gunnemann, The Shaping of the United Church of Christ, 69f.

sichtlich ihre Energien so stürmisch bei der Jagd nach ständig neuen Aufgaben aufgezehrt, daß es zu einer geistlichen Schwäche und zu einer gewissen Ziellosigkeit gekommen ist. Die United Church of Christ, ihre Gemeindeglieder und ihre Pfarrer, verwirrt durch all das Bemühen um die Erhaltung der Institution und das Wachsen der Gemeinden, werden nun eingeholt von der Suche nach ihrer Identität (284).

Dies könnte zunächst wie eine sozialpsychologische Beobachtung anmuten: Auch eine Kirchengemeinschaft braucht, wie jede andere gesellschaftliche Gruppe, eine ausweisbare Identität, um zu sehen und anderen zu zeigen, wer sie selbst ist – im Unterschied zu vergleichbaren Formationen, vergleichbar nicht zuletzt durch ihr Erscheinungsbild in politischen und sozialen Auseinandersetzungen. Doch die Notwendigkeit der Lehre greift darüber hinaus:

Zeiten tiefer Versuchungen in der Kirche sind auch Zeiten, um Gottes erneuernden Ruf zu einem glaubwürdigen Dienst zu hören und auf sich zu beziehen. In einer solchen Zeit sind Fragen der Identität, des Glaubens und des Auftrags des ordinierten Amts kräftige Zeichen für die Einsicht, daß die Erneuerung des Lehramts der Kirche sowohl dringend notwendig als auch möglich ist (285).

Kirche und Staat befinden sich in zunehmendem Konflikt. In dieser Situation ruft uns Gott, aufs neue Rechenschaft unserer Hoffnung zu geben, damit wir uns nicht »vom Wind jeder Lehre bewegen und umtreiben lassen« (Eph 4,14) (287).

Von »Lehre« wird also erwartet, daß sie zu unterscheidungskräftiger Klarheit verhelfen soll. Lehre setzt hier mit dem Bekenntnis zum Dreieinen Gott in der Einheit seines Handelns ein – und mit der Wahrnehmung seines Bundes, der die Kirche unter der Verheißung der Gerechtigkeit, des Lebens und der Geistes-Gegenwart zusammenführt und bindet (287–289).

Das UCC-Dokument dürfte besonders deshalb aufschlußreich sein, weil es umsichtig und mit Bedacht vermeidet, Kirche und ihr gefährdetes Einvernehmen durch eine ethische Mobilmachung wiederzugewinnen. Die politischen, sozialen und moralischen Herausforderungen sind unüberhörbar, aber die Bekenntnissätze sollen nicht dazu dienen, die Glaubensgemeinschaft sozusagen in Reih und Glied zu bringen und zum Vormarsch zu bewegen. Sie wollen vielmehr die Frage wachhalten, worauf Kirche sich verlassen darf, um ohne falsche Rücksichten zu tun, was ihr möglich gemacht wird, und zu lassen, was ihr versagt ist.

Die Leitung der United Church of Christ hat sich das genannte Dokument durch einen Beschluß zu eigen gemacht. Damit mag es als kirchliche Lehre autorisiert worden sein – ob es aber auch tatsächlich als »Lehrstück« zur Geltung kommt, ist damit noch nicht gewährleistet. Jener Prozeß: die Formulierung von Sätzen, die eine Kirchengemeinschaft untermauern oder vorbereiten sollen (etwa die »Leuenberger Konkordie« 1973; WENZEL LOHFF, Die Konkordie reformatorischer Kirchen in Europa: Leuenberger Konkordie, Frankfurt a. M. 1985), eine gemeinschaftliche Deklaration theologischer Grundsätze also, ist *eine* mögliche Lehrbildung evangelischer Kirchen, eher eine Ausnahme. In der Regel entsteht sie in verschiedenen Schritten, bei denen Strukturmomente dogmatischen Redens und Sprachelemente der Dogmatik eine maßgebende Rolle spielen. Das Ergebnis wird für verbindlich erklärt, weil es sich bereits als verbindlich bewährt hat – nicht umgekehrt: Verbindlichkeit kommt nicht durch eine Deklaration zustande.

Kirche kann Lehre, genauer besehen, nicht »setzen«, sie markiert vielmehr mit ihrer Lehrbildung die Grenze, auf die sie stößt, wenn sie nach der Wahrheit ihres Redens und der Glaubwürdigkeit ihres Handelns fragt. Mit Hilfe der Lehre widersteht die Kirche bloßen Machtansprüchen, auch ihren eigenen!

Worauf eine Kirche sich verlassen darf: dazu bekennt sie sich in ihrer Lehre. Sie verpflichtet sich ausdrücklich, Bestimmtes sagen zu können und Gegenteiliges auszuschließen. Damit folgt sie den Unterscheidungen, die sie Gottes Handeln verdankt. Darum sagt Lehre in trennscharfer und insofern ausgrenzender Weise aus, was Kirche als Gottes Zusage und Weisung vernommen hat. Dieses fremde Wort trägt die *Lehre als ausgesprochene Verpflichtung*.

(13.) In ihrer Lehre unterstellt sich Kirche ihrer Externität: Sie spricht in einer ihrem Erkenntnisstand entsprechenden Weise aus, was ihre Urteilskraft kennzeichnet.

Die Frage, worauf Kirche sich verlassen darf, wird in ihrer Rechenschaft »über die Hoffnung, die in euch ist« (1. Petr 3,15) beantwortet. Diese Rechenschaft zeigt an, wovon Kirche sich leiten läßt. Lehre ist deshalb kein Mechanismus zur Selbststeuerung einer religiösen Gemeinschaft (← 1.1.1). Die Rechenschaft über die Hoffnung, die der Kirche gewährt wird, läßt sich auch nicht erbringen, indem innere Triebkräfte christlicher Gemeinschaftsbildung ergründet werden.

1.4.2 Die dogmatische Dynamik der Lehre

Grundlegende theologische Unterscheidungen werden oft in einer Zeit geistlicher Verwirrung gewonnen, Grenzaussagen werden formuliert, die zunächst auf diese kritische Situation bezogen sind, jedoch mit der Absicht, klärend auszusprechen, was in dieser Lage unbedingt und unter allen Umständen theologisch gesagt werden muß.

(14.) Ein begrenztes Textgebilde, das aus theologischen Aussagen besteht, erweist sich durch seine Rezeption als so tragfähig, daß eine Kirche sich dazu bekennt und es als kirchliche Lehre kenntlich macht – zum Zeichen ihrer Dialogdefinitheit. Lehre ist Glaubenssprache in unverwechselbarer Präzision.

Darauf kann dann auch die Dogmatik wieder aufbauen, indem sie die Lehraussagen intensiv und extensiv entfaltet und ihre Begründung erforscht (→ 3.1). Lehre unterscheidet sich von der Dogmatik eigentlich nur in ihrem Umfang: sie ist knapper gefaßt als diese – und bedarf eben deshalb auch der Erläuterung und einer weiterführenden, zusammenhängenden Auslegung, die den Lehrgehalt erschließt, ohne diesen einfach zu wiederholen und zu kommentieren. (Z. B.: FRIEDRICH SCHLEIERMACHER, Der christliche Glaube, nach den Grundsätzen der evangelischen Kirche im Zusammenhange dargestellt [^{2}1830/31], Neuausgabe Berlin 1960.)

Zwei Musterbeispiele für eine solche Lehrbildung evangelischer Theologie sind die *Confessio Augustana* (1530) und die *Barmer Theologische Erklärung* (1934). Beide Texte sind in der Absicht entstanden, notwendige Grenzaussagen zu wagen, die den Raum möglichen Konsenses (→ 1.4.3) abstecken und Glaubenssprache im Blick auf eine strittige Frage – oder mehrere – präzisieren wollen. Insofern ist in diesen Texten Lehre beabsichtigt. Ob diese Bemühung Gehör findet und sich bewährt, ob aus solchen Texten kirchenprägende Lehrdokumente werden, ist jedoch eine andere Geschichte und läßt sich durch die Intention der Verfasser nicht vorwegnehmen. Lehre entspricht aber der ausgesprochenen Absicht, zur kirchlichen Einheit Menschenmögliches beizutragen, d. h. ihr gerade im Ringen um theologische Erkenntnis nicht im Wege zu stehen. Zu Lehrdokumenten sind die beiden genannten Text durch Umstände geworden, die anfänglich gar nicht im Blickfeld waren. Erst im nachhinein erwies es sich, daß es hier gelungen war, unterscheidungskräftige Sätze zu formulieren, auf die die Kirche immer wieder zurückkommen darf, wenn sie sich genötigt sieht, weitere Unterscheidungen zu vollziehen. In diesem Prozeß der Rezeption zeigt sich auch die Verzahnung von kirchlicher Lehre und Dogmatik.

Für den Reichstag zu Augsburg sollten die evangelischen »Stände« auf Anweisung des Kaisers schwarz auf weiß vorlegen, was sie im Vergleich mit der Auffassung der »Altgläubigen« als für den Glauben gemeinsam und was sie als glaubenstrennend ansahen. Zu einem solchen Vergleich kam es indessen nicht, sondern nur zur Konfrontation gegensätzlicher, ja unüberbrückbarer Standpunkte zweier Religions-»Parteien«. Als daraufhin die Unterzeichner der Confessio Augustana zur Kirchengründung gedrängt wurden, bekannte sich diese Kirche zu jenem Textgebilde als ihrer *Lehre* – zum *Bekenntnis*, das unter dem Druck der kirchenpolitischen Umstände zum Konfessionsmerkmal geriet.

Auch die Barmer Theologische Erklärung sollte anfänglich weder Lehrstück noch Bekenntnis sein, jedenfalls nicht »Bekenntnis« in einem konfessionalistischen Sinne: als Gründungsdokument einer neuen Kirche oder auch einer erneuerten Kirche. Die Delegierten aus deutschen evangelischen Kirchen, die diesen Text berieten und annahmen, wollten vielmehr in äußerst kritischer Stunde die Externität christlichen Glaubens aussagen, als Selbstverpflichtung, die der Einheit von Kirche so Ausdruck gibt, daß deutlich wird: Diese Kirche hat sich nicht selber hervorgebracht, darum kann sie ihre Einheit auch nicht durch einen Rechtsakt setzen, sondern sie *findet* zu ihrer Einheit dadurch, daß und wie sie sich zu ihrer Grundlegung bekennt.

Diese Kirche läßt sich an dem messen, was für sie verbindlich ist, was sie als verbindlich erkannt hat. Welche theologische Tragweite diese »Erklärung« wirklich hatte – die Bezeichnung spiegelt die Vorsicht wider, theologische Einsichten gleich rechtsverbindlich zu machen! –, erwies sich erst im Laufe der Jahre. Sie ist auch heute noch längst nicht ausgeschöpft. Dies zeigt sich nicht nur in den deutschen Landeskirchen, die diese Erklärung im Zuge der Neuordnung nach 1945 aufgenommen haben (die Evangelische Kirche der Union, Hessen und Baden in ihre Ordinationsgelübde), sondern auch außerhalb Deutschlands: Die Erklärung wurde von der Hervormde Kerk Hollands und der amerikanischen United Presbyterian Church übernommen, beeinflußte die Union der Church of South India und wurde für den kirchlichen Kampf gegen Rassismus in Südafrika sowie von Befreiungsbewegungen in Südamerika und Asien in Anspruch genommen.

In der Confessio Augustana wie in der Barmer Theologischen Erklärung tritt als Merkmal evangelischer Lehre hervor: Sie verhilft der Kirche zur *Selbstprüfung* ihrer Entscheidungen, ihrer Handlungen – und der Zusammenhänge dieser Handlungen, Entscheidungen und ihres Redens davon.

Wie in der Barmer Theologischen Erklärung beispielhaft deutlich wird, verdichtet sich die Externität des Glaubens in Unterscheidungen, die theologische und mitunter auch politische Entscheidungen vorbereiten. *Eine Grenze wird sichtbar, jenseits deren Kirche nicht mehr Kirche sein kann.* Wenn eine Kirche diese Grenze erkennt und sie sprachlich formuliert, dann führt dies zur Lehre. Die Grenze, jenseits deren Kirche nicht mehr Kirche sein kann, läßt keinen Raum mehr für ein anderes Kirche-Sein. Diese Grenzbestimmung ist die Funktion der Lehre, von innen her gesehen. Von außen gesehen bringt Lehrbildung eine Kirche in ihrer Partikularität in Erscheinung.

1.4.3 Verbindlichkeit im Glauben

Kirchen divergieren nicht nur in ihrer Lehre, sondern bereits in der Art und Weise ihrer Lehrbildung. Auch hierin unterscheidet sich kirchliche Lehre von der Dogmatik, die tendenziell ökumenisch ist.

(15.) Lehre entsteht, wo ein Dissens überwunden, ein Konsens entdeckt wird,

wo eine Kirche sagt, was sie in ihrer Situation verpflichtend zu sagen hat – und was sie ausschließen muß, um Kirche zu sein. Hier kann nicht versucht werden, zu jeder Zeit alles zu sagen. Es kommt darauf an, welche Wege an einem bestimmen Ort und zu einer bestimmten Zeit begangen werden können. Insofern ist Lehre nicht kirchliches Reglement, sondern eine Wegmarkierung, die andere einlädt, denselben Weg zu beschreiten.

Diese begrenzte Lehr-Aufgabe droht überschattet zu werden durch die imposanten Lehrgebäude, die in der mitteleuropäischen Christenheit errichtet worden sind. Allein ihre Pflege und Renovierung übersteigt längst die Kräfte. Schon vor zweihundert Jahren stöhnte man unter der niederdrückenden Fülle dessen, was als Lehre aufrechtzuerhalten und gar zu lernen war. In der zweiten Hälfte des 18. Jahrhunderts entstanden Merkverse für das »Augsburger Bekenntnis« (1530), und sie endeten mit dem Stoßseufzer:

> Das ist die Summe aller Lehr,
> der Herr behüte uns vor mehr!

Doch heute wünschen sich viele Christen in manchen Kirchen mehr Lehre – nicht quantitativ, sondern qualitativ!

Sie kann deshalb auch nicht in dem Sinne *verbindlich* sein, in dem wir dieses Wort häufig gebrauchen: als Ausdruck eines Entgegenkommens, der wohlmeinenden Bereitschaft, andere nur ja nicht durch zu hohe Ansprüche vor den Kopf zu stoßen. In diesem Sinne hat sich das Wort »Verbindlichkeit« im kirchlichen und theologischen Sprachgebrauch eingebürgert. So verschleiert es aber gerade die Härte, die ihm eigen sein müßte. Womöglich ist es Ausdruck einer Verlegenheit: einerseits möchte man vermeiden, den Anschein eines absoluten, zeitüberlegenen und situationsunabhängigen Wissens zu erwecken, will aber andererseits nicht der Beliebigkeit von Meinungen das Feld überlassen. Deshalb wäre es deutlicher, statt von »Verbindlichkeit« von »Wahrheit« zu reden – und zugleich zu bedenken, daß wir Menschen die Wahrheit des Glaubens nicht anders aussprechen können als in der Bereitschaft, uns an »rechte Lehre« zu halten, weil wir durch »falsche Lehre« in die Irre gelockt werden. Rechte Lehre ist dann der Wahrheitsgehalt verbindlichen Redens.

»Verbindlichkeit« soll also die Grenze zum unverbindlichen Reden und Handeln markieren; genauer gesagt: die Grenzen zu einem Reden und Handeln, das nicht *im Glauben verbindlich* ist, sondern sich anderen Maßstäben und Zielsetzungen unterstellt – und deshalb »unverbindlich« heißen müßte, auch wenn es durchaus normgebunden oder gar normsetzend wirken kann.

Eine ganz andere sprachliche Nuance würde das Wort »Verbindlichkeit« erhalten, wenn es einen Kompromiß anzeigen sollte: einen Ausgleich zwischen der Autorität des Glaubens und dem

Vertrauensverhältnis, das zum Glauben gehört. Man weiß, daß biblische Sätze, die mit einem unüberhörbaren Geltungsanspruch versehen sind, uns fremd gegenüberstehen. Diese Härte möchte man mildern, indem man »verbindlich« nennt, was für den Glauben unentbehrlich ist: eine Art eiserner Ration, ein Notvorrat, der auch über längere Zeit schmackhaft bleibt. Derart »verbindlich« wären dann etwa die ansprechenden Worte und das beispielhafte Verhalten Jesu, einladend, nicht überfordernd.

Doch was im biblischen Sinne glaubensverbindlich ist, bringt sich oft recht schroff zu Geltung. Es hat nichts von dem herzerwärmenden, sympathischen Klang an sich, das »verbindlichen Worten« sonst anzuhaften pflegt. Wie unerbittlich klingen etwa die Schlußsätze des letzten Buches der Bibel, die dessen Verbindlichkeit unterstreichen wollen (Offb 22,18f.)!

Es führt auf eine falsche Fährte, wenn wir den Charakter dessen, was im Glauben verbindlich ist, nur im Gegensatz zum Unverbindlichen und in der Nähe zum Wohlwollen suchen. Verbindlichkeit im Glauben gehört am ehesten zum Wortfeld »Versprechen« (FRANZ DORNSEIFF, Der deutsche Wortschatz nach Sprachgruppen, Berlin ⁵1959, 403f. 459f.) – freilich in einem spezifischen Sinne: *als verbindlich wird das ausgesprochen, zu dem ich mich nicht anders als bekennen kann.*

Das zeigt beispielhaft 1. Tim 3,16:

> Ja, bei uns gilt unbestreitbar:
> Groß ist das Geheimnis des christlichen Glaubens:
>> Er ist offenbart im Fleisch
>> gerechtfertigt im Geist,
>> erschienen den Engeln,
>> gepredigt den Heiden,
>> geglaubt in der Welt,
>> aufgenommen in die Herrlichkeit.

Einführend wird ein Allerweltswort aufgenommen: »zugestandenermaßen, nach dem Urteil aller« verhält es sich so ... – Was könnte verbindlicher sein als das, was allen offenkundig und durch aller Urteil festgeschrieben ist? Doch für den christlichen Leser oder Hörer klingt hier die Homologie, das Einstimmen an: Die Gemeinde bekennt sich zu dem, der sich zu ihr bekannt hat. Sie unterstellt sich dem Christusbekenntnis und erfährt so dessen Wahrheit, die allein als »Geheimnis« auszusprechen ist, jedoch auch so ausgesprochen werden muß. Derart hat die Kirche etwas zu sagen, und zwar nicht nur abgrenzend. Sie zeigt, daß sie nicht alles und jedes Grundlegende sagen kann, sondern daß sie auszusagen hat, was ihr vorgegeben *ist*. Das Gebundensein der Kirche braucht ein sprachliches Medium, das umreißt, was »so und nicht anders« wahrgenommen werden will. Dieses Medium ist die verbindliche Lehre. *Die Lehre zeigt die Grenze, jenseits deren kein Verlaß mehr auf den Glauben ist.* So steht das, was unbedingt und unter allen Umständen gesagt werden muß, uns gegenüber. Lehre verhindert damit, daß wir uns auf uns selbst besinnen und uns bespiegeln, wenn wir gefragt werden oder uns selber fragen, was glaub-würdig ist.

Wie wird Lehre verbindlich?

Nach evangelischem Verständnis nennt Lehre immer zugleich auch die Kriterien ihrer Verbindlichkeit. Sie sagt, warum sie verpflichtend ist: indem sie darauf verweist, was sie selbst bindet. Eine mustergültige Erläuterung dazu gibt der VII. Artikel der *Confessio Augustana*, der die Lehre von der »Einheit der Kirche für alle Zeiten« erläutert. Für die wahre kirchliche Einheit, so heißt es dann, genüge es, »übereinzustimmen hinsichtlich der Lehre des Evangeliums und des Dienstes der Sakramente« (*consentire de doctrina evangelii et de administratione sacramentorum*), nach der deutschen Übersetzung: »daß da einträchtiglich nach reinem Verstand das Evangelium gepredigt und die Sakrament dem gottlichen Wort gemäß gereicht werden« (BSLK 61,9-12); neu übertragen: »daß das Evangelium einmütig im rechten Verständnis verkündigt und die Sakramente dem Wort Gottes gemäß gefeiert werden« (Das Augsburger Bekenntnis Deutsch. 1530-1980, hg. von GÜNTHER GASSMANN, Göttingen und Mainz 1978, 27).

Es lohnt sich, die Struktur dieser Formulierung genauer anzusehen:

consentire
de doctrina
evangelii

Hier wird gleichsam von außen nach innen argumentiert: Zunächst stoßen wir auf eine Übereinstimmung zwischen Menschen, auf ihre »Eintracht«. Dieses Einvernehmen ist nicht beliebig, sondern ist gebunden an die Lehre des Evangeliums, d. h. (wie die deutsche Fassung es verdeutlicht) an das verkündigte Evangelium. *Die »Lehre« ist gleichbedeutend mit dem Gehalt der Verkündigung: sie sagt, was das Evangelium sagt und wie es mitgeteilt wird, nämlich als Evangelium* (und nicht etwa als eine Aufklärung oder als eine Vorschrift zum besseren Leben). Die Lehre sagt dies beides so, daß entschieden werden kann, ob die Verkündigung »evangeliumsgemäß« ist oder nicht. (Entsprechendes gilt von der Sakramentspraxis.) Das geschieht, indem die Lehre der Predigt zeigt, was es heißt, sich unter das Evangelium zu stellen und an das Evangelium gewiesen zu sein: an die Botschaft von Gottes Handeln, in dem Gott sich selber uns mitteilt.

Der Aufbau der Formulierung zeigt also ein eigentümliches Gefälle an. Wir sollten sie jetzt in umgekehrter Reihenfolge lesen:

     Evangelium
     Lehre
     Konsens

Das Evangelium steht über dem menschlichen Konsens, aber es schwebt nicht über ihm. Es baut sich auch nicht auf einem Konsens auf, sosehr das Einverständnis darüber, was verkündigt werden soll, für die Gemeinschaft des Glaubens unverzichtbar ist. Solcher Konsens kann aber nicht so etwas wie der kleinste gemeinsame Nenner für Überzeugungen sein, die ansonsten auseinandergehen würden. Die *Übereinstimmung* über den Gehalt des Evangeliums erwächst einzig und allein aus der *Einstimmung* in all das, was im Glauben an das Evangelium zu sagen ist. *Dadurch wird die Lehre gebildet: Sie ist gleichsam das Bindeglied zwischen dem Evangelium, in dem Gott sich uns mitteilt, und dem kirchlichen Konsens, der sich im gehorsamen Hören auf das Evangelium einstellt. Dieses Bindeglied wird durch die Verbindlichkeit im Glauben markiert.*

Eine bemerkenswerte Verschränkung also! Sie macht darauf aufmerksam, daß sich hier eine Bewegung von Gott zu den Menschen und die Ausrichtung von Menschen auf Gott ereignet. Der Lehre kommt dabei eine Zwischenstellung zu: sie bindet, indem sie gebunden ist – gebunden an Gott, der sich in Jesus Christus den Menschen und ihrer Welt unauflöslich verbunden hat. Darin besteht ihre Verbindlichkeit, die keinen Menschen ihr selbst un-

terwirft, sondern zur Einstimmung des Glaubens befreit. Sie ist
eine Wohltat, die aufrichtet, kein Joch, unter das man sich beugen
muß.

Darum haben die Reformatoren immer wieder betont, daß »ihre
Lehre« nicht etwa ihre eigene gemeinsame Meinung oder eine
fromme Vereinbarung sei, sondern die Lehre, die Gott aufgerichtet habe und die ihnen aufgetragen, ja geradezu auferlegt
sei. Mit ihr richte er die Kirche aus – und allein deshalb müsse
und könne sich die Kirche an sie halten, unbedingt und unter allen
Umständen:

> Es ist ein gar großer Unterschied zwischen Lehren und Leben,
> gleichwie zwischen Himmel und Erde ein großer Unterschied ist.
> Das Leben mag wohl unrein, sündlich und gebrechlich sein, aber die
> Lehre muß heilig, lauter und beständig sein. Im Leben mags wohl
> fehlen, daß es nicht alles hält, was die Lehre will; aber die Lehre
> (sagt Christus [Mt 5,18]) muß [darf] nicht an einem Tüttel oder
> Buchstaben fehlen, ob das Leben wohl ein ganzes Wort oder eine
> Zeile in der Lehre ausläßt. Ursache ist: Die Lehre ist Gottes Wort
> und Gottes Wahrheit selbst; aber das Leben ist unser Tun. Darum
> muß die Lehre ganz rein bleiben, und wer am Leben fehlt und gebrechlich ist, da kann Gott wohl Geduld haben und vergeben. Aber
> die Lehre selbst, danach man leben soll, ändern oder aufheben, das
> kann und will er nicht leiden, soll es auch nicht leiden (MARTIN
> LUTHER, Glosse auf das vermeinte kaiserliche Edikt [1531]: WA
> 30/III,343,23–33).

Nicht der Umfang der Lehre ist unumstößlich, sondern ihr Charakter! Natürlich weiß auch Luther, daß die Lehre nicht vom
Himmel gefallen ist. Die Gleichung »Lehre – Gottes Wort« könnte
dies übersehen lassen. Aber damit soll die Relation der Lehr*aussagen* zu ihrem Geltungsanspruch markiert werden. Sobald sie in
ihrer Formulierung nicht mehr auf Gottes Handeln und sein Urteil
verweisen, sind sie verkehrt, auch wenn sie noch so umfassend
und systematisch vollständig erscheinen mögen! In dieser Hinsicht
ist Lehre gefährdeter bzw. haben die Gefahren, die die Lehre
bedrohen, fatalere Auswirkungen als die Mängel des ohnehin
gefährdeten Lebens.

Wenn die Lehre Gottes Wort ist – was unterscheidet sie dann vom
Evangelium? Die Lehre sagt nichts anderes als das Evangelium,

aber sie sagt es anders: sie sagt die Wahrheit Gottes aus. In einer bestimmten Sprachform, als *assertorische Aussage*, wird ein verbindliches Wort ausgesprochen: mit der Gewißheit im Glauben und auf Hoffnung hin, daß mit dieser Aussage die Wahrheit der Theologie steht und nicht fällt. Solche Aussagen, wenn sie erst einmal formuliert und geprüft sind, stehen anderen menschlichen Redeweisen – dem tröstenden Zuspruch etwa oder einer Aufforderung – gegenüber, und zwar so, daß diese Redeweisen sich an jenen orientieren, ihnen folgen können. Ohne solche Aussagen würde unser Reden früher oder später richtungslos, von spontanen Einfällen verlockt und womöglich nur noch darauf bedacht, was es bewirken könnte und wie es »ankommt«.

Insofern müßte theologische Lehre eigentlich unverzichtbar sein, jedenfalls für jedes Gespräch über den Glauben, das im Entscheidenden nur auf Glauben hin geführt werden kann.

Dennoch gerät »Lehre« immer wieder in einen schlechten Ruf. Sie steht unter dem Verdacht, nur »Lehrsätze« zu enthalten, die zwar »richtig« sein mögen – je nachdem heißt es dann: goldrichtig oder todrichtig, aber eben nicht wirklich überzeugend, ins Leben eingreifend, erhellend und weiterführend. Dieses Vorurteil rührt sicherlich von schlechten Erfahrungen mit theologischer Lehre und ihren Lehrern her; dahinter versteckt sich aber oft ein anderes Verständnis von Lehre: bevorzugt wird die freie Ausbildung von Glaubensgedanken. Solche kommen zustande, indem jeder sich im Rahmen seiner eigenen Erfahrungen ausspricht und damit gleichwohl mit den Äußerungen anderer übereinstimmt, weil sie aus dem gleichen Geist stammen wie die der Gleichgesinnten und Gleichgestimmten. Ich denke beispielsweise an einen Konsens, der sich seit Jahren in Kirche und Religionsunterricht ausbreitet: Evangelium sei, sozusagen definitionsgemäß (Evangelium: frohe Botschaft), das, was froh macht und befreit, was allen Zwang abschüttelt und Menschen endlich, endlich zu sich selbst kommen und zueinander finden läßt. Die Umkehrung folgt auf dem Fuße: Was heilsam und befreiend wirkt, sei Evangelium, das, was Gott im Sinn hat. – Dies mögen, aus dem theologischen Zusammenhang gerissen und für sich genommen, Anklänge an einzelne biblische Motive oder auch an Themen der Theologie sein. Sie sind jedoch bestenfalls Halbwahrheiten, meistens aber Versuche, das Evangelium von dem her zu bestimmen, was einem selbst gelegen kommt – und dann handelt es sich um falsche Lehre, die ja durchaus überzeugungskräftig sein kann.

Eine gemeinsame Überzeugung, die aus dem Anspruch entsteht, jederzeit neu entwickelt und zur Übereinstimmung gebracht zu werden, gerät in Gefahr, durch diesen Anspruch weit herrschsüchtiger zu sein als eine theologische Lehre. Denn wenn eine theologische Lehre zu erkennen gibt, was sie ist, und wenn sie sich auch nicht scheut, sich als »Lehre« bezeichnen zu lassen, dann steht sie jeder Form von Meinungsbildung gegenüber und hat sich mit ihr auseinanderzusetzen. Dies geschieht nicht von vornherein ablehnend, aber doch kritisch – indem nach den Kriterien gefragt und unterschieden wird, was hier wirklich Geltung beanspruchen darf.

Theologische Lehre sagt – jeweils in einem bestimmten Umfange – aus, »was wir glauben«. Darum ist sie auf das bindende oder lösende Wort verwiesen – nicht so, daß die Lehre selbst binden oder lösen könnte, aber dadurch, daß die Verbindlichkeit der Lehre aus diesem Wort erwächst und zu ihm hinführt. Jesus Christus hat die Seinen bevollmächtigt, zu binden oder zu lösen (Mt 18,18). Werden Menschen an ihn gebunden, so sind sie zugleich von ihrer Schuld befreit. So sind wir an sein Urteil gebunden. Indem wir in dieses Urteil einstimmen, wird unser Reden verbindlich.

Das heißt zum einen: *Dieses verbindliche Wort bindet.* Es ist ein trennscharfes Wort, ein Urteil, das den Unterschied von Heil und Unheil, von Wahrheit und Irrtum nachspricht. Deshalb müssen wir, gehalten von diesem Urteil, selber urteilen lernen, nicht zuletzt über unser eigenes Reden. Ein solches Urteil hat nichts mit der Verurteilung Andersdenkender zu tun, sondern es erwächst aus der »Prüfung der Geister, ob sie von Gott sind« (1. Joh 4,1). Denn daß Jesus der Christus ist, der real existierende Messias, muß ja im Zusammenhang der Fragen ausgesagt werden, wer Gott ist und sein Sohn, was dessen »Kommen in das Fleisch« für die verheißene Zukunft bedeutet und was nun »Erlösung« genannt werden kann. Jesus derart bekennen: das bindet, auch das eigene Welt- und Zeitverständnis, das Reden von Gott und die Wahrnehmung der Geschichte. Es bindet an die ergangene Entscheidung Gottes, wie er sie in der Sendung seines Sohnes offenbart hat. Erst daraufhin kann man sich für oder gegen irgendeine Anschauung über Jesus von Nazareth entscheiden.

In der Geschichte evangelischer Theologie hat sich oft gezeigt, daß »Lehre« und »Entscheidungen« zusammengehören. »Lehre«

verpflichtet, *Bestimmtes* auszusagen; diese Entscheidung ist aber keine Geste der Entschiedenheit. Lehre grenzt ein, was im Glauben gesagt werden kann, dann aber auch gesagt werden muß. Unserer Phantasie sind durchaus Grenzen, heilsame Grenzen gesetzt. Lehre schließt jedoch nicht ab, was in der Hoffnung gesagt, auch neu und anders gesagt werden darf. Die Bestimmtheit der Lehre hängt damit zusammen, daß Gott *gehandelt hat,* in bestimmter Weise: »Er ist offenbart im Fleisch ...« (1. Tim 3,16), er hat endgültig gesprochen (Hebr 1,1f.). Dies schließt das Lehren auf, riegelt es nicht etwa ab.

Es dürfte deshalb müßig sein, sich immer wieder dagegen zu verwahren, daß die christliche Lehre keine »ewigen Wahrheiten« enthalte, sondern stets neu, situationsbezogen ausgelegt werden müsse, um lebendig zu bleiben und in Bewegung zu halten. Daß Lehre kein Museumsstück wird, hängt nicht von Auslegungskünsten und Anstrengungen zur Aktualisierung ab, sondern davon, ob Menschen in ihrer Situation mit allem, was sie vereint und trennt, sich im Konsens des Glaubens zusammenfinden. Und dieser Konsens ist, wie wir nochmals im Blick auf CA VI bemerken, keine bloß formale Übereinstimmung, die sich in einer Wertschätzung des Evangeliums erschöpfen könnte. Es ist vielmehr die Übereinstimmung dessen, was im Glauben heute gesagt werden kann, mit dem endgültigen Wort Gottes.

Dies bedeutet zum anderen: *Das glaubensverbindliche Wort verbindet.* Es stiftet Gemeinschaft, Einheit in der Wahrnehmung des Evangeliums auch über Grenzen aller Art hinweg, auch über größte zeitliche und räumliche Abstände.

Diese Einheit erwächst aus dem Bekenntnis zu Jesus Christus als dem einen Mittler zwischen Gott und den Menschen, »der sich selbst gegeben hat für alle zur Erlösung« (1. Tim 2,5f.). In ihm *finden* Menschen ihre Gemeinsamkeit, sie erkennen aus der Befreiung, die ihnen zuteil geworden ist, daß sie zusammengehören und wie sie aufeinander angewiesen sind. Sie werden eins im Glauben an den, der sie erlöst hat. Und sie werden dieser Einheit gewahr, indem sie aus ihrer Zerstreuung in alles Menschlich-Allzumenschliche herausgerufen werden und sich unter Gottes Urteil gestellt sehen.

Für diese Menschen kann »Lehre« keine Disziplinierung bedeuten, jedenfalls nicht in dem Sinne, daß sie nur noch nachzubeten hätten, was ihnen vorgedacht worden ist. Lehre, die im rechten

Reden von Gott unterweist, läßt Menschen vielmehr sagen, was wahr für sie ist, ohne daß sie es von sich aus sagen könnten. Dies allein kann anderen *so* weitergesagt werden, daß sie darin einstimmen können, ohne ihre eigenen Einsichten zugunsten einer bestehenden Gruppenmeinung aufzugeben. Verbindlichkeit als Lehre zeigt sich daran, daß die Einheit von Menschen *jenseits* dessen aufgesucht und ausgesprochen wird, was ihre Gleichheit immer schon verbürgt oder was sie »gleichschalten« würde. Sie werden eins, indem sie auf Christus blicken. Was sie *dabei* wahrnehmen, in verschiedenen Perspektiven, wird ihre Verständigung begründen, wird diesem Einverständnis Gewicht und Halt geben. Das gehört zu den beglückenden Erfahrungen zwischen Menschen, die Lehre gewähren kann.

LUKAS VISCHER, Wie lehrt die Kirche heute verbindlich?: ÖR 25 (1976) 527–547. – Verbindliches Lehren der Kirche heute, hg. vom Deutschen Ökumenischen Studienausschuß (ÖR.B 33), Frankfurt a. M. 1978. – DIETRICH RITSCHL, Art. Lehre: TRE 20, 1990, 608–621. – EEVA MARTIKAINEN, Doctrina. Studien zu Luthers Begriff der Lehre (SLAG 26), Helsinki 1992. – REINHARD HÜTTER, Theologie als kirchliche Praktik. Zur Verhältnisbestimmung von Kirche, Lehre und Theologie (BEvTh 117), Gütersloh 1997.

Zur Ausgrenzung dessen, was wir unter keinen Umständen theologisch sagen dürfen: CHRISTOPHER MORSE, Not Every Spirit: A Dogmatics of Christian Disbelief, Valley Forge, Pa. (Trinity Press) 1994.

1.5 Spiritualität und Glaube

1.5.1 Theologisches Reden in assertorischen Aussagen

(16.) Dogmatische Texte werden durch theologische Aussagen gebildet. Diese Aussagen formulieren Sachverhalte, und zwar so, daß sie sich der Frage stellen, ob sie wahr oder falsch sind. Die Bedeutung einer Aussage hängt nicht von denen ab, die sie einmal formuliert haben, und ebensowenig ist sie an die gebunden, die sie überliefern.

Der »Wahrheitswert« einer Aussage (vgl. GOTTLOB FREGE, Funktion, Begriff, Bedeutung. Fünf logische Studien, hg. von Günter

Patzig [KVR 144/145], Göttingen 1966) ist ihre Bedeutung. Eine qualifizierte Aussage läßt sich *wiederholen*, auch von anderen Sprechern und Sprecherinnen oder unter erheblich veränderten Umständen.

Der paulinische Satz »Niemand kann sagen ‚Herr [ist] Jesus!', außer im Heiligen Geist« (1. Kor 12,3) ist ein erster Schritt in die Richtung der theologischen Aussage »Jesus Christus ist der Herr«, die die Alte Kirche später dogmatisch entfalten wird: im Zusammenhang ihres Redens von Jesus als dem Christus, dem auferstandenen Gekreuzigten und zur Rechten Gottes Sitzenden, dem wahren Gott und dem wahren Menschen, dem kommenden Richter, seiner Herrschaft über die Welt und seiner vollendeten Unterordnung unter Gott.

Mit alledem beschäftigt Paulus sich an dieser Stelle noch nicht (auf einiges wird er 1. Kor 15,20–28 eingehen). Hier nennt er zunächst einen Ausruf: »Herr Jesus!«, vermutlich einen ekstatischen Aufschrei, der von einer Geistbegabung, der Unmittelbarkeit zu Gott herrührt, die nur wenigen Ausgezeichneten zuteil wird; so jedenfalls war es wohl in Korinth angesehen. Diesen Ausruf nimmt Paulus den Ekstatikern von ihrer begeisterten Zunge, indem er sagt, warum so geredet werden kann: allein kraft des Geistes Gottes. Dergleichen schienen die Begeisterten in Korinth auch zu behaupten, aber sie meinten damit ihre eigene, gottgegebene Geisteskraft, und so setzten sie sich unversehens selber ein als Bedingung der Möglichkeit, Jesus in ganz besonderer Weise anrufen zu können. Doch dies ist – so argumentiert Paulus – ausgeschlossen, und zwar durch Gottes Geistesgegenwart. In ihr kommt das Herrsein Jesu zum Zuge, sie allein ermöglicht das rechte Reden von Jesus Christus. »Kraft Gottes Geistes« ist darum kein Vorbehalt, etwa nach dem Motto: »Ihr könnt von Jesus reden, soviel ihr wollt, und das meinetwegen in den höchsten Tönen hinausschreien, aber es muß noch etwas ganz Besonderes hinzukommen, eben Gottes Geist.« Vielmehr ist die Prädikation Jesu als »Herr« selber Zeichen des Handelns Gottes, das uns vor das Kreuz Christi stellt und Christi Tod als »Wort vom Kreuz« (1. Kor 1,18), als Urteil Gottes über ihn vernehmbar macht: über ihn, »der uns von Gott gemacht ist zur Weisheit und zur Gerechtigkeit und zur Heiligung und zur Erlösung« (1. Kor 1,30). »Gottes Geist«: damit wird die theologisch notwendige Bedingung dafür umschrieben, daß Menschen von Jesus Christus als dem reden, an dem Gott lebenschaffend gehandelt hat – also wiederum im Hinweis auf Gottes verheißungsvolles Handeln. Dies prägt den homologischen Charakter des Ausrufs, den Paulus im weiteren durch Ausführungen zu »Geistesgaben und Gottes Geist« erhärtet. Die Anrufung Jesu als »Herr«, als begeisterter Schrei womöglich kaum verständlich, erhält dadurch seinen Ort im verstehbaren Christus-Bekenntnis. Sie wird zur Grundaussage, die alle wiederholen, die in die Herrschaft Christi einstimmen. Im Christus-Bekenntnis bekennen Christen (zugespitzt gesagt) nicht *sich* zu etwas, auch nicht zu einer Person – jedenfalls nicht nur –, sondern sie sagen, wer Jesus Christus ist.

Wenn Christus »der Herr« im Bekenntnis seiner Gemeinde heißt, ist er nicht »Herr« bloß in diesem Bekenntnis, also nur solange und soweit Menschen ihm dies zusprechen und daraus ihre Konsequenzen ziehen. Träfe das zu, dann wäre der Satz »Herr ist Jesus Christus« gar nicht theologisch wahr. Als *Aussage* hat er seinen eigenen Rang. Seiner Wahrheit gilt es theologisch nachzudenken: In Jesu Tod ist jeder Tod von Gott getroffen. Darum gehört ihm, Jesus Christus, unser Leben – und wenn wir redlicherweise nicht mehr sagen können als: »*unser* Leben«, so grenzt dies die *Reichweite der Verheißung seines Lebens* nicht ein. Dies alles gehört zur »Bedeutung« der Aussage »Jesus Christus ist der Herr« – unter der von Paulus genannten theologischen Bedingung: so geredet werden kann allein *kraft des Geistes, also aus Gott*, und das heißt: es gilt nicht bloß, solange und soweit sich Menschen dadurch betroffen fühlen. Auch dies hält die Aussage »Jesus Christus ist der Herr« fest.

So steht die theologische Aussage für sich selber, auch dann, wenn sie mit anderen Redeformen verwoben ist, etwa mit der Anrede Jesu Christi als »Herr« im Gebet. So beruht es auf theologischen Gründen und erklärt sich keinesfalls hinreichend aus der Überlieferungsgeschichte des Wortes »Kyrios = Herr«, weshalb die Anrufung »Kyrie eleison – Herr, erbarme dich« im christlichen Gottesdienst nicht etwa der Nachklang eines antik-religiösen Hofzeremoniells ist, der mit der Zeit verhallte und vielleicht durch Bezeichnungen größerer Nähe zu Gott ersetzt werden könnte, oder gar einer ursprünglichen Gottverbundenheit, die Jesus von Nazareth nur wieder zum Vorschein gebracht hätte.

Grund der Aussage »Jesus Christus ist der Herr« ist Gottes Geistesgegenwart. Unter dieser Voraussetzung steht theologisches Reden. Sie kann wieder nur theologisch, nur in weiteren Aussagen formuliert werden – und zwar in Aussagen, die Schritt für Schritt deutlicher werden lassen, daß Gott in allem seinem weitergreifenden Handeln geistesgegenwärtig ist, seine Geistesgegenwart also nicht darin aufgeht, menschliches Reden von Gott nur zu ermöglichen.

In diesem Aussagenverbund macht sich bemerkbar, daß theologische Aussagen *Aussagen sui generis* sind: Sie können nicht durch andere Sprachformen oder -handlungen erklärt werden, jedenfalls nicht so erklärt, daß sie dadurch überflüssig werden. Sie erklären sich nicht etwa aus einer ekstatischen Haltung oder aus grundstürzenden Erfahrungen oder aus der Sprachlosigkeit eines tiefen, intuitiven Empfindens – was keineswegs gegen ein nicht-diskursives Ergreifen der Externität des Glaubens spricht, gegen einen andersgearteten Hinweis auf das Kommen der Wahrheit des Glaubens! Daß theologische Aussagen ihren eigenen Ursprung haben, kann jedoch nicht anders zur Sprache kommen als eben wiederum in Aussagen, die für den spezifischen Wahrheitsgehalt dieser Aussagen einstehen, indem sie auf Gottes Souveränität in seinem Handeln und auf die Erstreckung dieses Handelns verweisen. Letztere sind irreduzibel: sie sprechen für sich selbst. Ihre Bezüglichkeit macht darauf aufmerksam, daß Gottes Handeln nicht durch Akte menschlicher Sprache demonstriert werden oder gar in ihnen aufgehen kann. Sie werden auch nicht durch ein expressives Sich-Ausstrecken hin zu den Grenzen unserer Sprache repräsentiert, das die Aufmerksamkeit von der Erwartung des Handelns Gottes doch wieder auf den Sprecher, die Sprecherin lenken könnte.

Darum sind Aussagen für theologisches Reden unverzichtbar, wenn es im Glauben und auf Hoffnung hin geschieht. Denn sonst wären Glaube und Hoffnung menschliche Haltungen, die Gottes Handeln abbilden wollten oder die sich als Wirkungen dieses Handelns verstehen möchten, ohne durchsichtig und durchhörbar zu werden für das, was Gott wahr machen will. So sind theologische Aussagen eingebettet in das, was – um sie darzulegen – mitgesagt werden muß, damit sie als theologische Aussagen kenntlich sind: Gottes Geistesgegenwart. Dadurch zeigen sie sich als Aussagen sui generis, weil sie des Handelns Gottes gewärtig sind.

Hier begegnen wir einem tragenden Thema der Dogmatik: Gottes Geist, der Gott bei uns und uns bei Gott vertritt, mit dem Gott zu uns kommt und wir vor Gott gestellt werden. Der Geist vertritt uns, da wir nicht wissen, was wir betend angemessen sagen können (Röm 8,26). Er gibt Menschen das rechte Wort zur rechten Zeit, damit sie untrüglich sagen, was wirklich ist (Mt 10,19).

Dies sind Merkmale »geistlichen Lebens«, der *Spiritualität*. Sie bedarf theologischer Aussagen, weil diese sich ausdrücklich der Nachfrage nach dem Wahrheitswert christlichen Redens unterziehen. Schon deswegen sind sie unverzichtbar, auch wenn sie nicht der Weisheit letzter Schluß sind. Und trotzdem sind sie unter den Verdacht geraten, daß sie aus dem lebendigen Sprachgebrauch herausgerissen und zu leblosen Präparaten entwürdigt worden sind. Was sie aussagen, »spricht nicht mehr an«, jedenfalls heutzutage augenscheinlich viele nicht mehr. Auch innerhalb der theologischen Zunft mehren sich die Stimmen derer, die assertorische Aussagen nicht nur für entbehrlich, sondern sogar für glaubensschädlich halten.

Daß sich geradezu eine Allergie gegen Aussagen entwickelt hat, rührt von einer Überempfindlichkeit gegen ihre »Sachlichkeit« her, die als unpersönlich und entfremdend empfunden wird. Was hinter dieser Abneigung steht, müßte viel genauer untersucht werden, als es hier möglich ist. Ich nenne nur zwei Symptome: die restlose Erklärung der Sprache als Handlung, mit der Beziehungen gestiftet und am Leben erhalten werden, und das Vertrauen auf die Heilkraft der Sprache in gelingender Kommunikation.

Hier kündigt sich ein Geisteswandel an. Er schneidet die Wurzel theologischen Redens, die homologische Einstimmung in Gottes Handeln, ab und ersetzt sie durch vertrauensbildende Maßnahmen, die der Zusage Gottes an Menschen entsprechen sollen, ja sie erst einmal zu bewähren versprechen. Damit wird die Selbstvergessenheit des Redens »im Geist«, sein Hinweis auf Gottes Geistesgegenwart, abgegraben zugunsten einer »Glaubwürdigkeit«, mit der Menschen für Gottes Verheißungen einstehen, indem sie Vertrauen für sie schaffen wollen, um damit auch Vertrauen füreinander zu schaffen.

Dem scheinen sprachtheoretische Beobachtungen entgegenzukommen, zumal für eine evangelische Theologie, die von den Reformatoren gelernt hat, daß Gottes Verheißung zugleich *Zuspruch* der heilvollen Gnade Gottes ist. Gottes Verheißung teilt mit, was sie sagt: sie bewirkt, was sie zusagt. Kann darum nicht, was sie sagt, allein als Versprechen aufgenommen und weitergegeben werden? Das Zauberwort für diese bewirkende Sprachhandlung lautet »performativ«. (Der englische Philosoph JOHN L. AUSTIN unterscheidet zwischen »konstatierenden«, Sachverhalte feststellenden, und »performativen«, einen Sachverhalt konstituierenden Sprachhandlungen: How to Do Things with Words: Sprache und Analysis. Texte zur englischen Philosophie der Gegenwart, übersetzt von Rüdiger Bubner [KVR 275], Göttingen 1968, 140–153.) Klingt dies nicht viel besser als »Informationen«, von denen wir alle Tage überschüttet werden, die sich meistens zwischen die Realität und uns stellen und so unsere Wahrnehmung eher deformieren als zur Wirklichkeit hin umbilden, transformieren?

Gewiß »verspricht« Gott, wenn er verheißt; dies darf aber nicht mit bestimmten menschlichen Sprachhandlungen parallelisiert werden. Sollten wir ihnen zumuten, daß sich in ihnen Gottes Verheißung erfüllt, die zuvor auch noch auf den Akt des Zusprechens reduziert worden ist, dann würde unser Reden hoffnungslos überanstrengt. Menschliches performatives Sprechen könnte nur zu halten beanspruchen, was es verspricht, wenn es nichts mehr von Gottes Treue zu seinen Zusagen hält. Deshalb verspricht es nicht mehr wirklich, sondern sucht restlos zur Realisierung zu bringen, was es behauptet, und verbraucht dadurch das Gesagte völlig.

Das englische Wort »perform« bringt aber auch die anziehende Vorstellung einer Inszenierung (»performance«) ins Spiel, in die – wenn sie denn glückt – die Zuschauer hineingezogen werden: eine gelingende Kommunikation, deren Kriterium ihr Gelingen ist. Mit dieser Vorstellung würde sich die Theologie jedoch einer Grundströmung überlassen, für die nur noch die Handlungs- und Beziehungsebene der Sprache zählt: was durch Verständigung ausgeführt, gemeinschaftlich aufgebaut wird und dadurch die Auffassung dessen bestimmt, was gesagt wird (vgl. PAUL WATZLAWICK/ JANET H. BEAVIN/DON D. JACKSON, Menschliche Kommunikation. Formen, Störungen, Paradoxien, Bern/Stuttgart/Wien [4]1974, bes. 53–56). Die performative Sprachhandlung gleicht dem Zauberstab des König Midas, dem alles zu Gold wurde, was er berührte. Sie schafft Beziehungen, weckt Vertrauen, ist selber schon Interaktion und kommt deshalb einer Weltsicht entgegen, die uns ein unübersehbares Fluidum von Handlungen, von Miteinander- und Gegeneinander-Agieren vor Augen stellt. Maßgebend ist hier nur das Gelingen von Kommunikation, nicht aber das, was gesagt wird.

Dadurch werden theologische Aussagen ins Abseits gedrängt, und dies könnte über kurz oder lang eine Verdrängung der Dogmatik zur Folge haben. Denn Dogmatik besteht – jedenfalls in ihrem harten Kern – aus Sätzen, die *in dem, was sie sagen*, daraufhin geprüft zu werden verdienen, ob sie wahr oder falsch sind – auch wenn die Wege dieser Prüfung verschlungen anmuten, wie wir in 1.2.1 und 1.2.2 gesehen haben. In der Abneigung gegen dieses Reden mischen sich alte, abgestandene Vorurteile – »Theologie geht doch nicht in Sätzen auf! Und für den Fall, daß sie in Sätzen aufgeht, dann wenigstens in solchen, bei denen wir Entscheidendes erleben!« – mit der unbestreitbaren und hilfreichen Einsicht, daß Menschen höchst verschieden »angesprochen« werden und daß sich Verständigung zwischen Menschen unübersehbar vielfältig vollzieht. Gerade wegen dieser Vielfalt sind Aussagen nötig, um der Klarheit des Redens, nicht um abgezirkelter Sprachbeherrschung und Kontrolle willen. Es bedarf der Aussagen und der Bemühung um sie, damit sich der Sprachnebel so weit wie nur möglich lichtet.

Die Reserve gegenüber Aussagen möchte dem Verdacht entgehen, Theologie wolle Behauptungen aufdrängen, die sie nicht beweisen kann. An ihre Stelle sollen Redeweisen treten, in denen Menschen sich füreinander »versprechen« und so füreinander einstehen. So könnten sie eine Vertrauensbasis schaffen für den Zuspruch Gottes, ein vorbehaltloses Zutrauen »zu dem Gott des bedingungslosen Friedens und der grenzenlosen Liebe, der anspruchslosen Gerechtigkeit und des widerspruchslosen Lebens« (HANS-GEORG GEYER, Thesen zu einer kritisch-systematischen Revision des Begriffs der kirchlichen Lehre im Protestantismus: EvTh 42 [1982] 265–270, 269). Denn

> als Grundfrage kirchlicher Lehre hat nicht die Frage nach den Bedingungen der Möglichkeit *wahrer Aussagen über Gott* zu gelten, sondern ihre Revision zu der Frage nach den Bedingungen der Möglichkeit für die von Menschen für Menschen zu vollziehende wortsprachliche Ausrichtung einer *wahren Zusage Gottes* (268).

Die Forderung »nach den Bedingungen der Möglichkeit für die von Menschen für Menschen zu vollziehende wortsprachliche

Ausrichtung einer *wahren Zusage Gottes*« bringt jedoch ein Wahrheitskriterium ins Spiel, das weit rigoroser ist als alles, was sich die Dogmatik bisher zugemutet hat: »die Frage nach den Bedingungen der Möglichkeit *wahrer Aussagen über Gott*«. Dieses Wahrheitskriterium würde die Kräfte der Dogmatik überanstrengen, wenn es der Frage nach dem, was ihr zu sagen anvertraut ist, vorgeordnet würde. Wird die Dogmatik auf performative Sprachhandlungen zugeschnitten, lauert das Mißverständnis, auch Gottes Handeln lasse sich auf eine Sprachhandlung reduzieren. Hier rächt sich, daß die Kategorie »Wort Gottes« (auch unter Einfluß der Theorie der Sprechakte: JOHN R. SEARLE, Speech Acts: An Essay in the Philosophy of Language, Cambridge [Cambridge University Press] 1969, übersetzt von R. und R. Wiggershaus: Sprechakte [stw 458], Frankfurt a. M. ⁷1997) im Sinne einer Konstitutionsleistung ausgelegt worden ist: Das Sprechen soll Wirklichkeit erschließen, ja geradezu hervorbringen, indem es Menschen ermöglicht, sich zu verstehen, sich zurechtzufinden, das, was ihnen zuhanden ist, nicht zu mißbrauchen, sondern zu ihrem Heil und zum Nutzen aller anzuwenden. So wird theologisches Reden unter ethischen Druck gesetzt, es wird geradezu unter Erfolgszwang gestellt. Gottes Verheißung soll sich in einer Zusage erfüllen, die von Menschen an Menschen weitergegeben wird, und zwar mit dem Anspruch, *so* Gottes Handeln zum Ziel kommen zu lassen. Statt daß die Verheißung auf Gottes Handeln aufmerksam macht und Gottes gewärtig werden läßt, werden Menschen für Gottes Versprechen in Anspruch genommen.

Wenn dagegen von Gottes Verheißung die Rede ist, dann weist dies zuallererst auf das hin, *was Gott gesagt hat*. Daß dieses Wort zugleich als Anrede ergeht und als Zusage zu Gehör kommt, bezeugen Menschen, die es vernommen haben – und zwar so, daß Gottes Wort ihnen entgegengetreten ist, indem es Bestimmtes, klar Umrissenes wahrnehmen läßt, das sich nicht aus dem ergibt, was sie vor sich sehen und feststellen können. Eben darin besteht der Unterschied von *Gottes* Zusage und *unseren* Feststellungen. Hinter diesen Ursprung können wir nicht zurück – wollten wir ihn hintergehen, wäre dies ein Nein zu allem, was in Gott seinen Grund und seine Zukunft hat. Das Ja zur Verheißung, mit dem ein Mensch aufrichtig annimmt, was Gott mitgeteilt hat, hält sich an Gottes Versprechen und willigt so in Gottes Zusage ein. Dieses Ja ist der Glaube, den Gott gerecht spricht (Gen 15,6), d. h. als seinem Versprechen gemäß beurteilt. Der Glaube ist in den Stand der Hoffnung versetzt, in diesem Sinne »informiert«. Diese Hoffnung ist des Urteils Gottes gewärtig, das sagt, was wirklich ist und worauf Verlaß sein kann. Darin besteht die *Externität des Glaubens*, welche die Gewißheit der Theologie begründet – »daß wir uns auf das verlassen, was außerhalb von uns ist: auf die Verheißung und die Wahrheit Gottes, die nicht trügen können« (MARTIN LUTHER, zitiert in 1.1.2).

Luthers Umschreibung ist aufs engste mit der Rechtfertigungslehre verknüpft: der Botschaft von der freien Gnade Gottes, der uns seine Gerechtigkeit mitteilt – Gottes Gerechtigkeit für uns: die Gerechtigkeit, die *extra nos*, außerhalb unser selbst als *Gottes* Gerechtigkeit wahr ist und mit der Gott *uns* wahr macht. Indem er seine Gerechtigkeit, die nicht unsere eigene ist, gegen unsere Selbstverschlossenheit im Tun, Reden und Denken durchsetzt, gibt er sich uns zu erkennen, wie er *pro nobis*, »für uns«, handelt und *wer* er für uns ist. Das *extra nos* zeichnet sich darin ab, daß theologische Aussagen sich auf Verheißungssätze stützen, mit denen Gott uns zusagt, wer er in seinem Handeln ist.

Die Bestimmung der Theologie beruht auf dem Geheimnis, dem das Bekenntnis zum Dreieinen Gott antwortet und das in der Trinitätslehre umrissen wird: der lebendige Gott im Gegenüber von Vater, Sohn und Geist, die miteinander und zueinander sind – in dieser Bewegung erfüllt sich die Gottheit Gottes, in dieser Gegenwart des Dreieinen Gottes ist die Welt mitsamt ihrer Geschichte gehalten. Die unerschöpfliche Gottheit Gottes offenbart sich in seinem Für-uns-Sein, ohne sich darin zu verströmen: *Gottes extra nos in seinem pro nobis*. Die Trinitätslehre nennt also den inneren Grund für den Glauben, der von Gott getragen ist, ihm angehört und seiner gewärtig bleibt. Der Glaube ist – im steten Gegenüber Gottes zu ihm – die intensive Immanenz des Wirkens Gottes.

Läßt sich dies auf die Dauer anders als mit Hilfe assertorischer Aussagen aussprechen? Sie dienen dem Vertrauen in die Verheißungen Gottes. So haben sie Raum zwischen Gottes Verheißungen selbst, in denen Gott seinen Willen mitteilt und seine Gegenwart zusagt, und dem Glauben, der durch die Verheißungen hervorgerufen und erhalten wird. *So sind assertorisch qualifizierte dogmatische Aussagen gleichsam Platzhalter der ungreifbaren Wirklichkeit Gottes, indem sie diese Wirklichkeit gegenständlich bezeichnen, ohne sie je zu vergegenständlichen, also verfügbar zu machen.*

Wer aus Glauben und auf Hoffnung hin und aus Liebe redet, schwingt gleichsam ein in das Tun Gottes, in dem Gott sich selber mitteilt. Menschliches Reden ist in dieser Bewegung gehalten.

Dies umschreibt MARTIN LUTHER in seiner Erklärung zum zweiten und dritten Artikel des *Symbolum Apostolicum*:

> Ich gläube [...] an Jesum Christum, seinen einigen Sohn, unsern HERRN [...]
> Was ist das? Antwort.
>   Ich gläube, daß Jesus Christus, wahrhaftiger Gott vom Vater in Ewigkeit geborn und auch wahrhaftiger Mensch von der Jungfrauen Maria geborn, sei mein HERR, der mich verlornen und verdammpten Menschen erlöset hat, erworben, gewonnen [...], auf daß ich sein eigen sei ...; das ist gewißlich wahr.
>
> Ich gläube an den heiligen Geist, ein heilige christliche Kirche [...]
> Was ist das? Antwort.
>   Ich gläube, daß ich nicht aus eigener Vernunft noch Kraft an Jesum Christ, meinen Herrn, gläuben oder zu ihm kommen kann, sondern der heilige Geist hat mich durchs Evangelion berufen, mit seinen Gaben erleuchtet, im rechten Glauben geheiliget und erhalten ...; das ist gewißlich wahr (BSLK 511,11f.-512,13. - WA 31/I,292,7-298,8).

Luthers Erklärung zum zweiten Artikel »Von der Erlösung« hält fest, daß der Mensch nicht reflektierend ein Verhältnis zu sich selber gewinnt, in dem er auch seine Gottesbeziehung vorfinden könnte. Wer es unternimmt zu sagen und zu erklären »Ich glaube an Gott«, der bekennt zugleich, daß Jesus Christus sein Herr ist, der ihn »erworben und gewonnen« hat mit seinem eigenen Leben und Sterben, »auf daß ich sein eigen sei«. Wer er ist und was er zu sein vermag, kann der Mensch nur von Christus her erkennen, und damit erkennt er zugleich an, daß er einem Urteil über Leben und Tod, Sein oder Nichtsein unterstellt ist. Nur in diesem Urteil vermag er sich wahrzunehmen.

Die Erklärung zum dritten Artikel sagt aus, daß dies alles allein kraft des Geistes gesagt werden kann. Luther verdeutlicht dies dialektisch: »*Ich glaube*, daß *ich nicht* [...] *glauben kann*, sondern der heilige Geist hat mich [...] *im rechten Glauben geheiliget und erhalten*.« Der Glaube expliziert sich nicht selber, sondern verweist auf den Ermöglichungsgrund seines Redens. Deshalb steht es nicht in der Macht des Menschen, so zu reden oder nicht, sondern er kann – will er überhaupt sagen, wer er ist und wo er steht und geht – nichts anderes äußern, als was ihm zu sagen ermöglicht worden ist. Der Hinweis auf die Geistesgegenwart Gottes nennt also den Grund zu glauben. Und damit wird Gottes Geheimnis auf unvergleichlich andere Weise ausgesagt als in jeder Anstrengung, die Unverfügbarkeit Gottes und das Wunder des Glaubens sprachtheoretisch plausibel zu machen. So lenkt Luthers Erläuterung des dritten Artikels zurück zum Eingang aller drei Artikel: »Ich glaube«. Sie eröffnet ihn so, daß der Weg, den die Aussagen des Credo weisen, beschritten werden kann – dieser Weg darf immer wieder von neuem beschritten werden, und dabei wird es auch zu neuen Wahrnehmungen kommen.

Gerade also die strenge theologische Aussage trifft das, was nur ganz persönlich, in voller Freiheit und von innen her ausgesprochen werden kann. Sie ist keine bloße Sprach-Krücke, nur solange von Nutzen, bis jeder sein eigenes Credo formulieren kann: seine persönlichkeitsspezifische Glaubensüberzeugung, der eigenen Lebenserfahrung und ihren Umständen entsprechend. Daß das, was hier gesagt wird, »gewißlich wahr« ist, hängt auch nicht von der Autorität derer ab, von denen dieses Credo stammt, natürlich ebensowenig von der Autorität des reformatorischen Erklärers. Die Geltung dieser Sätze beruht auf ihrer Wahrheit. Sie wird in Form von Aussagen mitgeteilt, die selber die Struktur ihrer Begründung zu erkennen geben. Von dieser Begründung her lassen sie sich überprüfen, läßt sich der Wahrheitsgehalt auch alles weiteren Redens feststellen, das glaubwürdig zu sein beansprucht, glaubwürdig im Sinne des christlichen Glaubens. Wie könnte darüber entschieden werden – wenn nicht durch Prüfung mittels dogmatischer Aussagen, die selber keine Letztbegründung leisten, sondern sich auf Gottes Urteil angewiesen wissen?

(17.) Dogmatische Aussagen sind um der relativen Subjektunabhängigkeit der Theologie willen erforderlich – als Platzhalter für die Externität der Verheißungen Gottes. Ihre Voraussetzung ist die Geistesgegenwart Gottes. Darum sind sie Aussagen sui generis.

Zwischen Gottes Verheißungen und dem Glauben, der durch diese Verheißungen hervorgerufen wird, spielt sich vielerlei ab, unter anderem auch mannigfache Sprechweisen: Verkündigung, Tröstungen, Mahnungen, das gemeinsame Gebet, Zeichenhandlungen, symbolisches Handeln im Gottesdienst, reflexive Rechenschaft über das eigene Tun und Lassen. Das alles gehört im engeren oder weiteren Sinne auch zur Theologie, aber es sind nicht theologische Aussagen im strengen Sinn der Dogmatik. Diese Aussagen stehen jenen Sprachhandlungen gegenüber, um so auf das *extra nos* zu verweisen, an dem alle Glaubensäußerungen hängen.

Wir müssen heute, deutlicher vielleicht als frühere Generationen, die kommunikative Begrenztheit dogmatischer Aussagen sehen. Sie haben als Denkerfahrungen des Glaubens ihr spezifisches Gewicht, sind aber selbst eingebettet in andere Sprachhandlungen, die in bestimmten Lebensformen verwurzelt sind. Darum muß die Dogmatik den Aussagenkreis der Theologie im Netzwerk kommunikativer Beziehungen herausstellen, ohne ihn zu isolieren und einer Eigendynamik zu überlassen. Dogmatik ist äußerst beziehungsreich – gerade daran zeigt sich, daß sie nicht einer (individuellen oder kollektiven) Reflexion von Menschen entstammt, die sich als Glaubende ansprechen, ihrer Besinnung auf sich selbst und auf das, was zwischen ihnen kommunikativ vorgeht.

Theologie ist Kommunikation zwischen Menschen – es kommt darauf an, wer mit wem spricht. Insofern ist sie immer auch auf Subjekte bezogen, auf miteinander Redende. Aber was hier mitgeteilt und in der Sprache geteilt wird, lebt vom Verweis auf Gottes Verheißung seines Handelns. Darum sind dogmatische Aussagen relativ subjektunabhängig – relativ, weil immer auf Menschen bezogen, aber unabhängig, weil Menschen von ihnen angeredet werden, und zwar nicht kraft der Fähigkeit anderer Menschen, sich auszusprechen. Nur deshalb können dogmatische Aussagen zur freien Einwilligung von Menschen in Gottes Handeln führen, das sie gemeinsam betrifft. Von Natur und Kultur, Geschlecht und Rasse, ja sogar von ihrer geschichtlich gewachsenen Konfession und Kirchenzugehörigkeit aus mögen diese Menschen einander fremd sein. Wenn sie jedoch gemeinsam hören auf das, was jenseits menschlicher Sozialität wirklich ist, werden sie erfahren, was Menschen zusammenführt und ihnen gemeinsam zugute kommt.

Wer sich auf dogmatische Aussagen einläßt und sich ihnen aussetzt, kann an ihnen und an seiner Bemühung um sie lernen, was es heißt, selbstvergessen zu reden. Selbstvergessenheit, in der Jesus Christus sich selber durch Menschen mitteilt, ist eine Gnadengabe. Doch was sie bedeutet, wird schwerlich ohne die Sachlichkeit dogmatischer Aussagen deutlich werden – eine Sachlichkeit, die wohltut und die sogar befreien kann, ohne daß dies von ihr verlangt werden muß.

OSWALD BAYER, PROMISSIO. Geschichte der reformatorischen Wende in Luthers Theologie (FKDG 24), Göttingen 1971. – DERS., Theologie (HST 1), Gütersloh 1994, bes. 440–442. – ALBRECHT PETERS, Kommentar zu Luthers Katechismen, hg. von Gottfried Seebaß, II: Der Glaube. Das Apostolikum, Göttingen 1991.

1.5.2 Einübung in die Glaubenssprache

Dogmatisches Reden beruht auf theologischer Begriffsbildung: Sie präzisiert Wörter, indem sie diese auf Gottes Handeln und auf menschliches Erfahren dieses Handelns bezieht, und regelt so ihre Verwendung. So unterscheidet sie sich vom alltäglichen Gebrauch von Wörtern wie Glaube, Liebe, Hoffnung, Gerechtigkeit, Friede, Tod und Leben – ja sogar: Gott. Sie richtet das Verständnis, das Christen miteinander teilen, aus und markiert die Berührung mit der sonstigen alltagssprachlichen Wortbedeutung oder den Unterschied zu ihr.

Dadurch könnte der Eindruck entstehen, dogmatische Sprache lege den Sinn von Wörtern fest, sie schreibe – wenn auch mit Bezug auf Bibel und die weitere theologische Tradition – gar vor, wie wir zu reden und zu denken haben. Dies wäre jedoch eine Täuschung. *Je präziser theologische Begriffe sind, desto offener sind sie für die Wahrnehmung dessen, was zwischen Gott und Menschen vorgeht.* Sie umreißen in verläßlicher Weise das, was wir erwarten dürfen und deshalb wiedererkennen können. Diese Erwartung vermögen sie jedoch nur offenzuhalten, sie können sie nicht ersetzen. Wer die Erwartung überflüssig machen, sie hinter sich lassen wollte, würde mit theologisch gebräuchlichen Wörtern das, was ihm begegnet, bloß benennen, es nur deutend erhaschen, es in seine bisherige »Weltanschauung« einbringen und es so in Besitz nehmen. Eine Wahrnehmung jedoch, die durch theologische Begriffe auf den Weg gebracht und geleitet wird, lernt eine produktive, sprachschöpferische Spannung kennen: die Spannung zwischen den Momenten des Wiedererkennens von Vertrautem und alledem, was unverhofft begegnet, was in überraschender Weise das Wiedererkannte umgibt, vielleicht durchdringt, womöglich ihm eine neue Kontur verleiht. Oft macht eine solche Wahrnehmung zunächst sprachlos, sie läßt dann um Worte ringen, drängt zu tastenden Sprachversuchen. Wenn ein Ergebnis glückt, so ist es oft eine integrative Einsicht in Zusammenhänge und Wirklichkeitsbeziehungen, die bisher nicht so deutlich waren. Und diese Einsicht kann, wenn sie Gestalt gewinnt, zur Erkenntnis werden, die Klarheit bringt und die deshalb wieder auf das Bemühen um Klarheit stoßen kann, das der Dogmatik eigen ist.

Theologische Begriffe stehen nicht für sich allein. Sie verbinden sich zu einem bestimmten Reden: der *Glaubenssprache*. Sie wird durch die Bewegung »im Glauben auf Hoffnung hin« strukturiert. So zeichnet es sich bereits in den biblischen Schriften ab. Gottesdienst, Unterweisung, Seelsorge und theologische Lehre werden von dieser Bewegung gestaltet, und dadurch tritt sie selber immer deutlicher und beziehungsreicher hervor. »Der Glaube«: das bedeutet immer auch eine Sprachgestalt.

Glaubenssprache wird erlernt, indem man sie zu gebrauchen lernt: lernt, im Glauben und auf Hoffnung hin zu sprechen. Dazu gehört, die theologische Bedeutung tragender Wörter kennenzulernen, also beispielsweise zu wissen, was mit »Verheißung«, »Gnade« und »Geist« theologisch »gemeint« ist – und zwar in ihrer Beziehung zueinander! –, damit zutreffend und nicht etwa irreführend davon gesprochen werden kann. Das klingt einfacher, als es tatsächlich ist. Denn es genügt nicht, bloß eine abgezirkelte Wortbedeutung, die semantische Bestimmung eines Wortzeichens, zu kennen. Jedes theologisch präzisierte Wort steht vielmehr mit anderen in einem sprachlichen Zusammenhang, und erst in ihm erschließt sich sein »Sinn«, seine Referenz. Nur wer in diesen Zusammenhang hineinwächst, lernt die Grammatik der Glaubenssprache, ihre *Verweisungsstruktur* kennen. Wie beziehungsreich ist allein der theologische Begriff »Verheißung«: Gottes Zusage als Versprechen seiner Treue, als Zuspruch seines Handelns, als Zusage einer bestimmten Zukunft, die in Gottes Wirklichkeit versetzt und sich auf Gott verlassen heißt. Die Erfüllung der Zusage Gottes wird womöglich unsere Sehnsüchte und Wunschvorstellungen dramatisch durchkreuzen. Ihre Erfüllung kann wahrgenommen werden, weil sie erwartet werden darf, und doch stellt sie sich unverhofft ein.

Sich in die Glaubenssprache einüben, eher noch: in sie eingeübt werden, bedeutet, überhaupt erst im Glauben und auf Hoffnung hin reden zu lernen und sagen zu können, was dies heißt: »im Glauben« und »auf Hoffnung hin«. Dies geschieht auch dadurch, daß die Grammatik der Glaubenssprache erlernt wird. Sie hilft, in die Dimensionen des Glaubens einzudringen und so gefestigter glauben zu können, und sie bewahrt, was im Glauben zu sagen ist. Insofern gibt die Glaubenssprache nicht nur das Profil einer Glaubensgemeinschaft zu erkennen: das ist ihre (sprach-)pragmatische Funktion. Vielmehr ist die Glaubenssprache der einzige menschenmögliche Ort, wo eine Antwort auf das Fragen nach Gott und nach uns selbst vor Gott gesucht und gefunden werden kann.

(18.) »Der Glaube« steht zwischen der Krisis menschlicher Selbsterkenntnis und der erneuten Anrufung Gottes.

Der Glaube *zeigt* auf Gott und sein Handeln, wie es in Jesus Christus vor uns steht – Gottes zuvorkommende Gnade. Und der Glaube *lehrt*, wo Gottes Gnade zu finden ist, wo sie deshalb gesucht werden kann. »Der Glaube« zeigt Gottes Gabe. So ist er selbst eine Vor-Gabe für alles, was Menschen für sich, für andere, für die Welt erwarten können. Er zeigt, was Menschen von Gott erbitten dürfen – und erbitten sollen. Er hält dies vor, nicht: er schreibt dies vor oder sagt dies in so erschöpfender Weise, daß jedes weitere Wort unnötig würde. Er lehrt – das heißt: er sagt, was gelernt werden kann, was lebenslanger Übung bedarf. (Luther hat dies in seinem Gebet um Gottes Segen am Morgen und am Abend beispielhaft formuliert.)

So leitet »der Glaube« den fragenden Menschen erneut zur Anrufung Gottes. Er sagt, was in bestimmter Hinsicht zu »wissen« nötig ist: wenn es darauf ankommt, die überwältigende Fülle der Zuwendung Gottes zu erkennen (→ 2.5).

Diese Anleitung des Glaubens sei an der Tiefenstruktur des *Symbolum Apostolicum* erläutert. Das *Credo* spricht von dem Dreieinen Gott, der als Schöpfer, als erlösender Versöhner und als Leben Schaffender handelt. So zeigt es, wo wir stehen und wie wir gestellt sind: unter Gottes Allmacht, unter die Herrschaft Christi, des rettenden Richters, mitten im unzerstörbaren Leben an Gottes Seite, das in unsere Welt hereinbricht. Im dritten Teil sind einige vielsagende Begriffe aneinandergereiht wie Perlen einer Kette – ihre Aufreihung beschäftigt die Rechenschaft über die Hoffnung bis zum heutigen Tag.

»Der Glaube« führt also in die Erstreckung des Handelns Gottes hinein, in dessen Länge und Breite, Höhe und Tiefe, Verbor-

genheit und In-Erscheinung-Treten. So ist er die *ästhetische Gestalt* für alles, wessen Menschen vor Gott gewahr werden können. Insofern ist er das »Schema«, die zwanglose Zuordnung aller sprachlichen Versuche, Assoziationen, Einfälle und »Überfälle« für unser geistiges Sehvermögen – und darum notwendigerweise auch für Empfindungen und Gefühle. Ein *Schema* ist er, sofern ohne eine solche *Struktur* gar keine *Wahrnehmung* möglich und vor allem nicht mitteilbar wäre. Ohne *Gestalt* würde eine Wahrnehmung zur privaten Impression degenerieren. »Der Glaube« wird Gestalt auf unserer geistigen Netzhaut, weder Produkt unserer reflexiven Verarbeitung dessen, was wir ansehen und bezeichnen, noch ein Objekt, das sich anstarren, verehren oder, je nachdem, auch beiseitelegen, handhaben oder auseinandernehmen ließe. »Gegenstand« ist er allenfalls im Sinne eines Widerstandes, der unsere Perspektive in hilfreicher Weise bricht. Wir müssen freilich auf der Hut sein, daß dieses unverzichtbare Schema nicht zu einem Schematismus wird – und dazu kann die Dogmatik helfen, wenn sie als die Bewegung des Redens im Glauben und auf Hoffnung hin eintritt. Sie läßt aufatmen, weil sich Verworrenheiten lichten und der Blick frei geworden ist.

Die Dogmatik teilt also mit der Glaubenssprache die Erfahrungen, die mit ihr verbunden sind und die mit ihr »gemacht« werden. Die Dogmatik dient der Glaubenssprache, indem sie diese klärt, vor Mißverständnissen schützt und davor bewahrt, zum frommen Gerede zu werden. Darum bedürfen Glaubenssprache und Dogmatik einander – ohne Glaubenssprache würde die Dogmatik steril, und Glaubenssprache ohne Dogmatik diffus.

Glaubenssprache besteht aus einer bestimmten Verknüpfung präzisierter Wörter, die kraft dieser Verknüpfung ihren Sinn erhalten. Die Verknüpfung läßt noch sehr viel offen, sie bietet so viele Maschen, daß wir uns hinreichend an ihr halten und mit ihrer Hilfe weiter bewegen können, sie gleicht jedoch keinem synthetischen Gewebe, das so dicht ist, daß es uns die Luft nimmt. Sie will uns helfen, *die rechten Worte zu finden*. Wenn wir das, was wir aus unserem Erleben, in der Auseinandersetzung mit dem, was uns widerfährt, und der Prüfung dessen, was wir vernommen haben, zur Sprache bringen wollen: Wie kann es im Glauben und auf Hoffnung hin gesagt werden?

Daß dies gelingt, steht nicht in unserer Macht, aber es ist lebensnotwendig, daß es immer wieder möglich wird. Es bedeutet ja nichts Geringeres als den Einklang unserer alltäglichen Sprache und alles dessen, was sie in Worte faßt, mit Gottes Rede zu uns, mit seiner Antwort auf menschliche Klage, Erwartung, Widerstand, Ergebung, Einstimmung (zu lernen am Beispiel Hiobs).

Was eine *Bruchlinie* in unserem Reden von Gott und im Reden von uns selbst bleibt, könnte nur von Gottes Geistesgegenwart zusammengeschlossen werden. Sonst würde diese Linie zu einer Kluft, in die wir abgrundtief abstürzen müßten. Gottes Geistesgegenwart steht zwischen dem, was wir wahrnehmen können, und dem, was wirklich ist. Dieses Zwischen tritt nicht als solches in Erscheinung, und doch lebt unser Reden von ihm. Es ist das Quellgebiet geistlichen Lebens: Spiritualität als das nicht-phänomenologische Moment der Kommunikation Gottes mit uns und daraufhin auch des Glaubensgespräches, in dem sich Menschen bewegen, sich verständigen im Glauben und auf Hoffnung hin.

Verstehen wir »Spiritualität«, älterem christlichem Sprachgebrauch folgend, als »geistliches Leben«, dann treffen wir auf Formen, die dieses Leben prägen und in denen es in Erscheinung tritt. Spiritualität meint das geistliche Leben aller Christen, nicht die Virtuosität einer religiösen Elite. Niemand wird sich den Grad der Komplexität seines geistlichen Lebens wählen können. Spiritualität kann nicht gesucht werden, sie ist ursprünglich wie das Leben selber, ja sie ist die Ursprungsform des Lebens mit Gott.

Zum geistlichen Leben gehören das Gebet, die Feier der Gegenwart Gottes im Gottesdienst und das fortdauernde Bibellesen, die *lectio continua*. Aus der Verschränkung dieser Lebensformen mit ihren Rhythmen und Pausen, ihrem Wechsel von Hören, Reden und Schweigen, den Gebärden des Gestelltseins vor Gott und der Zuwendung zueinander in diesem Stehen vor Gott: aus alledem bildet sich das Wahrnehmungsgefüge des Glaubens, das Bestimmtes zu erkennen erlaubt. Wahrnehmung wird geleitet durch Gottes Verheißungen, die die Kontur seines Willens in seinem Handeln umreißen: so, daß wir Gottes Handeln wiedererkennen können. Glauben heißt, Gottes Kommen zu erwarten – zugleich aber dessen gewärtig zu sein, daß Gott seine Verheißungen unverhofft erfüllt, oft ganz anders, als wir es erwarten. Seine Geistesgegenwart, das Versprechen seines Bei-und-in-uns-Seins kann mit der Konfiguration der Erfüllung einhergehen, mit der Aufhebung von Leere und mit einem Reden, das uns erhebt zur Weite eines ungeahnten Blickes. Gottes Geistesgegenwart bleibt aber verheißen auch und gerade dann, wenn wir uns von Gott verlassen wähnen, wenn es uns die Sprache verschlägt, wenn wir uns von lauter Dunkel umfangen sehen, also gar nichts mehr sehen können, und wenn wir gar fühlen, zunichte zu werden. Daran erinnert die Theologie, und sie kann dadurch helfen, daß die Unanschaulichkeit der Geistesgegenwart Gottes ertragen wird. »Aus Glauben« und »auf Hoffnung hin«: beides markiert die Verbindlichkeit und die Offenheit theologischer Aussagen.

Die Geschichte christlicher Spiritualität kennt Beispiele für ein neues, befreites Reden-Können mit unverhofften Perspektiven – wie auch für qualvolles, lange vergebliches Suchen nach den rechten Worten für etwas, was im Lichte der Verheißungen Gottes zunächst völlig dunkel, verworren, allenfalls schattenhaft erscheint.

Im spannungsvollen Zusammenwirken von Glaubenssprache und spiritueller Rede – und Sprachohnmacht! – wird deutlich, was hier gerade nicht in Erscheinung tritt, und doch kann davon geredet werden: so, daß es sich erzählen und umrißhaft beschreiben, aber nicht zur Anschauung bringen läßt. Denn »als Glaubende gehen wir unseren Weg, nicht als Schauende« (2. Kor 5,7). Sonst wären wir schon am Ziel.

Zur sprachpragmatischen Funktion theologischer Lehre: GEORGE LINDBECK, The Nature of Doctrine: Religion and Theology in a Postliberal Age, Philadelphia, Pa. (The Westminster Press) 1984, übersetzt von Markus Müller: Christliche Lehre als Grammatik des Glaubens. Religion und Theologie in einem postliberalen Zeitalter (TB 90), Gütersloh 1994.

Zur Verzahnung von Spiritualität und Theologie: ROWAN WILLIAMS, The Wound of Knowledge: Christian Spirituality from the New Testament to St. John of the Cross, London (Darton, Longman and Todd) 1979, revised edition 1990. – LOUIS BOYER/JEAN LECLERQ/FRANÇOIS VANDENBROUCKE, A History of Christian Spirituality I-III, New York (Seabury Press) 1982. – GORDON S. WAKEFIELD, [The Westminster] Dictionary of Christian Spirituality, Philadelphia, Pa. (Westminster Press) and London (SCM Press) 1983. ^{5}1993. – BERNHARD MCGINN/JOHN MEYENDORFF/JEAN LECLERQ (eds.), Christian Spirituality, London (SCM Press) and New York (Crossroad) I, 1985; II, 1988; III, 1989. – CHESLYN JONES/GEOFFREY WAINWRIGHT/EDWARD YARNOLD SJ (eds.), The Study of Spirituality, London (SPCK) 1986. – GERHARD RUHBACH, Theologie und Spiritualität, Göttingen 1987.

1.5.3 Dogmatik als Gedächtnisstütze

Die Glaubenssprache wird im geistlichen Leben immer wieder unwegsames Gelände und sogar Neuland betreten. Sie wird zu sagen wagen, was noch nicht abgesichert ist. Sie wird Zuspitzungen, Einseitigkeiten und Grenzgänge riskieren müssen, eben weil sie auf dem Wege ist, und dieser Weg besteht nicht aus Schienensträngen, bei denen die geringste Abweichung zur Entgleisung führen muß. Auch der ausgesprochene Glaube, das *Credo*, ist als Wegweiser eine Hilfe, den rechten Weg zu gehen. Die Dogmatik hält Denkerfahrungen fest, die auf diesem Wege gewonnen wurden – es ist ein Weg, der nicht einfach von der Vergangenheit des Christentums in eine noch unbekannte Zukunft führt, sondern innerhalb dieser Zeitspanne ist es der Weg der Erwartung Gottes. Diesen Weg gilt es immer wieder einzuschlagen. Auch wenn viele andere vor uns diesen Weg gegangen sind, wird er für uns nicht einfach derselbe Weg sein.

(19.) Dogmatik ist die Gedächtnisstütze des geistlichen Lebens, weil sie hilft, daß nichts Wesentliches vergessen wird.

Darum muß sie sich auch auf Wesentliches konzentrieren: auf das, was unbedingt und unter allen Umständen zu sagen ist. So hält sie die glaubensweisenden Unterscheidungen und wegweisenden Regeln für ein Reden im Glauben und auf Hoffnung hin bereit – und deckt diese Unterscheidungen und Regeln nicht durch den Anspruch zu, alles theologisch Wissenswerte parat zu haben. Durch bloße Anhäufung und Repetition dessen, was sie tatsächlich weiß – und sie hat ja im Laufe ihrer Geschichte viel angesammelt! –, könnte sie sonst eher einschüchtern als dazu ermutigen, sich in der Glaubenssprache zu üben, hierin selbständig zu werden und die eigene Aufmerksamkeit zu trainieren.

Für diese Übung ist der trinitarische Aufbau des *Credo* eine wesentliche Hilfe: Wer gelernt hat, sich am Reden vom Dreieinen Gott, von Jesus Christus, dem wahren Gott und wahren Menschen, vom Leben im Geist und in der Hoffnung auf das Kommen Gottes auszurichten, wird auf eine Fülle von Verknüpfungen und Querverweisen stoßen, die ihm den weiten Atem verschaffen, den er braucht, um sich in der Geschichte Gottes mit den Menschen wiederzufinden – in einer Geschichte, in der er sich nicht vermutet hätte und die er nicht aus sich herausspinnen kann. Die Einübung in die trinitarische Struktur der Glaubenssprache verhindert die Verflachung des Redens von Gott, Mensch und Welt. Sie verbietet eine Reduktion auf ein paar Themen, auf Stereotypen, die monoton wiederholt werden.

Indem die Dogmatik sich an diese Struktur der Glaubenssprache hält, hilft sie, nichts Wesentliches zu vergessen: die glaubensnotwendigen Unterscheidungen (← 1.3.1) und die wegweisenden Regeln (← 1.3.2). Darin besteht die eiserne Ration der Glaubenssprache. Dogmatik läßt die Glaubenssprache ihren Weg gehen. Sie folgt ihr in die Erstreckung des Handelns Gottes hinein, wird seiner Spannweite inne, die Gedenken und Erwarten zusammenhält. Sie erinnert an das, worauf wir zurückgreifen können, um den rechten Einsatz zu finden. In ihrer Tiefe weist sie uns darauf hin, wie wir überhaupt dazu kommen können, nach Gott zu suchen und von ihm zu reden.

Die Dogmatik dient dazu, die Glaubenssprache zu beherrschen – wie eine Sprache, in der man sich ungezwungen ausdrücken, in deren Verweisungsgefüge man sich bewegen und mit anderen verständigen kann. Doch dieses »Beherrschen« hat hier noch einen anderen Klang. Wer die Glaubenssprache beherrscht, wird an die Grenzen der Sprache geführt. Kein geringerer als Paulus weiß das zu sagen – er, der erste Meister der Glaubenssprache: »Wir wissen nicht, was wir recht beten sollen« (Röm 8,26).

Die Dogmatik ist zur Gedächtnisstütze der Kirche vor allem deshalb geworden, weil sie dazu verholfen hat, das Kirchenjahr auszubilden.

Wir sind gewohnt, Advent, Weihnachten, Epiphanias, Karfreitag, Ostern, Himmelfahrt, Pfingsten, Trinitatis sozusagen in einer Reihe zu sehen. Die Christenheit der ersten Jahrhunderte war jedoch ganz auf *ein* Fest konzentriert: auf die Feier der Auferstehung Jesu Christi von den Toten. Dieser Einschnitt und Neubeginn bestimmt auch den Wochenrhythmus: mit dem »Tag des Herrn«, dem Sonntag, fängt die Woche an, im Unterschied zum jüdischen Sabbat, der die Woche beschließt. Die christliche Gemeinde sieht ihr gemeinsames Leben gegliedert durch Gottes neue Schöpfung, durch das »Sein in Christus« (2. Kor 5,17) – sie orientiert sich nicht mehr an dem göttlichen Ruhetag nach Beendigung einer uranfänglichen, alles Weitere bestimmenden göttlichen

Schaffensperiode, sondern an den Zeichen der verheißenen Gottesruhe. Für die amerikanischen Presbyterianer ist deshalb der Sonntag als Herrentag, The Lord's Day, als Tag nicht bloß der Arbeitsruhe, sondern der Freude an Gott wichtiger als alle einzelnen christlichen Feste geblieben.

Erst allmählich sind zum Christusfest der Auferweckung Jesu weitere Feste hinzugekommen, und aus deren Folge entstand das Kirchenjahr als Rhythmus christlichen Eingedenkens und christlicher Hoffnung. Dieser Prozeß ist aufs engste mit der Ausbildung der Dogmatik in der Alten Kirche verwoben. Gehen wir dem altkirchlichen Ursprung christlicher Feste nach – und zwar ihren inneren Gründen, nicht nur ihren geschichtlichen Randbedingungen –, dann zeigen sich Spannungsmomente, die dogmatisch wie kirchenpraktisch zu denken geben:

– Die Entstehung der Christusfeste ist mit der Gewinnung des christologischen und trinitätstheologischen *Dogmas* verzahnt;
– die Feier der großen Taten Gottes *konstituiert die christliche Gemeinde* durch Gedenken und Erwartung Jesu Christi;
– die dogmatischen Formulierungen bringen die *Erstreckung des Handelns Gottes* zum Ausdruck, die sich einer rein zyklischen Eingliederung widersetzt, aber ebenso über eine narrative Fortsetzungsgeschichte hinausweist;
– was Gott verheißungsvoll getan hat: das *Ein-für-allemal* der Christusgeschichte, kann nicht auf einmal und schon gar nicht ein für allemal gesagt werden;
– der Kirche und jedem einzelnen, jeder einzelnen in ihr ist ein *Weg* gewiesen, dem sie Jahr für Jahr folgen können und dabei immer wieder neu anfangen dürfen.

Ostern steht in zeitlicher Nähe zum jüdischen Pessach/Passa-Fest, war anfänglich sogar mit ihm gleichzeitig. Die frühen christlichen Gemeinden in Palästina, vor allem die Jerusalemer Gemeinde, haben aller Wahrscheinlichkeit nach weiter das Passa begangen. Sie verknüpften es mit dem Gedenken an Jesu Tod – und feierten es in der Erwartung seines Kommens (vgl. WOLFGANG HUBER, Passa und Ostern. Untersuchungen zur Osterfeier der alten Kirche [BZNW 35], Berlin 1969, 28–31). Denn in Jesu Auferweckung, in Gottes Ja zu diesem zerbrochenen Leben und dessen Neubeginn in der Einheit mit Gott: darin ist alles beschlossen und eröffnet, was Menschen nur irgend erwarten können.

Weil in der Passafeier Erlösung erinnert und gleichzeitig weiter erhofft wird, erschien anfänglich das Ostergeschehen in ihr beheimatet zu sein und dadurch zur Geschichte zu werden. Doch je mehr versucht werden mußte, wirklich zu sagen, *was* an Ostern und mit Ostern geschehen war, und vor allem: *wer* hier begegnet und *wie* er begegnet, um so deutlicher trennte sich dies von dem, was mittels der Passafeier vergegenwärtigt werden kann.

Hier setzt vielmehr die theologische Bemühung um eine andere Frage ein, um die für die christliche Kirche entscheidende, maßgebende Frage: »Wer ist Jesus Christus?« Diese Frage gilt es zunächst einmal so klar und unmißverständlich wie möglich zu stellen, um die Antwort, die durch Ostern unableitbar gegeben ist, nicht durch falsche Fragestellungen zu verbauen. Die gegebene Antwort darf nur so wiedergegeben werden, daß sie ihren Charakter als Botschaft bewahrt.

Dies war der Ansatz für die Christologie und Trinitätslehre, die in den Konzilstexten des 4. und 5. Jahrhundert ihren Niederschlag fanden. Für ihre Formulierungen gab es noch manche anderen Beweggründe, aber der Bezug zur Osterbotschaft ist unübersehbar. Die altkirchlichen Theologen haben in immer neuen Anläufen zu umschreiben versucht, wer »Christus für uns« ist und wer »wir« sind, indem sie sagen, wer Jesus Christus – nicht einstmals gewesen ist, sondern *gegenwärtig ist*, nämlich im Verhältnis zu Gott und damit für alle Welt. Dabei tauchen Einzelfragen auf, die zur Klärung drängen. Etwa: Wenn im Neuen Testament wechselweise gesagt wird, »Gott hat Jesus auferweckt« und »Christus ist auferstanden«, so muß bedacht – und nicht etwa bloß »zusammengedacht« – werden, wie dieses Nebeneinander zu verstehen ist. Etwa als Wechsel vom »Objekt« zum »Subjekt«? Oder: beginnt erst mit Gottes Handeln am sterbenden Jesus seine Gemeinschaft mit Gott? Oder: hat Christus sich aus eigener göttlicher Kraft aus der Todeswelt emporgeschwungen? Darauf beziehen sich dann Aussagen über die ökonomische und die immanente Trinität. Sie sind keine spekulativen Spitzfindigkeiten, sondern notwendig, um der Gegenwart Jesu Christi Raum zu geben, auf die Begegnung mit ihm vorzubereiten. Sie hindern uns, den lebendigen Christus mit einem Religionsstifter zu verwechseln, dessen Initiationsgebärde vergegenwärtigt werden müßte, oder mit einer Symbolfigur für das Eindringen in religiöse Tiefenschichten des Lebens, oder gar mit einem Leitstern für bessere Lebensführung. So wollen die altkirchlichen Bekenntnisse – allen voran der in Konstantinopel 381 rezipierte und erweiterte Konsens von Nizäa (325) – helfen, die Osterbotschaft unmißverständlich auszurichten, und darum haben sie ihren Platz in der Liturgie erhalten.

Das Konzil von Nizäa bestätigte auch die Datierung des Osterfestes, nach längeren Streitigkeiten zwischen der Kirche in Rom und Kleinasien: Ostern fällt auf den Sonntag nach dem Vollmond, der auf den Frühlingsanfang folgt (W. HUBER, 61–88). Damit löste die westliche Kirche sich endgültig von der Berechnung des Passa, das am Abend des 14. des ersten Monats (14. Nisan) gefeiert wird.

Daß die Festlegung des Osterdatums mit dem Dogma, das die Gottheit Christi anbetet, zusammentraf, scheint zufällig zu sein. Der Ostertermin war zu einem vordergründig kirchenpolitischen Streitpunkt, zur Machtprobe zwischen Westen und Osten geworden. Daß christliche Gemeinden wie die Quartodecimaner früher einmal am Passa stellvertretend für die Juden gefastet hatten – für die Juden, die zur gleichen Zeit das Gedenkfest ihrer Befreiung festlich begingen –, lag lange zurück (BERNHARD LOHSE, Das Passafest der Quartadezimaner [BFChTh II/54], Gütersloh 1953. – W. HUBER, 12–31). Und doch sagt die christologische und trinitätstheologische Dogmenbildung indirekt Entscheidendes über das Verhältnis von Passa und Ostern aus.

Das Symbolum Nicaenum versteht, den Aufriß des römischen Taufsymbols erweiternd, die Christusbotschaft im *Zusammenhang des Handelns Gottes*, des Schöpfers, Erlösers und Vollenders – Vater, Sohn und Heiliger Geist. In der Mitte steht, stilistisch deutlich unterschieden, die *Geschichte Jesu Christi* von seinem Sein bei Gott bis hin zu seiner Erhöhung zur Rechten Gottes und seiner Stellung als Richter aller Menschen.

Die beiden Dogmen wollten zur Klarheit darüber führen, warum Jesus Christus als Gott bekannt werden darf. So dienen sie, neben anderem, der Entfaltung der Osterbotschaft. Im 4. Jahrhundert setzt nun ein Prozeß ein, der diese Botschaft aufgliedert und auf weitere Christus-Feste gleichsam verteilt (GEORG KRETSCHMAR, Festkalender und Memorialstätten Jerusalems in altkirchlicher Zeit: ZDPV 87 [1971] 167–205, bes. 187. – W. HUBER, 148–208).

Der Gekreuzigte ist nach drei Tagen auferstanden: darum kommt dem Datum drei Tage vor Ostern eine eigene Bedeutung zu. So wird das Gedächtnis des Todes Jesu allmählich von Ostern als einem Jahresgedenktag der Auferstehung Christi unterschieden – theologisch wie zeitlich. Der Karfreitag verselbständigt sich gegenüber Ostern, er geht Ostern voraus und führt auf dieses Hauptfest der Christenheit hin.

Seit Mitte des 4. Jahrhundert wird das Kommen des Erlösers in die Welt als Geburt des göttlichen Kindes besonders gefeiert: am Christfest. Gott wurde Mensch, Jesus Christus ist von Ursprung an wahrer Gott. So sagte es das Dogma des Konzils von Nizäa aus, ihm folgte liturgisch die Christfeier als Fest der Theophanie. Der Osten hat dagegen an dem Tag der Taufe, dem 6. Januar, festgehalten und feiert bis heute die Epiphanie Gottes an diesem Tag (GEORG KRETSCHMAR, Theologische Perspektiven zur Inkarnation und zum Weihnachtsfest: Herbert Breit/Klaus-Dieter Nörenberg [Hg.], Festtage. Zur Praxis der christlichen Rede, München 1975, 9–33).

Auch das Himmelfahrtsfest ist im 4. Jahrhundert als Feier der Erhöhung Christi eingeführt worden. Damit wird ein weiteres Element des Osterrufes »Christus ist auferstanden!« ausgegliedert: Jesus Christus ist zu Gott erhöht worden, jetzt herrscht er über den Kosmos.

Dieser Vorgang in der Nachbarschaft der Dogmenbildung für das Reden vom Dreieinen Gott und von Jesus Christus, dem wahren Gott und wahren Menschen, dürfte nicht zufällig sein. Er folgt dem quasi erzählenden Mittelstück des Symbolum Nicaenum, und die Abfolge der Christus-Feste ist sozusagen die liturgische Anwendung des Dogmas. Die Dogmatik hat das Kirchenjahr hervorgerufen, nicht umgekehrt. Der innere Grund: *Die Wahrnehmung der Gegenwart Gottes in Jesus Christus ist so überreich*, daß sie nicht mehr in einem einzigen Fest untergebracht werden kann. Sie muß, ebenso wie im Bekenntnis, entfaltet werden.

Droht aber mit dieser Entfaltung nicht die *Einheit* der Osterbotschaft verlorenzugehen? Wird sie nicht gleichsam aufgelöst in eine Wegstrecke, in die Kreuz, Auferstehung und Erhöhung Christi, zuvor sein Kommen in die Welt und schließlich die Begründung der Kirche durch Gottes Geist, eingezeichnet werden können? Die Christenheit hätte dann diese Wegstrecke jedes Jahr zu begehen und in ihren Festen eine fortlaufende Geschichte zu feiern, die einstmals mit Jesus von Nazareth begann, in die Geschichte des Volkes zurückreicht, in das hinein er geboren wurde, und so lange weitergeht, wie Menschen sie fortsetzen.

Im Unterschied zu einer solchen Fortsetzungsgeschichte wird in der dogmatischen Konzentration auf die Essenz der Osterbotschaft eine Erstreckung eigener Art freigesetzt. Die Christenheit sieht sich in eine Geschichte hineingerufen und verwickelt: in die Geschichte Gottes mit den Menschen, und dadurch befreit von dem Zwang, die eigene Geschichte dauernd deuten zu müssen. Die Kraft dieser Erlösung geht von der Geschichte Jesu Christi aus: Erlösung in den Fortgang des Handelns Gottes hinein.

Das ist keine Wegstrecke, die symbolisch dargestellt werden könnte, sondern eine *theologische Erstreckung*, die dogmatisch nachgezeichnet wird und die den *geglaubten Glauben* bildet. Dieser Glaube ist eine Einheit, die sprachlich nicht gleichsam in einen Punkt zusammengezogen und aus diesem heraus je nach Bedarf wieder ausgestaltet werden kann. Die Einheit des Glaubens, der alles andere als eine Fortsetzungsgeschichte ist, tritt vielmehr hervor, indem seine eigentümliche *Sequenz* wahrgenommen wird. Darum kann der Glaube, der an der Osterbotschaft hängt, nicht mit einem Satz gesagt oder gar auf einen Begriff gebracht werden – eine Anfrage an viele theologische Konzeptionen, die gerade dies versuchen! Und weil der Glaube in seiner ganzen Fülle nicht auf einmal geglaubt werden kann, darum verteilt er sich auf verschiedene Christusfeste. Er spaltet sich dabei nicht auf, sondern markiert in mehrfacher und irreduzibler Hinsicht die Christusbegegnung der Kirche.

So wird Zeiterfahrung durch die Botschaft von Schöpfung, Erlösung und Vollendung gegliedert. Gottes Geschichte und menschliche Geschichte verlaufen weder parallel (als ob Gottes Geschichte eine Übergeschichte wäre), so daß sie sich im Unendlichen schneiden, noch wird die menschliche Geschichte durch Gott je und dann unterbrochen, um sich dann wieder gleichsam einschalten und erneut zur Tagesordnung übergehen zu können (dies könnte zu einem fatalen Mißverständnis von Feiern verleiten!). In jedem Zeitmoment unseres Sprechens von Gott verweisen wir auf das, was Gott getan hat und tun will. Menschliches Reden kann an der mitgeteilten Fülle Gottes nur so teilhaben, daß es *eins nach dem anderen* sagt.

Dies dürfte der innere Grund dafür sein, den geglaubten Glauben in bestimmten Schritten zu feiern. Diese Feier hebt die Feiernden nicht aus dem Alltag heraus, um ihn für kurze Frist zu verdrängen oder auch »aufzuheben«. Feiern werden häufig dadurch zugrunde gerichtet, daß gesagt werden soll – möglichst alles! –, was vermißt wird, erwünscht wäre und sein sollte, aber eben vorher und nachher nicht wirklich ist. Wie oft wird beispielsweise an Weihnachten die Feststimmung durch den Erwartungsdruck belastet, nur ja alles nachzuholen und unterzubringen, was dem Wohl der Familie dienen soll; gerade diese Anstrengung hinterläßt einen schalen Nachgeschmack. Die Feier wird zur Ersatzhandlung. Festfreude kann dabei nicht aufkommen.

Die Glaubensfeier hebt uns jedoch aus uns heraus, indem sie in die Christusgeschichte versetzt: *Sursum corda,* »Erhebet eure Herzen – Wir erheben sie zum Herrn«. Darum ist für die Feier entscheidend, wer in ihr angekündigt und was von ihm angesagt wird – und zwar so, daß dies in die Geschichte, die wir »haben« (womöglich auch noch »mit Gott« zu haben meinen) heilsam einschneidet. So werden Gedenken und Erwartung konstituiert: wir dürfen zurück- und vorausblicken, allerdings nicht mehr zu dem, was wir getan oder versäumt haben, um zu ermessen, was nun noch erreicht werden müßte oder könnte. Der Blick wird vielmehr auf Christus gelenkt, auf den Ersten, Letzten und Lebendigen (Offb 1,17f.).

In dieser Vielschichtigkeit ist das Kirchenjahr als Jahr Jesu Christi die *hoffnungsvolle Gedächtnisstütze* der Kirche: es hilft ihr, nichts zu vergessen, wovon sie ausgehen und was sie erwarten darf. Darin macht sich aufs beste die Verschränkung von Dogmatik und kirchlichem Leben bemerkbar, der wir uns nun in einzelnen bezeichnenden Beispielen zuwenden wollen.

LOTHAR STEIGER, Erschienen in der Zeit. Dogmatik im Kirchenjahr - Epiphanias und Vorpassion, Kassel 1982. – HANSJÖRG AUF DER MAUR, Feiern im Rhythmus der Zeit I: Herrenfeste in Woche und Jahr: Gottesdienst der Kirche (Handbuch der Liturgiewissenschaft V), Regensburg 1983. – KARL-HEINRICH BIERITZ, Das Kirchenjahr. Feste, Gedenk- und Feiertage in Geschichte und Gegenwart, München 1987. ³1991.

2. Dogmatik in der Kirche

2.1 Dogmatische Aussagen: innere Gründe kirchlichen Handelns

In der Kirche wird gepredigt, gebetet, Bekenntnisse werden gesprochen, es wird gesegnet, beraten, getröstet, ermahnt und kritisiert, es werden Kommentare zu Zeitereignissen abgegeben, auf Notstände wird hingewiesen, Partei wird ergriffen, und schließlich wird auch darüber geredet und darüber nachgedacht, ob die Kirche noch gebraucht wird und wofür. Für dies alles bieten sich mannigfache äußere Gründe an, Veranlassungen wie: bewährte Traditionen, überkommene Verpflichtungen, Bedürfnisse mancher Art, Herausforderungen, die nach Antworten verlangen.

Wir fragen nun genauer: Was ermöglicht, mehr noch: was *begründet* kirchliche Handlungen? Welche Handlungen sind unter allen Umständen nötig, und was charakterisiert sie? Was macht sie als Handlungen der Kirche unverwechselbar?

Dafür nehmen wir wieder einmal einen Perspektivenwechsel vor, indem wir in medias res kirchlichen Handelns gehen. Hier gilt es zu entdecken, wo unweigerlich gefragt werden muß: »Warum ist etwas so, wie es ist? Warum geschieht etwas so, wie es geschieht?« Es wird etwas getan oder gesagt, das die Frage aufwirft, worin es begründet ist.

Kirchliches Handeln ist vielgestaltig, und darum darf Dogmatik nicht auf eine einzige Gestalt zurechtgeschnitten werden. Zwar gibt es eindrucksvolle Beispiele für das Bestreben, Dogmatik aus einer »Ursituation« zu erheben, sie auf ein alles umfassendes kirchliches Handeln zuzuschneiden und der Theologie dadurch eine Einheit zu verschaffen, die angesichts der Zersplitterung verschiedener Arbeitsweisen und Forschungsziele in der Theologie bedroht ist. So definierte FRIEDRICH SCHLEIERMACHER das Gesamtziel der Theologie als Kirchenleitung: als Herstellung einer Einmütigkeit zwischen divergenten theologischen Orientierungen und Glaubensweisen, als labile Balance zwischen zentripetalen und zentrifugalen Kräften (→ 2.8). Bei KARL BARTH wird Dogmatik zur Kriteriologie für die Predigt (Predigt im weitesten Sinne: als Ausrichtung des Wortes Gottes). Ihr Ausgangspunkt ist die Verkündigung, die daraufhin befragt wird, was sie rechtens sagen kann. Die Antwort besteht nicht in einer normativen Sammlung von Themen, sondern in einer Befragung dessen, was in der Kirche gesagt wird, auf seine theologische Legitimität hin: sein Begründetsein in Gottes Rede und sein Angewiesensein auf seine Bestätigung durch Gott (→ 2.4). PAUL TILLICH betrachtet die Seelsorge als das Quellgebiet der Theologie schlechthin, weil Seelsorge Sinnstiftung vermittle (→ 2.6).

Es liegt auf der Hand, daß eine Dogmatik, die von einem dieser Handlungskonzepte geprägt wird, sich mit einem anderen der genannten Muster nicht vertragen kann. Diese Wesensunterschiede erklären manche Differenzen theologischer Richtungen und »Schulen«. Sie nötigen Studierende, sich für die eine oder andere funktionale Festlegung zu entscheiden. Statt dessen käme es darauf an, ihnen zu helfen, die ökumenische Kirchlichkeit der Dogmatik zu entdecken, ja sich selber in der Kirche zu entdecken, nicht ihr nur gegenüberzustehen, sei es kritisch oder zustimmend. Damit der Eindruck einer Uniformität der Dogmatik vermieden wird – auch wenn er ein eindrucksvolles systematisches Ganzes zu präsentieren verspricht –, versuchen wir, einzelnen Handlungsweisen nachzugehen, um zu sehen, ob sich aus ihren Gründen ein Zusammenhang mit innerer Konsistenz ergibt.

(20.) Wird nach der Begründung kirchlichen Handelns, nach seinen inneren Gründen gefragt, so ist die Antwort im theologischen Begründungszusammenhang, also dogmatisch zu formulieren.

Die Frage nach der Begründung, nach den *inneren Gründen* kirchlichen Handelns eröffnet uns einen bestimmten Zugangsweg: *vom Handeln der Kirche her auf das Gegenüber der Kirche hin*. Das Gegenüber der Kirche begegnet dort, wo sich die Frage nach den inneren Gründen ihres Handelns stellt. Diese Frage wird heutzutage weithin zurückgedrängt, und dadurch ist auch das Verhältnis von Kirche zur Dogmatik zu einem neuralgischen Punkt der theologischen Ausbildung geworden.

Studierende sagen heute oft: »Das glaube ich, aber ich kann nur für mich sprechen.« Sie möchten nicht aggressiv sein und niemandem anderen etwas zumuten, das sie selber glauben: »Mehr können wir nicht sagen« – es sei denn, wir setzten im selben Atemzug hinzu: »Das gilt für mich, zunächst einmal nur für mich. Andere mögen eingeladen werden, diese Überzeugung zu teilen, aber ich kann dies von ihnen nicht verlangen; was für sie gilt, hat denselben Wert wie meine Überzeugung.« Diese Scheu dürfte daher rühren, daß der Aussagecharakter der Dogmatik fraglich geworden ist (← 1.5.1) – und weil diese »Sachlichkeit« fehlt, scheint nur noch Expressivität möglich zu sein: die performative Mitteilung eigener Überzeugungen. Doch das führt zum Sprachverzicht, zur Unfähigkeit, das zu sagen, was unbedingt und unter allen Umständen gesagt werden muß, und zwar ohne Besserwisserei, ohne autoritative Ansprüche, vor allem ohne eine ständige Selbstreflexion darüber, wie der Theologe, die Theologin sich zu anderen verhält, ob er und sie anderen Unzumutbares abverlangt. Wer ständig über dergleichen nachdenkt, dem erscheint Kirche als soziales Gebilde, das Menschen den Raum dafür gibt, sich so äußern zu können, wie ihnen zuinnerst zumute ist und wie sie meinen, es für sich vertreten zu können. Zur Ausbildung in Dogmatik gehört jedoch, unbefangen zu werden in dem, was der Kirche zu sagen und was ihr zu tun anvertraut ist. Dies verlangt aber ein klares Wissen davon, was unbedingt getan und gesagt werden muß, also eine Grundkenntnis der inneren Gründe kirchlichen Handelns.

Die Frage nach den inneren Gründen kirchlichen Handelns wird überall dort abgeblockt, wo nur noch nach Bedarfsdeckung aus den Mitteln der Kirche gefragt wird. Eine solche Orientierung an Bedürfnissen entfremdet nachhaltig von der Frage nach den inneren Gründen des Kircheseins. Zum Beispiel mit der Einstellung: Die Kirche ist ein Unternehmen, das seit hunderten von Jahren sein Angebot nicht mehr verbessert, geschweige denn grundlegend verändert hat. Wäre es nicht längst an der Zeit, ihr Produkt, an dem nachweislich immer weniger Bedarf besteht und das sich kaum mehr verkaufen läßt, vom Markt zu nehmen?

Warum sträuben sich uns die Haare, wenn wir dergleichen hören? Doch wohl, weil hier Verkaufsstrategien und ihre Rechtfertigung die notwendige Frage nach den inneren Gründen verdecken und diese Frage gar nicht erst aufkommen lassen. Es sind funktionale Erklärungen der Art: »Kirche ist dazu da, dies und jenes zu leisten« (vielleicht sogar: das Reich Gottes herbeizuführen). Innere Gründe weisen hingegen auf das, was der Kirche zu sagen und zu tun anvertraut ist, und zwar so, daß sie nicht frei ist zu entscheiden, ob sie dies weiterhin sagen und tun kann oder nicht. Sie ist für dergleichen nicht frei, weil sie unwillkürlich über sich hinausweist. Wenn nach inneren Gründen nicht mehr gefragt wird oder wenn sie nicht mehr strittig sind – und dies ist heutzutage in vielen Kirchengemeinden und anderen kirchlichen Institutionen bis hin zu »Kirchenleitungen« höchst selten der Fall! –, sondern wenn andere Zeit- und Streitfragen (etwa ethischer oder organisatorischer Art) das Gesprächsfeld beherrschen: dann ist Dogmatik gefordert, und zwar vor allem dazu, den Sinn für Prioritäten zu wecken, statt Glaubensvorschriften einzuhämmern. Die Dogmatik macht darauf aufmerksam, was unbedingt und unter allen Umständen getan und gesagt werden muß, und zwar nicht in Konkurrenz zu den vielen ausgreifenden Aufgaben, derer sich Kirchen annehmen, sondern gerade in ihnen, so daß sich diese Aufgaben an die inneren Gründen gewiesen sehen und so bestimmbar werden.

Kirche bedenkt ihr Handeln, indem sie fragt, wovon sie lebt und auf was sie verwiesen ist, und damit vermeidet sie, sich selber zu thematisieren. Sie hat sich nicht gewählt, was sie unbedingt zu tun hat. Sie hat sich ja nicht selbst gewählt.

Dabei hat sie nach der *Deutlichkeit* dieses Handelns zu fragen. Ohne Anspruch auf Vollständigkeit soll ein Phänomenbereich, ein Begegnungsraum umschrieben werden, und zwar so, daß er auf seine Begründung hin durchsichtig wird: *Kirche wird sich selber gegenübergestellt.*

Die Kirche ist von ihrem Ursprung her aus Gottes Wort und Geist zu bestimmten Handlungen berufen, um als Kirche in Erscheinung zu treten: als *verborgene Kirche*, gegründet in Gottes Handeln. In dem, was sie sagt und tut, verweist sie auf dieses Handeln, macht darauf aufmerksam, daß sie nicht aus sich selber redet und daß sie weder sich selbst noch die Ziele ihres Handelns hervorbringen kann. Solche Verweisungen auf ihre Verborgenheit sind Zeichen: die *notae ecclesiae, die Zeichen des Kirche-Seins.*

Von der Kirche kann nur im Glauben auf Hoffnung hin geredet werden: dies gilt gerade für die sog. sichtbare, die feststellbare Kirche. Sie wird durch Merkmale gekennzeichnet, die nicht bloß beschreiben, wo Kirche »vorkommt«, vergleichbar mit anderen sozialen Gebilden, sondern sagen, wie sie als Kirche kenntlich wird.

So hat jedenfalls MARTIN LUTHER gedacht, als er »Zeichen der Kirche« aufführte: Taufe, Abendmahl und Evangelium[1], Sünden-

---

1 Ad librum ... Ambrosii Catharini (1521): WA 7,720,32–721,1.

vergebung, das wechselseitige brüderliche [und schwesterliche] Gespräch und der Trost, der aus ihm geschöpft werden kann[2], Predigtamt, Gebet und Bekenntnis, Kreuz und Leiden[3], Anerkennung der Ehe und der politischen Ordnung, Leiden der Kirche in der Welt und Verzicht auf Wiedervergeltung[4]. Diese Merkmale liegen sichtlich nicht auf einer und derselben Ebene, sie ergeben auch keine abgeschlossene Liste, bei der wir jeden Posten abhaken können, um am Ende festzustellen, ob »Kirche« vorhanden ist oder nicht. Auch zusammenhängend ergeben sie nicht so etwas wie eine Außenseite der Kirche, die vor aller Augen liegt, im Unterschied zu einer Innenseite, die nur innerhalb der Kirche für die zur Sprache kommen könnte, die ihr angehören. Die Zeichen der Kirche hängen vielmehr untereinander zusammen, weil sie auf den Ursprung der Kirche hinweisen: wovon sie lebt und was ihr anvertraut ist. Diesen Charakter zeigt jedes Zeichen auf seine Weise und an seinem Ort, und sie machen ihn gemeinsam kenntlich, indem jedes auch auf andere bezogen ist.

Diese Zeichen und Zeichenhandlungen weisen vehement auf die inneren Gründe des Kirche-Seins hin. Sinnhaft sind sie nur insofern, als sie die Verklammerung von empirischer, sichtbarer Kirche und dem verdeutlichen, was die Kirche nicht darstellen, worauf sie nur hinweisen kann. Diese Zeichen geben immer wieder Neues zu sagen und zu tun, und zwar so, daß sie über sich hinausweisen und die Aufmerksamkeit gerade nicht auf sich lenken. Sie sind *das Optimum an Sichtbarkeit der Kirche, indem sie von sich wegweisen.* Der Blick über die Kirche hinaus soll ermöglicht und offengehalten werden. Die Zeichen sind Kennzeichen für die Verklammerung der Kirche mit ihrem Ursprung, nicht Merkmale, die zusammengenommen ein hinreichendes Gesamtbild ergeben. Das faktische Da-sein von Kirche, ihr Vorhandensein ist ja so beschaffen, daß sich die Frage aufdrängen muß, was denn Kirche sei (nicht idealerweise, auch nicht eigentlich,

---

2 Schmalkaldische Artikel (1537): WA 50,241,2f.: mutuum colloquium et consolatio fratrum; zwar nicht eigens als Zeichen der Kirche genannt, wohl aber in einer Reihe mit Evangeliumspredigt, Taufe und »Kraft der Schlüssel«, d. h. Vollmacht, Menschen an ihre Sünde zu binden und von ihr zu lösen.
3 Von den Konzilien und Kirchen (1539): WA 50,628,29f.; 630,21f.; 631,6f.; 632,35–633,11; 641,20f.
4 Wider Hans Worst (1541): WA 51,479,4–485,7.

sondern wirklich). Wird von den Zeichen der Kirche gesprochen, so wird diese Frage wachgehalten und die Antwort darauf entfaltet. Denn die notae führen zu Schritten in die inneren Gründe hinein – und diese weisen über die Kirche hinaus. Indem beispielsweise Verkündigung und Dienst an den Sakramenten dieses tun, folgen sie diesen inneren Gründen; sie bewegen sich in dem Grenzbereich, wo das Phänomen »Kirche« mehr ist als nur die faktische Kirche. Und nur in diesem Grenzbereich ist sie wahrhaft Kirche. Daher muß die Angewiesenheit auf die inneren Gründe unübersehbar und unüberhörbar werden – andernfalls wird Kirche undeutlich, ihre Konturen als Kirche verschwimmen, es entsteht ein diffuses, verwirrendes Bild, so tatkräftig und attraktiv »Kirche« sich ausnehmen mag. Was an ihr deutlich wird, ist ihre Angewiesenheit auf das, was außerhalb ihrer wirklich ist und was ihr gegenübersteht, ihre *Externität: Gottes Handeln* (← 1.1.1).

Wie aber kann Externität deutlich werden? – Verkündigung, Taufe und Herrenmahl, Bekenntnis der Schuld in der Bitte um Vergebung, Liturgie, Unterricht, Kirchenleitung, Diakonie und Mission, nicht zu vergessen das Leben im Kirchenjahr: sie werden im folgenden nicht als »Handlungsfelder« in Augenschein genommen. Damit soll keineswegs bestritten werden, daß sie *auch* solche Handlungsfelder sind. Doch in unserem Zusammenhang sollen sie daraufhin befragt werden, ob in ihnen *Externität* deutlich wird. Verweisen sie als Zeichen und Zeichenhandlungen auf *Gottes zuvorkommendes Handeln?* Zeigen sie, wovon die Kirche lebt und was Gott ihr zu tun und zu sagen anvertraut hat, was sie sich also weder selber sagen noch selber zuschreiben noch gar selber nehmen kann, was sie auch nicht zu tun und zu sagen unterlassen darf? Die Gründe dafür müssen ausgesagt werden. Hier begegnen wir Dogmatik auf ganz elementare Weise. Hier steht die Kirchlichkeit der Kirche auf dem Spiel: daß sie ihrem Ursprung aus Gottes Wort und Geist treu bleibt.

Die Externität der Verheißung Gottes verbindet die verschiedenen Redeformen, sie strahlt durch verschiedene kirchliche Handlungen. Sie bildet den Zusammenhang der Dogmatik: es ist eine verborgene Einheit, die sich im theologischen Begründungszusammenhang abzeichnet, aber durch keine noch so umgreifende Systematik oder in sich schlüssige theologische Konzeption erreicht und abgebildet werden kann.

So gehören die Zeichen der Kirche zur Verborgenheit der Kirche: sie sind Zeichen für das sich durchsetzende Werk Gottes.

Menschen bezeugen, daß sie von dorther existieren. Die notae sind gleichsam Scharniere zwischen dem, was Gott auf seine Weise wirkt, und dem, was vor Augen steht. Denen, die von dem gezeichnet werden, woraus die Kirche lebt – die leiden, die von Gott reden in aller Anfechtung, die ihre Schuld vor Gott bekennen –, ihnen steht nicht zuerst die Kirche vor Augen, sondern sie blicken auf Gottes Verheißungen für ihr Tun und Erleiden, und sie handeln aus Glauben, auf Hoffnung hin und in der Liebe. Dies kann ausgesagt werden, und zwar in der Form »Wir können dies nur tun und erleiden, weil ...«: und dieses »Weil« steht in theologischen Zusammenhängen. Wenn beispielsweise gebetet wird, weil wir uns für andere und für uns selber zu Gott ausstrecken, so hängt dies vom Beten als Reden *zu* Gott ab, das als Reden *von* Gott präzisiert werden muß und so zum Reden *über* Gott führt, das auf die Frage antwortet, wer Gott ist. Jede Aussage der Dogmatik ist mit anderen verwoben, die insgesamt den theologischen Begründungszusammenhang ergeben, der als ganzer der Kirche gegenübersteht und das Begründetsein der Kirche umreißt. – Der immer neue Hinweis auf dieses »Weil« und seine Erstreckung ist also die Substanz der Dogmatik. Sie entfaltet die inneren Gründe des Handelns der Kirche. Darum ist Dogmatik etwas anderes als eine Theorie kirchlicher Praxis, kein Entwurf, Ideal oder Soll, das in die Praxis umgesetzt werden müßte. Sie ruft vielmehr der Kirche immer wieder ins Gedächtnis, *wer hier eigentlich handelt*.

Hier dürfen, entsprechend der Regel des Chalcedonense (← 1.3.2), Gottes Handeln und menschliches Handeln weder vermischt noch auseinandergerissen werden – vor allem nicht bei den *Sakramenten*. Sie sind *Handlungen, die ausdrücklich von dem Verhältnis von Gottes Handeln und menschlichem Handeln gezeichnet sind*. In Christi Auftrag werden Menschen getauft, sie werden Gottes Herrschaft unterstellt und von falschen Bindungen befreit. In Christi Namen wird Sünde vergeben, Vergangenheit von Menschen ist nunmehr zu Gottes Sache geworden. Christi Gedenken wird gefeiert in der Verkündigung seines Todes, bis er kommt, und damit werden Menschen in Gottes neue Schöpfung eingefügt. – Handeln hier Menschen anstelle Gottes? Stellvertretend für ihn? Oder sind dies besonders autorisierte, in sich selbst geheiligte Handlungsweisen? Nein: *Ihr Charakter besteht darin, daß Menschen im Auftrag Gottes gerade das tun, was sie von sich aus niemals tun könnten und tun dürften, und daß sie dabei auf Gottes Handeln verweisen – auf die Grundlage des kirchlichen Amtes und Dienstes.*

Wenn Gottes Handeln und menschliches Handeln nicht voneinander unterschieden werden, kommt es zum Sakramentalismus in gröberer oder feinerer Form. Er bringt die Kirche in Gefahr, sich in den Sakramenten selbst darzustellen – etwa die Taufe als Initiationsritus für den Eintritt in die Kirche zu deklarieren; oder das Herrenmahl als Gemeinschaftsfeier mißzuverstehen: die Gemeinschaft der Versammelten zu feiern, statt daß Jesus Christus seine Gemeinde an seinem Geschick teilhaben läßt; oder schließlich das Binden und Lösen im Namen Christi dazu zu mißbrauchen, schuldig Gewordene an sich zu binden oder aus der Kirche zu stoßen. – Wenn kirchliches Handeln jedoch von Gottes Wirken rigoros getrennt wird, wird es mit dem Anspruch belastet und überlastet, eine angemessene und überzeugende Antwort auf Gottes Handeln zu geben oder dieses Handeln gar vor anderen Menschen zu vertreten.

Kirchliche Handlungen sind daraufhin ins Auge zu fassen, daß ein indirekter, oft unausgesprochener Zusammenhang besteht zwischen dem, was unbedingt getan werden muß, und dem, was unter allen Umständen gesagt werden muß. Wir sollen wissen, was wir tun und warum wir es tun.

(21.) Dogmatik richtet sich vor allem auf Unklarheiten und Konflikte in der Kirche – auf das, was unter Christen strittig ist oder strittig sein sollte, wenn es um Glauben und Unglauben, um Reden von Gott und Verschweigen, um Nachfolge Jesu Christi und seine Verleugnung und in alledem auch um das Kirche-Werden und Kirche-Bleiben geht.

Strittig werden müssen Unklarheiten, die vielen gar nicht als solche erscheinen, sondern fraglose Gegebenheiten dessen sind, was »die Kirche tut«, entweder weil sie es (angeblich) immer schon getan hat, oder weil es (vermeintlich) nötig ist. Die Dogmatik hat diese Undeutlichkeit aufzuklären, und sie tut dies, indem sie von den *notae ecclesiae* spricht. Angesichts vieler Predigten, von »kirchlichen Worten« ganz zu schweigen, müßte heute beispielsweise dringendst strittig werden, was Verkündigung ist. Oder darüber, ob Taufe ihrem Charakter nach Kindertaufe sein muß oder nicht. Oder was beim Herrenmahl gefeiert wird – gerade im Blick auf das Zusammengehörigkeitsgefühl, nach dem sich diejenigen sehnen mögen, die hier zusammenkommen.

Dogmatik hat es nicht nur mit »Wortverkündigung« und »Sakramenten« zu tun. Zwar hat die *Confessio Augustana* die Predigt des Evangeliums und die Darreichung der Sakramente konstitutiv für die Kirche genannt und gesagt, sie reichten für die wahre Einheit der Kirche aus (Art. V und VII). Dieser Reduktion der notae ecclesiae auf »Wort und Sakrament«, der Sakramente auf Taufe und Herrenmahl, am Rande noch die Vergebung der Sünden, hat sich die Dogmatik der evangelischen Kirchen angeschlossen. Motiviert wurde dies auch mit der Kritik an dem wuchernden Sakramentalismus der damals geläufigen kirchlichen Praxis, gestützt durch das Argument, die Kernhandlungen der Kirche seien beschränkt auf das, was Jesus Christus ausgesprochenermaßen eingesetzt habe; alles andere seien Menschensatzungen und daher Adiaphora.

Die Frage nach den Handlungen, die der Kirche anvertraut sind, reicht jedoch in der Regel weiter als die Frage danach, was die wahre Einheit der Kirche konstituiert. In Krisenzeiten wie der Reformation ist eine Beschränkung auf die engere Fragestellung unvermeidlich, damit die Kirche überhaupt wieder handlungsfähig werden kann. Zu anderen Zeiten kommen jedoch auch Handlungen in den Blick, wo die Kirche sich mit ihrem Engagement gewissermaßen aufs Glatteis begibt, ja vielleicht unvermeidlich begeben muß. Daß beispielsweise die *Diakonie* zu den notae ecclesiae gehört, ist heutzutage in einem beängstigenden Maße nicht mehr strittig. Hierüber herrscht ein derart unbesehenes Einverständnis, gespeist aus besten Absichten für humanitäre Hilfestellung und »christlichen Liebesdienst«, daß dringend darüber gesprochen werden müßte (→ 4.3.2), und zwar nicht erst dann, wenn angesichts schrumpfender kirchlicher Finanzen eine Rangfolge von Dringlichkeiten verabredet werden muß.

Es hat sich eingebürgert, von der *Dogmatik als Funktion der Kirche* zu sprechen. Dies erwies sich als wegweisend in einer Zeit, wo die Dogmatik, ja die Theologie überhaupt und die theologische Ausbildung anderen Zwecken unterworfen, etwa als eine Religions- und Kulturwissenschaft neu organisiert werden sollte. Von der Dogmatik als Funktion der Kirche sprachen Theologen, die in ihrer Ausführung der Dogmatik sonst recht verschiedene

Wege gingen: Karl Barth[5], Emil Brunner[6] und Paul Tillich[7], oder Dietrich Bonhoeffer: »Theologie ist eine Funktion der Kirche; denn Kirche ist nicht ohne Predigt, Predigt nicht ohne Gedächtnis, Theologie aber ist das Gedächtnis der Kirche«[8].

Dogmatik ist Funktion der Kirche, weil und sofern die Kirche selber *creatura verbi et spiritus* ist: geschaffen aus Gottes Wort und Geist. Die Dogmatik hat eben dies und nichts anderes zu sagen. Sie ist die unüberhörbare Erinnerung der Kirche an ihren Ursprung – und daher ein Zeichen ihrer Hoffnung. Sie dient der Einstimmung in Gottes Handeln (*consensus*) und verhilft so zur Übereinstimmung derer, die glauben wollen – sie hilft ihnen, in der Gemeinschaft des Glaubens zu *bleiben*.

Ohne Dogmatik, die der Kirche zur Einstimmung in Gottes Handeln verhilft, läuft eine jede Kirche Gefahr, Überzeugungskämpfen, Weltanschauungsstreitigkeiten und der religiösen Meinungsvielfalt zu verfallen. Die Dogmatik kann der Kirche die Freiheit geben, das ihr Gemäße zu sagen und zu tun. Das bedeutet mitnichten, daß sie sich zum Gegenspieler der Kirche erklären darf, vielleicht als Hort einer Liberalität, die keine Verantwortung zu übernehmen braucht. »Kirchliche Dogmatik« ist darum keine Bezeichnung für eine theologische Position, die der »Kirche« besonders nahestände, die also Kirchenleitungen und deren Führungsanspruch hörig wäre – oder gar ein Instrument für das, was Kirchenleitungen erreichen wollen: eine leidvolle Erfahrung vieler Theologen, die von Kirchenleitungen kirchenpolitisch gegängelt wurden, etwa in manchen Kirchen des Ostblocks unter kommunistischer Herrschaft, in einer autoritären Funktionärskirche in einem totalitären Staat.[9]

---

5   K. BARTH, Die christliche Dogmatik im Entwurf I: Die Lehre vom Worte Gottes. Prolegomena zur christlichen Dogmatik (1927), hg. von G. Sauter, Zürich 1982, 585. – DERS., KD I/1, München 1932, 1.
6   E. BRUNNER, Dogmatik I. Die christliche Lehre von Gott, Zürich/Stuttgart ³1960, 3.
7   P. TILLICH, Systematische Theologie I, Berlin ⁹1987, 9.
8   D. BONHOEFFER, Akt und Sein. Transzendentalphilosophie und Ontologie in der systematischen Theologie (DBW 2), hg. von Hans-Richard Reuter, München 1988, 128.
9   Ein Beispiel: ELEMÉR KOCSIS, Dogmatika. A református keresztyén tanítás rendszere [Die Systematik der reformierten christlichen Lehre], Debrecen ²1987.

Eine institutionelle Selbständigkeit der theologischen Forschung und Ausbildung kann einen (jedenfalls gewissen) Schutz dagegen bieten. Allerdings entsteht dann eine Gefahr in entgegengesetzter Richtung: Wenn Dogmatik sich apologetisch auf ein anderes Meinungsforum einstellt, etwa auf die imaginären kritischen Zeitgenossen, auf den Geist der Zeit, auf das, was öffentlich-wissenschaftlich erörterungsfähig ist. Doch auch das Bestreben, die Theologie umgekehrt von allen solchen Einflüssen »rein« zu erhalten, kann sie wider Willen funktionalisieren, nämlich im Interesse einer permanenten Abwehrstrategie.

Daß theologische Argumente hinreichen und keine andere Unterstützung brauchen, hängt mit ihrer »Kirchlichkeit« zusammen, insofern nämlich, als die Kirche das natürliche Gesprächsforum der Theologie bietet: den Raum der Verständigung über das, was unbedingt und unter allen Umständen im Glauben, auf Hoffnung hin und aus Liebe gesagt werden muß.

Das ist der faktische *Geltungsbereich theologischer Aussagen: die Kirche, die von ihnen in Anspruch genommen wird*. Dieser Geltungsbereich kommt nicht zur Deckung mit der (theo-logischen) *Reichweite* theologischer Aussagen, mit ihrem Reden auf Gott hin. Gottes Handeln reicht weiter als die Grenzen der Kirche. Wollte die Kirche diese Reichweite einholen – etwa mit dem Anspruch, virtuell »alle« zu umfassen oder für alle sprechen zu dürfen –, würde dies nur zu einem versteckten Imperialismus führen. Reichweite und Geltungsbereich theologischer Sätze sind zu unterscheiden. Akut wird dies in der theologischen Begründung der Mission (→ 2.9.2). Die Wahrheit theologischer Sätze ist nicht von der Zahl derer abhängig, die ihnen zustimmen (→ 4.1).

Kirche ist darum weit mehr als bloß eine Bodenhaftung für die Dogmatik, als eine Sicherung vor abgehobener Spekulation und intellektueller Selbstbefriedigung. In der Kirche existieren heißt: an der Externität der Verheißung hängen.

(22.) Dogmatik, die die inneren Gründe kirchlichen Handelns aussagt, ist eine Denkpraxis, sinnvoll in sich selber, nicht von anderen Zweckmäßigkeiten abhängig, insofern auch keine »Funktion« einer übergeordneten Bestimmung der Kirche. Die Dogmatik nötigt deshalb zur Rücksichtslosigkeit – ein anderer Ausdruck für ihre Unbedingtheit und Voraussetzungslosigkeit als Wissenschaft: Sie hat ihre eigenen Gründe zur Geltung zu bringen, sich weder nach Gründen anderer Herkunft zu richten noch sich bestimmen zu

lassen durch das, was als brauchbar und verwertbar angesehen wird.

Die Handlungen, die wir im folgenden exemplarisch näher in Augenschein nehmen wollen, sind die Zeichen für die Wahrnehmung des Glaubens, Hinweise auf Gottes verheißungsvolles Tun.

MARTIN SEILS, Die Rolle der Dogmatik in der Praxis der Kirchenleitung: EvTh 44 (1984) 2–11. – ADRIAAN GEENSE, Kanzel und Katheder. Über den Bezugsrahmen unseres Theologisierens: KuD 43 (1997) 124–150.

> Die Literaturhinweise zu diesem Kapitel beziehen sich hauptsächlich auf Reflexionen über den Zusammenhang von kirchlichem Handeln und Dogmatik, nicht auf die fachinterne Diskussion der Praktischen Theologie. Was im folgenden als Zugänge zur Dogmatik eröffnet werden soll, möchte als Gesprächsangebot an die Praktische Theologie, als Hinweis auf Überschneidungen mit der Dogmatik und als Vorschläge zur Wahrnehmung gemeinsamer Aufgaben verstanden werden.

Zum Sakramentsverständnis: HEINRICH ASSEL (Hg.), Was ist ein Sakrament? (in Vorbereitung für die Theologische Bücherei).

Zur Diakonie: PIETER JOHAN ROSCAM ABBING, Art. Diakonie II. Theologische Grundprobleme der Diakonie: TRE 8, 1981, 644–656. – REINHARD TURRE, Diakonik. Grundlegung und Gestaltung der Diakonie, Neukirchen-Vluyn 1991.

2.2 Schulderkenntnis in der Bitte um Vergebung

2.2.1 Bekannte Sünde

Wie können wir Gott anrufen? Diese Frage markiert die gottesdienstliche Liturgie im Bekenntnis der Schuld, und sie wirft damit ein Licht darauf, wie Menschen vor Gott zu stehen kommen, nicht nur in einem herausgehobenen, feiertäglichen Moment, sondern jederzeit und überall.

»Gott, sei mir Sünder gnädig!« So hat der Zöllner im Gleichnis Jesu (Lk 18,10–14) ausgerufen, und gerade ihn hat Jesus als gerechtfertigt angesehen. Der Zöllner weiß nur dies: Vor Gott kann er nicht seine eigene Gerechtigkeit geltend machen. Damit aber unterstellt er sich Gottes Gerechtigkeit, ohne sich schon dazu bekennen zu können, d. h. sie für sich geltend zu machen. Würde sich der Zöllner bloß schuldig fühlen, weil er verwerflich gehandelt hat (das mag ja auch der Fall gewesen sein), dann wären seine Reue und seine »Bußfertigkeit« (ein schrecklich verräterisches Wort!) Vorbedingungen für seine Rechtfertigung. Damit würde er aber unversehens die Stellung des Pharisäers einnehmen, der zu wissen meint, was er zu seiner Rechtfertigung braucht.

Der Zöllner ruft Gottes Barmherzigkeit *als Sünder* an. Was er dabei von seinen Verfehlungen im Sinn gehabt haben mag, wird jetzt unerheblich. Entscheidend ist allein, daß er nichts weiter von sich sagen kann, daß ihm auch jeder Vergleich mit anderen unmöglich ist, aus dem er sein Selbstbewußtsein ableiten könnte wie der Pharisäer. Er fühlt sich auch nicht als Sünder im Vergleich zu anderen, die zu Recht auf ihre Rechtschaffenheit blicken mögen. Ja, er steht isoliert, für sich (μακρόθεν ἑστώς) und vermag nicht einmal, seiner Situation gewahr zu werden. Indem er Gott anruft, demütigt er sich. Er stellt sich unter Gottes Gnade und spricht in der Bitte um Vergebung aus, was er von sich selber sagen kann. Er *ist* Sünder, hat nicht nur an diesem und jenem »schuld« (mit dem Beiklang: »an anderem bin ich, Gott sei Dank, nicht schuld« – das wäre wieder die Stimme des rechtschaffenen Pharisäers!).

(23.) Im Bekennen der Sünde Gott gegenüber und in der Anrufung des Erbarmens Gottes vertrauen Menschen sich Gottes Urteil an. Sie erkennen sich und die »Tatsachen«, die sie hervorgebracht haben und von denen sie betroffen sind, als der Vergebung Gottes bedürftig: Sie sind nun zu seiner Sache geworden, seinem Handeln unterstellt.

Das Sündenbekenntnis ist deshalb kein Introitus zur heiligen Stätte, *nachdem* die vollzogene Entsühnung oder gar eine Selbstreinigung den Weg freigemacht hätten. Wer sich vor Gott als schuldig bekennt, gibt zu erkennen, daß er über sich selber nichts anderes mehr zu sagen hat als dies allein: daß er sich gänzlich Gott anvertraut. Was hinter ihm liegt und von dorther in die Zukunft ausgreift, ist in einem bestimmten Sinne zu Ende: Was geschehen ist, ist unwiderruflich geschehen, weil es Gott überantwortet wird.

Nun darf es nicht mehr Material für eine unabsehbare Auseinandersetzung mit sich und anderen sein. Es würde nur Illusionen wecken, wollten wir die geschehene Tat oder auch das erlittene Geschehen zu revidieren suchen, indem wir es kritisch »umdenken«, weiter gedanklich und emotional daran arbeiten, um etwas »damit anfangen zu können«.

Bsp · Daß dergleichen unmöglich ist, wird beispielsweise schon deutlich, sobald der Tod zwischen einen Menschen und jemand anderen tritt, dem er Entscheidendes schuldig geblieben ist. Dem Schuldigen bleiben jetzt seine Schuldgefühle, und er bleibt mit ihnen allein, auch wenn er meint, mit dem Toten noch in Beziehung zu stehen und diese Beziehung bereinigen zu können. Ein Schuldbewußtsein kann vorgaukeln, daß noch Möglichkeiten offenstehen. Das führt oft genug zu Zwangshandlungen, die Geschehenes bewältigen sollen. Oder ein Nicht-Vergessen-Können verschiebt unmerklich die Perspektive: die Macht der Erinnerung beherrscht die Gegenwart und nimmt die Zukunft für sich in Anspruch.

Werden unbereinigte Erfahrungen ausgesprochen, kann dies die Atmosphäre klären. Wird ein tiefgreifendes Versäumnis, eine gestörte Beziehung offengelegt, mag dies eine Katharsis bewirken. Doch kein solches Eingeständnis vermag wirklich zu befreien, sofern es nur wieder an die eigenen Möglichkeiten bindet. Im sozialen Leben ist es auf die Macht derer angewiesen, die verzeihen können und dies auch wollen. Sie können dem Schuldigen einen neuen Anfang ermöglichen, ihn kraft eigener Freiheit von der Last seiner Verfehlung entbinden und sich damit selber entlasten. Diese »Freiheit um den Preis der Macht zu verzeihen« (HANNAH AHRENDT, Vita activa oder Vom tätigen Leben, Stuttgart 1960, 235) darf gar nicht hoch genug geschätzt werden. Würde sie nicht so oft verkannt, sähe es im alltäglichen Miteinander und in den Beziehungen zwischen Völkern wohl anders aus. Doch reicht diese Freiheit nicht an das Schuldbekenntnis heran.

Das Schuldbekenntnis im Gottesdienst kann im Grunde nichts anderes aussprechen als der Zöllner im Gleichnis: »Gott, sei mir Sünder gnädig!« Er ruft Gottes Barmherzigkeit an. Damit sagt er weit mehr, als diese Bitte unmittelbar ahnen läßt. Warum kann er überhaupt von Gnade, von Sünde sprechen, und vor allem: was erlaubt ihm, sein »Ich« auf Gott zu beziehen und das Personalpronomen »mir« zu gebrauchen (Dativus sociativus)? Seiner Bitte um Gnade liegt zugrunde, daß Gott ihn angeredet hat; anders wäre es ihm ja unmöglich, Gott anzusprechen. Ist dies nicht ein verborgener Hinweis auf seine Geschöpflichkeit, in der er vor Gott steht? Darum bittet er – wiederum unausgesprochen – um den Neuanfang aus Gottes Gnade.

(24.) Der innere Grund des Sündenbekenntnisses ist die Erinnerung an Gottes Tat. So markiert es den Anfang der Gotteserkenntnis und der Selbsterkenntnis.

2.2.2 Menschen vor Gott

Wenn jemand sich als Sünder erkennt, nimmt er sich als den an, der von Gottes Handeln getroffen worden ist und sich zu diesem Handeln ausstreckt.

Das meint LUTHER, wenn er sagt, Sünde könne nicht anders als »geglaubt« werden (WA 56,231,9–11). Das heißt nicht: wir müßten »an die Sünde glauben«, weil sie einen höheren Sinn verlangte als nur die Einsicht in Irrwege und Versagen. Oder weil menschliches Leben mit all seinen Verstrickungen rätselhaft bliebe und einen zusätzlichen Faktor benötigte, damit die Rechnung doch aufgeht. Sünde glauben bedeutet: Gott recht geben und damit erkennen, wer man selber ist. So aktualisiert sich im Sündenbekenntnis der Gegenstand der Theologie, wie LUTHER ihn umschrieben hat:

> »Der charakteristische Gegenstand der Theologie ist der Mensch, der der Sünde schuldig und verworfen ist, und Gott, der den sündigen Menschen rechtfertigt und errettet« (→ 3.2.1).

Dieses Bekenntnis ist der Herzschlag der Theologie, er gibt ihren Rhythmus an. Luther hat diese Umschreibung in seiner Auslegung eines Bußpsalms gewonnen, eines Sündenbekenntnisses, das David zugeschrieben wird (Ps 51,6):

An Dir Gott, *allein* habe ich mich versündigt
und getan, was böse ist in deinen Augen.
Du mußt recht behalten in deinem Spruch,
rein dastehen in deinem Gericht.

So spricht ein König, der einen Untertanen in den Tod schickte, um sich dessen Frau zu eigen zu machen. Hat er damit etwas anderes getan, als es für einen orientalischen Herrscher recht und billig wäre? Der Prophet Nathan erzählt ihm die Geschichte von einem Armen, dem der reiche Nachbar auch noch das letzte Eigentum raubt. Der König ist in seinem Rechtsbewußtsein getroffen und verurteilt den Übeltäter. Darauf der Prophet: »Du bist der Mann!« David hat sich selber das Todesurteil gesprochen. Er hat sehen müssen, daß auch er wie jeder Mensch unter das Recht gestellt ist, weil es Gottes Recht ist, und daß er nicht als Despot über ihm steht.

Soweit wäre dies eine Erzählung, die von der Gleichheit aller vor dem Gesetz handeln könnte, vielleicht sogar die »goldene Regel« (Mt 7,12) anklingen ließe, die einschärft, daß jeder auf den anderen angewiesen bleibt und dementsprechend handeln sollte. Doch nun gesteht David nicht nur ein, daß er seine Mitmenschlichkeit verfehlte, daß er sie schuldig blieb. Er bekennt, daß er sich Gott gegenüber versündigt hat. Er hält sich nicht allein an göttliches Recht, das Menschen einander gleichstellt und sie miteinander verbindet. Er stellt sich Gottes Gericht anheim. Und die Vergebung seiner Sünde, die ihm der Prophet zuspricht, ist nichts Geringeres als die Errettung vom Tode, allerdings um den Preis eines unschuldigen Lebens (2. Sam 12,1–15).

Die Erkenntnis der Sünde als Schuld vor Gott gewinnt angesichts des Todes Jesu Christi neue, andere Konturen: *Christen können ihre Schuld nur wahrnehmen, wenn sie sich an Jesus Christus halten, der Gottes richtende und rettende Tat an allen Menschen verkörpert.* Er hat die Sünde der Welt auf sich genommen: die Schuld, die unermeßlich und nicht zu tilgen ist. Nicht, weil sie über alles Menschenmaß hinaus verwerflich wäre oder weil ein skrupulöses Schuldbewußtsein verhindern würde, daß Menschen ihre Taten »aufarbeiten« könnten! Nein, menschliche Schuld ist unerträglich, weil sie der Sünde entstammt, mit der Menschen sich Gott entziehen. Ihm verdanken sie ihr ganzes Dasein, und ihm werden sie untreu, wenn sie ihn nicht auch in ihrem Verhältnis zu anderen Geschöpfen loben und ehren. Da wir dieser Schuld nicht entrinnen, weil wir uns selber suchen statt Gott, kann sie durch keine Tat aufgewogen werden.

Das muß so radikal und ohne Abwägen größerer oder kleinerer Vergehen gesagt werden, weil Schuld vor Gott nicht nach den Graden menschlichen Vermögens oder Unvermögens gemessen werden kann. Sie gehört einer anderen »Ordnung« an als einer moralischen Weltordnung. Hier gilt nicht mehr die gewohnte Reihenfolge: Schuld erkennen, eingestehen und ausräumen. In welchem Verhältnis wir zu Gott stehen, werden wir allein im

Blick auf Christus gewahr. Ihn ließ Gott die Sünde der Welt tragen, und so *ist* das Alte vergangen, Neues *wird*: die Gerechtigkeit Gottes, mit der er die Gottlosen rechtfertigt (vgl. 2. Kor 5,17.21). <u>*Zu diesem Neuanfang gehört das Schuldbekenntnis – nicht als Vorbedingung, sondern als Element dieses Anfangs selbst.*</u>

2.2.3 Eine neue Zeiterfahrung

Neu anfangen können: dieses »Können« erwächst aus Gottes Vergebung – und sie kommt bereits im Schuldbekenntnis zum Vorschein, ohne daß sie eingefordert oder auch eingeholt werden könnte. So verhält sich unser Tun zum Handeln Gottes. <u>In dem, was Menschen zu tun vermögen, wird deutlich, was ihnen aus Gnaden gewährt worden ist: zuallererst die Freiheit zum Bekennen.</u>

Hier wird fragwürdig, was wir sonst auseinanderlegen und miteinander zu verrechnen pflegen: ein Schuldbewußtsein aus inneren oder äußeren Beweggründen, dann der Wille, sich nicht der Rechenschaft für das eigene Geschick zu entziehen, sondern Verantwortung zu übernehmen und dadurch zu wachsen, frei zu werden von der Last des scheinbar Unabänderlichen, schließlich der rechte Gebrauch dieser Freiheit zum Nutzen einer besseren Zukunft. All das setzt jedoch voraus, daß Menschen sich selber erkennen können, ja sich selber auf den Grund kommen, indem sie ihre Taten, deren Ursachen und Folgen durchschauen. Und eben dies ist das Verhängnis des unfreien Willens, der das Gute sucht und wider Willen das Böse tut: daß er beides zu überblicken meint. Aus diesem Bann wird gerissen, wer seine Schuld vor Gott bekennen kann. <u>Sich selbst erkennen heißt: sich vor Gott als schuldig bekennen.</u> +gerechtfertigt!

Der Freiheit zum Bekennen liegt die Selbsterkenntnis vor Gott zugrunde – *libertas confitendi implicat cognitionem Dei et hominis.*

(25.) Christen können Schuld nur bekennen, indem sie alle Schuld allein als von Jesus Christus getragene kennen, sie dann freilich auch als anderweitig untragbare erkennen.

Das befreit vom (sonst wohl unvermeidlichen) Beschönigen und Entschuldigen. Ebenso entbindet es vom Beschuldigen, das eine

(Selbst-)Reinigung bewirken soll, wie auch von der Illusion, durch das »Ablegen« einer Schulderklärung reinen Tisch zu machen und dadurch die Möglichkeit eines Neuanfangs selber schaffen zu können. Vor allem ist die Selbsttäuschung ausgeschlossen, durch einen »Buße« genannten Kurswechsel künftig einen nicht-schuldigen oder doch weniger schuldigen Weg einschlagen zu können. Zwar sind die Wahrscheinlichkeiten neuen Versagens zu groß und zahlreich, als daß jemand damit rechnen dürfte, irgendeinmal den Stand der Unschuld erreichen zu können. Dennoch bedeutet »Schuld bekennen« in solcher Sicht: die Alternative wählen, »umdenken« und sich so erneuern. Dahinter steht die Überzeugung, Schuld sei quantifizierbar. Sie wird dann aufgerechnet mit allem, was abgetragen, aufgearbeitet, repariert – oder was anderen angerechnet werden kann. Doch ein Schuldbekenntnis von Christen kann in seiner Wurzel und Spitze allein Christusbekenntnis sein.

Das Bestreben, durch Umdenken und entsprechendes Tun wieder unschuldig werden zu wollen, wird durch den Zuspruch der Gnade heilsam durchkreuzt. Dieser Zuspruch folgt im liturgischen Ritus dem Sündenbekenntnis wie das sprichwörtliche Amen in der Kirche. Doch gerade durch den Redewechsel soll eingeprägt werden, daß hier das Selbstgespräch durchbrochen ist, in dem sich Menschen in der Auseinandersetzung über ihre Geschichte bewegen – bewegen, indem sie heillos in sich kreisen. Niemand vermag sich selber Vergebung zu gewähren oder Entlastung zu erteilen. Menschen können dies untereinander im Grunde nur tun, wenn sie *gemeinsam* Gott anrufen: »Vergib uns unsere Schuld ... denn dein ist die Kraft und die Herrlichkeit!« Und aus dieser gemeinsamen Anrufung erwächst der Zuspruch der Vergebung *aneinander*. In beidem wird Kirche in ganz besonderer Weise deutlich.

Die Bitte um Gottes Vergebung, die nie überholt werden kann, greift ihrerseits in alles ein, was getan, unterlassen, erlitten, beendet oder begonnen wird. Wenn Gott menschliche Taten und Un-Taten zu seiner Sache macht, werden ihre Folgen nicht ausgelöscht, aber sie können nicht mehr anders gesehen und erfahren werden als in der Bitte: »Vergib uns unsere Schuld, wie wir unsern Schuldnern vergeben.« In dieser Bitte sind sie aufgehoben, samt unseren Möglichkeiten zu verzeihen. Vielleicht wird sich dann manches anders darstellen, womöglich auch anders ordnen. Aber dies alles ist nicht der Sinn des Bekenntnisses. Wer seine

Sünde bekennt, stellt sich Gott anheim. Damit erkennt er die
Grenze seiner Urteilskraft an.

Das Sündenbekenntnis bleibt ein erratischer Block in einer Lebenswirklichkeit, die durch wechselseitige Beschuldigungen und Entschuldigungen zwischen Menschen, Gruppen, Völkern bestimmt ist. Unsere (abendländische) soziale Welt ist, spätestens seit dem 18. Jahrhundert, zu einem überdimensionalen Tribunal geworden, bei dem Menschen als Ankläger, Verteidiger und Richter unter sich allein sind, oftmals als ihre eigenen Ankläger, Fürsprecher und sogar Letztberufungsinstanzen.

Das Schuldbekenntnis in seinem theologisch prägnanten Sinne ist und bleibt begründet in einer Selbsterkenntnis, die in der Gotteserkenntnis gehalten ist. Diese Selbsterkenntnis ist bereits Zeichen der Gnade und der Freiheit, die sie gewährt. In ihr ereignet sich die Befreiung des unfreien Willens: des religiös tief eingewurzelten Bestrebens, das Gute tun zu wollen, das Leben zu erwirken, ja an Gottes Seite gegen das Böse in der Welt zu Felde zu ziehen. Warum eigentlich sollten wir dies nicht wollen können? So möchte man unwillkürlich fragen. Daß gerade hier ganz »praktisch« Gott verleugnet wird und Selbsttäuschung im Spiele ist, kann nur bekannt und erkannt, aber nicht vorweg demonstriert werden. Das Schuldbekenntnis bleibt darum – gerade auch in der Öffentlichkeit des Gottesdienstes – ein Geschehen zwischen Gott und Mensch. Es bedarf jedoch der dogmatischen Reflexion, um den Umriß dieses Geschehens zu erkennen und nicht faktisch etwas anderes mit dem Schuldbekenntnis zu verbinden, etwa Ausflüchte oder die Weigerung, auch vor Menschen die Wahrheit zu sagen.

Das Bekenntnis der Schuld in der Bitte um Vergebung ist begründet in der Freiheit zur Selbsterkenntnis, hinter die wir niemals zurückgehen können, weil sie die Befreiung zum Anfangen ist: Freiheit zur Anrufung Gottes ohne jede weitere Vorbedingung. Wer so anfängt, verzichtet darauf, sich selber zu rechtfertigen, und sei es in einem noch so tiefschürfenden Eindringen in die eigenen Taten, Unterlassungen und Widerfahrnisse – ein Eindringen, das erschließen soll, was Zukunft haben könnte.

Das eigene Schuldig-Sein erkennen im Angewiesensein auf Jesus Christus, dem die Sünde der Welt auferlegt worden ist (Joh 1,29), heißt zugleich, die eigene Schuld als von Christus getragene und deshalb für uns untragbare erkennen. Hier gibt es keine

Methode, die von einem schlechten Gewissen zur Einsicht in Verfehlungen gelangt, dann abwägt, was durch tätige Reue und Besserungswillen aus der Welt geschafft werden könnte und was dann noch als unbewältigter Rest bliebe, der Gott anheimgestellt werden müßte. Die Folge von Schulderkenntnis und Christuserkenntnis ist dagegen eine theologische Sequenz, die die Kausalitätsvorstellungen unserer Moralität – die Relation von Freiheit und Gebundenheit – ebenso auf den Kopf stellt wie unser Zeitempfinden für die eigene schuldhafte Vergangenheit, die nie einfach »gewesen« sein kann, weil sie sich immer als Horizont unserer Zukunft aufdrängt. Gleichfalls hinfällig wird eine Vorstellung von Gottes Handeln, die Gott nur auf unsere Taten und Untaten reagieren läßt.

Das Schuldbekenntnis vereinigt theologische Grunderkenntnisse, die nicht anders als dogmatisch formuliert werden können: Gottes verheißungsvolles Handeln als Externität unseres Redens von Gott und von uns selbst, im ganzen Umfang dessen, wer wir sind und was wir sein können.

Schuld und Vergebung: GlLern 1 (1986/2). – JOACHIM ZEHNER, Das Forum der Vergebung in der Kirche. Studien zum Verhältnis von Sündenvergebung und Recht (Öffentliche Theologie 10), Gütersloh 1998, 13–51. – MICHAEL BEINTKER, Rechtfertigung in der neuzeitlichen Lebenswelt. Theologische Erkundungen, Tübingen 1998.

2.3 Gebetsformen

2.3.1 »Lex orandi – lex credendi«

Ein besonders altes und bis heute höchst charakteristisches Musterbeispiel für die Wechselbeziehung von Liturgie und Dogmatik bildet *das Eintreten für andere Menschen vor Gott im Gebet*. Im Fürbittengebet werden die Nöte einzelner, die der Gemeinde bekannt sind, ebenso vor Gott gebracht wie die Notlage ganzer Gruppen, Völker, ja der Menschheit und der bedrohten Schöpfung. Die gemeinsame Bedürftigkeit in Krankheit, Elend, Gefährdung mannigfacher Art, angesichts des Todes und drohender Selbstvernichtung wird Gott anvertraut, dankbar für die unentbehrliche Hilfestellung durch soziale und politische Institutionen, die doch selber der rechten Leitung bedürfen.

In diesem Gebet wird also nicht nur ausgesprochen, was der im Gottesdienst versammelten Gemeinde selbst Not bereitet, auf direkte und indirekte Weise. Vielmehr kommt zur Sprache, was die Gemeinde mit anderen gemein hat: mit den Nächsten und den Fernsten, mit den sozialen Lebenskreisen, in denen einzelne existieren, mit dem eigenen Volk und größeren politischen Schicksalsgemeinschaften. Und warum sollten hier nicht auch die Toten genannt werden dürfen? Die römisch-katholische Liturgie nimmt sie in ihre Fürbitte auf, nicht, um etwas für ihr weiteres Geschick zu tun – das jedenfalls widerspräche evangelischer Eschatologie, darum sind evangelische liturgische Formulare an dieser Stelle vorsichtig, vielleicht allzu vorsichtig –, sondern weil auch sie zur Kirche gehören. Warum sollte daher ihrer nicht in unserer Bitte um Gottes Barmherzigkeit gedacht werden? Weil ihr Geschick augenscheinlich abgeschlossen ist – sind sie dadurch etwa aus der Menschheit ausgeschlossen?

Das Fürbittengebet insgesamt stellt die Frage nach dem Wesen christlicher Hoffnung und nach ihrer Reichweite. Hinter ihr verbirgt sich eine viel tiefer und weiterreichende Frage: Warum darf das, was das Fürbittengebet normalerweise enthält, überhaupt gesagt werden – warum gerade so und nicht anders? Nur von der Antwort auf diese Frage her läßt sich entscheiden, für wen Menschen im Gebet eintreten und worum sie Gott bitten können.

Der innere Grund der Fürbitte wird in 1. Tim 2,1-4 anvisiert, im Anschluß an die apostolische Anordnung, »Bitte, Gebet, Fürbitte und Danksagung für alle Menschen« darzubringen: denn »Gott will, daß *allen* Menschen geholfen werde und sie zur Erkenntnis der Wahrheit kommen.« Wer für andere betet, der wird auch sein Verhalten zu diesen vom Gebet bestimmt sein lassen – sonst gerät er in einen Selbstwiderspruch.

Die Einzigkeit und *Ein*heit Gottes öffnet die Betenden für *alle* Menschen. Sie erfahren sich in der Fürbitte mit allen Menschen vor Gott als gleichermaßen erlösungsbedürftig. Die Fürbitte gibt den inneren Grund des Betens zu erkennen: diese Verzahnung hat den AUGUSTIN-Schüler PROSPER VON AQUITANIEN veranlaßt, über das Verhältnis von Liturgie und ausgesprochenem Glauben nachzudenken und es in die Formel zu fassen: »ut legem credendi lex statuat supplicandi« (»daß die Ordnung der Fürbitte die Ordnung des Glaubens setzt«; Indiculus de gratia Dei [435/442]: PL 51, 205-212, 209), verallgemeinert: »lex orandi – lex credendi«.

(26.) Die Regel zu glauben beruht auf der Regel, der das Beten folgt. Daß wir gerade auch für andere beten, gibt die Begründung des Gebets zu erkennen, die dogmatisch zu bedenken ist.

Die Gebetsregel gibt Glaubensgründe zu erkennen – das heißt: ohne Klarheit des Glaubens läßt sich nicht recht beten.

Im Hintergrund der Formel Prospers steht Augustins Lehre vom *zuvorkommenden Handeln Gottes*, der (später so genannten) »gratia praeveniens«: Gottes Gnade umfängt uns, wir finden uns in Gottes Handeln vor, können nicht von uns aus in Gottes Handeln eintreten. Darum ist unser *Beten ein* – vielleicht ziemlich verschlungener – *Weg zur Einstimmung* in dieses Handeln, dem die Beter alle anbefehlen, für die sie beten. Jeder Glaube, jedes Gebet für andere bedarf des Ausblicks auf die Erlösung, deren alle bedürfen. Jede Fürbitte geht *faktisch* davon aus, daß wir von Gottes Gnade zu reden haben. Wir beten also nicht, um anderen oder uns selber die Augen dafür zu öffnen.

Indem die Liturgie den inneren Grund des Betens erkennen läßt, wird sie zur sprudelnden Quelle, geradezu zum Lebenselixier der Dogmatik, speziell der Gnadenlehre. Jetzt zeigt sich, daß die Gnadenlehre nicht ein beliebiges Teilstück der Dogmatik ist, sondern daß sie in bestimmter Hinsicht am Anfang steht, nämlich immer dann, wenn gefragt werden muß: »Warum beten wir? Worum und für wen beten wir?« Die Gnadenlehre gibt die Antwort, die die Intention des Gebetes bildet: Wir vertrauen uns und einander Gottes Gnade an. Diese Intention liegt jeder Fürbitte zugrunde, an ihr ist die Gebetspraxis zu messen. Die Dogmatik spricht die Intention des Gebets eigens aus und entfaltet ihren theologischen Zusammenhang. Deshalb dient sie dem Kriterium des Gebets. Zugleich ist sie auf das Gebet angewiesen, um nicht zu einer intellektuellen und rhetorischen Artistik zu werden. Umgekehrt ist die Dogmatik aber auch nicht eine Begleitmusik der Liturgie. Sie folgt auf ihre Weise derselben Regel, die im Gebet mit seinen Worten befolgt wird.

In 1. Tim 2,1–4 wird zwar kein Gebet ausgesprochen, aber es wird doch klar umrissen, was in keiner Fürbitte versäumt werden darf. Um es skizzenhaft noch ein wenig auszuführen: Wir können nur fürbittend für andere eintreten, wenn wir an Gottes Gnade glauben. Das heißt: wenn wir uns so nach ihr ausstrecken, daß wir sie für alle Menschen erwarten. Denn Gottes Gnade ist grenzenlos. Wer auf diese Gnade vertraut, kann gar nicht anders als beten, nämlich hoffnungsvoll beten, auch und gerade für andere. Er wird ihnen dann im Horizont dieses Betens begegnen, im Blick auf »Gott *unsern* Retter, der will, daß *alle* Menschen gerettet werden und zur Erkenntnis der Wahrheit kommen«.

Das klingt anders als etwa FRIEDRICH SCHILLERS Menschheitsgesang »Alle Menschen werden Brüder. [...] Brüder – überm Sternenzelt / Muß ein lieber Vater wohnen«: die poetische Umsetzung von KANTS kategorischem Imperativ, der alle Menschen in die gleiche Pflicht nimmt und in der unbedingten Verantwortung jedes einzelnen das Band universaler Humanität geknüpft sieht. Die Anweisung zum Gebet jedoch ist darin begründet, daß Gott allen helfen will – darum stehen »wir«, die wir Gott als unseren Vater anrufen, mit allen Menschen in einer Beziehung, die »wir« nur in Danksagung und Fürbitte aufnehmen können. Dieser Dank gilt Gott, seinem ausgesprochenen Gnadenwillen und der Mittlerschaft Jesu Christi, in dessen Hingabe die Erlösung aller beschlossen ist (V. 5f.). Dieser Dank blickt nicht auf eine vollendete Tatsache zurück, die nur noch registriert und publik werden muß. Er wird zur Fürbitte für alle, deren Existenz in Dankbarkeit für Gottes verheißungsvolles Handeln wahrgenommen wird.

Solche Fürbitte ist politisch höchst brisant! Und zwar gerade deshalb, weil sie nicht nur einzelne Menschengruppen in den Blick nimmt, für die eine christliche Gemeinde eintreten sollte. Gewiß gibt es Menschen, die in besonderer Weise auf Solidarität angewiesen sind. Wenn sie eigens genannt werden, kann die Fürbitte an Deutlichkeit gewinnen. Sie verliert aber ihre theologische Klarheit in dem Augenblick, wo sie in eine Mobilmachung abgleitet, die sich ja unvermeidlich gegen andere richten müßte. Die Fürbitte läßt für Feindbilder keinen Raum, die oft nur die Kehrseite von Solidaritätsbekundungen sind. Das Eintreten für alle Menschen vor Gott, ohne jede globale Rhetorik, geht nicht leicht von der Zunge. Viel eher mag es sich anbieten, Mißstände anzuprangern, Unschuldige zu beklagen und damit zugleich die Schuldigen zu markieren, gerade wenn man sie von ihrem falschen Bewußtsein befreien und geradezu umstülpen möchte, um wirklich allen zu helfen. Das erscheint »konkret«, ist aber häufig nur eine verkleidete Agitation; es schließt zudem ein politisches Urteil ein, das – und würde es sich als noch so weitsichtig erweisen – die Bitte an Gott einer menschlichen Bedingung unterstellt.

In 1. Tim 2,2 sind »Könige und alle Obrigkeiten« in den Dank und die Fürbitte eingeschlossen (← 1.3.3). Das bedeutet schwerlich eine bloße Verbeugung vor der faktischen politischen Gewalt. Noch viel weniger beschränkt es sich – wie man heute meinen könnte – auf ein Treuebekenntnis zum demokratischen Rechtsstaat. In der Fürbitte wird die politische Ordnung im Zusammenhang der souveränen Einzigkeit Gottes und seines Willens gesehen, also weder religiös verbrämt noch sich selber überlassen. Der Staat wird im Fürbittengebet der Kirche auch deshalb genannt, weil er unvermeidlich schuldig wird angesichts der Grenzen seiner Erkenntnis und seiner Gestaltungsmöglichkeiten zum Wohle aller. Darum ist die Fürbitte ein Zeichen politischer Existenz.

Zudem weitet die Fürbitte den Blick der Gemeinde über ihren unmittelbaren Erfahrungshorizont hinaus, weil »Gott will, daß alle Menschen gerettet werden und zur Erkenntnis der Wahrheit kommen«. Das eine nicht ohne das andere! Das heißt aber: Die Fürbitte richtet sich im Grunde darauf, daß Gott wirken will und daß Menschen sich diesem Wollen nicht in den Weg stellen mit allem, was sie tun und lassen. Sie ruft nicht zur Passivität auf nach dem Motto »Am besten alles Gott überlassen!«, sondern zur Wachsamkeit, zur Wahrnehmung dessen, was wirklich ist: Gottes Gnade, sein Wille, die Menschen zu retten. Gott wirken lassen bedeutet darum: die Beziehung zu anderen Menschen nicht anders denn im Dank für ihre Existenz und in der Fürbitte für sie sehen zu lernen. Das Gebet erbittet die rechte Antwort für die Art und Weise, mit der das Handeln des Beters in diese Beziehung einbezogen wird – und das Gebet ist selber schon Teil seines Handelns für andere.

Wenn Menschen für andere, ja sogar für alle, vor Gott eintreten, folgen sie dieser Antwort. Indem sie beten, entziehen sie sich nicht dem, was sie tun sollen und können. Aber was sie tun sollen und können, ermessen sie nicht anders als in Dank und Bitte – und sie bitten zugleich darum und danken dafür, daß sie in Gottes Willen einstimmen dürfen. Diese Einstimmung, in der Gott und Mensch unterschieden bleiben, aber nicht mehr voneinander getrennt sind, zu klären: dies gehört zur Aufgabe der Gnadenlehre und der theologischen Anthropologie; dazu brauchen sie theoretische Unterscheidungen wie die zwischen Grund und Folge oder zwischen Gottes Handeln und menschlichem Tun. Dabei wird sich die Dogmatik so unvermeidlich komplizierten Fragen wie der nach der Allwirksamkeit Gottes und menschlicher Freiheit stellen müssen. Deren Erörterung würde aber ohne das Gebet in der Luft hängen, sie ist auf die Gebetspraxis angewiesen – nicht nur, weil sie so ins Leben eingebettet ist, sondern vor allem, weil im Akt der Fürbitte jene Einheit erwartet werden darf, deren wir vor Gott wie im Blick auf alle anderen Menschen so dringend bedürfen. Wer sich zu dieser Einheit ausstreckt, wird nicht nur in einem anderen Geist, sondern auch mit anderen Worten beten. Er wird sich nicht auf die Notlagen fixieren, die ihm vor Augen sind, damit er sich zu verstärkten Anstrengungen motiviert sieht.

Ohne das Vertrauen auf Gottes Gnade wäre darum die Fürbitte eine Art Handlungsersatz, ein Abladeplatz für Probleme, deren man nicht Herr werden kann. Oder sie würde zum Stoßseufzer der Bedürftigkeit, die allein von einem höheren Wesen gestillt werden kann. Vielleicht ist es insgeheim schon längst zu einem Notruf ins Leere hinein geworden, in eine Leere, die ausgefüllt wird durch die Gemeinde, die unversehens zum Adressaten gemacht wird: »Das alles gibt es zu tun – packen wir's an!« Das wäre kein Gebet mehr, auch wenn es die Form eines solchen hat. Es wird dann auch früher oder später einen anderen Inhalt bekommen: vielleicht den Vortrag dessen, was dem Liturgen in der Zeitungslektüre oder beim Fernsehen aufs Herz gefallen ist, oder gar die Misere seiner eigenen Berufserfahrungen, in die er die Gemeinde hineinzieht, die sich beim Beten noch viel weniger innerlich wehren kann als bei der Predigt, wo immerhin noch eine gewisse Distanz gewahrt bleibt. Als Unterrichtung mit anderen Mitteln, als »Anpredigen«, wäre das Gebet in makabrer Weise verkehrt.

Scheinbare Äußerlichkeiten wie die Anrede, der Gebrauch des »Wir«, die Wortwahl, die Nennung von Menschen und Sachverhalten, die Sequenz der »Darstellung« und der »Anrufung«, der innere Sprachgestus: dies alles weist auf hochgradig dogmatische Fragen hin. Sie enthalten Anfragen an die Gebetspraxis: Wo droht die Fürbitte zum Medium der Selbstverständigung von Menschen über ihre Sicht der Welt und über ihren »Handlungsbedarf« zu werden? Wieweit ist die Theologie verändert worden, bis daß das Gebet zu einer besonders raffinierten Form der Indoktrination geraten konnte: Eine Notsituation wird so »bewußt« gemacht, daß sich alle im gleichen »Problembewußtsein« vereinigen müssen und zu gemeinsamen, gemeinschaftstiftenden Taten angestiftet werden.

2.3.2 Reden von Gott in Klage, Bitte und Lobpreis

(27.) Das Gebet ist der Weg des Einstimmens in Gottes Handeln und dessen Dimensionen. Die Gebetsformen charakterisieren Stadien dieses Weges und zugleich Konturen des Redens von Gott.

In der *Klage* wird Gott gegen die eigene Welterfahrung angerufen. Vor Gott wird *der* Gott zur Sprache gebracht, den der Beter (wie auch immer) kennengelernt hat. Er hat Gottes Macht und Güte erfahren, zumindest meint er dies, doch nun wird für ihn akut, daß beides nicht einfach zusammenstimmt. Hiob beispielsweise hatte gelernt, daß Gott jedes rechte Tun segnet und den Übeltäter bestraft; deshalb kann er sich nicht erklären, womit er sein Elend verdient hat. Nun fragt sein Klageruf nach Gottes Gerechtigkeit angesichts dessen, was ihm widerfahren ist. Zwei Kontexte stehen gegeneinander: die Erfahrung einer Notlage und das, was der Betroffene von Gott zu sagen weiß.

In der Klage wird nun der eine Kontext nicht vom anderen her gedeutet, damit beide zur Übereinstimmung kommen. Gott wird als der angerufen, der seine Treue, seine Gerechtigkeit, Segen und Leben verheißen hat. Der Beter dringt in Gott, aus seiner Verhüllung hervorzutreten. Ihn verlangt nach Erkenntnis der Wahrheit Gottes, nicht danach, daß er seine Vorstellungen über unerträgliches Geschick religiös sublimieren kann, um damit fertig zu werden. Der Klagende beklagt sich nicht, er legt auch nicht protestierend Einspruch ein, um mit produktiver Unzufriedenheit gegen sein Leid anzugehen. Er wendet sich vielmehr von der Welterfahrung, die mit Gottes Verheißung augenscheinlich nicht in Einklang steht und auch durch alle Deutungskünste mit ihr nicht zur Deckung gebracht werden kann, zu Gott, den er als den Gerechten, Wahren und Lebendigen anzusprechen gelernt hat, und fragt: »Wo finde ich dich?« In der Klage hält er die Spannung zwischen dem, was er von Gott erwarten darf, und allem, was ihm widerfährt, aus. Er stellt sich der Verborgenheit Gottes.

Jesus hat am Kreuz zu Gott geschrien: »Mein Gott, mein Gott, warum hast du mich verlassen?« (Mk 15,34). Aus der Gottesferne fragt er mit überlieferten Worten nach dem Willen Gottes, nach der Gegenwart seines Handelns im Handeln der Menschen, die ihn von Gott trennen wollten. Jesus hat seinen Tod vor Augen, der ihn nicht nur aus der Gemeinschaft der Lebenden reißt, sondern mit dem er aus dem Gottesvolk und dem Erbe der Verheißungen ausgestoßen werden soll. In dieser völligen Entfremdung wirft er sich in das unendliche Schweigen der Verborgenheit Gottes hinein. Er beruft sich nicht auf seine Einheit mit Gott, er betet auf die Gemeinschaft mit dem lebendigen Gott hin – auch wenn wir nur den Schrei des Gottverlassenen hören: »Mein Gott, wie ferne bist du von mir!«

Bittend erwartet der Beter, daß Gott aus seiner Verborgenheit heraustritt und sich in einem bestimmten Faktum kundtut. Er möchte gleichzeitig sagen können, was Gott will und tut – und was er selber tun darf und tun soll. In bestimmter Weise, am rechten Ort und zur rechten Zeit soll sein Einstimmen in Gottes Handeln zum Austrag und zur Sprache kommen. Diese generelle Bitte umreißt das »Vaterunser«; es ist kein Wunschkatalog, sondern sagt, wessen wir bedürfen, und es spricht selber dieses Bedürfnis aus.

Das Bittgebet spricht – im Blick auf Widerfahrnisse und Aussichten – die Hoffnung auf Gott aus und fragt, was von ihm erwartet und damit überhaupt erhofft werden darf. So gehen wir auf Gott zu, der uns mit seinem Handeln immer schon zuvorkommt, ohne daß wir darauf zurückblicken könnten und von dort aus nur noch weiterzugehen hätten.

Was für jedes Gebet gilt, kennzeichnet die Bitte besonders: Sie ist Ausdruck der Hoffnung. In ihr sind Beterinnen und Beter mit allen anderen Geschöpfen zusammengeschlossen. So weitet sich das Bittgebet zur Fürbitte aus, zum stellvertretenden Gebet und zur Bitte für das Ergehen anderer im Zeichen der Gnade. Sie erbittet, daß auch in dem, was anderen begegnet oder sie gerade nicht trifft – eingeschlossen die Auswirkung unseres Handelns an ihnen, auch seiner ganz indirekten Nachwirkungen –, der gute, gnädige Wille Gottes sich erweise.

In Dank, Anbetung und Lobpreis wird die erbetene und erwartete Einheit artikuliert: Gott ist gegenwärtig, er hat sich mitgeteilt, und daraufhin stimmen Menschen ein in das, was sich von Gott her ereignet hat. Im *Dank* stellt der Beter klar, wer er ist vor dem Geber aller guten Gaben; mit seinem Lobpreis belobigt er nicht etwa Gott, sondern erkennt ihn in der Fülle seiner Gottheit an. So ist auch der Dank ein Erkenntnisschritt: Menschen sehen, daß sie Gott einzig und allein zu danken haben, nach der Anfechtung durch seine Verborgenheit und trotz aller kommenden Bedrängnisse. Und Dank gilt Gott nicht zuletzt dafür, daß der Beter mit anderen Klagenden, Bittenden und Preisenden gemeinsam Gott anrufen kann. In der Verherrlichung Gottes, der Doxologie, gibt sich die Gemeinschaft des Glaubens zu erkennen; darum hat die Doxologie ihren genuinen Ort im Gottesdienst.

Der Dank ist nicht das Symbol der Erhebung des Menschen über die Welt der Tatsachen, die jede Ergebung in die normative Kraft des Faktischen hinter sich läßt. Der Lobpreis des Glaubens bekennt vielmehr, wem Menschen ihre Freiheit verdanken, die in die ihnen eröffnete Zukunft führt. Im Dank sind Kommendes und Gegenwärtiges eins: Gegenwart führt nicht mehr nur Vergangenes weiter, Zukunft ist nicht das noch Ausstehende. Der Dank nennt zusammen, was für unsere Zeiterfahrung wieder auseinandertritt: die Vollendung des von Gott geschaffenen Lebens. In diesem Sinne – also nicht zurückgezogen von einer vielfältig bedrohten, im Leerlauf menschlicher Daseinsbemächtigung gefangenen Welt – ist die Kirche das Zeichen der Einheit nicht nur von Menschen untereinander, sondern der Einheit ihres Empfangens und ihres Wirkens, ihrer Erfahrung und ihrer Erwartung: die Einheit der Liebe Gottes, mit der er uns zuerst geliebt hat (1. Joh 4,19), und unserer Kraft, die Gott zum Dienst an seiner Schöpfung befreit hat.

An dieser Stelle tut das Gebet einen letzten und entscheidenden Schritt über jede bloße Selbstreflexion und (auch gemeinschaftliche) Selbstverständigung hinaus, indem hier *Gottes Geist* selber zu reden beginnt. Er »vertritt uns«, schreibt Paulus (Röm 8,26), weil wir in Unkenntnis darüber befangen sind, was wir erbitten sollen »so, wie es sein muß«, d. h. wie es von Gott her zu geschehen hat. So trennt sich die Bitte vom sehnsüchtigen Wünschen, sosehr sie erbittet, wessen Mensch und Welt wirklich bedürftig sind.

Heißt dies nun, daß Menschen im wahrhaften Gebet sich gar nicht selbst äußern können, daß sie bestenfalls ein Medium sind, durch das Gott durch alle Negativitäten der von ihm entfremdeten Welt mit sich selbst in Beziehung tritt – daß das Gebet also, statt Selbstgespräch des Menschen zu sein, als Zwiegespräch Gottes mit sich selbst oder des Göttlichen in uns mit Gott aufzufassen wäre? Nein: daß der Geist Gottes im Bitten um Erlösung an unsere Stelle tritt, bedeutet nicht, daß wir ausgeschlossen wären, sondern daß er unseren Platz einnimmt, daß er dort spricht, wo wir zu stehen kommen, und daß er in uns und aus uns heraus redet, weil wir im Beten an die Grenzen unserer Sprache stoßen. (Paulus sagt deshalb, daß der Geist mit »unaussprechlichen Seufzern«, mit Äußerungen, die die Welt der Sprache übersteigen, sich und uns zu Gott wendet.)

Wie verhalten Gott und Mensch sich zueinander im Gebet? – Hier treffen wir auf eine Dialogregel (← 1.3.2), die Gott und Mensch zu unterscheiden, aber nicht zu trennen erlaubt, und dies vollzieht sich im Gebet, und zwar gerade dort, wo die Sprache des Gebetes an ihre Grenze stößt.

Die Kehrseite dieses Unvermögens, im Reden zu Gott die Grenzen der Sprache zu überschreiten, zeigt sich darin, daß Klage, Bitte und Lob in unserer Zeit unterschieden bleiben, daß sie – ohne daß damit ein Schematismus eingeführt wäre – nie gleichzeitig und ineinander verfließend, sondern immer nur jedes zu seiner Zeit möglich sind. Sie bleiben die endlichen Formen des Sprechens, in denen die Kinder Gottes, die den Anfang der Versöhnung empfangen haben, die verheißene Erlösung der Welt und aller Menschen vor ihren Vater hin bringen (vgl. Röm 8,15ff.). Und gerade so ereignet sich die Ankunft Gottes.

Der Dank spricht aus, daß wir in das, was von Gott her ist, versetzt sind. Darum sind der Dank und die Anbetung oft mit den Ausdrücken ekstatischer Freude verbunden; hier wird die Gewißheit laut, in der Gemeinschaft mit Gott wahrhaft zu leben.

Die Doxologie erstreckt sich gleichsam bis dorthin, wo Gott seine Gottheit offenbar gemacht hat und wo wir Menschen in die Fülle seines Wirkens als Vater, Sohn und Geist eintreten.

KARL FEDERER, Liturgie und Glaube (Par. 4), Fribourg 1950. – GEORGE S. HENRY, The Life Line of Theology: PSB 65 (1972) 22–30. – GEOFFREY WAINWRIGHT, Doxology. The Praise of God in Worship, Doctrine, and Life, New York (Oxford University Press) ²1984, 218–283.

2.4 Verkündigung

2.4.1 Selbstprüfung im Hören

Christliche Predigt hat verschiedene Gesichter, verwirrend viele und verschiedenartige. Sie kann mit wachen, ganz offenen Augen daherkommen, die unaufdringlich sagen: Du wirst wahrgenommen, bis in die Tiefen deines Herzens hinein. Oder sie schaut bedeutsam aus, weil sie Aufregendes, Aufrüttelndes mit sich bringt. Sie kann verständnisvoll blicken, weil ihr nichts fremd ist, darum nickt sie verstehend allem zu, was ihr entgegengebracht wird. Oder sie zeigt im Gegenteil erst einmal eine abweisende Miene, weil sie etwas ganz anderes zu sagen hat als alles, was sie vorfindet und vernimmt. Sie mag Aufmerksamkeit auf sich ziehen wollen, auch wenn sie dafür Grimassen schneiden muß. Hochgezogene Augenbrauen, die unerbittliche Skepsis verraten, sind womöglich schon zu einer Maske geworden. Das Gesicht kann auch zur Maske erstarren, wenn es eine Leere verbergen soll, die sich allen Erfahrungen entzieht, die sich in ein Antlitz eingraben konnten. Oder die Mundwinkel sind grämlich herabgezogen, weil die Predigt immer erst einmal Elend, Unheil und Verwirrung mitzuteilen hat, und wenn dann ein versöhnendes Lächeln folgt, bleibt es verkrampft. Oder das Gesicht ist gleichsam ganz Ohr geworden, weil es Unerhörtes zu vermelden gilt.

Die Physiognomie der Predigt wird leicht zur Karikatur von Predigern und Predigerinnen. Sie läßt danach fragen, was hier wirklich »Verkündigung« ist – oder bloß ein Zerrbild von ihr.

Viele Predigten geben eine Struktur zu erkennen, die ihre Botschaft prägt. In dieser Struktur zeichnet sich des Predigers, der Predigerin Auffassung von Theologie ab: Theologie im Sinne eines Denkweges, meistens auch nur eines Wahrnehmungsschemas oder einer Gesamtsicht. Dies alles läßt sich oft eher aus dem Aufbau der Predigt als aus ihrem Gehalt ablesen, es kann sich aber auch in einem rhetorischen Einsatz innerhalb der Predigt bemerkbar machen oder in stereotypen Gesten, zu denen die Mitteilung gefriert. Dann wird Verkündung nur noch als Sollbestimmung auf die Kanzel gebracht: als das, was die Predigt leisten soll.

Beispielsweise mit einem Kontrastprogramm: »So sieht die Welt aus, so machen wir uns ein Bild von ihr – aber Gott sagt uns etwas ganz anderes, denn er ist ganz anders, er ist der schlechthin Andere und darum Verändernde.« Dieses »aber« markiert den theologischen Einsatz; was weiter gesagt wird, kann sich leicht in Variationen des »aber« erschöpfen. Der Einsatz wird zum rhetorischen Wendepunkt, besonders dann, wenn die Predigt Buße und Bekehrung bewirken oder einen Gesinnungswandel erreichen soll; sie will informieren und transformieren. Die Angesprochenen bekommen zuallererst niederschmetternd zu hören, daß sie falsch denken, falsch handeln, falsch glauben, falsch leben – erst dann können sie wahrhaft aufgerichtet werden. Hinter diesem Kontrastschema steht, unausgesprochen und meistens unbewußt, die Anschauung, der Prediger, die Predigerin hätten Gott in eine Welt zu bringen, die sonst gottlos oder zumindest gottfern sei und bleibe. Das Gewicht der verkehrten Welt liegt auf ihren Schultern.

Oder aber die Predigt will ganz und gar affirmativ wirken, sie soll ins Bewußtsein heben, was wir eigentlich schon längst wissen und uns nur noch nie so recht zu sagen wagten. Alltägliches wird ins Licht des Verstehens getaucht, auf eine andere Ebene gestellt durch einen gehobenen Ton, der aufbauen möchte. Das entspricht einer Konstellation von »Natur« und »Gnade«, wie sie etwa der anglikanischen Theologie und der römisch-katholischen Tradition vertraut ist: »Natur« ist nie ohne »Gnade« – sonst wäre sie Unnatur und Widernatur – und unsere Lebenswelt nie ohne Gott. Diese Konstellation regt immer wieder dazu an, auf Spurensuche nach Zeichen der Gegenwart Gottes zu gehen.

Es sind also recht grundlegende und weitreichende theologische Fragen, die sich hier subtil bemerkbar machen. Sie können auch in konfessionelle Unterschiede eingebettet sein, in Ausprägungen kirchlicher Lehre oder ihrer Ersatzformen, die bis in den Kirchenbau hineinreichen, der dann wieder auf die äußere und innere Ortsbestimmung der Predigt zurückwirkt. Predigt ist eingebettet in den Gottesdienst und damit in die Verschiedenheiten der Liturgie. Die östlich-orthodoxen Kirchen meinen in ihrer reichen Liturgie bereits so viel mitzuteilen, daß eine Predigt entbehrlich erscheint; nur wenn Teile der Liturgie erläutert werden müssen, etwa am Gedenktag eines Heiligen, wird eine Katechese eingeschoben. Bei den schottischen Reformierten und den nordamerikanischen Presbyterianern wurde die Predigt zur Grundlage eines umfassenden Bildungsprogrammes, gestützt auf eine extensive Bibelauslegung. Predigt als Instruktion für die Lebensführung: das sind Risiken und Nebenwirkungen einer weitgehenden Gleichsetzung von Wort Gottes und Predigt; sie kann auch zu reiner Aufklärung entarten, wenn die Berufung auf Gottes Wort fraglich oder gar hinfällig geworden ist. Predigt grenzt an Indoktrination, gerade wenn keine Lehre mehr hinter ihr oder ihr gegenüber steht, die sie an das erinnert, was außerhalb ihrer steht.

Angesichts dieser Phänomene drängt sich die Frage auf: *Inwiefern ist Predigt Verkündigung, die es zu hören gilt? Eine Verkündigung, die zum Glauben ruft und Hoffnung erweckt*, weil der Glaube aus dem Gehörten kommt, das Gehörte aber aus dem Worte Christi (Röm 10,17)!

Die Christusrede will nicht allein gehört, vernommen werden von denen, an die sie sich richtet. Selber stammt sie aus dem Hören. Dasselbe gilt sogar für den »Geist«, der – nach den Paraklet-Worten des Johannes-Evangeliums – als »Geist der Wahrheit« an Jesus Christus erinnert, und zwar so, daß er dessen Werk vollendet. »Denn er wird nicht aus sich selber reden; sondern was er hören wird, das wird er reden, und was zukünftig ist, wird er euch verkündigen« (Joh 16,13). Der Glaube kommt aus gehörter Botschaft, weil diese Botschaft selber vernommen wurde. So wird sie Menschen anvertraut, damit sie sie verkündigen. Und das heißt nicht nur: die Botschaft weitersagen, weitergeben, sondern: sie als *unerhörte Botschaft vernehmbar machen*.

(28.) Das Hören der Verkündigung markiert einen Anfang, der nicht hintergangen werden kann. Darum hält jede Verkündigung die Frage nach dem Anfang des Redens von Gott wach – in allen Formen, in denen Verkündigung geschieht. Der innere Grund jeder Verkündigung ist die Überraschung durch Gottes verheißungsvollen Einspruch.

Das spezifische Hören, das Hören der Verkündigung, impliziert ein Anfangen – ohne jede weitere Vorbedingung als diejenige, die zum Hören gehört. So prägt dieses Vernehmen den Glauben vom Anfang bis zum Ende und so auch jedes Glaubensgespräch:

Sich als Hörer zu bekennen heißt, als Beginn des Spieles mit dem Vorsatz zu brechen, der manchem und vielleicht jedem Philosophen lieb ist – das Gespräch ohne Voraussetzungen zu beginnen. (Einfach müßte man sagen: mit dem Vorhaben zu brechen, überhaupt anzufangen. Denn es ist völlig dasselbe, ohne Voraussetzung zu denken und das Denken als solches anzufangen.) Nur unter einer ganz bestimmten Voraussetzung also halte ich mich in der Position eines Hörers der christlichen Verkündigung. Ich setze voraus, daß dieses Sprechen sinnvoll ist, daß es wert ist, untersucht zu werden, und daß seine Prüfung die Übertragung des Textes ins Leben, in welchem er sich umfassend bewähren wird, begleiten und führen kann (PAUL RICŒUR, Gott nennen: Bernhard Casper [Hg.], Gott nennen. Phänomenologische Zugänge, Freiburg i.Br./München 1981, 45–79, 45).

Daß die Voraussetzung der christlichen Verkündigung keine Setzung ist, die wir selber vollziehen: dies ist grundlegend und entscheidend. Die Verkündigung stellt sich vielmehr unseren Setzungen und Folgerungen in den Weg – dem, was wir uns selber sagen können, auch in Form eines kollektiven Selbstgespräches. Gott kommt menschlichem Reden zuvor und verwandelt uns in Hörer: uns, die wir, weniger von Natur aus als aus Gewohnheit, am liebsten uns selber reden hören, dreinreden oder kommentierende Zuschauer bleiben wollen.

Solche Durchkreuzung ist nicht rhetorisch darzustellen. Sonst wäre sie ja im voraus kalkulierbar. Was wäre das für eine Überraschung, wenn sie demonstriert werden sollte, durch Gesten, die auf Überraschung angelegt sind! »Wir werden angesprochen, sind betroffen, aufgestört, erschüttert«: dies ist in vielen Predigten schon so sehr zum Gestus geworden, daß niemand mehr davon überrascht wird, daß er überrascht werden soll. Der innere Grund der Verkündigung sträubt sich dagegen, so oder ähnlich zum Ausdruck gebracht zu werden. Jeder Versuch dazu würde dem, was Verkündigung eigens sagen will, keinen Raum mehr lassen. Äußerstenfalls läßt sich eine Selbstvergessenheit bemerken, die sich ebenfalls nie vorprogrammieren läßt. So entfällt jede Selbstdarstellung des Glaubens.

Die Verkündigung stellt die, die sie vernehmen, der Botschaft gegenüber, die sie ausrichtet. Auch dieses Gegenüber können wir nicht darstellen, schon gar nicht dadurch, daß ein Mann oder eine Frau auf der Kanzel steht und so einer Gemeinde gegenübertritt. Auch diese Positionierung gehört zu den Begleitumständen der Predigt, die theologisch bedacht werden müssen. Was bedeutet »ministerium verbi divini«, der Dienst am göttlichen Wort, in einer Zeit, wo nahezu jedes Gegenüber zum Problem geworden ist? Dieses Problem läßt sich nicht dadurch lösen, daß das Gegenüber nivelliert wird. Wie die Predigt auch immer gestaltet werden mag – entscheidend ist die Fremdheit der Botschaft, die die Grenze der Verkündigung bildet. Diesseits dieser Grenze liegt alles, was wir uns selber sagen können, was wir uns und einander tagtäglich einreden – und davon mag vieles auch in die Predigt einfließen, damit sie nicht künstlich von der Kommunikation abgehoben wird, in der wir uns befinden. In diese Verständigung bricht aber ein Erschrecken ein: das Erschrecken über das, was allen zu hören zugemutet ist. Prediger und Predigerinnen haben vielleicht dieses Erschrecken ihrer Gemeinde ein wenig voraus: durch ihre Meditation des Predigttextes. Hier werden Verkündiger zu den ersten Hörern der Botschaft, die sie als Boten weiterzugeben haben – und daran mag unausgesprochen deutlich werden, daß die mit der Verkündigung Beauftragten nicht diejenigen sind, die anderen sagen, was sie sich nicht selber sagen können. Über das, was ihnen zu sagen anvertraut sind, können sie nicht hinauswachsen, um dann auf andere einzureden. Das wäre eine Anmaßung, auf die mit Schwerhörigkeit geantwortet wird. Auch um nichts besser ist die Geste der Selbstbescheidung: »Ich rede hier, was ich verantworten kann, und wenn es Gott gefällt, dann wird er dadurch noch etwas bewirken.« Warum aber sollte jemand auf die Dauer anderen, wenn diese nur etwas erzählen, das aus ihrem eigenen Leben erwachsen ist, auch nur zuhören oder gar auf sie hören? Der Mann oder die Frau auf der Kanzel mag noch soviel Selbstbescheidung besitzen, daß er oder sie sich voll und ganz inmitten der Gemeinde fühlt – wird dies zum Ausdruck gebracht, dann könnte sich verraten, daß der Prediger, die Predigerin der Gemeinde nichts wirklich zu sagen hat, sondern bloß dem gemeinschaftlichen Bild der Wirklichkeit wieder etwas zusetzt.

(29.) Daß Gott unserem Reden zuvorkommt, ist und bleibt die Verheißung der Verkündigung.

Diese Verheißung kann verschiedene Gestalt annehmen: die eines deutlichen Widerspruchs zu dem, was wir uns selber sagen möchten, der Mitteilung der Hoffnung auf das, was uns allein als Gottes Zusage gegeben wird, oder aber einer befreienden Einsicht, die merkt, daß wir im Grunde schon in Gottes Gegenwart leben. *Die Verkündigung sagt, was ist* (nicht: was sein müßte und sein sollte). Diese Vielgestaltigkeit darf der Predigt zugute kommen, ohne daß Verkündigung auf Predigt eingeschränkt wäre; sie strahlt ebenso auf die Liturgie und die Seelsorge aus, verlangt die Aufmerksamkeit des kirchenleitenden Handelns, sie muß im Unterricht zur Sprache kommen und bewegt zur Mission. In solchen Handlungen der Kirche ist Verkündigung heute anscheinend selten anzutreffen. Dies rührt vielleicht daher, daß diejenigen, die zu diesen Handlungen berufen sind, befürchten, in Person darstellen zu müssen, was uns von außerhalb unser selbst trifft – das wäre in der Tat eine unerträgliche Zumutung!

Weil hier so viele Gesichtspunkte zusammentreffen, ist die Verkündigung eine besonders sensible Schnittstelle von kirchlichem Handeln und Dogmatik. Kein Wunder, daß in vielen theologischen Konzeptionen die Verkündigung in Form der Predigt eine Schlüsselstellung einnimmt und Dogmatik auf sie besonders achten muß! – Vier besonders folgenreiche Beispiele seien genannt:

IRENÄUS schildert die Predigt als herausragenden Bestandteil des heilsgeschichtlichen Wirkens Gottes. Mit ihr vollzieht sich das

Heilsdrama, mit dem Gott die gott- und menschenfeindlichen Mächte des Todes, der Sünde und des Elends überwindet (GUSTAF WINGREN, Die Predigt, Göttingen 1955, 38.110 u. ö.).

AUGUSTIN lehnt sich in »De doctrina christiana« an die antike Rhetorik an, paßt jedoch die Predigt so in sie ein, daß sie diesen Rahmen sprengt. Der christliche Redner soll überzeugen – und dabei bezeugen –, nicht überreden. Die Predigt wandelt menschliche Selbstliebe um in Liebe zu Gott. Sie verschafft dem Hörer eine Sehkraft, mit der er die Welt der Dinge neu ordnen lernt und dadurch seine affektive Bindung an das Vergängliche überwindet. In der Hinwendung zu Gott sucht und findet der Mensch sein wahres Selbst. Was derart durch die Predigt bewirkt wird, entspricht der Ausrichtung der Theologie: Indem sie sich auf Gott richtet, dient sie der Bewegung des Menschen auf Gott hin. Die Verkündigung soll diese Bewegung in Gang setzen und auf ihr Ziel hin lenken, sie soll Abweichungen vermeiden helfen und Verkehrungen verhindern. Ihre Aufgabe ist erzieherischer Natur, wenn auch ihr Erziehungsziel so geartet ist, daß es jedes sonstige Lernziel weit und unvergleichlich übertrifft.

Für MARTIN LUTHER und für die Reformatoren, die ihm hierin folgen – nicht ganz ungeteilt PHILIPP MELANCHTHON, stärker wieder JOHANNES CALVIN –, rückt die Verkündigung in das Zentrum alles kirchlichen Handelns ebenso wie in die Mitte der Theologie, weil sie der Zuspruch des Evangeliums, die Mitteilung der göttlichen Verheißung ist. So erschafft Gott den Glauben, der für alles weitere Wirken des Dreieinen Gottes öffnet.

In der Verkündigung vergegenwärtigt sich Gott selber im Menschenwort. Hier kommt es zum Treffen zwischen Gott und Mensch. Gottes Gottheit entlarvt allen Götzendienst, jede Vergötzung, jede Selbstvergottung – zugleich offenbart sie dem Menschen, wie Gott für ihn und er für Gott ist. Insofern ist Predigt Ansage der Gegenwart des Dreieinen Gottes.

Die Predella des Altarbildes in der Stadtkirche von Wittenberg – Luthers Predigtstätte – zeigt den Reformator auf der Kanzel. Er weist auf den gekreuzigten Christus, der erhöht zwischen der Gemeinde und ihm steht, um den Blick der Gemeinde ganz allein auf ihn, nicht auf sich als wortmächtigen Prediger zu lenken. Das ist vielleicht der konziseste Hinweis auf die *Externität* evangelischer Predigt: Evangeliumspredigt ist die Botschaft des Kreuzes,

Wahrnehmung dessen, was Christus vollbracht hat, indem er Gott an sich handeln ließ. Die Theologie des Kreuzes, die sagt, was wirklich ist (These 21 der Heidelberger Disputation [1518], WA 1,354,21f.): *Theologus crucis dicit id quod res est*), sie sieht auf das, was Gott getan hat und geht so Gottes Handeln nach (*posteriora Dei*; These 20).

KARL BARTH nennt als Aufgabe seiner gesamten »Kirchlichen Dogmatik« die Prüfung der christlichen Rede auf ihre Sachgemäßheit:

> Die in der Kirche stattfindende Rede von Gott will insofern Verkündigung sein, als sie sich als Predigt und Sakrament an den Menschen richtet mit dem Anspruch und umgeben von der Erwartung, daß sie ihm auftraggemäß das im Glauben zu hörende Wort Gottes zu sagen habe. Sofern sie trotz dieses Anspruchs und dieser Erwartung menschliches Wort ist, wird sie Stoff der Dogmatik, d. h. der Untersuchung ihrer Verantwortlichkeit, gemessen an dem Worte Gottes, das sie verkündigen will (Leitsatz zu § 3, KD I/1, München 1932, 47).

Dogmatik befragt die der Kirche aufgetragene Verkündigung auf das hin, was ihr zugrunde liegt. Dies ist jedoch nicht als irgendein fernes Ziel, als eine Norm, als ein Ideal vorgegeben, vielmehr macht sich dieser Grund in der Verkündigung als Reden Gottes vernehmbar. Insofern ist die Predigt eine Gestalt des Wortes Gottes (§ 4) – nicht selbst Offenbarung! –, und darum geht Dogmatik von ihr als Phänomen aus, von einem Phänomen freilich, das Menschenwort ist. Doch die Dogmatik hat sich mit ihren Möglichkeiten darum zu kümmern, daß diese Predigt für Gottes Rede »durchhörbar« wird; daß dies auch wirklich geschieht, steht bei Gott allein. Um solcher Hoffnung willen ist die kirchliche Rede von Gott Gegenstand der Dogmatik – nicht etwa in direkter Weise Gott, denn er will in der Predigt zu Worte kommen, und auch nicht der Glaube, denn dieser kann erst durch die Predigt entstehen und wird von ihr immer wieder neu aufgerichtet. Gott selbst, er allein kann bewahrheiten, was im Hinweis auf ihn gesagt wird.

Vier durchaus unterschiedliche Bestimmungen der Verkündigung also, deren Unterschiede in dogmatischen Aussagen liegen und in der Gotteslehre (samt der Trinitätslehre) zum Zuge kommen. So eindrucksvoll jede von ihnen lautet und so sehr sie die Verzahnung von Dogmatik und kirchlichem Handeln hervorheben: sie neigen doch dazu, die Dogmatik auf ein maßgebendes kirchliches Handeln zu reduzieren. Auch wenn es im Bestreben geschieht, von diesem Treffpunkt göttlichen und menschlichen Handelns aus das Ganze der Theologie wie der Kirche zu erschließen, ist dergleichen schwerlich mit dem Zugriff auf ein Kardinalthema zu erreichen, auch wenn dieses als so zentral und maßgebend wie nur möglich angesehen werden kann. Wird dieses Kardinalthema auch noch zum Predigtmuster – etwa so: Gottes Wort als prinzipieller Kontrast zur vorfindlichen Realität –, dann wird es zur Quelle einer Monotonie, die das Gehör für die Verkündigung auf Dauer schädigt.

2.4.2 Eine ungefragte Botschaft

Warum will die Christuspredigt gehört werden – und wie? Als das andere, *uns fremde Wort*, das uns nahetritt. Es ist uns fremd, weil es nicht aus uns stammt und auch unsere Erwartungen nicht immer erfüllt. Es ist die Zusage Gottes, mit der er uns begegnet. Diese unverhoffte Fremdheit verliert es nicht, sooft wir es auch hören. Darum bringt es sich immer wieder neu zu Gehör, und dazu gehört, daß Predigt sich auf biblisches Reden von Gott bezieht (ohne immer Predigt über einen bestimmten Text sein zu müssen!) und uns dadurch auf eine ungewohnte Spur bringt: Wir werden genötigt, etwas herauszuheben, das dogmatischen Proportionen zuwiderläuft oder auch nur gegen den Strich eigener theologischer Überzeugung geht. Die *Botschaft von der unerkannten Nähe Gottes* können wir uns nie selber sagen.

Predigt kommt aus dem Hören, weil sie Christuspredigt ist: die Botschaft, daß Jesus Christus auferstanden ist. Auf die Osterbotschaft ist auch die Pfingstpredigt bezogen (Apg 2,22–36). Das heißt keinesfalls, daß eine jede Predigt eine Variation der Osterbotschaft wäre – wohl aber, daß sie so »ungefragt« ist wie die Osterbotschaft.

Die Osterfeier stand ursprünglich in engster zeitlicher und sachlicher Nähe zum Pessach/Passafest (← 1.5.3).

Die älteste uns bekannte Osterpredigt, die Passa-Homilie des MELITO VON SARDES (gest. um 180), stellt die Erlösung durch Christi Tod noch der Befreiung des israelitischen Volkes aus der ägyptischen Gefangenschaft an die Seite: Christus hat die Seinen »aus der Knechtschaft in die Freiheit, aus der Finsternis in das Licht, aus dem Tod in das Leben, aus der Tyrannei in das ewige Reich« herausgeführt (Othmar Perler [Hg.], Méliton des Sardes, Sur la Pâque, et fragments [SC 123], Paris 1966, 96-99. - Josef Blank [Hg.], Méliton von Sardes, Vom Passa. Die älteste christliche Osterpredigt [Sophia 3], Freiburg i. Br. 1963, 118f.). Melito sieht also in der Exodusgeschichte die Passion Jesu schon vorabgebildet. Doch ein wesentlicher Unterschied ist nicht zu übersehen, auch wenn Melito ihn erst ahnen läßt: Jesus Christus ist nicht machtvoll, als der befreite Befreier, in das Reich der Freiheit aufgebrochen, sondern durch sein Sterben wurde der Tod besiegt. Der einzige Sohn Gottes wurde nicht wie die erstgeborenen Söhne der israelitischen Familien verschont, sondern für uns alle dahingegeben (vgl. Röm 8,32). Er verewigte nicht sein Leben, indem er die Pforte des Todes durchschritt. In seiner Auferweckung offenbart sich der lebendige Gott. So zeichnet sich in der Osterbotschaft der Antitypus zur Exoduserzählung ab.

Markanter noch ist ein anderer Charakterzug. Er tritt in dem, was die Osterbotschaft sagt, gar nicht in Erscheinung. Trotzdem prägt er sie als Ganzes und macht sie unverwechselbar kenntlich, und zwar gerade im Gegenüber zur Passahaggada, jener Erzählung vom Exodus aus Ägypten, die das Herzstück der Pessachfeier bildet. Nach dieser Geschichte wird jeweils *ausdrücklich gefragt*, nämlich vom Jüngsten der Familie. Er erkundigt sich danach, was die Elemente der Feier, die er vor sich sieht, bedeuten: die bitteren Kräuter, das ungesäuerte Brot, der Segensbecher. Die Antwort ist in der Rezitation und symbolischen Demonstration der Errettungsgeschichte vorgezeichnet. Sie integriert den Fragenden als bisher letztes Glied in das Volk, dessen Geschichte mit dem nächtlichen Auszug aus der Unterdrückung begann. Indem die Hausgemeinschaft die symbolischen Elemente verzehrt, gliedert sie sich in die Geschichte ihrer Vorfahren ein.

Dergleichen wäre für die Osterfeier undenkbar. Welches symbolische Arrangement könnte denn hier eine Geschichte erfragen lassen? Eine Krippe kann man aufstellen, ein leeres Grab schwerlich, und ein Loch mit einem Stolperstein davor würde jedenfalls nicht zu dem Ostergeschehen hin, sondern eher von ihm weg führen (wie ja schon Mk 16,8 andeutet). Die Antwort, die in der Ostergeschichte gegeben wird, kann gerade nicht erfragt werden. Der Osterruf »Christ ist erstanden! Er ist wahrhaftig auferstanden!« ist eine *ungefragte* Antwort, die *Botschaft* schlechthin.

Um diese Botschaft auszurichten, genügen keine metaphorischen Steigerungen und Weiterungen der Exodusgeschichte. Hier setzt vielmehr die theologische Bemühung um eine andere Frage ein, um die für die christliche Kirche entscheidende, maßgebende Frage: »Wer ist Jesus Christus?« Diese Frage gilt es zunächst einmal so klar und unmißverständlich wie möglich zu stellen, um die Antwort, die durch Ostern unableitbar gegeben ist, nicht durch falsche Fragestellungen zu verbauen. Die gegebene Antwort darf nur so wiedergegeben werden, daß sie ihren Charakter als Botschaft bewahrt.

Die Passafeier ist narrativ geprägt. Mit ihr wird die Geschichte der Befreiung Israels aus der Unterjochung durch den Pharao Ägyptens wiederholt. Gott hat sein Volk aus der Hand seiner Feinde errettet: diese Kunde soll von Generation zu Generation des Gottesvolkes weitergegeben werden. Daran darf sich jeder Jude halten, er ist angesichts neuer Bedrohungen nicht hilflos.

Würde die Ostergeschichte durchgehend als Passahaggada tradiert, dann wäre das Ostergeschehen eine Auszugsgeschichte höheren Grades: Nunmehr haben nicht mehr nur die Feinde Gottes und seines Volkes das Nachsehen, sondern die feindliche, in Dunkel getauchte und verfinsterte Welt muß als ganze aufgebrochen werden. Ostern symbolisierte dann den Auszug aus dem todverfallenen Dasein schlechthin. So wäre die Auferstehung Christi und die Christusgemeinschaft ein typologisch gesteigerter Exodus. Vorgezeichnet bleibt das Bild einer Errettung aus äußerster Gefahr. Dieses Bild kann verschieden ausgestaltet werden, die tragenden Figuren bleiben jedoch die gleichen: die Unterdrückten, die Befreiung erfahren, und ihre Unterdrücker, die scheitern müssen.

Mit dieser Konfiguration war das Judentum zu seiner narrativen Theologie gelangt (SCHALOM BEN CHORIN, Narrative Theologie des Judentums anhand der Pessach-Haggada. Jerusalemer Vorlesungen, Tübingen 1985). Die Passahaggada erzählt von den Feinden des geknechteten Israel, in dessen Befreiung jede nachfolgende Generation eingewiesen werden muß; eben dies leistet die Exoduserzählung, in der die Volksgeschichte ihren Fortgang hat und die Identität des Volkes wiederholend gestiftet wird. Juden können sich identifizieren, indem sie ihre Bedroher, die Bedrohung und die zuteil gewordene Hilfe nennen. Auch in der stets wiederkehrenden Bedrohungskonstellation hat der Ausblick auf den Exodus die jüdische Identität aufrechterhalten.

In der Osterfeier wird hingegen jedes Gemeindeglied seiner Teilhabe an der Geschichte Jesu Christi vergewissert, und erst dadurch entsteht die Gemeinde Jesu Christi: zusammengerufen aus aller Welt, deren Schranken im Tode Jesu zusammengebrochen sind.

Die Osterfeier ist Gottesdienst der christlichen *Gemeinde:* Menschen, die als Kirche zusammengehören, erfahren das Auferstanden-Sein Jesu Christi und werden auf sein Kommen ausgerichtet. Wenn »Christ sein« keine Geburtsbezeichnung ist wie das »Jude sein«, sondern wenn es nur verständlich ist als »in der Kirche existieren« – was *ist* dann Kirche, wie kommt sie zustande, wie ist sie konstituiert?

Die Feier des Glaubens kann nicht vorgeführt werden: so, als ob es »Veranstalter« und »Zuschauer« gäbe. Auch der Liturg wird von der Botschaft, die er auszurichten hat, angesprochen. Er redet nicht zu einer Familie als Element eines Volkes, sondern ruft durch die Einladung zur Feier die familia Dei als Festgemeinde zusammen. Dadurch wird jeder einzelne viel »verbindlicher« einbezogen als in der jüdischen Volksgemeinschaft, wenn sie ihren Nachwuchs an sich bindet: das Passafest wird bezeichnenderweise in der Familie gefeiert, in der Hausgemeinde, die die Glaubenstradition weiterzuführen hat.

Für die christliche Kirche sind Familie und Volk nicht derart konstitutiv, daß man in sie hineingeboren wird, um vom »Gott der Väter« sprechen zu können, vom »Gott, der dich aus Ägypten, dem Land der Knechtschaft, herausgeführt hat«. Mit welchem Recht dürfen dann auch Christen von diesem Gott reden? Diese Frage steht, genauer besehen, ebenfalls hinter den trinitätstheologischen und christologischen Dogmen. Ein weiteres Moment kommt hinzu: Seit Konstantin beginnen Kirche und Staat einander zu überlappen. Um so wichtiger wird es, die Grenzen der Kirche so deutlich zu ziehen, daß sie nicht durch unterschiedliche Glaubensmeinungen, Verschiedenheiten im Ritus und andere Differenzen von innen her aufgelöst werden können. Nur durch wesentliche Übereinstimmung im Glauben kann die Kirche ihre Einheit bewahren. Insofern kann man die Konzilsentscheidungen auch als theologische Regeln ansehen: nicht als Symptom für die unheilige Allianz von Kirche und Staat, sondern als Bemühungen, die Kirche theologisch zu bestimmen und vom Konsens des Glaubens leiten zu lassen. Dieser Konsens sieht sich an die Frage gewiesen, die ebenfalls durch Ostern gestellt ist: Wie ist die *Welt* beschaffen, in der Jesus starb und der er so radikal entzogen wurde, daß sie zutiefst erschüttert wurde? Und welches Geschick erwartet die *Menschheit*, nachdem die Macht des Todes gebrochen worden ist – des Todes, dem doch alle Menschen verfallen sind?

2.4.3 Geistesgegenwart

Der im 28. Leitsatz genannte innere Grund der Verkündigung kann jetzt in weiteren Hinsichten umschrieben werden.

(30.) Verkündigung richtet eine unerfragte, unerwartete Botschaft aus: Gott hat gehandelt – damit werden Menschen jetzt angeredet, die Verheißung dieses Handelns wird ihnen zugesprochen, und damit werden sie auf die Fülle der Gegenwart Gottes, seiner unerkannten Nähe, aufmerksam gemacht.

Indem die Verkündigung die Frage nach dem Anfang des Redens von Gott wachhält, steht sie der Homologie nahe: diese stimmt in die ungefragte Botschaft ein (← 1.2.1). Die Dogmatik sieht sich an die Verkündigung gewiesen, weil dort das vernehmende Hören eingeübt wird – und die Verkündigung wird durch die Dogmatik daran gemahnt, Gottes gegebene Antwort laut werden zu lassen und deren Erstreckung nicht aus dem Blick zu verlieren.

Verkündigung ist zwei komplementären Mißverständnissen ausgesetzt, die dogmatisch namhaft zu machen sind: Gott müsse in die Welt gebracht werden, und: seine Gegenwart sei aus dem zu erschließen, was wir vorfinden, wenn wir nur intensiv genug danach fragen, wenn wir nur in uns gehen und in die Tiefe dessen eindringen, was wir vorfinden.

Der innere Grund der Verkündigung ist Gottes zuvorkommendes Handeln. Diesem Handeln allein verdankt sich diejenige Gegenwart Gottes, die uns alle schon umfängt: Redende, Hörende und diejenigen, von denen gesprochen und für die gebetet wird. Diese Erwartung – denn anders als im Glauben, auf Hoffnung hin und aus Liebe läßt sich dergleichen nicht sagen! – dürfte das wirksamste Gegenmittel gegen jede Indoktrination sein, die größte Verwechslung der Verkündigung! Die gottesdienstliche Gemeinde muß keinesfalls erst einmal einen Exorzismus erleben. Zwar bekennt sie ihre Sünde, doch das erlaubt dem Prediger, der Predigerin mitnichten, in der Gemeinde eine Zusammenrottung solcher zu sehen, die aus ihrem »Unglauben« herausgescheucht und so zum »Glauben« gejagt werden sollen.

Gottes zuvorkommendes Handeln ist seine Geistesgegenwart: Er ist unter uns, bevor wir es ahnen. Er hat an uns gehandelt, bevor wir zum Glauben kamen oder jemals von Glaube und Unglaube sinnvoll reden konnten, ja bevor wir überhaupt wußten, was wir damit sagten. Er ist uns längst entgegengekommen – haben wir es wahrgenommen? Konnten wir es überhaupt, bevor seine Botschaft uns erreichte? Er ist mitten unter uns am Werk, aber sind wir, wo er ist? Seine Verheißung führt uns über uns hinaus, hinein in Glauben, Hoffnung und Liebe.

Daß Verkündigung in Gottes Geistesgegenwart gründet, ist in der Regel kein Verkündigungsinhalt, sondern bildet die theologische Voraussetzung der Verkündigung, die sich jedoch in deren Feinstruktur abzeichnen kann. So verschränken sich Verkündigung und Dogmatik: Dogmatik entfaltet die theologische Begründung der Verkündigung. In der Dogmatik zeigt sich wiederum, auf welche Verkündigungspraxis sie sich bezieht: was sie von der Verkündigung erwartet. Ob sie ihren Einsatz kennt, ob sie wirklich mit dem Anfang anfängt – oder das Pferd vom Schwanz aufzäumt.

Weil Verkündigung die Botschaft von Gottes zuvorkommendem Handeln ausrichtet, ist sie in ihrem Kern *Kerygma*. Im engeren, formgeschichtlichen Sinne bedeutet »Kerygma« die Missionspredigt: zum Zeichen dafür, daß Menschen in die Gemeinschaft des christlichen Glaubens hineingerufen, nicht hineingeboren werden. Damit ist ein äußerer Grund genannt, der nicht auf die Mission beschränkt bleibt: Christliche Gemeinden sind entstanden – und entstehen immer wieder –, indem Menschen aus ihren Lebensbedingungen heraus- und in die Geschichte Gottes mit den Menschen hineingerufen werden (ἐκκλησία). Um dieser Botschaft willen bedarf es der Gesandten, die die *Sendung* Jesu Christi in die *Welt* hinein verkünden. Verkündigung braucht Boten, die sie überbringen, die sie schlicht und einfach ausrichten, indem sie Gottes unerkannte Nähe ankündigen – und das läßt sich weder auf den Nenner von Hiobsbotschaften noch von Erfolgsmeldungen bringen. Die Boten haben eine Botschaft zu überbringen, die selber ausgesandt wurde: das Wort, das von Gott ausgeht und nicht leer zu ihm zurückkommt (Jes 55,11).

Diese Botschaft ist neu und fremd, nicht bloß für diejenigen, die sie noch nie vernahmen – also auf dem Missionsfeld –, sondern für alle, die allzu viele Stimmen vernehmen, nicht zuletzt die eigenen. Die Botschaft sagt uns, wer Gott wirklich ist, wer wir wirklich sind vor Gott, und was die uns umgebenden Dinge wirklich sind. Das wird oft genug überraschen, nicht selten befremden, auf jeden Fall wird es nötigen, sich dieser Anrede zu stellen, der Frage: »Wer bist du? Wie lebst und wie stirbst du? Was hast du zu tun und zu lassen?«

Innerer Grund der Verkündigung ist die *unerschöpfliche Fülle der Geistesgegenwart Gottes*. Die Umschreibung »Gottes Anrede« soll diese Fülle aufschließen. Die Vielgestaltigkeit der Situation der Hörenden ist ein Zeichen dafür, daß diese Fülle nicht abgebildet werden kann – sonst beruhte die Verkündigung auf einem Generalprogramm, das dann nur noch Punkt für Punkt ausgeführt werden müßte.

Die Unerschöpflichkeit der Geistesgegenwart kommt zum Zuge in der Bindung des Geistes an das Wort, und damit an die Vielgestaltigkeit des biblischen Redens von Gott (den Literalsinn der Schrift → 3.3). Wie die Verkündigung auf die Dogmatik angewiesen ist, damit die Erstreckung des Handelns Gottes, die ja nicht abgebildet werden kann, im Blickfeld bleibt – so ist Verkündigung auf den Kanon angewiesen, indem immer wieder den vielen Stimmen, die im biblischen Wort zu Gehör kommen, nachgegangen wird: ihrer Spannung zueinander und ihrer insgeheimen Übereinstimmung, einstimmend in Gottes Handeln – auch in solchem Hören bringt die Verkündigung die Vielgestalt des Handelns Gottes zu Gehör. Damit kommt auch wieder die Dogmatik als Gedächtnisstütze ins Spiel, unterstützt vom Kirchenjahr (← 1.5.3).

Gottes unerschöpfliche Geistesgegenwart erlaubt auch die *Zuspitzung* der Verkündigung, ja sie fordert sie geradezu: die Einseitigkeit einer Predigt oder eines seelsorgerlichen Zuspruchs, weil jeweils Bestimmtes mitzuteilen ist. Also nicht nur, weil niemand alles auf einmal zu sagen vermag. Verkündigung spitzt sich zu, weil sie zu einem bestimmten Überschreiten ermutigt. Sie führt auf unbekanntes Gelände, das auf den ersten Blick wie ein Niemandsland anmuten mag. Dieser Schritt darf gewagt werden, weil die Verkündigung nicht allein steht, sondern begleitet ist von allen anderen Handlungen der Kirche. Der Schritt, den die Verkündigung zumutet, darf gewagt werden, weil er zugleich von Klage, Bitte und Fürbitte, von Lob und Dank gestützt ist.

Warum reicht es nicht für ein ganzes Leben aus, nur eine Predigt zu hören? So einschneidend eine einzelne Predigt für ein ganzes Leben sein kann! Verkündigung als Kerygma erreicht uns als eine Botschaft von außen her, die wir nicht fassen können – die nicht nur hin und wieder verschüttet werden könnte, sondern die uns nur zu wiederholten Malen erreichen kann. Eine Fülle von Nuancen und Situationen! Auch wenn uns immer wieder etwas Neues, anderes aufgeht, ist es doch ein und dasselbe: Gott spricht uns unvermutet an, und auch wenn wir auf ihn zugehen, *trifft* uns sein Wort. Er findet uns so vor, wie wir uns nicht kennen oder jedenfalls zumeist nicht erkennen möchten, und er spricht uns so an, wie wir nicht von uns aus reden könnten. Gott ist nicht perspektivischer Fluchtpunkt unseres Fragens nach Woher und Wohin, auch nicht der Urgrund eines Daseinsvertrauens. Jedenfalls ist dies alles nicht der Anfang theologischen Redens. Gott fängt an, zu uns zu sprechen. Die Dogmatik bereitet auf die Dimensionen dieser Selbstmitteilung Gottes vor, sofern sie selber mit dem anfängt, was Gott getan und versprochen hat.

Die Unerkanntheit von Gottes Nähe wird in der Verkündigung nicht etwa gradweise aufgehoben. Es bedarf immer neu des Hörens – obwohl es ein Weiterschreiten gibt. Wir kommen damit nie zu einem Ende, weil Gottes unerkannte Nähe unerschöpflich ist: weil er, wenn er sich offenbart, verborgen bleibt, und in seiner Verborgenheit uns nahe ist.

In der Verkündigung tritt Gott Menschen nahe, wenn sie darauf aufmerksam gemacht werden, was Gott getan hat – im Leben von Menschen, die durch ihr Dasein auf dieses Handeln hinweisen. *Gottes erkannte Nähe sensibilisiert jedoch für seine unerkannte Nähe* – ohne daß mit einem Schlage die Augen geöffnet würden, ohne daß alles, was sich unserer Erkenntnis entzieht, auf einmal hell würde. Im Blick auf Gottes erkannte Nähe zu verkündigen heißt: im Blick auf das, was wir mit unseren Einsichten nicht in Einklang bringen können, dennoch von Gottes Nähe zu reden. Denn was sich unserer Erkenntnis (noch) entzieht, ist Gott nicht entzogen.

Die Verkündigung steuert zwischen der Scylla eines religiösen common sense und der Charybdis der Indoktrination: Können Menschen auf das hin angesprochen werden, was allen Menschen immer schon gemeinsam ist? Oder müssen Menschen erst einmal „ausgerichtet" werden, muß man ihnen vordenken und vorbeten? Ist die Verkündigung gleichsam ein Transformator für das ganz Andere? Oder ist sie gar dazu da, Gott in die Welt zu bringen, was erfordern würde, erst einmal die Welt als gottlos zu erweisen? (Wie viele Predigten mögen in ihrem Aufbau und in ihrem Inhalt von dieser Vorstellung geleitet sein!) Was die Verkündigung mitteilen kann, wird dadurch mitbestimmt, ob sie zwischen diesen Gefahrenquellen hindurch ihren Kurs behält: ob sie wahrnehmen läßt, daß Gott in seiner Fülle den Menschen begegnet, ja daß er ihrem Denken, Reden und Tun zuvorgekommen ist.

RUDOLF BOHREN, Predigtlehre, Gütersloh ⁶1993. – HINRICH STOEVESANDT, Was ist Predigt? (1987): DERS., Gottes Freiheit und die Grenze der Theologie. Gesammelte Aufsätze, hg. von Elisabeth Stoevesandt/Gerhard Sauter, Zürich 1992, 45–57. – KORNELIS HEIKO MISKOTTE, Das Wagnis der Predigt, hg. und übersetzt von Heinrich Braunschweiger/Hinrich Stoevesandt (AzTh 87), Stuttgart 1998.

2.5 Gottesdienst als Zuspruch des Segens und als Aufbau der Gemeinde

Der Segen ist der Dreh- und Angelpunkt jedes Gottesdienstes, in jeder seiner Formen.

Was ist Gottesdienst? – dies ist die Frage danach, ob und wie Gottes Gegenwart an bestimmtem Ort, zu bestimmter Zeit und in bestimmter Weise von Menschen erwartet werden darf. Die östlich-orthodoxen Kirchen und die Kirchen der Reformation antworten übereinstimmend:

(31.) Gottesdienst ist diejenige Gestalt des Handelns Gottes, die Menschen unmittelbar auffordert, Gott zu dienen, indem sie ihn an sich wirken lassen.

Von Gottes Handeln war bisher schon verschiedentlich ohne nähere Erläuterung die Rede. Diese Redeweise will sagen, daß Gott Menschen »begegnet«, daß sie auf sein »Werk« stoßen, daß er durch seine »Taten« mit ihnen in Beziehung tritt, indem er sie anspricht und so »mit ihnen zu tun haben will«. In seinem Handeln spricht er *mit* ihnen, und in seinem Reden handelt er *an* ihnen. Sein Werk ist nicht stumm, und sein Wort ist keine Deutung dessen, was immer schon geschieht oder was sich auf eine solch unbegreifliche Weise ereignet, daß Menschen eine übernatürliche Erklärung dafür brauchen. Sein Reden ist eins mit seinem Tun: in ihm tritt er selbst Menschen so *gegenüber*, daß sie nicht mehr mit sich und ihresgleichen allein sind, und gerade so ist er *mit ihnen*. Was Gott will, erkennen sie allein aus seiner geschehenen Tat, mit der er zu ihnen spricht – und sei es so, daß sie nach ihm zu fragen beginnen.

Die Bezeichnung »Handeln Gottes« ist in der christlichen Theologie so präzisiert worden: Gott, der eine und einzige Gott, tritt uns »in Person« entgegen und teilt sich selbst in seinem Handeln mit (← 1.2.2). Er verbirgt sein Angesicht nicht, sondern ist uns zugewandt und für uns offen. Gott wird aus dem erkannt, was er geschaffen hat, errettet, richtet, erhält, bestätigt, verwirft, verheißt und erfüllt. Er setzt in alledem die Verhältnisse, in denen wir ihn, uns und unser In-der-Welt-Sein wahrnehmen.

Diese Proportionen werden uns im Gottes-Dienst kund; anders gesagt: in ihnen bewegen wir uns im Gottesdienst und werden durch ihn in sie eingeübt. Er kommt allem zuvor, was Menschen an Erwartungen mit ihm verbinden und was sie selber hier bewirken möchten. Gott kommt Menschen zu Hilfe, indem er ihnen den Ort anweist, wo sie ihn vernehmen, seine Verheißungen empfangen, zum Leben an seiner Seite ausgerüstet und gesendet werden. So will Gott von Menschen als der, der *er ist und für uns ist*, wahrgenommen, »wertgeschätzt« werden. Der englischen Bezeichnung für Gottesdienst, »worship«, liegt das angelsächsische Wort »woerhtscripe« – »to ascribe worth«: »Wert zuschreiben«, »jemanden so einschätzen, wie er wirklich ist« – zugrunde.

Gottes Wirken hat menschliches Handeln nicht bloß zur Folge, es muß und kann nicht durch besondere Handlungen dargestellt oder nachvollzogen werden, und es bedarf auch keiner Ergänzung durch menschliches Tun. Im Gottesdienst wird Gott nicht repräsentiert; der Gottesdienst ist weder ein darstellendes noch ein ergänzendes oder gar stellvertretendes Handeln. *Was im Gottesdienst rechtens gesagt und getan wird – und auch die Unterlassung dessen, was gerade nicht gesagt oder getan werden kann! –, ist auf verschiedene Weise Einstimmung in Gottes eigenes und eigentümliches Werk. Insofern »dient« es dem, was Gott an Menschen und durch Menschen wirken will.*

Dies geschieht in herausragender Weise im Segen. Er »eröffnet« Gottes Handeln: ein Handeln, das Gott durch das Segenswort selbst bestimmt hat. Gott will uns sagen, was er tut, indem er ein Segenswort ausspricht. Dieses Segenswort öffnet für Gottes Handeln, indem es diejenigen öffnet, die diesen Segen empfangen, es öffnet sie für die Zukunft der Verheißung. Es teilt Hoffnung mit und eröffnet dadurch Zukunft.

Dies wird in der Einführung des sog. aaronitische Segens (Num 6,22-27) so umschrieben: Aaron und seine Brüder werden beauftragt, Israel mit Gottes Namen zu belegen, Israel das Gewicht dieses Namens aufzuerlegen.

Es soll Gottes Name auf Israel gelegt werden, Gottes Name in dreifacher Gestalt. »Der Herr segne dich und behüte dich«: *Gott steht für das Leben ein, dem er sich zuwendet*. Er soll darauf sehen, es in seinem fürsorglichen Blick behalten, es nicht zugrunde gehen lassen. Menschliches Leben ist nicht mehr der eigenen Besorgung überlassen. – »Der Herr lasse sein Angesicht leuchten über dir und sei dir gnädig«: *Gottes Angesicht soll leuchten*, sozusagen strahlen, Gott soll Menschen so anschauen, daß sie zu ihm aufschauen können. Vor Gottes Hoheit müßte jeder und jede die Augen niederschlagen – wer könnte zu ihm aufblicken? Doch Gott hebt unseren Kopf wie mit seinen Händen und zieht ihn zu sich empor. Menschen werden so aufgerichtet, daß sie vor Gott stehen und gehen können. – »Der Herr erhebe sein Angesicht auf dich und gebe dir Frieden«: *Gott soll den im Blick behalten, der sein Heil braucht*. Er soll ihn im Auge behalten. Er soll über ihn wachen, indem er sein Heil bereitet. Welch unerhörte Zumutung – an Gott! Die Jussiv-Form beschränkt sich ja nicht auf einen Wunsch, sondern Gott wird geradezu in Anspruch genommen – anders als in der Verkündigung, anders als im Gebet. Es ist ein Befehl, der den Segnenden anbefohlen wird, der sie aber damit auf Gottes Handeln ausrichtet und davor bewahrt, mit ihren Segensworten dieses Handeln beschwören zu wollen.

(32.) Der innere Grund des Segens ist der Zuspruch der Heilsgegenwart Gottes.

Gottes Name wird Menschen aufgelegt, sie werden sozusagen mit diesem Namen befrachtet – nicht beschwert, sondern so bedeckt, daß sie sich ausgeschickt sehen in eine Welt, in der Gottes Segen schon immer vor ihnen steht, sie erwartet und begleitet.

Die Unerschöpflichkeit des göttlichen Segens ist eine Präfiguration dessen, was die Dogmatik in der Trinitätslehre ausgesagt hat: *Gott erschließt sich in der Fülle seiner Gottheit*. Er ist nicht für sich da und tritt dann mit uns in Beziehung – er gibt sich vielmehr selbst in seinem Handeln an Menschen kund. Indem er sich mitteilt, erschöpft er sich nicht. Sein Handeln ist unteilbar, aber es will in verschiedener Hinsicht wahrgenommen werden.

Die Trinitätslehre (z. B. im Kommentar des Scholastikers WILHELM DE RUBIONE zu den Sentenzen des Petrus Lombardus I, Paris 1518, 134 verso) hat dafür die Regel formuliert: »Opera trinitatis ad extra sunt indivisa« – »Die Werke des Dreieinen Gottes nach außen – zu uns Menschen hin – sind ungeteilt, unteilbar«, sie bilden die Einheit des Gemeinschaftswerkes Gottes. Vater, Sohn und Geist leisten nicht Beiträge dazu, die je auf einen von ihnen zurückschließen ließen. Jeder ist ganz und gar in jedem Handeln Gottes gegenwärtig. Die genannte Regel löste ein bibeltheologisches Problem, das durch die Rede von Gott Vater, Sohn und Geist aufgeworfen worden war: War der Vater nur in der Schöpfung tätig, der Sohn nur in der Versöhnung und Erlösung, der Geist erst später und vielleicht erst in künftiger Vollendung? Antwort: Die Wirkungsweisen Gottes werden Vater, Sohn und Geist nur zugeordnet, »appropriiert«. Immer ist Gott selber gegenwärtig. Die Gottheit teilt sich auch nicht in verschiedene Funktionen auf: etwa in einen Fürsorge-Gott, eine göttliche Übermacht und einen Beistands-Gott, die je nach Bedarf angerufen werden könnten und müßten. Wer vernimmt: »Gott sorgt für uns«, darf zugleich wissen, daß Gott unser Herr ist, uns gegenübersteht, und daß dieser derjenige ist, der uns beisteht, dessen Hilfe uns zukommt – dessen Widerspruch wir ertragen müssen, wenn wir versuchen, ihm zu widerstehen, und daß seine Hilfe die Gestalt dieses Widerstandes annehmen kann.

Wenn bisher von »Wir« die Rede war, dann wird spätestens jetzt – im Blick auf die, denen Gottes Segen zugesprochen wird – nach dem inneren Grund dafür gefragt werden müssen.

In der lutherischen und unierten Liturgie wird die zum Gottesdienst versammelte Gemeinde mehrmals ausdrücklich angesprochen: in der Aufforderung zum Bekennen und Beten, in der Salutatio »Der Herr sei mit euch« (aufgenommen im Friedenswunsch der Mahlfeier) und vor der Predigt mit dem sog. Kanzelgruß. Als Beispiel für diese spezielle Anrede wähle ich 2. Kor 13,13:

> Die Gnade unseres Herrn Jesus Christus und die Liebe Gottes und die Gemeinschaft des Heiligen Geistes sei mit euch allen!

Inwiefern fordert dies dogmatisches Denken voraus? In zweifacher Hinsicht: Die Grußformel enthält im Kern bereits Elemente der späteren Trinitätslehre – und sie beantwortet die Frage, weshalb Menschen unterschiedlichster Herkunft und verschiedener Lebensstellung gemeinsam angesprochen werden können, warum und in welcher Weise sie miteinander verbunden sind.

(33.) Die Anrede mit dem Gottes-Gruß konstituiert das »Wir« der christlichen Gemeinde. Darauf bezieht sich die inklusive Sprache der Dogmatik.

Im 2. Korintherbrief bildet der Gruß, zusammen mit dem »heiligen Kuß« (V. 12), den Übergang zur Feier des Herrenmahles, in der das Schreiben des Apostels verlesen werden soll. Diese theologisch reich befrachtete Begrüßung ist auch später der Feier des Herrenmahles vorausgegangen. Seit dem Mittelalter leitet sie die Predigt ein, die sich gegenüber der Kommunion verselbständigt hat, behält aber ihren Charakter: Sie soll der Gemeinde sagen, in welchem Namen und woraufhin sie angesprochen wird.

Paulus stellt das, was er zu sagen hat, in den Zusammenhang der Liturgie, und umgekehrt will er mit seinem Gruß auf den inneren Grund der Mahlfeier aufmerksam machen. Er faßt seine Unterweisung zusammen, die durch einen tiefgreifenden Dissens der korinthischen Gemeinde über die Legitimität des Apostels herausgefordert worden war. Der Gruß setzt nicht einfach einen Schlußpunkt unter diese Kontroverse. Vielmehr nennt er den Konsens, der alle zuvor genannten Argumente erschließt; zugleich markiert er, daß die apostolische Autorität in einer Gemeinschaft begründet ist, die ihn und die Gemeinde umfängt.

Woher erhält Paulus seine Autorität? Wie kann er beanspruchen, daß andere auf ihn hören? Mit welchem Recht redet er so starke Worte wie gerade in dieser Schrift? Und warum bricht er sogar in Tränen aus? Wohl kaum, weil er so nah am Wasser gebaut hätte, sondern weil er durch die Bestreitung seiner Legitimität ins Herz getroffen ist. Es geht nicht um ihn allein. Darum ist er fassungslos, und daß er weint, ist Ausdruck dafür, daß er die Lage nicht mehr beherrschen kann. Aber das braucht er auch nicht zu tun. Was er zu sagen hat, beruht – wie die Einladung, zum Tisch des Herrn zu gehen und der Gegenwart Christi teilhaftig zu werden – auf der Gnade unseres Herrn Jesus Christus, der Liebe Gottes und der Gemeinschaft des Heiligen Geistes.

Werfen wir einen Blick auf die dogmatischen Implikationen des Grußes! Seine drei Elemente kündigen ein Thema der Trinitätslehre an, die »ökonomische Trinität«: die Gegenwart des Dreieinen Gottes in der Einheit seines »Heils-Handelns« (οἰκονομία) an den Menschen für die Welt. Dieses Thema wird nicht einfach mit dem Dreiklang »Jesus Christus – Gott – Geist« angeschlagen. Paulus deutet vielmehr an, was zu den Namen »Jesus Christus«, »Gott« und »Heiliger Geist« gehört, was von ihnen ausgeht und was sie miteinander verbindet. In der Dogmatik wird dies als Lehre von den Relationen (← 1.2.2) und Appropriationen des Dreieinen Gottes erörtert: Die Fülle und Einheit von Gottes Heils-Handeln führt zum Geheimnis der sog. immanenten Trinität, der Wesensbeziehung von Vater, Sohn und Geist zueinander.

Ebenso wie die drei Personen der Trinität miteinander verbunden sind, ist auch ihr Handeln miteinander verknüpft. Hier begegnet Gott selber. Aus seiner Fülle gehen Gnade, Liebe und Gemeinschaft hervor. Sie können nicht getrennt voneinander verstanden werden. Wer »Gemeinschaft« sagt, wird auf Gottes Liebe verwiesen und wird in ihr die Gnade erblicken, die in Jesus Christus offenbart worden ist. Liebe, Gnade und Gemeinschaft sind aber auch untrennbar mit dem Wesen des Dreieinen Gottes verbunden. Sie führen uns in die Tiefe Gottes selbst hinein.

Dies hat später die altkirchliche Trinitätslehre ausgeführt, allerdings ohne sich speziell auf 2. Kor 13,13 zu beziehen. Neben allem Bemühen um begriffliche Klärung, die sich mit zeitgenössischem Denken auseinanderzusetzen hatte, ist sie die Entfaltung dessen, was jeder Anrede einer christlichen Gemeinde zugrundeliegt. Umgekehrt bedarf es der Trinitätslehre, um diese Anrede recht zu gebrauchen und ihren Sinn nicht zu verfehlen. Sie erfüllt unter anderem die Aufgabe, Liebe, Gnade und Gemeinschaft jeweils als »Handeln Gottes in Person« deutlich zu machen. Daß es in der Gnade nicht um eine Beziehung einer göttlichen, alles überragenden Wirklichkeit zur bedürftigen Welt geht, kann nur gesagt werden, weil Jesus Christus freigegeben war, um das Werk der Versöhnung zu vollziehen: sich schuldig sprechen zu lassen, »damit wir in ihm Gottes Gerechtigkeit würden« (2. Kor 5,21). Jesus hat den Willen dessen, von dem er kam, in voller Freiheit an sich geschehen lassen. Er hat die tiefste Entfernung von Gott durchlitten. So kam Gottes Liebe zum Zuge, die sich in der Gemeinschaft mit ihm und im Frieden zwischen den Menschen erfüllen will. Werden diese Relationen verkannt, vergessen oder gar umgedeutet, kommt es zu einer Konfusion des Redens von Gott mit unübersehbaren Folgen für »Kirche« und »Welt«.

Gottesdienst als Segenszuspruch und Gemeindeaufbau

Um auf diese Beziehungen aufmerksam zu werden und die Intention der Anrede nicht zu verfälschen, bedarf es der Dogmatik. Und sie ist ihrerseits darin verwurzelt, daß Menschen der Gegenwart Gottes anvertraut und in seinem Namen angesprochen werden. Predigt und Sakramente sind als »Dienst der Versöhnung« eingesetzt. Die autorisierte Begrüßung und Einladung bestimmt den Inhalt und den Vollzug der Predigt und der Sakramente – *lex salutandi constituit regulam praedicandi et administrandi sacramentorum*. In der Anrede zeigt sich, wie die Gestalt der Kirche als die zum Gottesdienst versammelte Gemeinde begründet und beschaffen ist.

Wer wen anredet – und wie: das ist nicht gleichgültig, ist auch keine bloße Formsache. Es prägt, was Menschen zueinander sagen und wie sie dies aufnehmen. Wenn der Liturg, die Liturgin, der Prediger oder die Predigerin »Liebe Gemeinde« sagen – und nicht etwa »Verehrte Anwesende« oder »Genossinnen und Genossen« (oder auch »Leidensgenossen«) –, dann machen sie kenntlich, daß sie zu Menschen sprechen, die zusammengehören, auch wenn sie sich dessen vielleicht noch gar nicht bewußt sind und wenn alles andere, was unter Menschen ein Gemeinschaftsgefühl schafft, möglicherweise fehlt. Sie mögen nur wenig gemein haben und von Natur, Sitte oder Weltanschauung aus gar nichts miteinander zu tun haben wollen. Die erbauliche Wendung »Brüder und Schwestern« könnte diese Fremdheit eher verschleiern, weil sie ein »Wir-Gefühl« anklingen läßt, das sicherlich wohltuend sein mag – warum sollten sich Gottesdienst»teilnehmer« nicht zu Hause fühlen dürfen? Der Gottes-Gruß sagt jedoch mehr und auch anderes: was Menschen zuteil werden soll, die der Versöhnung bedürfen, auch wenn sie schon längst mit der christlichen Tradition vertraut sind. Als diejenigen, denen die Gnade Jesu Christi aus der Liebe Gottes gilt und die in die Gemeinschaft des Geistes hineingezogen werden, sind sie ein »Wir«, eine korporative Einheit, keine Summe von Individuen oder eine Unisono-Gruppierung. Sie stehen dem Liturgen oder Prediger in gewisser Weise gegenüber, sofern er nämlich im Namen Gottes spricht. Er hat ihnen etwas auszurichten und zu sagen, indem er an Christi Statt bittet. Andererseits ist er mit der Gemeinde vor Gott zusammengeschlossen, in ihr Wir einbezogen.

Die Anrede der Gemeinde kann darum kein rhetorisches Mittel zu dem Zweck sein, eine Hörerschaft für die Sache des Redners zu gewinnen. Hinter der Möglichkeit, »Wir« zu sagen und andere so anzusprechen, verbirgt sich eine wahrhaft »soziale« Frage von größter Tragweite. Mit welchem Recht und in welchem Sinne kann ein Prediger »Wir« sagen – und zwar so, daß es nicht bloß erbaulich klingt? Wäre es nicht redlicher, wenn der Prediger einfach sein »Ich« dem »Du« oder »Sie« seiner Hörer gegenüberstellte?

Sie sind eine Gemeinde, weil sie zum Gottesdienst versammelt sind, aus welchen Motiven sie auch dorthin gekommen sein mögen. Die Gemeinde ist keine Ansammlung von Zuhörern. Sie ist auch nicht durch irgendeine Interessenlage oder durch eine gemeinsame Aufgabenstellung verbunden, wie etwa die Diskussionsgemeinschaft der Wissenschaftler, die »scientific community«, oder eine politische Partei. Jeder, der außerhalb solcher »Verbände« zu reden oder zu schreiben hat, weiß, daß der Gebrauch des »Wir« entweder belanglos ist oder, ernstgenommen, auf Gemeinsamkeiten hinweist, deren Charakter erst ergründet werden muß. Wer kann heutzutage im Bedenken ethischer Probleme einfach auf ein »Wir« zurückgreifen? Oder was geschieht, wenn Menschen, die sich mit einer Analyse von Sachverhalten konfrontiert sehen, dadurch zusammengeführt werden? Der Gottesdienst ist gegen solche Fragen und Bedenken gewiß nicht immun. Weil er jedoch in jedem seiner liturgischen Stücke Elemente des Handelns Gottes mitteilt, konstituiert er das »Wir«, das eine inklusive Sprache erlaubt – auch für die Dogmatik (← 1.1.2).

PETER BRUNNER, Zur Lehre vom Gottesdienst der im Namen Jesu versammelten Gemeinde: Leiturgia I, Kassel 1954, 83–361, bes. 200–203. – FRANZ ROSENZWEIG, Der Stern der Erlösung, Frankfurt a. M. 1921. ⁴1993, bes. 258–265. – MAGDALENE L. FRETTLÖH, Theologie des Segens. Biblische und dogmatische Wahrnehmungen, Gütersloh 1998.

2.6 Seelsorge

2.6.1 Anstöße der Seelsorge für die Dogmatik

PAUL TILLICH hat die Seelsorge eine »ständige Quelle« der »systematischen Arbeit« genannt (Seelsorge und Psychotherapie [1956]: Gesammelte Werke VIII, hg. von Renate Albrecht, Stuttgart 1970, 316–324, 321). Sie empfiehlt sich als weitgespannte Unterstützung für Lebenshilfe mannigfacher Art. Maßgebend dafür sei die Sinnfrage: Menschen fragen naturgemäß nach dem, was sie unbedingt angeht. Sie suchen nach einem Halt, der ihnen Orientierung verspricht, und dies kann, wie Tillich immer wieder hervorhebt, sie nur weiterführen, indem ihnen verwehrt wird, sich in irgendeinem Moment ihrer Lebenserfahrung zu verschanzen. Der Sinn des Lebens und der Welt tritt in Gottes Offenbarung in Jesus Christus hervor, dem »Neuen Sein«, wie Tillich sagt. Diese Antwort auf die Sinnfrage kann freilich nicht wie eine Auskunft erteilt werden, sondern geht auf geschichtlich wechselnde Fragen ein, die Menschen bewegen. Erfährt ein Mensch die Sinnstiftung, die den Namen »Jesus der Christus« trägt, als Antwort auf seine ureigensten Fragen, dann widerfährt ihm Heil, denn er wird über sich selbst hinausgeführt. Er erhält einen Vorgeschmack der Ganzheit eines ungespaltenen, wesentlichen Lebens; daraufhin kann er soweit gesunden, daß er in einer zweideutigen Welt zu existieren vermag (vgl. Systematische Theologie IV/I.C: »Die Frage nach unzweideutigem Leben und seine Symbole«).

Sofern »Seelsorge« mit Menschen zu tun hat, die Sinn suchen, kann sie in der Tat zur ständigen Quelle für Ordnungs- und Einordnungsbemühungen von Theologen werden, die ähnlich wie Tillich denken. Eine solche Seelsorge erweist sich als unablässiger Anreiz für eine Systematische Theologie, die sich der Sinnfrage in ihrem ganzen Ausmaß widmet: als Welträtsel schlechthin, als Grundfrage nach dem Sein der Dinge und dem Ziel der Geschichte, das die Menschheit zusammenhält und alle Kulturleistungen in ihrer relativen Geltung und Vorläufigkeit würdigt. Systematische Theologie ist auf Seelsorge angewiesen, weil jene mit dieser Hilfe der geistigen Situation der Zeit auf die Spur kommt (und umgekehrt: weil Seelsorge nur fündig werden kann, wenn sie mit der geistigen Situation der Zeit vertraut gemacht worden ist). Indem die Theologie die Zeitsituation sondiert, wird sie auf das treffen, was die Zeitgenossen umtreibt, wodurch sie gefährdet sind und was sie brauchen. Umgekehrt kann die Lage der Gegenwart nur wahrgenommen werden, wenn man sich ihrem Treiben nicht überläßt, sondern ihren Rahmen kennt: den Zusammenhang, der es ermöglicht, die unveräußerlichen, bleibenden Fragen des Menschseins aus der Flut von Informationen heraus zu erfassen und das Wesen der Humanität helfend zu erschließen.

So gesehen, passen Systematische Theologie und Seelsorge haargenau zusammen. Systematische Theologie kann als ganze geradezu als Theorie der Seelsorge begriffen werden: einer Seelsorge, die zur Einstimmung in wesentliches, zielgerichtetes Leben verhilft. Systematische Theologie wird so zur umfassenden Grundlegung religiöser Zeitdiagnose; Predigt, Unterricht, Gebet werden zu Anwendungsformen oder Abwandlungen dieser Therapie.

2.6.2 Das Verhältnis von »Natur« und »Gnade« als Konfiguration der Selbsterkenntnis

Tillichs systematisches Konzept will einen (quasi-metaphysischen) Rahmen für alles umreißen, was theologisch und philosophisch der Fall ist. Fragen wir statt dessen nach dem inneren Grund der seelsorgerlichen Sprachhandlungen, dann wird sich alsbald zeigen, daß diese nicht für sich allein ergründet werden können. Ihre wegweisenden Regeln sind viel beziehungsreicher als eine Antwort auf existentielle Grundfragen, so systematisch weitreichend sie auch sein mag. Darum steht auch das seelsorgerliche Gespräch nicht allein, sondern es ist in das Beten eingebettet, auch wenn dies nicht unbedingt in der Seelsorge zur Sprache kommen muß. In alledem zeichnet sich eine Struktur der Dogmatik ab, die sich etwa von Tillichs Auffassung charakteristisch unterscheidet.

Wegweisend für die Frage nach dem inneren Grund der Seelsorge wurde AUGUSTINS Auseinandersetzung mit PELAGIUS über das Verhältnis von Gottes Gnade und menschlicher Freiheit.

Pelagius' theologisches Programm beruht auf seinem Verständnis der Seelsorge, wie er sie aus der Tradition der Antike übernahm, sozusagen auf dem Boden der philosophischen Seelsorge: sie gilt der Lebensführung, die ein hinreichendes Wissen um den Menschen, eine vollständige Anthropologie voraussetzt (»De natura« [410], fragmentarisch enthalten in AUGUSTINS Gegenschrift »De natura et gratia« [415].[10] Um dem Menschen helfen zu können, muß bekannt sein, was er ist und sein kann: fähig, recht zu leben, das Gute zu erstreben und es zu tun, also nichts von dem zu vernachlässigen, was das richtige, wahre Menschsein auszeichnet. Pelagius gibt sich als christlicher Theologe nicht ganz damit zufrieden. Die Hilfe der Gnade Gottes muß hinzukommen: Aus eigenen Kräften kann kein Mensch vollbringen, was er sein

---

10 Vgl. zum Folgenden bes. De natura et gratia II,2: CSEL 60,234,10–27 = SANKT AUGUSTINUS, der Lehrer der Gnade. Schriften gegen die Pelagianer I, hg. von Adalbero Kunzelmann/Adolar Zumkeller, Würzburg 1971, 438.

soll, aber Gott stärkt die Freiheit zum Guten, an die jede Anweisung zum rechten Leben appelliert.

Dieser theologischen Zuordnung der Erziehung zum anthropologischen Wissen liegt ein Schema zugrunde: Gottes Gnade übertrifft menschliches Können, sie setzt aber eine menschliche Bereitschaft voraus, zumindest muß sie als Intention angelegt sein. Denn nur dann kann der Mensch zum rechten Leben angehalten, seine Möglichkeit, nicht zu sündigen, kann nur dann gestärkt werden, wenn er »von Natur aus« so beschaffen ist, daß er das rechte Leben will. Sonst würde, was Gott will, ja ins Leere greifen! Das aber ist ebenso undenkbar wie eine Anrede, die beim Angesprochenen mit keinerlei Verständnis rechnet.

So werden Natur und Gnade in der Beziehung des Menschen zu Gott addiert. Eine solche Rechnung mag in einem rhetorischen, didaktischen Schema aufgehen. Dieses Schema erweckt jedoch den Eindruck, Gottes Gnade sei ein Mehrwert im Verhältnis zu menschlichem Können: die Krönung alles dessen, was der Mensch aus sich heraus erreichen kann, die Besiegelung der Bestimmung des Menschen. Die anthropologische Grundstruktur bleibt davon unberührt: der Mensch, der daraufhin angelegt ist, daß er das Gute erreichen will. So wird aus der göttlichen Gnade ein Angebot, das der Mensch annehmen oder ablehnen, für das er sich entscheiden oder das er verwerfen kann.

Augustins Kritik an Pelagius setzt bei diesem anthropologisch verrechenbaren Gnadenverständnis an. Zwischen ihm und Pelagius ist niemals strittig gewesen, daß wir Menschen des Beistandes Gottes bedürfen. Pelagius hätte Augustin auch darin zustimmen können, daß allein Gott das rechte Handeln des Menschen ermöglicht: »Er hilft Menschen zu dem, was er zu tun gebietet« (»...adiuvat ut faciat quod iubet«: De gratia et libero arbitrio XV,31 [425]: PL 44,899 = Schriften gegen die Semipelagianer VII, Würzburg 1955, 126). Wie aber ist ein solcher Satz zu lesen? Pelagius hätte ihn lediglich innerhalb seiner moraltheologisch-seelsorgerlichen Unterweisung verstanden: Gottes Gnadenhilfe ist die Voraussetzung rechten, Gott wohlgefälligen Handelns – aber diese Voraussetzung ist nur das Vorzeichen für eine anthropologische Begründung: Gottes Gnade ist uranfängliche Schöpfungsgnade, auf die der Mensch immer wieder zurückverwiesen ist, weil sie ihn konstitutionell bestimmt.

Augustin spricht dagegen von dieser Voraussetzung, der Gnade, im Gebet, und damit markiert er den theologisch entscheidenden Kontroverspunkt: »Da quod iubes et iube quod vis« - »Gib, was du befiehlst, und befiehl, was du willst!« (Confessiones X.29,40 [396/98]: CSEL 33,256,24). Gottes Gebot und Gottes lebendiger Wille werden in eins dem Beter zuteil, und zwar so, daß er nicht mehr trennen kann zwischen dem, was er erhält, und dem, was ihm zu tun aufgegeben ist. »Was hast du, das du nicht empfangen hast?«: Diesen paulinischen Satz (1. Kor 4,7) versteht Augustin als Verweis auf Gottes creatio continua, sein immerwährendes schöpferisches Handeln: »profecto et ipsum velle credere Deus operatur in homine et in omnibus misericordia eius praevenit nos« (De spiritu et littera XXXIV,60 [412]: CSEL 60,220,17-19); das schließt, wie Augustin betont, den freien Willen in menschlicher Verantwortung gerade nicht aus. Und zu diesem zuvorkommenden Handeln gehört die Neuschöpfung, die wir dem Tod Jesu verdanken. Auf diese Tat Gottes kann kein Mensch bloß zurückblicken, vielmehr dürfen wir uns an sie halten, indem sie uns vor Augen tritt. Wir können aber Gottes Handeln nicht in eine menschliche Grundstruktur integrieren. Darum bleibt die dogmatische Begründung eigenständig.

Augustin ist sich also mit Pelagius darin einig, daß der Mensch unbedingt der Gnade Gottes bedarf und daß diese Gnade eine Gabe ist. Pelagius versteht die Gabe der Gnade als Begründung einer Aufgabe: Gottes Gnade setzt uns unsere Aufgabe - nicht bloß irgendeine Aufgabe, die irgendwann erfüllt werden könnte, sondern das gelebte Leben als Gesamtaufgabe. Das rechte theologische Wissen um den Menschen muß zur Tat werden. - Augustin nimmt dagegen Gottes Gnade als ein Gegeben-Werden wahr: »Gib, was du befiehlst, und befiehl, was du willst!« Augustin sieht hier nicht eine Voraussetzung mit Konsequenzen verknüpft, sondern die Einheit von Gottes Gabe und Gebot. Niemand kann Gottes Gabe in die eigene Regie nehmen - »was hast du, das du nicht empfangen hast!« -, es sei denn, er verfüge über seinen, des Menschen, geschaffenen Willen; jeder solche Versuch wäre ein Mißbrauch.

Aus dem seelsorgerlichen Bemühen, dem Leben die rechte Richtung (wieder) zu geben, ergibt sich für Augustin die Frage nach dem Verhältnis von Gottes Handeln und menschlicher Freiheit, und er findet die *dogmatische* Antwort darin, daß er sich nicht damit begnügen kann, Gottes Handeln bloß als für den Menschen unverfügbar zu verstehen. Wenn einem Menschen Gottes Gnade widerfährt - und das geschieht im Gebet -, *empfängt* er seine Freiheit, wird sein Wollen ganz und gar auf Gott gerichtet. Gnade ergänzt nicht, was dem Menschen fehlt, sie setzt ihn vielmehr erst in den Stand, das Gute zu erkennen und zu wollen.

(34.) Der innere Grund der Seelsorge ist Gottes Gnade, die menschlichen Willen auf ihn richtet.

Das Gebet ist eine andere Sprachhandlung als ein Befehl, ein Imperativ, der uns göttliche Gebote mitteilt (»Du sollst ...«). Das Gebet stellt den Handelnden in den (nur dogmatisch formulierbaren) Zusammenhang des Handelns Gottes. Es lebt aus Gottes creatio continua. So ist das Gebet konstitutiv für die Gnadenlehre und für die Auffassung der Freiheit des Menschen (De natura et gratia XII,13f.: CSEL 60,241,2–5.12 = Schriften gegen die Pelagianer I, 452). An die Adresse des Pelagius schreibt Augustin deswegen: »Wie wir aus [den] Geboten den Willen erkennen, so möge er aus den Gebeten die Gnade erkennen« (Ep. 177,5 an Papst Innozenz [416]: »Sicut ergo agnoscimus voluntatem, cum haec praecipiuntur, sic et ipse agnoscat gratiam, cum petuntur«: CSEL 44,674,18–675,2, Übersetzung von Alfred Hofmann: BKV 10, 1917, 124).

Dies führt zu theologisch höchst unterschiedlichen Konsequenzen: Pelagius sieht die Hilfe Gottes als Vervollkommnung menschlichen Vermögens an, Augustin dagegen fragt: Was bedeutet es, das Gute erreichen zu *wollen*? Hier stößt er auf das Rätsel des menschlichen Willens, mehr noch: auf das abgründige Geheimnis eines Wollens, das verkehrt ist, ohne seine Verkehrtheit bemerken zu können. Erst wenn wir aus Gottes Gnade die Vergebung unserer Sünde empfangen, stolpert unser Wille nicht mehr über sich selbst, sondern lernt zu wissen, was er wirklich will. Er wird zurechtgebracht, wird vollkommen neu ausgerichtet (statt vervollkommnet, also quantitativ bereichert zu werden, wie Pelagius meint).

Augustin stößt sich daran, daß unser Wille zum Widerwillen gegen das Gute wird, das Gott uns gegeben und gesetzt hat. Dieser Widerwille muß überwunden werden, und der erste, entscheidende Schritt dazu ist die Erkenntnis des Guten, die Gott uns mit seiner Gnade gewährt. Die Frage: »Wie können wir gut *werden*?« bleibt dabei offen. Hier wird MARTIN LUTHER ansetzen: Wir können Gottes Willen nicht anders wahrnehmen als darin, daß wir Gottes *Gerechtigkeit* empfangen und gerecht gesprochen werden.

2.6.3 Aufgebrochene Selbsterkenntnis: sich in Gottes Urteil wahrnehmen

Luther fragte: »Können wir erkennen, was Gott will?« Die Antwort, die er in der Beichtpraxis vorfand (die das Konzil von Trient klärend bestätigte), beruhte auf einem komplexen Beziehungsgefüge von Gottes Handeln und menschlichem Willen: der Mensch hat Gottes Gnade zu ergreifen, ohne sie erleisten zu wollen. Durch die Sünde wurde diese Beziehung nachhaltig gestört; sie muß und kann durch Buße und Reue wieder in Ordnung gebracht werden.

Was aber geschieht wirklich, wenn jemand sich in dem Spiegel sieht, den ihm der Beichtvater im Namen Gottes entgegenhält, damit er sich selber in seinen Taten registriert? Der Beichtspiegel stellt ihm vor Augen, was er sein könnte, wenn er Bestimmtes tun und lassen würde. Solche Selbstbeobachtung mag ein erster Schritt zur Besserung sein, wie wir sie uns vorstellen, nach bestem Wissen und Gewissen – aber ist sie wahrhaft Selbsterkenntnis? So läßt sich Luthers Gegenfrage zusammenfassen. Würden wir uns im Spiegel so erblicken, wie wir wirklich sind, müßten wir bis ins Innerste hinein erschrecken.[11] Wollten wir uns gar diesem Bild stellen, würde es uns töten. Wenn wir uns selbst, nicht nur unser Tun und Lassen, an Gottes ausgesprochenem Willen messen, richten wir uns zugrunde. Wir unternehmen eine »Höllenfahrt der Selbsterkenntnis« (um mit Hamann zu reden[12]), die paradoxerweise das »Selbst« vernichtet.

Da erhält das Spiegel-Bild, die Metapher für Selbsterkenntnis, einen Stoß, der es in eine andere Richtung wendet: Der Spiegel ist Christus, der »Spiegel des väterlichen Herzens« Gottes (Großer

---

11 Vgl. Von den guten werckenn (1520): WA 6,236,21f: »Es ist aber kein besser spiegel, darinnen du dein nodt ersehen kanst, dan eben die zehen gebot, in wilchen du findest, was dir gebricht und suchen solt.« In der Konkordienformel (Solida declaratio, VI: Vom dritten Brauch des Gesetzes Gottes) wird dies wieder abgeschwächt: »Dann das Gesetz ist ein Spiegel, in welchem der Wille Gottes und was ihme gefällig, eigentlich abgemalet ist, das man den Gläubigen stets fürhalten, und bei ihnen ohn Unterlaß fleißig treiben soll« (BSLK 963,31–36).

12 JOHANN GEORG HAMANN, Kreuzzüge des Philologen (1762). Chimärische Einfälle ...: Hamann's Schriften II, hg. von Friedrich Roth, Berlin 1821, 198. Hamann fährt allerdings fort: »... und nichts als die *Höllenfahrt* der *Selbsterkenntniß* bahnt uns den Weg zur *Vergötterung*.«

Katechismus, Erklärung der dritten Artikels: BSLK 660,42). Hier erkennen wir uns, wie wir in den Augen Gottes sind. *Der Mensch erkennt sich in Jesus Christus*, so findet er sich vor Gott wieder. Der leidende, Gottes Handeln erleidende Christus ist der »ernste Spiegel« (Eyn Sermon von der Betrachtung des heyligen leydens Christi [1519]: WA 2,137,35), »in dem wir die Wahrheit unserer menschlichen Existenz schauen, unsere Wahrheit und dennoch eine Wahrheit, die wir nicht in uns, sondern uns gegenüber finden, die allein im Glauben an Jesus Christus unsere Wahrheit und unsere Selbsterkenntnis wird« (HANS JOACHIM IWAND, Die Predigt des Gesetzes [1934]: DERS., Glaubensgerechtigkeit. Lutherstudien, hg. von G. Sauter [TB 64], München ²1991, 145–170, 154). Denn allein in Jesus Christus erkennen wir Gott als unseren Richter und Retter.

Gottes Wahrheit, die uns entgegentritt, versetzt uns in Distanz zu uns selbst. Wer sich in Gott erkennt, wird von sich, dem Resultat seiner Lebensleistung, losgerissen. Er bekommt sich zu sehen, indem sein altes Leben ihm gegenübergestellt wird. Nicht mehr daraus lebt er, sondern von der Vergebung, die er von Gott empfängt. Seine Vergangenheit ist zu Gottes Sache geworden und insofern für ihn gewesen. Er erkennt, daß er sich allein aus dem Handeln Gottes an ihm erkennen kann.

Das Beharren auf der angeborenen Freiheit des Willens, um deren Bewegungszentrum sich Gott und Welt als Perspektiven gruppieren, entpuppt sich demgegenüber als trivial, wie Luther in »De servo arbitrio« (1525) darlegt: Es ist eine Fiktion zu denken, wir könnten tun, was wir wollen. Natürlich können wir zwischen Möglichkeiten wählen. Doch wer *sich* wählen will, wird zwangsläufig darauf stoßen, daß dies keine Auswahl sein kann. Sein Wille verrät sich als zutiefst frag-würdig. Das Ich hat seinen Willen nicht unter Kontrolle: in einer Tiefendimension, wo es dem menschlichen Wollen um das Ganze seiner selbst geht. Darum ist der Wille zu tun, was Gott will, das Leben-Wollen im Sinne Gottes, wie Paulus es in Röm 7,9–24 schildert, *das* Paradigma für den Trugschluß des eigenen Willens.

Luther beschreibt also die Krise einer Anthropologie, die auf dem Wissen des Menschen um sich selbst beruhen will. Diese Krisis bricht in der Seelsorge auf.

(35.) Seelsorge kann helfen, sich dem Urteil Gottes auszusetzen und dieses Urteil anzunehmen.

Das Menschsein wird nicht durch seine Verfassung und seine Möglichkeiten definiert, sondern durch ein *Geschehen*: »hominem iustificari fide« – Gerecht-Werden durch Glauben definiert den Menschen (These 32 der »Disputatio de homine« [1536]: WA 39/I,176,34f.). Darum kann die Theologie den Menschen allein als denjenigen zum »Gegenstand« haben, der von Gottes Handeln bestimmt wird (→ 3.3.1).

2.6.4 Überraschungen im seelsorgerlichen Gespräch

Der Mensch, bestimmt von Gottes Handeln: das geht nicht ohne grundstürzende Erschütterungen ab, weil dabei eine Welt zerbricht und Neuem weichen muß. Dies gehört zu den seelsorgerlichen Einsichten JOHANN CHRISTOPH BLUMHARDTS.

Diese Einsicht hat sich Blumhardt aufgedrängt. Von seiner theologischen Erziehung her und in seinem kirchlichen Umfeld – dem schwäbischen Pietismus lutherischer Prägung – war er »Belehrung, Bestrafung und Tröstung« gewohnt, die er als »geistliches Zureden oder Zusetzen« bezeichnet (Verteidigungsschrift gegen Herrn Dr. de Valenti [1850]: Gesammelte Werke, hg. von Gerhard Schäfer, I/1: Der Kampf in Möttlingen. Texte, Göttingen 1979, 124–299, 178): Kranken und Hilfesuchenden werden Fehler vor Augen gestellt, Besserung wird angemahnt und Gottes Beistand zugesprochen. Blumhardt macht jedoch die Erfahrung, daß diese »Maßnahmen« Leiden meist nur verschlimmern. Sie treffen nicht den Kern des Unheils und erregen Widerstände, die aber keineswegs Vorboten heilsamer Krisen sind.

In der ersten dramatischen Krankheits- und Heilungsgeschichte, über die Blumhardt später ausführlich Rechenschaft gegeben hat, beginnt sich die Wendung zu vollziehen, als Blumhardt der Kranken zumutet, Jesus um Hilfe anzurufen (Krankheitsgeschichte der G[ottliebin] D[ittus] in Möttlingen, mitgeteilt von Pfarrer Blumhardt [1850]: Gesammelte Werke I/1, 32–78, 40). Im nachhinein, vom Ausgang der Geschichte her, erkennt Blumhardt, daß diese Bitte um Hilfe im Grunde eine Proklamation des Reiches Gottes war: »Jesus ist Sieger!« Der Hilferuf eines Menschen, der seiner nicht mehr mächtig ist, wird zur Bitte um das Kommen des Reiches Gottes. Daß Menschen gerade diese Hilfe nicht erbitten, auch nicht in ihren frommen Regungen, sondern daß sie mit allen Mitteln versuchen, Gottes Willen auszuweichen (Verteidigungsschrift, 218f.): dies entpuppt sich als Krebsschaden vieler seelischer und körperlicher Krankheiten und Geistesverwirrungen. Kern des Leidens ist eine verzweifelte Suche, den Lauf der Dinge zu überlisten, der Lebensumstände um jeden Preis Herr zu werden – und dabei entgleitet einem der eigene Willen mehr und mehr, weil er ein Eigenleben führt, einen Eigenwillen hat.

Blumhardt lernt Leidende kennen, die ihrer selbst nicht mehr mächtig sind. Sie kranken nicht bloß an Willensschwäche, sondern sind seelisch-geistig ohnmächtig, bis hin zur Bewußtlosigkeit. In äußersten Notlagen sind sie nicht mehr »ansprechbar«. Sie haben sich in Bindungen verstrickt, sind nun Unterworfene, und zwar so sehr, daß sie ihre Zwangslage gar nicht mehr als etwas ihnen Fremdes im Blick haben können. Sie können nicht immer mehr sagen, was sie wollen, sondern müssen es mit fremder Stimme herausschreien. Sie werden zum Sprachrohr für Äußerungen gänzlich fremder Natur, menschenfeindlich und schöpfungswidrig. Da ist keine Spur mehr von einer Subjektivität, die nur gestärkt, ein wenig zurechtgerückt und aufgerichtet werden müßte. Die Kranken sind hoffnungslos fremdbestimmt, zu Objekten geworden, fähig nur noch zu Zwangshandlungen. Blumhardt versucht, diese Symptome, soweit er kann, zu diagnostizieren, um sich einigermaßen zurechtzufinden. Er greift dabei auch zur Vermutung schwerwiegender moralischer Verfehlungen, Abgötterei und Aberglauben. Doch immer wieder bricht durch, daß das Leiden seine Kontur erst von seiner Überwindung her, als Erleiden des Handelns Gottes, zeigt. So wird Blumhardt eine Diagnose gänzlich anderer Art geradezu aufgenötigt: die Zuordnung des Leidens zum Kommen des Reiches Gottes.

Um Gottes Hilfe – nicht um diese oder jene Hilfestellung, um Unterstützung zur Bewältigung des Lebens, um Steigerung eigener Kräfte – zu bitten, heißt beten zu lernen: »Dein Name werde geheiligt, dein Reich komme, dein Wille geschehe wie im Himmel so auf Erden.« Die Bitte um Hilfe trifft auf die Heiligung des Gottesnamens, das Kommen des Gottesreiches und die Durchsetzung des Gotteswillens. Die ersten drei Bitten des Herrengebetes bilden ein Junktim. Wer sich Gottes Willen versagt, widerstrebt dem ersten Gebot, kann Gott nicht von Götzen unterscheiden. Er läßt über sich herrschen, was er selbst hervorgebracht hat oder gewähren ließ. Gottes Willen läßt er sich nicht gefallen, sofern er ihm nicht wohlgefällt. Daß Gottes Herrschaft ihn befreit, vermag er solange nicht zu sehen, wie er diese nur als Einschränkung seiner eigenen Macht verspürt.

Die Frage der Selbsterkenntnis verschärft sich hier aufs äußerste. Was kann ein Leidender ohnmächtig noch erkennen – nicht der passiv Duldende, sondern der Gequälte, Gebundene? Was nimmt er wahr, wenn sogar die Beziehung zwischen Seele und Körper angegriffen wird, wenn seine Leiblichkeit gepackt und geschüttelt wird? Er ist nicht mehr nur hilfsbedürftig, sondern erlösungsbedürftig. Was er kann und nicht kann – das geht über das Verhältnis von Gottes Gnade und menschlichem Willen hinaus, wie es zwischen Pelagius und Augustin umstritten war. Gottes Gnade ist Erlösungstat. Sie entreißt den Menschen, der völlig verlorenzugehen droht, ganz und gar den zerstörenden Kräften. Das Selbst tritt aus der Neuschöpfung entgegen, wird nicht mehr aus der Selbstbeobachtung gewonnen. Dieses Selbst macht sich im Hilferuf bemerkbar, der – dem Bittenden womöglich noch gar nicht bemerkbar – ein Schrei nach Erlösung ist: ein erstes Anzeichen des Kampfes um das Reich Gottes. Hier wird offenkundig, daß der Mensch auf eine paradoxe Weise »tätig wird« und »wirkt«, indem er Gott wirken läßt, nun aber auch *er*, der Rufende und Bittende als derjenige, der hier mit im Spiel ist, ohne länger nur Spielball zu sein. Blumhardt hörte den Ausruf »Jesus ist Sieger!« als Verzweiflungsschrei eines überwundenen Feindes, der eine Kranke besessen hatte, einer fremden Macht also: als das Eingeständnis einer Kapitulation, das zum Christusbekenntnis wird.

(36.) Seelsorge hat teil an Gottes Aufrichtung seines Reiches, an Christi Sieg über die Mächte des Verderbens.

Auch der Seelsorger kann sich nur der Hilfe Gottes anvertrauen. Weiß er denn, worauf er sich einläßt? Worin läßt er sich verwickeln, wenn er Leidenden wirklich beistehen, zur Seite stehen will? Jedenfalls kann er nicht stellvertretend für Gott kämpfen, gar für Gottes Sache gegenüber den Leidenden eintreten wollen.

Blumhardt hört auf das, was Leidende sagen, so fremdartig und befremdlich es auch klingen mag, bis hin zu dämonischen Stimmen. Gerade weil in vielem, das er zu hören bekommt, Leidende als Personen wie zerstört oder doch aufs äußerste bedroht erscheinen, ruft er ein Ich an, das allein noch an seinem Schöpfer und Erlöser hängt, das sich nicht selbst einsetzen oder aussprechen kann. Der Mensch unter der Knechtschaft des Bösen ist so in sich verkrümmt und verbohrt, daß er nicht wieder geradegebogen werden kann. Wer seine Elastizität längst verloren hat, kann daran nur zerbrechen.

Hier reicht ein bloßes Gespräch nicht mehr aus, jedenfalls kein Gespräch aufs Geratewohl einer allmählichen Selbstpräsentation. Was würde sie zutage fördern? Blumhardt will kein Gespräch inszenieren, das einer Selbstentfesselung dienen könnte. Auch ist er weder auf der Suche nach einem »lösenden Wort«, noch rechnet er mit der Heilkraft von Aussprachen. Insofern ist seine Seelsorge von Gesprächstherapie weit entfernt (angesichts der Fülle von Not, die ihm entgegentrat, hätte er auch kaum Zeit zu solchen Gesprächen gehabt). Als er sich in der ersten Krankheitsgeschichte nach langem Zögern entschloß, in ein »maßvollst gehaltenes Gespräch« einzutreten (FRIEDRICH ZÜNDEL, Joh. Christoph Blumhardt. Ein Lebensbild, Zürich/Heilbronn 1880, 118), war dies eine Anhörung von Dämonen! Seelsorge kann deshalb, jedenfalls in Blumhardts Sicht, nicht bloß eine genesene, gereinigte Subjektivität erreichen wollen, die sich wieder unter Kontrolle gebracht hat. Sie geschieht vielmehr in der Hoffnung, daß der ganze, nicht mehr mit sich zerfallene und gespaltene Mensch zu Gottes Reich gehört. Mit dieser Hoffnung wirft Blumhardt die Not, die ihm begegnet, und seine eigene Anfechtung darüber und seine Ermüdung Gott entgegen. So erhält seine Seelsorge einen dramatischen Zug, allerdings nicht, indem sie Handlungen zu einer Katharsis hinführt, einem Höhe- und Wendepunkt, der die unerträglich gewordene Spannung löst. Er beherrscht auch nicht die psychotherapeutische Kunst, seelische Konflikte durch eine Explosion aufgestauter oder verdrängter Gefühlsregungen zu bereinigen. Blumhardt ruft Gott an, oft schreit er zu ihm aus der tiefen Not der Verwicklung eines Leides, das ihm vor Augen steht, mit dem Verderben kosmischen Ausmaßes. Er verzichtet auch je länger desto mehr darauf, mit Leidenden zu beten oder sie gar ins Beten hineinzudrängen, sondern tritt fürbittend für sie ein.

Erlösung löst von der Macht des Bösen, Befreiung geschieht als Rettung aus dem Verderben. Wenn Gott Schuld vergibt, zerreißt er die Verstrickung, in der sich Menschen verfangen haben – und damit wird erst recht sichtbar, daß über den Geplagten ein böser Wille herrschte, ohne daß er sich damit entschuldigen kann. In der Absolution werden die Geister geschieden. Hatte Luther im Kleinen Katechismus gesagt: »Wo Vergebung der Sünden ist, da ist auch Leben und Seligkeit« (BSLK 520,29f.), lernt Blumhardt dies anders zu verstehen, als es ihm aus seiner kirchlichen Tradition geläufig war. Leben und Seligkeit werden nicht schon dadurch zuteil, daß Menschen eine innere Last abgenommen oder daß sie von Bedrängnissen entlastet werden, die sie als von außen kommend empfinden. In der Absolution setzt sich Gottes Reich durch, und dabei geht es nicht ohne harten »Kampf« ab.

Gottes Reich setzt sich durch – es bricht an, zugleich bricht es den leidenden Menschen für die Hoffnung, für die Erwartung des kommenden Reiches Gottes auf. Das ist weder eine präsentische noch eine futurische Eschatologie, sondern konsequente Eschatologie: konsequent insofern, als die Hoffnung, die im Kommen Jesu Christi begründet ist, an Gottes Treue zu seinen Verheißungen hängt. Bei Blumhardt durchdringen das Bekenntnis »Jesus ist Sieger!« und der Ruf »Marána tha – unser Herr, komm!« (1. Kor 16,22; Offb 22,20) einander, die Gewißheit der Gegenwart Christi und die Naherwartung des kommenden Christus mit der Erlösung der Schöpfung in der Vollendung des Reiches Gottes. Der Sieg Jesu beendet den Kampf nicht, sondern führt ihn schöperisch weiter. Der Blick richtet sich »aufs Ganze«, darauf, daß Gott alles in allem sein wird (1. Kor 15,28).

Blumhardt antwortet einmal, nach der Hoffnung des Heiligen Geistes gefragt, »daß ich mir die Art und Weise, wie Gott etwa das uns wieder geben werde, was die apostolische Zeit gehabt hat, nie bestimmt vorzustellen oder in mir festzusetzen wagte, indem ich nicht systematisch grübelnd, hinter dem Pult nachdenksam sitzend, auf meine Hoffnungsgedanken gekommen bin« (Gesammelte Werke von Joh. Christoph Blumhardt III, hg. von Christoph Blumhardt: Gesammelte Aufsätze, Teil 1: Besprechung wichtiger Glaubensfragen, Karlsruhe 1888, 52). Das ist kein Seitenhieb auf systematisches Denken, auch kein Eingeständnis mangelnder gedanklicher Konsistenz, sondern die Absage an das unmögliche Unterfangen, Hoffnung erdenken zu wollen, und sei es mit einer systematischen Verknüpfung biblischer Zitate. Blumhardt kam auf die Hoffnungsgedanken, weil er all das, was ihm in der Seelsorge widerfahren war, allein als unabweisliche Erwartung Gottes verstehen konnte. Hier wird nicht Theologie aus »Erfahrungen« entwickelt oder umgekehrt von der Dogmatik angenommen, sie denke etwas vor, was dann realisiert werden müsse. Dogmatik ist kein Gedanken- und Sprachgebilde, das nur noch übersetzt zu werden braucht: übertragen auf unterschiedliche Situationen, in verschiedenste Verständnishorizonte. Sie ist die Grammatik des Glaubens, der Hoffnung und der Liebe.

Weil Seelsorge ohne die Bitte »Dein Reich komme!« undenkbar ist, bedarf sie außer der Gnaden- und Rechtfertigungslehre der Rechenschaft über die Hoffnung, um die Aporie der Selbsterkenntnis bestehen zu können.

Diese Rechenschaft setzt sich Gottes Verheißungen aus, die menschliches Leiden in seiner tiefsten Hilflosigkeit aufdecken. Sie lassen diese Not anders vernehmen, als die Leidenden sich auszudrücken vermögen – vor allem dann, wenn Leiden daran entsteht, daß eine physische Konstitution und psychische Befindlichkeit nicht mehr beherrscht werden können, sondern als fremden Einwirkungen ausgeliefert erscheinen. Gerade dann hilft ein bloßes Sich-Aussprechen und eine Aussprache darüber nicht mehr. Wird jedoch Gottes Zusage ausgesprochen, dann kann die menschliche Antwort weit über das hinausgehen, was Menschen sich und einander zumuten dürften. Sie vermag den göttlichen Sieg zu verkündigen und das Ausmaß dieses Sieges ahnen zu lassen, wenn bei dieser Verkündigung laut wird, wer und was alles Gott unterstellt worden ist. In der Anrufung Gottes aus ausweg1oser Not machen sich Kämpfe in unvorstellbaren Dimensionen bemerkbar. Sie stoßen uns darauf, daß Reden im Glauben, auf Hoffnung hin und aus Liebe nie in sich geschlossen sein kann, sondern auf die Erstreckung von Gottes Handeln ausgerichtet bleibt. Für diese Ausrichtung steht die Dogmatik ein, und darum ist sie gerade für die Seelsorge unverzichtbar. Denn in ihr wird zu Menschen gesprochen, die die Grenze ihrer Sprachfähigkeit erfahren haben, weil die Einheit ihrer Welt zerbrochen ist.

HELMUT TACKE, Glaubenshilfe als Lebenshilfe. Probleme und Chancen heutiger Seelsorge, Neukirchen-Vluyn ²1979. – PETER BUKOWSKI, Die Bibel ins Gespräch bringen. Erwägungen zu einer Grundfrage der Seelsorge, Neukirchen-Vluyn 1994.

2.7 Unterricht

2.7.1 Glauben lernen?

In den Aufzeichnungen meines Vaters aus dem Jahre 1939 stieß ich auf die Frage, ob der Beruf des Pfarrers in Zukunft noch nötig oder gar unverzichtbar sei – Überlegungen, wie sie viele Pfarrer der Bekennenden Kirche damals und weiter in den Kriegsjahren bewegten, stärker noch als in den ersten Jahren des »Kirchenkampfes«, weil sie die Kirche nach Kriegsende vor ungeahnten neuen Aufgaben und Schwierigkeiten sahen. Nach Gesprächen mit Männern seiner Gemeinde bei der Musterung zum Kriegsbeginn fragte sich mein Vater, ob es nicht an der Zeit sei, andere und sich selbst darauf vorzubereiten, daß die Aufgaben eines Pfarrers aus der Gemeinde heraus wahrgenommen werden müßten. Bedarf es für die Predigt, für Krankenbesuche, für die Seelsorge, ja sogar für Taufe, Trauung und Beerdigung einer theologischen Profession? Hatte es sich nicht in vielen Ernstfällen gezeigt, daß das »Amt« des Pfarres durchaus ersetzbar ist? – Aber, so heißt es zum Schluß, »die Kinder müssen unterrichtet werden«, und darum, vielleicht allein für diese Aufgabe, seien Menschen nötig, die ihre Zeit und Kraft nicht nur nebenbei darauf verwenden können. Für den Unterricht im christlichen Glauben bedarf es – neben pägagogischem Können – umfassender theologischer Bildung, äußerster Sorgfalt im Zuhören, geschärfter Urteilskraft und des vollen Einsatzes aller Kräfte. Theologie ist Beruf um des Unterrichts im Glauben willen.

Warum eigentlich? *Warum* muß unterrichtet werden? Weil christlicher Glaube eine Überlieferung ist und nur im geglückten, lebendigen Überliefern lebendig bleibt? Keine Religion kann auf die Dauer überleben, wenn nicht immer wieder die nachwachsende Generation in sie eingeführt wird, wenn sie nicht lernt, sich in dem zu verstehen und zu bewegen, was als Frömmigkeit gelebt wird. Es bedarf der gründlichen Unterrichtung, um religiöse Tradition weitergeben zu können, um sie auch weiter wachsen zu lassen, was oftmals nur unter erheblichen Wachstumsschmerzen für alle Beteiligten – auch für die Lehrenden – vor sich geht. Enthält diese Auskunft schon eine theologische Begründung?

Nein, denn es wäre viel zu allgemein, Unterricht als Weitergabe von Überlieferung umschreiben oder gar so begründen zu wollen, auch wenn dabei in Rechnung gestellt wird, daß diese Vermittlung immer auch ein kritischer Prozeß ist. Die Aufmerksamkeit richtet sich dann zu sehr auf das Verhältnis von geschichtlich Gewachsenem und seiner Lebendigkeit in der Gegenwart. Weitergabe von Tradition heißt jedoch nicht bloß: Bewährtes weiterzutragen und in seiner Bewährtheit einsichtig werden zu lassen. Es bedeutet vielmehr: das Richtige weiterzugeben, in der rechten Tradition zu stehen – ohne sich aus einem Angebot von

Überliefertem das Bekömmlichste herauszusuchen, Anschauungen zu übernehmen oder sich einer Lebensweise einfach anzuschließen. Das Richtige wird nur weitergesagt werden können, wenn es als das Richtige erkannt werden kann. Sonst wäre Unterricht Indoktrination.

Phänomenologisch gesehen, kann »Unterricht in der Religion« sehr verschieden ausfallen – noch ganz abgesehen von pädagogischen Vorstellungen und entwicklungspsychologischen Rücksichten. Wie ein solcher Unterricht in Erscheinung tritt, wie er zuinnerst strukturiert ist, woran er anschließt und worauf er den Blick lenkt: das ist theologisch aufschlußreich und muß entfaltet werden, damit die Frage »Warum unterrichten?« auch wirklich beantwortet und nicht mit dem bloß pragmatischen Hinweis auf einen Traditionsprozeß erledigt werden kann.

So besteht etwa ein charakteristischer Unterschied zwischen jüdischem und christlichem Unterricht – bei vielen Berührungspunkten und Ähnlichkeiten, die zu beachten und zu achten sind – darin, daß ins jüdische Volk *hineingeboren* wird, wer Kind einer jüdischen Mutter ist (← 2.4.2). Der Ritus der Beschneidung unterstreicht dies: Er ist das Zeichen des Bundes Gottes mit seinem Volk, der Beschnittene wird gezeichnet für die Geschichte Gottes mit diesem Volk, an der er von nun an Anteil hat.

In die Kirche wird jedoch niemand hineingeboren, auch nicht in die sog. Volkskirche. Auch wo es sich traditionellerweise »gehört«, zur Kirche zu gehören, bedarf es dazu der Taufe. Die Taufe ist das Zeichen für die Gnade Gottes, Zeichen dafür, daß Christen allein aus Gottes Gnade sind, was sie sind, daß sie zu Gott gehören, weil er sie berufen hat. Gottes Gnade kommt jeder menschlichen Möglichkeit, sich »zu Gott zu verhalten«, zuvor. Sie steht ebensowenig in einem Verhältnis zu menschlicher Bereitschaft, glauben zu wollen, wie zu menschlichem Unvermögen oder der Weigerung zu glauben. Glaube ist reines Geschenk, wir können ihn nur empfangen. So wird Gottes Gnade in der Taufe mitgeteilt – gleichgültig, ob Säuglingen, die sich nicht dagegen wehren können, oder Heranwachsenden oder Älteren, die die Taufe bewußt begehren.

Christlicher Unterricht ist elementar Taufunterweisung, jedenfalls historisch gesehen. Denn anfänglich diente er dazu, auf den Empfang der Taufe vorzubereiten, die Täuflinge zu »informieren« (was ja weit mehr ist als das bloße Beibringen von Kenntnissen!), theologisch aber, weil sie im Grunde entfaltet, was in der Taufe geschieht, samt allem, was in ihr vorausgesetzt ist und aus ihr folgt.

Die Taufunterweisung will mit Gottes Handeln vertraut machen: mit der ganzen Reichweite von Gottes Handeln. Kann sie damit jemals an ein Ende kommen? Kann sie mit einem bestimmten Kenntnisstand abgeschlossen sein? Wenn christliches Leben immer wieder zu seinem Ursprung zurückkehrt, nämlich im Bekenntnis der Schuld in der Hoffnung auf Vergebung (*reditus ad baptismum*), so kann Unterricht diesem Weg zur Quelle des Glaubens nur folgen: dem Weg, der kein Schritt zurück ist.

Was dieser Unterricht vornehmlich zu sagen hat, ist in den christlichen Kirchen unterschieden (nicht substantiell verschieden), weil es sich darauf bezieht, wie »Kirche« in Erscheinung tritt und wie darauf vorbereitet werden soll, dieser Kirche zu begegnen, in sie einzutreten – nicht bloß einen rechtlichen Kircheneintritt zu vollziehen –, zur Kirche zu gehören und nicht bloß ihr Mitglied zu sein.

Die Unterweisung der *östlich-orthodoxen Kirchen* konzentriert sich darauf, *mit der Liturgie vertraut zu machen*, in ihren Gang einzuüben, um den Weg des Glaubens der Kirche, wie er gottesdienstlich vorgezeichnet ist, immer wieder zu gehen. Und da die ganze Welt in das liturgische Gotteslob einbezogen ist, strahlt der Gottesdienst in den Alltag hinein, und dieser wird in der Liturgie durchsichtig für Gottes Gegenwart.

Nach *römisch-katholischer* Auffassung dient Unterricht dazu, *am Glauben der Kirche teilzunehmen und so an der kirchlichen Überlieferung Anteil zu gewinnen*. Denn Tradition ist nach katholischer Lehre der Niederschlag der Wirkungen des Heiligen Geistes, der die Kirche leitet und weiterführend im Glauben bewahrt. In diesem Sinne hat BLAISE PASCAL aphoristisch gesagt, die »Gewohnheit« (*coutume*) sei wie »Vernunft« und »Eingebung« ein »Einübungsmittel zum Glauben«:

> Il y a trois moyens de croire: la raison, la coutume, l'inspiration. La religion chrétienne, qui seule a la raison, n'admet pas pour ses vrais enfants ceux qui croient sans inspiration; ce n'est pas qu'elle exclue la raison et la coutume, au contraire; mais il faut ouvrir son esprit aux preuves, s'y confirmer par la coutume, mais s'offrir par les humilations aux inspirations, qui seules peuvent faire le vrai et salutaire effet: *Ne evacuetur crux Christi* (Pensées [1658–1662], ed. Léon

Brunschvicg, Fragment 245, Ausgabe Paris [Éditions Garnier Frères] 1961, 141).

Es gibt drei Mittel zum Glauben: Vernunft, Gewohnheit, Eingebung. Die christliche Religion, die allein die Vernunft auf ihrer Seite hat, erkennt die, die ohne Eingebung glauben, nicht als ihre rechten Kinder an. Nicht, daß sie die Vernunft und die Gewohnheit ausschlösse, im Gegenteil; sondern seinen Geist muß man für die Beweise offen halten, sich durch die Gewohnheit darin bewähren und sich den Demütigungen der Eingebung darbieten, die allein die wahre und heilsame Wirkung vollbringen kann – »damit nicht das Kreuz Christi zunichte werde« [1. Kor 1,17] (übertragen von Ewald Wasmuth: Über die Religion, Heidelberg ⁶1963, 132).

Das klingt reichlich traditionalistisch, spiegelt aber exakt wider, daß »zum Glauben kommen« heißt: am Glauben der Kirche teilnehmen. Es heißt: beten lernen, sich in den biblischen Geschichten wiederfinden, von ihnen belehrt fragen und antworten. Pascals »Mémorial«, sein persönliches Glaubensbekenntnis, das er in seiner Jacke eingenäht ständig am Herzen trug, ist ein beredtes Zeugnis dafür. Es spricht von einer Gotteserfahrung, erwachsen aus der tödliche Trennung von Gott, gehalten in der Hoffnung auf das Leben in Gott, ausgesprochen unter anderem mit Ruths Worten, mit denen sie sich in das Gottesvolk einverleiben läßt: »Dein Gott wird mein Gott sein« (Ruth 1,16). Und diese ebenso biblisch vorgezeichneten wie auch ganz persönlichen Sätze münden in die Einsicht: »Nur auf den Wegen, die das Evangelium lehrt, kann man [Gott] bewahren.« Dieses Bekenntnis läßt zugleich das dialektische Verhältnis ahnen, in dem eine solche Glaubenserfahrung zu vielem stehen kann, was eine herrschende Theologie den »Gläubigen« vorzuschreiben sucht, etwa zur Zeit Pascals eine verwässerte Gnadenlehre, die von der abgrundtiefen Entfremdung, die er erfahren hat, nichts weiß. Die kirchliche Tradition als Antwort auf die Frage »Warum Unterricht?« ist weit davon entfernt, nur eine Instruktion zu sein, zumindest dann, wenn sich *die theologische Innenspannung der Glaubensüberlieferung* bemerkbar macht. Diese Innenspannung *ist der innere Grund für die Notwendigkeit des Unterrichts im Glauben* – und zwar nicht erst für Institutionen solchen Unterrichts, sondern immer dann, wenn andere in diesen Glauben eingeführt werden sollen, und sei es »nur« informativ.

Diese Innenspannung war für die Reformatoren Grund genug, sich der Katechetik als theologischer Aufgabe anzunehmen, in neuer Weise und mit neuen Mitteln – und dabei auch über die bisher übliche Antwort auf die Frage »Warum Unterricht?« hinauszugehen bzw. sie zu verschärfen und zu vertiefen. Dahinter steht ein anderes Verständnis vom Handeln Gottes und vom Wirken des Heiligen Geistes, daraufhin auch ein anderes Kirchenverständnis: die Kirche als »creatura evangelii«, geschaffen durch das Evangelium von der freien Gnade Gottes, der sich der Glaube verdankt.

Darum hat der Unterricht im Glauben die Aufgabe und das Ziel, *zu lehren, daß »Glauben« nicht erlernt werden kann*. Dieses paradoxe Lernziel ergibt sich aus dem Charakter des Glaubens, der nur kennengelernt werden kann, indem »der Glaube« ausgesprochen wird – und zwar nicht komplett und ein für allemal, sondern indem ausgesagt wird, was »Glauben« begründet und wie »Glaube« begründet ist. Dies gilt es so elementar wie möglich und so umfassend wie nötig zu sagen. Darin gleicht der Unterricht im Glauben der Lehre evangelischer Theologie: Sie muß nicht alles sagen, was »die Kirche glaubt«, d. h. was sie bis zum heutigen Tag verbindlich gesagt hat – so entspräche es katholischer Lehrauffassung, und dementsprechend fallen auch katholische Katechismen so umfangreich aus.

Verbindliche Lehre evangelischer Theologie (← 1.5.1) ist nicht inhaltsärmer als das, was das Lehramt der katholischen Kirche im Laufe der Zeiten deklariert hat, aber es soll die Grenzlinie dessen zeigen, was unbedingt und unter allen Umständen »im Glauben, auf Hoffnung hin und aus Liebe« gesagt werden muß. Darum ist es ihr mehr um das Profil des Glaubens und der Hoffnung als um eine lückenlose Darlegung von Lehrentscheidungen zu tun. Der evangelische Katechismus ist von Hause aus auch kein Bildungsprogramm, sondern wirklich »Lehre« im evangelischen Sinne dieses Wortes: die Umschreibung dessen, was evangelische Kirche zu sagen sich verpflichtet hat und verpflichtet sieht, wenn sie nach ihrem Kirchesein gefragt wird und wenn sie darauf mit dem antwortet, wodurch sie sich im Glauben, in der Hoffnung und durch die Liebe leiten läßt (← 1.4.1). Der Umfang ist zweitrangig: so knapp und konzise wie MARTIN LUTHERS Kleiner Katechismus, breiter angelegt, aber nicht wesentlich materialreicher als sein Großer Katechismus; systematisch entfaltet wie JOHANNES CALVINS »Institutio christianae religionis« – »Unterricht in der christlichen Religion« in ihren verschiedenen Fassungen und auf der Grundlage der von Calvin verfaßten Katechismen; pädagogisch zugeschnitten wie bei PHILIPP MELANCHTHON, der in seinem »Examen Ordinandorum« (1552) den Katechismus aufs engste mit »Lehre« zusammenbindet (HANS-JÜRGEN FRAAS, Katechismustradition. Luthers kleiner Katechismus in Kirche und Schule [APTh 7], Göttingen 1971, 76).

(37.) Im Glauben unterwiesen zu werden, bedeutet zu lernen, daß Glaube nicht erlernt werden kann. Er will jedoch eingeübt werden: indem gelernt wird, Fragen, die sich unter allen Umständen stellen, im Blick auf Gottes Verheißungen zu formulieren und darauf zu antworten, ohne daß sie damit beantwortet (im Sinne von »erledigt«) wären.

Gelernt wird daher die Gemeinschaft mit Christus, der sagt: »Kommt her zu mir [...] und lernt von mir« (Mt 11,28f.).

Die Einstimmung in das, was Gott an Welt und Menschheit tut, führt zur Übereinstimmung im einzelnen, zum *Konsens* (← 1.4.3), in dem die Gemeinschaft des Glaubens ihren Ausdruck findet. Soll der Zusammenhang des Handelns Gottes durch die Erwartungen und Erfahrungen des Glaubens stets erneut wahrgenommen werden, so kommt es darauf an, daß solche Wahrnehmung geteilt und mitgeteilt werden kann.

Lernen aus Glauben und auf ihn hin stammt aus solcher Einstimmung und zielt auf Übereinstimmung: dies ist ein kritischer Prozeß, beileibe keine Instruktion, die Anpassung erreichen will. Der Kern dieses Prozesses besteht in theologischer Urteilsbildung (← 1.3). Sie ist als »Bildung« bis zu einem gewissen Grade durchaus erlernbar. Dogmatik ermöglicht bestimmte Erfahrungen als Glaubenserfahrungen, indem sie Menschen bilden hilft, die im Glauben erfahren werden. Dieses Lernen wird auf Glaubensüberlieferung zu achten haben und an mehr als genug zu bedenken bekommen, doch Tradition wird immer auf die Probe gestellt, wo ein Dissens entsteht: Sie bewährt sich und zeigt ihre Verbindlichkeit, indem sie zum Konsens verhilft, der die Wahrheit des Glaubens von neuem, oft in zunächst ungewohnter Weise und mitunter tastend auszusprechen erlaubt.

Theologische Urteilsbildung ist der Kern von Bildung in kirchlichem Unterricht und im Religionsunterricht, dort zumindest als ebenso sachliche wie engagierte *Darstellung* von Urteilsbildung und Einladung dazu. *Diese Urteilsbildung vollzieht sich im Innehalten und Weitergehen des unterrichtlichen Lernens, das am*

Glauben seine Grenze findet und von dieser Grenze her ermißt, wohin es gehen und worin es eintreten kann: in Gottes neue Schöpfung. Wenn diese Urteilsbildung gelingt, versperrt sie weder das alltägliche Lernen gegen den Glauben, noch mindert sie die Freude am lernenden Entdecken, am Versuch, vom Glauben im Blick auf Alltägliches zu sprechen. »Konkret« ist die Bildung eines Urteils, das in verschiedenen Situationen bewährt werden will, keine Abbildung theologischer Begriffe auf die Ebene eines Anschauungsmaterials, das gemeinhin für unmittelbar wirklich gehalten wird, obwohl es oft bloß eine assoziativ zusammengesetzte und beschworene Realität ist. Wohl kann, was im Glauben zu sagen ist, wahrgenommen werden, doch wenn es nicht nur elementar gesagt, sondern veranschaulicht werden soll, kann dies das spezifische Reden im Glauben begleiten, nicht aber ersetzen.

Allein: theologische Urteilsbildung soll indessen auch den – schon erwähnten – Kurzschluß vermeiden helfen, »glauben lernen« zu wollen wie ein Verhaltensprogramm oder wie eine Praxis zur Lebensbewältigung. Derart »glauben zu lernen«, könnte ein attraktives Angebot in einer Zeit wie der unsrigen sein, wo so viele nach festen Überzeugungen, nach unmißverständlichen Leitlinien, nach letzten Sicherheiten für Lebensentscheidungen suchen. Theologische Urteilsbildung muß – ohne jeden religiösen Hochmut – solche Wünsche austreiben, damit der Blick geschärft wird für die eigentümliche Gewißheit des christlichen Glaubens, die Christen in Gottes Verheißungen verankert statt in ihrer Gläubigkeit.

Solcher Glaube ist, wie schon in 2. Thess 3,2 erwähnt, nicht jedermanns Sache. Kann Lernen dem abhelfen, oder ist es nur für alle diejenigen gut, die schon glauben oder wenigstens zu glauben meinen? Diese Frage läßt sich nicht im vorhinein beantworten, sondern zeigt ihre Grenze erst im Prozeß der Urteilsbildung.

2.7.2 Antworten können

Glaube kann nicht erlernt werden: dies bedeutet also keineswegs, daß im Blick auf »Glauben« überhaupt nichts gelernt werden könne, etwa mit der Begründung, daß er kein Gedankengebilde ist und auch nicht durch irgendeine Anstrengung hergestellt werden kann. So richtig dies alles sein mag – FRIEDRICH SCHLEIERMACHER hat in seiner Bestimmung von »Religion« darauf hingewiesen (in der zweiten seiner Reden »Über die Religion«, Berlin 1799) –, so gilt doch, daß zumindest gelernt werden kann, ja muß, sich in der Sprache des Glaubens zu bewegen. Damit sind kognitive Elemente unverzichtbar. Nach evangelischem Verständnis bedeutet »Glaube« immer auch: eine Erkenntnis gewinnen und ausbilden. Diesen Lernprozeß gilt es zu vermitteln. Sonst würde das Eingeständnis »Ich kann einfach nicht glauben« zu einer Ausrede, sie könnte uns gar auf den Gedanken bringen, Glaube sei von irgendeiner genetischen Disposition abhängig – warum dann nicht auch von irgendeiner Mangelerscheinung, die durch religiöse Aktivität ausgeglichen werden müßte?

Wir können vom Glauben nur reden, wenn wir von Gottes Handeln reden, das unserem Unglauben ebenso wie jeder Einbildung, »einen Glauben zu haben«, zuvorkommt. Was kann gelernt werden? Immer wieder von neuem nach der Erstreckung dieses Handelns zu fragen und so Lebenssituationen in den Blick zu nehmen, die eigene und die anderer. So kann beispielsweise gelernt werden, biblische Geschichten zu lesen: mit dem Ziel, sie richtig erzählen zu können – im Achten auf ihre Brüche, ihre Sequenzen, in der Wahrnehmung dessen, was sie gerade nicht sagen, wo wir Informationen erwarten. Auch dafür gibt die Dogmatik eine Hilfestellung, indem sie zur Orientierung an der Erstreckung des Handelns Gottes verhilft.

Unterricht will helfen, »zum Glauben zu kommen«. Darum darf sie sich nicht etwa damit begnügen, Glauben als reines Geschenk zu beschwören, das manchen gewährt werden mag, anderen nicht; als eine Gabe, die Menschen nur zu-fallen kann. Wenn dies alles *auch* richtig ist, so muß doch gesagt werden können, warum es zutrifft. Und damit stehen wir schon mitten in der Bewegung des Zum-Glauben-Kommens, wenn anders diese Bewegung auch aus Schritten besteht, die wir gehen oder auch nicht gehen, soweit es an uns liegt. Es gibt also sehr wohl Lernschritte des Glaubens, die jedoch nicht schrittweise derart zum Glauben führen, daß er zum Lernziel werden könnte, das irgendeinmal erreicht wäre und das dann auch durch neue Ziele überholbar würde.

SØREN KIERKEGAARD hat in seiner »Einübung im Christentum« (1850) versucht, dem Paradoxon des Glauben-Lernens auf die Spur zu kommen: dem Sprung des Glaubens, der alle Sicherheiten fahren läßt, auch die Sicherheiten erworbener Kenntnisse und des Wissens um das eigene Können und Nicht-Können, eines Glaubens, der allein »indirekt mitgeteilt« werden kann, indem gesagt wird, was zum Glauben ruft und damit in die Geschichte Jesu

Christi versetzt. Kann man dies als ein religiöses Grundverhalten einüben? Oder bedeutet »Einübung« nicht vielmehr: zu lernen, sich in der Sprache des Glaubens zu bewegen, ohne über das, was diese Sprache sagt, zu verfügen?

Die Theologie, die dieser Einsicht folgt, kann sich keiner Pädagogik anschließen, die in irgendeiner Weise damit rechnet, daß Gottes Gnade und damit der Glaube als Gottes Tat am Menschen von uns erleistet werden könne, sei es als Mitwirkung an Gottes Handeln, als Aufnahme eines göttlichen Impulses oder als Entwicklung einer Anlage. Dieses Grundproblem bewegte schon die Auseinandersetzung zwischen Augustin und Pelagius (← 2.6.2), es wurde aufgenommen in der Kritik der reformatorischen Rechtfertigungslehre durch das Konzil von Trient, das die Beichtpraxis als Form der Glaubensschulung wiederbelebte und einen Aufschwung des kirchlichen Unterrichts als Instruktion für das sakramental geheiligte christliche Leben im Gefolge hatte. Die christliche Vollkommenheit wird »realistisch« relativiert und dadurch erst erreichbar gemacht. Dasselbe Problem taucht aber auch immer dann auf, wo »Pädagogik« selber zu einer »Glaubenssache« wird, wo man vielleicht gar an eine lebenslange Bildung glauben muß, um das Vertrauen in die Humanität festzuhalten.

»Glaube« ist jedoch kein Erziehungsziel. Das Lernziel, das mit ihm verbunden ist, besteht vielmehr in einer eigentümlichen Fragestruktur. Der Glaube ist mit bestimmten Fragen und Antworten verknüpft, nämlich mit solchen, die entfalten, was »der Glaube sagt«, und die zeigen, worauf sich Glaubensaussagen erstrecken und wie weit sie reichen. So sind die wegweisenden Katechismen der Reformationszeit gestaltet.

Der »Heidelberger Katechismus« (1563, hg. von Otto Weber [GTB 1293], Gütersloh ^{5}1996) markiert die Fragen, die jeder Christ stellen können muß, wenn er sich vor Fragen auf Leben und Tod gestellt sieht. Auf diese Situationen will der Katechismus vorbereiten, weil niemand weiß, wann und wie er von ihnen getroffen wird und ob dann Zeit und Gelegenheit ist, nach einer Antwort zu suchen. Er beschränkt sich auf Fragen, die sozusagen aus dem Stand heraus müssen beantwortet werden können. Es sind zugleich Probleme, auf die Christen immer wieder stoßen, in die sie sich ein Leben lang einüben, und deren Beantwortung eine Lebenszeit hindurch trägt und darüber hinaus. Die katechetischen Fragen sind so formuliert, daß sie zu ständigem Bibellesen anleiten und auch darin einüben: indem sie auf die Erstreckung des

Handelns Gottes aufmerksam machen und dadurch in ihrem inneren theologischen Zusammenhang einsichtig werden. Derart kommt es zu einem unaufhörlichen Wechselspiel von Fragehinsichten nach dem »Trost«, dessen wir bedürfen, und dem »Nutzen« des Handelns Gottes für uns, und von biblischen Anzeigen der Verheißungen Gottes.

LUTHER knüpft an Glaubensäußerungen an: an das Gebet, an das Bekenntnis, an Taufe und Abendmahl als Teilhabe am Sterben und Leben Christi, an die Freude über Gottes Willen, der in seinen Geboten ausgesprochen ist. Luthers Erläuterungen leiten zugleich zur Urteilsbildung an. Unbeschadet ihres Frage-Antwort-Schemas, das heute pädagogisch antiquiert anmutet, soll die Wahrnehmung geübt werden, bis sie elementare Sachverhalte wiedererkennen kann. Jeder einzelne soll sagen können, und zwar inmitten dessen, was ihm alltäglich begegnet: »So ist es – und nicht anders.« Diese Urteilsbildung unterscheidet sich wesentlich von bloßen Rastern, die man sich aneignen kann: Deutungsmuster, Verhaltensmuster, mit deren Hilfe die begegnende Wirklichkeit immer schon vorweg begriffen wird. Insofern war und ist Glaubensunterricht eine Erziehung zur Mündigkeit, und zwar gerade, indem er spezifisch Bestimmtes in bestimmter Weise zu sagen lehrt.

Eine Gegenprobe: der Versuch, auf dem Wege über den Religionsunterricht die Theologie zu einer Bildungseinrichtung zu erklären. 1875 veröffentlichte ALBRECHT RITSCHL seinen »Unterricht in der christlichen Religion«, bestimmt »zum Gebrauch in der obersten Klasse der evangelischen Gymnasien« (Bonn 1875). Das Kompendium empfiehlt sich – wie der Verfasser in seiner Vorrede weiter schreibt – dadurch, daß es »wirklich Religionsunterricht und nicht Theologie« sei.

Für Ritschl erscheint der Übergang von Systematischer Theologie zum Religionsunterricht noch relativ einfach: Das didaktische Problem, das er vor sich sah, war die Herausforderung der christlichen Tradition durch die technische Rationalität, wie sie hauptsächlich über den naturwissenschaftlichen Unterricht die Schulbildung zu bestimmen begann. Einem Denken und Handeln, das von der Frage nach Ursache und Wirkung beherrscht wird und sich auf diese Weise alle Lebensbedingungen unterwerfen will, stellt Ritschl Werturteile und ein von ihnen geleitetes zweckbestimmtes Handeln entgegen. Religiöser Inbegriff dafür ist das »Reich Gottes« als Grund und Ziel gemeinschaftlichen, auf Werte bezogenen Handelns. Damit kommt eine geschichtliche Sinnerfahrung zum Zuge, welche verspricht, die Welt zusammenzuhalten. Sie will christliche Tradition mit den Lebensbedingungen der modernen Welt versöhnen, indem sie eine religiöse Evolution ins Blickfeld rückt, die der technokratischen Zerstörung der Lebenswelt entgegenzuwirken vermag.

Unter der Hand wird hier »Glaube« in ein Lernziel umgewandelt, das die *Haltung* des reinen Empfangens einprägen will. Ritschl möchte die reformatorische Rechtfertigungslehre anwenden, indem er den Glauben von jeder Werktätigkeit befreit und ihn als spontanes Handeln aus unverdienter Liebe anschaulich machen will. Glaube kann nicht erleistet werden. Diese Unterscheidung gilt es einzuüben. Denn christliches Leben muß lernen, einen anderen Standpunkt einzunehmen als alle Zeitgenossen, die sich der Lebenswirklichkeit zu bemächtigen suchen. In deren Welt haben Gott und sein Reich keinen Raum. Gott hat nur Raum im Reich der *Werte*, wo es sich zu leben und zu sterben lohnt. Theologische Begriffe werden zu Ausdrucksformen dieser neuen Haltung, und als solche können und sollen sie erlernt werden, weil sie den Glauben als ein Grundverhalten semantisch festigen.

Ritschl versucht also, die Theologie aus einer religiösen Handlungstheorie neu zu begründen, die zugleich den sozialen Charakter des Christentums unter Beweis stellen soll – und damit das Problem zu lösen verspricht, das durch die Existenz der Kirche in der Welt gestellt ist. Das Resultat ist jedoch eine Verkürzung und Verflachung der Theologie, mit unübersehbaren Spätfolgen für den Religionsunterricht. Wenn Theologie zu einer Art Erwachsenenbildung umgewandelt wird (wie dies heute unter dem Einfluß von PAUL TILLICH geschieht), dann kann sie vielleicht für eine gewisse Dauer an einem allgemeinen Bildungsinteresse teilhaben, das sich etwa den Aufbau einer Wertewelt oder auf die Sinnfrage angelegen sein läßt. Doch darüber geht verloren, was »Unterricht im Glauben« charakterisiert.

Warum und wozu muß gelehrt werden? Weil zum christlichen Glauben notwendig »Lehre« gehört, und zwar eine Lehre der Art, die unabdingbar auf freie Zustimmung angewiesen ist und die gerade deshalb Lernprozesse eröffnet – ein Lernen, das zu Erkenntnissen führt. Diese Erkenntnisse sind der Kern der »Glaubenslehre« evangelischer Theologie, der »doctrina evangelii« (← 1.4.3). Die Lehre soll den Ruf zum Glauben vor Mißverständnissen und

Mißbräuchen, vor Irrwegen und Sackgassen schützen und so seine Freiheit bewahren helfen, soweit dies in menschlicher Verantwortung liegt. Sie soll gerade nicht Glaubensüberzeugung erzeugen wollen, sondern sagen – in dem, was sie sagt und wie sie es sagt –, daß Menschen nur »zum Glauben kommen« können, weil Gott sie herausgerufen und zusammengerufen hat, um ihnen Zukunft in Gemeinschaft mit ihm zu geben. Die Glaubenslehre umreißt den Raum, in dem diese Zusage und Zumutung im einzelnen erkennbar werden. Um uns in diesem Raum auch wirklich bewegen zu können, müssen wir seine Grenzen kennen und dazu Bestimmtes wissen: dies läßt sich ganz sachlich sagen, und zwar ohne jeden Bekehrungseifer, der einen Unterricht erheblich erschweren, wenn nicht gar unmöglich machen würde.

KARL ERNST NIPKOW/FRIEDRICH SCHWEITZER, Religionspädagogik. Texte zur evangelischen Erziehungs- und Bildungsverantwortung seit der Reformation I (TB 84), München 1991; II/1 (TB 88), Gütersloh 1994; II/2 (TB 89), Gütersloh 1994. – HANS G. ULRICH, Was heißt: Von Gott reden lernen?: Einfach von Gott reden. Ein theologischer Diskurs, FS Friedrich Mildenberger, hg. von Jürgen Roloff/Hans G. Ulrich, Stuttgart/Berlin/Köln 1994, 172–189.

2.8 Kirchenleitung

»Leitung« ist *nomen actionis*; es bedeutet Lenkung oder eher noch Wegweisung der Kirche, es bezeichnet also keine Führungsgruppe. »Theologie« und »Kirchenleitung« stehen darum nicht als zwei Institutionen einander gegenüber. Wir haben vielmehr zu fragen – spezifisch anders als etwa in der römisch-katholischen oder der östlich-orthodoxen Kirche –, wo und in welcher Form wir auf Kirchenleitung stoßen. Die Barmer Theologische Erklärung hat die deutsche evangelische Kirche darauf aufmerksam gemacht: Kirchenleitung ist bis in Verwaltungsfragen hinein nur möglich in genuin theologischer Verantwortung, aus der Erkenntnis, die zum Bekennen führt und somit nichts Geringeres als verbindliche Lehre der Kirche im Vollzuge ist. So wird die Barmer Erklärung selber zur Kirchenleitung – und sie erläutert zugleich, was »Kirchenleitung« nach evangelischem Verständnis bedeuten kann.

Dies soll die vierte These der Barmer Theologischen Erklärung verdeutlichen:

Die verschiedenen Ämter in der Kirche begründen keine Herrschaft der einen über die anderen, sondern die Ausübung des der gesamten Gemeinde anvertrauten und befohlenen Dienstes.

2.8.1 Kirchenleitung als Theologie

Werfen wir zunächst einen Blick auf die biblische Begründung dieser These!

> »Ihr wisset, daß die weltlichen Fürsten herrschen und die Oberherren haben Gewalt. So soll es nicht sein unter euch; sondern so jemand will unter euch gewaltig sein, der sei euer Diener« (Mt 20,25f.).

Werden diese beiden Verse isoliert, dann sprechen sie scheinbar von einem Kontrast von »Gewalt« und »Dienst«. Dann aber bliebe die Frage nach Einfluß und Dominanz maßgebend: womöglich im Unterschied oder gar im Gegensatz zu dem, was bei weltlicher Machtausübung üblich ist, aber doch mit dem Wunsche, in allerbester Absicht und mit subtilen Mitteln an die Macht zu gelangen.

Bedenken wir jedoch den Kontext dieser Verse, dann wird uns der Boden für eine solche Deutung rasch entzogen. Vorangegangen ist Jesu Ankündigung seines Leidens, der Preisgabe seines Lebens an die Heidenvölker und seiner Auferstehung. Daraufhin bittet die Mutter zweier seiner Jünger um eine besondere Funktion ihrer Söhne bei der Übernahme der messianischen Herrschaft. Diesem Wunsch entgegnet Jesus: »Du weißt nicht, was du bittest«, und entlarvt damit das Ansinnen als Mißverständnis. Auch wenn die beiden Söhne eilfertig ihre Bereitschaft erklären, den Leidensbecher Jesu zu teilen, um dann auch seinen Triumph mit auszukosten, weist Jesus diese Perspektive ab, weil er nicht über die Verteilung der richterlichen Gewalt in der Gottesherrschaft verfügen kann. Damit deutet er an, daß diese Herrschaft ganz anderer Natur ist als alles, was auch seine Jünger von ihm erwarten. Sie ist in keiner Weise ein »Weltregiment«, das mit Gewalt die Menschen zu ihrem Glück in Zucht und Ordnung hält. »So soll es nicht unter euch sein«, sagt Jesus, und wenn er nun seinen eigenen Dienst jeder Weltherrschaft gegenüberstellt, dann deshalb, weil er selbst verkörpert, was der Dienst an der Gottesherrschaft bedeutet: »Des Menschen Sohn ist nicht gekommen, bedient zu werden, sondern zu dienen und sein Leben als Lösegeld für die vielen zu geben«, d. h. für alle Menschen (V. 28).

Es geht also im Grunde gar nicht um »Dienen« *oder* »Herrschen«, sondern darum, daß die Menschheit durch die Erlösungstat Jesu gerettet wird. Und dieser erlösende Dienst Jesu ist keine äußerste, letzte Anstrengung, um die Welt auf ungewöhnliche Weise zu befrieden, etwa durch Gewaltlosigkeit, sondern Jesu Hingabe seines Lebens ist Unterwerfung unter Gottes Willen. Und so tritt das Mißverständnis der Mutter und ihrer beiden Söhne erst jetzt voll zutage, wo deutlich wird, daß Menschen nicht gewaltsam zurechtgebracht werden, sondern daß sie erlöst werden, und daß diese Erlösung nicht etwa durch kämpferisches Leiden und tätigen Widerstand zu erreichen ist, sondern nur dort sich siegreich durchsetzt, wo Gottes Wille an uns Menschen geschieht.

Allein von hier aus wird zu verstehen sein, was »Dienst« in der Kirche bedeuten kann. Das *Kennwort »Dienst«* ist zunächst so vieldeutig, daß es die Gemeinde Jesu Christi noch nicht zureichend unterscheidet von Herrschaftsordnungen und Unterwerfungsstrukturen, welche die Gemeinde daran hindern können, wirklich Kirche zu sein und immer wieder zu werden. FRIEDRICH DER GROSSE hat bekanntlich erklärt, er sei der erste Diener seines Staates. Er meinte damit, er sei dem Rechtsstaat verpflichtet, den er selbst gesetzgebend geschaffen hatte. Ihm wolle er nun so verpflichtet bleiben, daß letztlich nicht mehr an ihn, den Regenten, appelliert werden müsse, um Recht zu erlangen, sondern an das Recht des Staates selber als Letztberufungsinstanz. Regierende pflegen sich heutzutage als »Diener« vorzustellen, und sei es wenigstens als Diener einer größeren Sache. Dienst stellt weltliche Herrschaft in größerem oder kleinerem, in nur ideologisch sanktioniertem oder rechtsstaatlich geordnetem Sinne längst nicht mehr in Frage. Andererseits kennt jede »Dienerschaft« durchaus Überordnung und Unterordnung, relative Herrschaft der einen über die anderen, Kompetenzverteilung, um Verantwortlichkeiten zu regeln. Wenn wir von »Dienst« sprechen – und in der Kirche geschieht dies ja auf besonders emphatische, fast schon allzu geläufige Weise –, dann ist damit noch längst nicht geklärt, inwiefern dies die Gestalt der Kirche prägt und ihr Wesen ausdrücken kann.

Der Dienst Jesu Christi, auf den die vierte Barmer These sich beruft, ist jedoch unvergleichlich, denn Jesu Opfer kann von uns auf keine Weise nachgeahmt oder nachvollzogen werden. Unser Dienst kann nur darin bestehen, den einmaligen Dienst Jesu Christi zu *bezeugen*, die freie Gnade Gottes zu verkündigen, auch in allem Handeln, das sich der Hingabe Jesu verdankt. Uns ist nicht der Dienst der Erlösung anvertraut, denn wir selber bedürfen des erlösenden Handelns Gottes, das durch Jesus Christus Raum in unserer Welt gewonnen hat. Doch weil wir »Leib Christi« sind, ist auch unsere Existenz in der Kirche und als Kirche ein Bestandteil des Dienstes, den Jesus Christus verkörpert. Im Lichte der vierten These ist die Metapher »Leib Christi« weit mehr als ein bloßes Bildwort; sie umschreibt die *leibhaftige* Gegenwart Jesu Christi, sein *Dasein für andere* in seinem Sterben, im Erleiden des Willens Gottes und in dem Zugehen auf das Leben in der Gemeinschaft mit Gott.

Für andere dasein: Dies könnte als der Schlüssel für das, was wir rechtens »Ordnung der Kirche« nennen, angesehen werden. Dann würde »Ordnung« nicht in erster Linie als Über- und Unterordnung bestimmt, sondern als *Zu*ordnung. Menschen sind aufeinander angewiesen, sie brauchen einander. Diese Gegenseitigkeit muß durch eine Ordnung aufgewiesen und geregelt werden, doch entscheidend bleibt, daß man diese Zuordnung gerade in schwierigen, undurchsichtigen Fällen genau erkennen kann und nicht über sie hinweggehen darf. Nicht Zuständigkeiten sind fürs erste gefragt, auch keine Anordnungen, die aus solchen Zuständigkeiten folgen, sondern zunächst einmal und vor allem das regelmäßige Zusammenspiel und Zusammenwirken der verschiedenen Bedürftigkeiten. *Christen können nur für andere dasein, wenn sie auch füreinander da sind*. So jedenfalls hat Paulus es in 1. Kor 12 und 14 an den Charismen, den verschiedenen Gnadengaben, und ihrem Dienstcharakter für die christliche Gemeinde erläutert. Er setzt voraus, daß jeder Christ zum Dienst berufen ist, weil er eine spezifische Gabe empfangen hat. Diese Gabe äußert sich darin, daß ein jeder auf die Gabe anderer angewiesen bleibt und zugleich jene Gaben durch sein eigenes Tun so ergänzt, daß alle Dienste zusammenstimmen »zum gemeinsamen Nutzen«, zum Aufbau der Kirche Jesu Christi. Innerhalb dieser »Dienstordnung« gibt es durchaus unterschiedliche Ebenen, übergeordnete und nachgeordnete Funktionen, oft gerade im Gegensatz zur üblichen Einschätzung einzelner »Begabungen«: Die ekstatische Äußerung beispielsweise – der denkbar höchste Gipfel, zu dem sich menschliches Sprachvermögen aufschwingen kann, wo ein Mensch ohne jede Rücksicht auf das Verständnis anderer mit seinem Reden fast schon in Gottes neuer Welt ist – bedarf der Auslegung, damit sie verständlich wird; erst dann kann sie sagen, was sie wirklich sagen soll. Der »Prophet«, der die Gegenwart Gottes für andere verständlich ausspricht, ist insofern dem Ekstatiker durchaus übergeordnet. Doch auch dadurch wird keine Rangordnung aufgestellt. Ebensowenig soll die Vielzahl der Gnadengaben so etwas wie eine Arbeitsteilung begründen. Den entscheidenden Punkt spricht Paulus in 1. Kor 14,33 an, nachdem gerade das Stichwort »Unterordnung« gefallen ist: »Gott ist nicht ein Gott der Unordnung, sondern« – und nun hören wir gerade nicht: ein Gott der Ordnung, sondern: ein Gott »des Friedens«. Friede unter Menschen ist die Bezeugung der durch Gott geschaffenen heilvollen *Einheit*, der Unterordnung alles menschlichen Tuns und Lassens unter die *Herrschaft* Christi. Was »Ordnung der Kirche« heißt, kann nur diesen Frieden bezeugen, auf ihn hinweisen, ihm so Ausdruck verleihen, daß unser Reden und Tun ihm nicht widersteht und widerspricht.

In diesem abgeleiteten und relativen Sinne ist von »Kirchenordnung« zu sprechen:

(38.) Kirchenordnung beruht darauf, daß Christen sich das Entscheidende sagen lassen müssen – auch von anderen Menschen, die dadurch zu Brüdern und Schwestern für sie werden.

Kirchenordnung widersteht der vermeintlich frommen Meinung, in vollends realisierter Bruder- und Schwesterschaft habe niemand mehr dem anderen etwas zu sagen, jeder wisse schon von allein, was zu tun sei; man könne bestenfalls die im Grunde schon immer vorhandene Übereinstimmung noch zur Sprache bringen. Und so wird ja auch häufig das vielberedete »allgemeine Priestertum der Gläubigen« verstanden, nämlich als egalitärer Verband von Gleichgesinnten und Gleichgestimmten, die einander nur mitzuteilen haben, was jeder von ihnen schon im Herzen trägt.

Das Priestertum aller Gläubigen bedeutet jedoch, wie es im ersten Petrusbrief (2,9) unmißverständlich heißt, daß das Volk Gottes als ganzes zum Dienst für Gott ausgesondert ist, daß es Gottes Eigentum und deshalb keiner anderen Herrschaft unterstellt ist. Gott hat mit jedem einzelnen unmittelbar zu tun, so wie der Priester des Alten Bundes vor Gott stand, ohne der Vermittlung eines anderen zu bedürfen. Und genau dies ist doch wohl mit dem »Priestertum aller Gläubigen« gemeint: das gemeinsame Stehen vor Gott in der Ausübung des Gottesdienstes! So bedeutet »Unmittelbarkeit zu Gott« keinesfalls, daß sich jeder einzelne selbst genug wäre. »Bruderschaft« und »Schwesterschaft« sind darin begründet, daß Jesus Christus unser Bruder *geworden ist* und daß wir, wo er gegenwärtig ist, daraufhin einander zu Brüdern und Schwestern *werden*. Die Bruder- und Schwesterschaft gründet also in der Mitteilung der freien Gnade Gottes und ist ein Zeichen der Versöhnung.

Kirche ist Dienstgemeinschaft der Versöhnung der Welt mit Gott. Versuchen wir, ihr Profil deutlich zu zeichnen, so müssen wir politische Ordnungsvorstellungen mitbedenken. In der Barmer Erklärung wurde das nationalsozialistische Führerprinzip verworfen – wohlverstanden: nicht Führerschaft schlechthin, sondern »besondere, mit Herrschaftsbefugnissen ausgestattete Führer« abseits vom Dienst der Versöhnung. Gemeint war damit eine autoritäre geistliche (und moralische) Machtausübung, die *selbstmächtige Setzung* von Recht. Für die Kirche kann dies unter gar keinen Umständen in Frage kommen, ebensowenig aber auch die Möglichkeit, daß kirchliche Bewegungen gleichsam von unten her darüber zu befinden hätten, was glaubensverbindlich sein soll; dergleichen wäre eine plebiszitäre Aufweichung der Wahrheitsfrage. Beiden Irrwegen gegenüber wird die Kirche Jesu Christi als eine Gemeinschaft umschrieben, die sich selber nicht begründet und, was sie mitzuteilen hat, sich nicht selber gibt oder von irgend jemandem innerhalb oder außerhalb der Kirche in der Welt geben lassen kann. Sie ist vielmehr zum Dienst an der Versöhnung allein unter der Herrschaft Jesu Christi berufen, sie hat seine Bitte auszurichten: »Lasset euch versöhnen mit Gott!« (2. Kor 5,20).[13]

Dies erläutert die Barmer Theologische Erklärung in ihrer dritten These, nachdem sie an Eph 4,15f. erinnert hat:

> »Lasset uns aber rechtschaffen sein in der Liebe und wachsen in allen Stücken an dem, der das Haupt ist, Christus, von welchem der ganze Leib zusammengefügt ist.«

---

13 Vgl. dazu HEINRICH VOGEL, Wer regiert die Kirche? Über Amt, Ordnung, Regiment der Kirche (TEH 15), München 1934, Nachdruck 1980. – HANS ASMUSSEN, Theologie und Kirchenleitung (TEH 31), München 1935, Nachdruck 1980.

Die Kirche ist die Gemeinschaft derer, die die Rechtfertigung der Gottlosen erfahren und deshalb ihre »Ordnung« weder nach Belieben gestalten können noch den jeweils vorherrschenden politischen Ordnungsvorstellungen anpassen dürfen (so verdeutlicht es der Verwerfungssatz). Denn:

> Die christliche Kirche ist die Gemeinde von Brüdern [und Schwestern], in der Jesus Christus in Wort und Sakrament durch den Heiligen Geist als der Herr gegenwärtig handelt. Sie hat mit ihrem Glauben wie mit ihrem Gehorsam, mit ihrer Botschaft wie mit ihrer Ordnung mitten in der Welt der Sünde als die Kirche der begnadigten Sünder zu bezeugen, daß sie allein sein Eigentum ist, allein von seinem Trost und von seiner Weisung in Erwartung seiner Erscheinung lebt und leben möchte.

Kann die Konstitution der Kirche mit dem Aufbau des demokratischen Rechtsstaates verglichen werden? Darüber hat man nicht erst nach dem Ende des Dritten Reiches, sondern bereits im »Kirchenkampf« nachgedacht, gerade weil man sich in Kirche und Theologie gegenüber der rechtsstaatlichen Demokratie in der Weimarer Republik oft so gefährlich gleichgültig verhalten hatte. Das Prinzip der Gewaltenteilung in Legislative, Exekutive und unabhängige Rechtsprechung will verschiedene politisch notwendige Handlungsformen so aufeinander beziehen, daß sie zusammenwirken müssen: Recht darf ebensowenig autoritär gesetzt wie dem Plebiszit ausgeliefert werden. Läßt sich dieses Modell auf die Kirche übertragen? HERMANN DIEM beispielsweise hat dies in einer noch in der Kriegsgefangenschaft entworfenen Programmschrift verneint. Er schreibt ironisch: »In unseren demokratischen Kirchenverfassungen vertritt die Synode als Parlament die Legislative, die Kirchenleitung als Regierung die Exekutive, und ein unabhängiges Disziplinargericht sorgt für die formale Einhaltung des Gesetzes« (Restauration oder Neuanfang in der Evangelischen Kirche?, Stuttgart 1946, 96f.). Doch gerade ein kirchliches Disziplinarverfahren kann sich nicht mit dem Abrufen theologischer Formeln begnügen, sondern wird nach der *ausgesprochenen Wahrheit des Glaubens* fragen müssen. Die Wahrheitsfrage ist für Kirchenrecht und Kirchenordnung die Kardinalfrage, weil sie die Existenz der Kirche an die Verheißung und Weisung Gottes bindet. Darum tritt an die Stelle politischer Gewaltenteilung in der Kirche *das Zusammenwirken von Bibel, Gemeinde und theologischem Konsens*.

2.8.2 Konsensbildung

Konsens ohne Gemeinde wäre ein Luftgebilde, Gemeinde ohne Bibel ein spontaner Zusammenschluß gleichgestimmter und gleichgesinnter Seelen, Bibel ohne bewährten und wachsenden Konsens ein Museumsstück. Verfehlt wäre es, die Bibel bloß mit eigenen Augen lesen zu wollen. Es bedarf des Zeugnisses der Brüder und Schwestern, damit nicht die eigene Perspektive mit Erkenntnis verwechselt wird. So entsteht *der Konsens der Kirche*.

(39.) Konsens als Einstimmung in den Glauben ist ausgesprochene Kirchenleitung

auf verschiedenen Ebenen und Feldern kirchlichen Handelns, angesichts einer bestimmten Situation und der Fragen, die in ihr gestellt sind.

Konsensbildung wird nötig, wenn ein Dissens aufgetreten ist – also nicht jederzeit und unter allen Umständen, sondern dann, wenn etwas um des Glaubens, der Hoffnung und der Liebe willen strittig geworden ist oder strittig werden muß. Gerade das letztere ist ein erster und wesentlicher Schritt zur Kirchenleitung: bei Gleichgültigkeit, die auf falschem Einverständnis beruht, müssen die Gewissen wachgerüttelt, müssen wesentliche Unterschiede, Weichenstellungen aufgezeigt werden, wo scheinbar gar kein Weg mehr zu erkennen ist. Zum Konsens ist ein Weg, sind Schritte nötig, denn er verlangt den Aufbruch zu den Stationen, die durch Gottes Verheißungen gesetzt sind. Insofern führt jeder Konsens der Kirche über den Status quo hinaus, einfach deshalb, weil er ein Schritt ins Freie ist. Er vollzieht die Einstimmung in Gottes Handeln als Grundlage jeder menschlichen Übereinstimmung im Glauben und in der Hoffnung. In dieser Einstimmung treten Menschen aus sich heraus und kommen so zueinander, sie finden sich zusammen in einem Größeren, als es ihre eigenen Voraussetzungen, ihr guter Wille und ihre Kräfte sein können. Darum ist der Konsens der Kirche immer auch eine *Zumutung* an alle Beteiligten, Zumutung im positiven Sinne: Er ruft sie heraus aus ihren Gewohnheiten hin zur Wahrheit, die Menschen von ihrer Befangenheit im Persönlichen befreit und sie in einer Wirklichkeit vereinigt, wo sie ihrer selbst neu ansichtig werden. Die Zumutung der Wahrheit und die Spannkraft, die sie verleiht, befähigt nicht nur, das helle, oft schmerzende Licht der Wahrheit auszuhalten. Sie hilft auch, in der Wahrheit zu leben, Wahrheit zu tun. In diesem Tun kommt der Konsens als Einstimmung und Übereinstimmung zu seinem Ziel, und umgekehrt kann gemeinschaftliches Handeln nicht gedeihen, ohne daß damit zugleich auf Gott gewiesen und Gott bekannt wird.

Der Konsens der Kirche ist ein Schritt nach vorn, auch wenn er nicht immer als Fortschritt im landläufigen Sinne dieses Wortes eingeschätzt werden kann. Ein Dissens entsteht gerade an der Frage, was »Fortschritt« für Theologie und Kirche bedeutet, und daraus erwächst eine Aufgabe für Kirchenleitung: Unsere kirchliche Situation ist, wenn ich recht sehe, durch wachsende Polarisierung gekennzeichnet. Ähnlich wie in der politischen Landschaft fällt alle Aufmerksamkeit auf die Flügel rechts und links und ihre Kämpfe miteinander; hier bilden sich die Alternativen aus, die dann auch alsbald als Glaubensentscheidungen gewertet werden. In den Kirchen fehlt wie im gesellschaftlichen Raum *eine entschiedene und versöhnende Mitte*. Mit dieser Mitte meine ich nicht die vielberedete schweigende Mehrheit, sondern die Christen und Bürger, die sich gar nicht vor die prinzipielle Alternative »Bewahren oder Verändern« gestellt sehen, sondern die – mitten in Spannungen – das Notwendige zu tun versuchen, um die Dinge im Fluß zu halten. Daß es sich hier um ein Lebensproblem, beinahe möchte ich sagen: um ein Überlebensproblem unserer politischen Kultur handelt, kann ich nur andeuten.

In der Kirche wirkt sich die zunehmende Radikalisierung oder jedenfalls ihre Vorstufe, die schreckliche Vereinfachung entscheidender Fragen zu Alternativen, weit schwerwiegender aus. Denn wir sind so erzogen worden, daß wir uns an letzten Gegensätzen wie Glauben und Unglauben, Hoffnung und Verzweiflung, Heil und Unheil und in alledem: am Entweder-Oder »Gott oder Götzen« orientieren. Dieses Entweder-Oder hat uns in Deutschland zuletzt der Kirchenkampf eingeschärft, der jedem bloßen Sowohl-Als-auch, jedem Bindestrich-Christentum zutiefst zu mißtrauen lehrte. Keine Bibelstelle wird dafür so gern herangezogen wie die Kritik an der Gemeinde in Laodizea, sie sei weder heiß noch kalt, sondern nur lau, und deswegen solle sie ausgespien werden (Offb 3,16). Allzu oft nämlich verschiebt man hier insgeheim die Pointe: als sei nur die Hitze, das leidenschaftliche Engagement von Gott gewollt, damit der Schmelzpunkt erreicht wird, der Menschen und Welt verändert. Dann müßte das kalte Beharrungsvermögen ebenso unter das göttlichen Nein fallen wie laue Unentschiedenheit.

Daß wir heute – in der Christengemeinde ebensogut und ebensoschlecht wie in der Bürgergemeinde – auf Alternativen eingeschworen werden, rührt aber auch von der öffentlichen Meinungsbildung her, die durch Presse, Rundfunk und Fernsehen trainiert wird, nur noch in Gegensätzen zu denken, weil Licht und Schatten am deutlichsten wahrzunehmen sind. Was bedeutet diese Gewöhnung an Schwarz und Weiß für unsere Wahrnehmung schlichter Tatsachen in der Alltagswelt und der hier geforderten Entscheidungen, für die Wahrnehmung von Wahrheit und Lüge, die sich oft nur in Zwischentönen bemerkbar machen?

Warum hat dies alles mit Theologie und Kirchenleitung – oder gar mit Kirchenleitung als Theologie – zu tun? Ganz vordergründig schon deshalb, weil das Sensorium für theologische Entscheidungen von jener Überzeichnung je länger desto mehr ruiniert zu werden droht. Beispielsweise werden wir sensibler Fragen gar nicht mehr gewahr, weil sie durch Handlungsgegensätze oder politische Einordnungen zugedeckt sind. Hier genauer hinzusehen, zu erspüren, was für Glauben, Hoffnung und Liebe wirklich strittig ist, wäre schon ein erster, entscheidender kirchenleitender Akt.

Kirchenleitung muß sich der mühevollen, höchst undankbaren Aufgabe unterziehen, wirkliche theologische Gründe und Gegengründe ausfindig zu machen, sie zu unterscheiden von den vielen anderen Motiven, die unser Handeln leiten, zu unterscheiden auch von den Berufskrankheiten der Theologen, die sich zu profilieren und darzustellen suchen, indem sie von hoher moralischer Warte aus Kommentare abgeben, ohne allzuviel von der Last der Verantwortung tatsächlich tragen zu müssen. Um diese Unterscheidungen treffen zu können, bedarf es eines ausgebildeten theologischen Urteilsvermögens, das nur selten durch intuitive Einsicht ersetzt werden kann. Hier verschränken sich Theologie und Kirchenleitung unmittelbar. Zwar ist Glaube nicht abhängig von Theologie, aber die Formulierung von Glaubensfragen verlangt, sich in theologischen Begründungen auszukennen und aus Geschichte und Gegenwart zu wissen, in welche Abgründe man dabei geraten kann. Darum gehört das theologische Prüfungswesen zu den unabdingbaren Aufgaben der Kirchenleitung.

Theologische Gründe kann man daran erkennen, daß sie von allen Betroffenen geteilt werden können (was nicht heißt, daß sie immer auch schon Gemeingut geworden sind!). Anders gesagt:

Wenn theologische Argumente wirklich den Blick auf Gott lenken, dann tragen sie die Verheißung weiter, daß Menschen sich mit ihrer Hilfe zu freier, ungezwungener Einstimmung zusammenfinden, daß sie gemeinsam den Mut bekommen, auf Gottes Zukunft zuzugehen. Ein Nebel von Mutmaßungen zerreißt, und der Blick wird frei für Gottes Kommen. Darin zeigt sich die einigende Kraft eines kirchlichen Konsenses, daß wir gemeinsam *entdecken* (und nicht etwa erfinden und aufrichten), was uns gemeinsam möglich gemacht wird. Wird ein Konsens gefunden, dann gehört dazu wohl stets ein Moment der Überraschung, des Staunens, wie bei jeder rechten Erkenntnis, die nicht Altbekanntes wiederholt, sondern einfach sagt: Ja, so ist es, so und nicht anders!

Ein theologischer Konsens wird schwerlich dadurch erreicht, daß einige Vorwärtsblickende vorpreschen und dann möglichst viele hinter sich und damit auf Vordermann zu bringen suchen. Und er wird umgekehrt schwerlich zustande kommen, wenn nur das Althergebrachte solange wiederholt wird, bis niemandem mehr etwas Neues einfallen kann. Konsens wird auch nicht durch die Vermittlung aller vorhandenen Standpunkte gewonnen. Er hat vielmehr, um es mit Paulus (Röm 15,1-6) zu sagen, mit der *Versöhnung von Starken und Schwachen* zu tun. Hier hat sich das Füreinander-Dasein zu bewähren, bereits hier geschieht der Dienst der Versöhnung. Es gibt Gemeindeglieder, die sich so unabhängig und unmittelbar zu Gott fühlen, daß sie keine Rücksicht nehmen auf die Sorgen anderer, obwohl sich in deren Sorgen ein Schutzbedürfnis meldet, das sie ängstlich an allem festhalten läßt, was ihnen die Gefahren ungewohnter Erfahrungen erspart. Was hier als Schwachheit erscheint, ist jedoch keine psychische Schwäche, die durch geistige Kraftanstrengungen (etwa durch das Training freierer Denk- und Handlungsweisen) Schritt für Schritt überwunden werden könnte, sondern es zeigt den bedrohten und bedrohlichen Zustand der Welt an, in der wir alle leben, die Schwachen wie die Starken. Da genügt es auch nicht, Kompromisse zwischen Starken und Schwachen auszuhandeln, Schwache und Starke gleichsam auf eine Linie zu bringen, denn dabei kämen nur Halbstarke heraus, die dann eben auch Halbschwache sind. Die Starken laufen Gefahr, ihre eigene Freiheit, die Unabhängigkeit von Rücksichten und Vorsichten, nur noch darzustellen, statt sie anderen mitzuteilen. Sie sind dabei, sich über eine Welt, in der oft nur kleine Schritte möglich sind, hinauszuschwingen. Gerade deshalb bedürfen sie der Schwachen, die – mit oder ohne ihren Willen –

an diese Welt noch allzusehr gekettet sind, damit sie beide nüchtern im Warten und kühn im Hoffen werden.

Dies wird ein Prüfstein für die Kirchenleitung sein. Unterschiedliche Postionen zu integrieren, Raum für Meinungsverschiedenheiten zu bieten, ohne daß das Ganze auseinanderfällt – das wäre unbestreitbar eine soziale Leistung von hohem Wert, aber noch keine Kirchenleitung. Auf diesen wichtigen Unterschied will ich jetzt wenigstens kurz zu sprechen kommen.

Was hier bestenfalls geschehen kann, hat FRIEDRICH SCHLEIERMACHER vor mehr als 150 Jahren beispielhaft formuliert. Er hat die These aufgestellt, Ziel der Theologie sei Kirchenleitung (Kurze Darstellung des theologischen Studiums zum Behuf einleitender Vorlesungen [Berlin 1811. ²1830], hg. von Heinrich Scholz, Leipzig 1910. Darmstadt ⁵1982, §§ 3–5.198–208.267–269): Kirchenleitung in dem Sinne, daß die verschiedenen Ausdrucksformen der Frömmigkeit in der Christengemeinschaft zusammenstimmen und dabei gleichsam einen Vollklang mit verschiedenen Unter- und Obertönen ergeben. Vielleicht hat Schleiermacher, der ein begeisterter Chorsänger war, die Harmonie eines vielstimmigen Gesanges im Ohr gehabt. Dabei sah er die Kirche zu jeder Zeit durch zwei in verschiedene Richtungen wirkende Kräfte in Spannung versetzt: zum einen durch die Verfechter der Überlieferung, die auf Kontinuität setzen, zum anderen durch die Vorwärtsstrebenden, die sich an den Grenzen der Glaubensmöglichkeiten bewegen und diese Grenzen auch überschreiten, um Neuland religiöser Erfahrung zu gewinnen. Die Kirchenleitung, wie Schleiermacher sie in der Person des »Kirchenfürsten« verkörpert sehen möchte (§§ 9. 328f.), soll nun diese beiden Kräfte nicht einfach zusammenspannen oder gar bloß »zusammenhüten«, wie es heute das Wunschziel mancher kirchlicher Regiebemühungen, etwa auf Synoden oder Kirchentagen, zu sein scheint. Schleiermacher will vielmehr die Kirche lebendig erhalten, und dies scheint nur dann möglich, wenn ein Gleichgewicht zwischen harrenden und voraneilenden Kräften in der Kirche erreicht wird. Dabei sind die Vorwärtsschreitenden an die Verantwortung für die Identität der Kirche zu binden – sie müssen also die geschichtliche Kontinuität bedenken –, während die Bewahrer der Überlieferung den Blick nach vorn, auf die Vollendung der Kirche zu richten haben.

Schleiermacher ist der beste Theoretiker einer pragmatischen Kirchenführung; will sagen: er beschreibt unübertrefflich das, was in der Kirchengeschichte vor sich geht, wenn christliche Gruppen auf die Herausforderung ihrer Zeit antworten, ohne sich an sie zu verlieren. Doch dies ist eine vorwiegend soziologische Sicht: die Kirche steuert sich selber, indem sie alles aufnimmt, was ihre eigene Vitalität steigert, und früher oder später abstößt, was ihre Lebensfähigkeit gefährdet (← 1.1.1).

2.8.3 Frei werden für die freie Gnade Gottes

Eine theologische Bestimmung von Kirchenleitung muß noch einen wesentlichen Schritt weitergehen, einen Schritt auch in soziologisch ungesichertes Gelände. Kirchenleitung bedeutet, alles kirchliche Handeln, alle Lebensäußerungen der Kirche darauf auszurichten, daß sie zum *Dienst an der »Botschaft von der freien Gnade Gottes«* werden, wie es in der sechsten These der Barmer Theologischen Erklärung heißt:

> Der Auftrag der Kirche, in welchem ihre Freiheit gründet, besteht darin, an Christi Statt und also im Dienst seines eigenen Wortes und Werkes durch Predigt und Sakrament die Botschaft von der freien Gnade Gottes auszurichten an alles Volk.

Kirchenleitung besteht zuallererst darin, diese Verkündigung auszurichten, soweit dies menschenmöglich ist.

Schleiermacher beschäftigte die Aufgabe, wie die Kirche mit der Geschichte, in der sie existiert, Schritt halten könne. Und das heißt: sie dürfe ihr keine wichtige Antwort schuldig bleiben. Kann dies unsere wichtigste Sorge sein, oder gehört es nicht vielmehr zu den Dingen, die uns zufallen, die uns nach den Worten des Evangeliums hinzugefügt werden, wenn wir zuallererst nach dem Reiche Gottes und nach seiner Gerechtigkeit trachten (Mt 6,33)?! Nach Gottes Reich trachten heißt: Gott Raum lassen, sich dem, was er tut und will, nicht in den Weg stellen. Geben wir Gottes Willen Raum, so haben wir nicht zu inszenieren, was wir für Gottes Willen halten. Vielmehr haben wir nach dem zu fragen, was Gott nicht widerspricht, statt nach »Entsprechungen« zu seinem Handeln zu suchen. Darum muß der Frage, was eine Kirchenleitung zu tun hat, immer die andere zur Seite stehen, was sie um Gottes willen nicht tun soll, was sie unterlassen muß, um Glauben nicht zu hindern, Hoffnung nicht durch falsche Erwartungen zu blockieren, Liebe nicht durch Überanstrengung zu töten.

Kirchenleitung dient der Befreiung zum Gottesdienst, zur gemeinsamen Anrufung und Erwartung Gottes. Ernstfall der Kirchenleitung ist die Verkündigung. Tritt dieser Ernstfall nicht dort ein, wo Menschen mit bedrücktem Gewissen aus einem Sonntagsgottesdienst kommen, weil sie sich durch ethische Ansprüche oder durch ein Frömmigkeitsideal heillos überfordert fühlen? Es sind ja meistens nicht die Schläfrigen, Gleichgültigen, die nun endlich aufgescheucht werden, wenn man ihnen das Schicksal der ganzen Welt aufs Herz (nicht nur ans Herz) gelegt hat. Wer heute durch Predigten, durch kirchliche Worte, durch Handlungsweisen im Raume der Kirche und nicht zuletzt durch manche Gebete in seinem Gewissen beschwert wird, ist vielmehr häufig hellwach, ja überwach und nimmt Parolen ernster, als sie vielleicht genommen werden dürfen, weil sie durch Überzeichnung aufmerksam machen wollen. Der Konsens des Glaubens, der Hoffnung und der Liebe ist eine Zumutung anderer Art, eine Ermutigung und Aufrichtung des angefochtenen Gewissens.

Kirchenleitung zeigt sich im gemeinsamen Bekennen, in dem Hören und Gehorchen vereinigt sind. Hier stimmen Autorität und Freiheit zusammen, und darin vollzieht sich der Dienst der Versöhnung. Das ist die Ordnung der Kirche auf allen Feldern ihres Handelns. Diese Ordnung Gestalt werden zu lassen, heißt »Kirchenleitung«.

EILERT HERMS, Was heißt »Leitung in der Kirche?«: DERS., Erfahrbare Kirche. Beiträge zur Ekklesiologie, Tübingen 1990, 80-101. - GERHARD MÜLLER, Theorie und Praxis von Kirchenleitung in der Reformation: KuD 42 (1996) 154-173.

2.9 Mission

2.9.1 Mission oder Ausbreitung des Christentums?

Die christlichen Kirchen haben nicht immer und überall »missioniert«, indem sie Männer und Frauen als »Missionare« und »Missionarinnen« in die Fremde aussandten. Für MARTIN LUTHER z. B. deckte sich Mission mit der Reformation der Kirche: Die Kirche muß transparent sein für *die Sendung von Gottes Wort in die Welt* – nur so kann sie ausstrahlen, woher sie stammt und wie sie beschaffen ist. »Die Welt«: das war für Luther der Ort, in den die Kirche hineingestellt wird, ein Umfeld voller Umbrüche, überzogen mit Parolen von Zeitgenossen, von denen sich manche wie Gottgesandte aufführten, die diese Welt neu ordnen oder gar eine neue, die wahre Welt herbeiführen wollten. Es war nicht die »große weite Welt« oder die »neue Welt«, von der damals eine erste Ahnung aufdämmerte, allerdings von anderen Orten aus und mit anderen Erwartungen als gerade der, daß die Kirche ihres Ursprungs aus Gottes Wort und Geist wieder innewerde. Die Reformatoren waren nicht um die Expansion der Kirche besorgt, sondern um ihre intensive Gesundung.

Der Begriff »Mission« im Sinn von »Sendung« scheint erst im 16. Jahrhundert auf katholischer Seite in Umlauf gekommen zu sein, und zwar verzahnt mit der spanischen und portugiesischen Expansionspolitik – das wurde zur verhängnisvollen Erblast. Mission als Ausbreitung des Christentums hat es meistens nur schubweise gegeben. Die »Christianisierung der Welt« ist ein Programm des neuzeitlichen westlichen Christentums. Seine kulturimperialistischen Begleiterscheinungen und kolonialistischen Nebenwirkungen stechen uns heute so sehr ins Auge, daß das Selbstverständnis dieser Mission: das Reich Gottes durch die Predigt bis hin zum »Ende der Welt« herbeizuführen und eine neue Kirche durch Evangelisation zu bauen, kaum mehr gesehen und nur selten in seiner theologischen Fragwürdigkeit bedacht wird. Das »Ende der Welt« wurde dabei räumlich wie zeitlich verstanden, letzteres sogar mit der Erwartung, daß die Missionierung der Menschheit das Ende ihrer (bisherigen) Geschichte mit sich bringe. Doch dies ist nur ein Kapitel in der Geschichte christlicher Mission, wenngleich ein besonders folgenreiches.

Die Kirchen Asiens können ganz andere Geschichten erzählen, in denen die typischen Problemfaktoren des Kirche-Seins durch die Jahrhunderte hindurch deutlicher zutage treten: die Angewiesenheit auf Lehre, Kirchenspaltung wegen Lehrstreitigkeiten, die Konstitution kirchlicher Einheit, das Verhältnis zu wechselnden Staatsformen, die innere Gefährdung durch zu engen Anschluß an Völker oder soziale Gruppen, aber auch die Auflösung von Gemeinden durch Verzicht auf eine solche relative Anbindung – alles in allem die Spannung zwischen einer fremden, überraschenden Botschaft und den Menschen, denen sie ein Leben zusagt, das sie in unerhörter Weise öffnet, aus ihrem Dasein heraus- und in es neu hineinruft (SAMUEL HUGH MOFFETT, A History of Christianity in Asia I: Beginnings to 1500, San Francisco [Harper] 1992).

Derzeit gibt es kaum eine nennenswerte evangelische Theologie der Mission, wohl aber eine evangelikale und fundamentalistische, welche die »Welt« für Christus gewinnen will und viel über Gottes Heilswillen und über die Errettung aus Gottferne und Sünde zu reden weiß, nicht aber von der Kirche als der Gemeinschaft der gerechtfertigten Sünder, die sich Gottes Urteil aussetzt. Wird in Theologie und Kirche überhaupt noch nach inneren Gründen für die Mission als kirchliches Handeln gefragt? Hinter dem Schweigen darüber verbergen sich schwerwiegende Unsicherheiten hinsichtlich der Christologie: bei der Beantwortung der Frage »*Wer ist Christus? Was hat die Menschheit mit seiner Geschichte zu tun?*« und beim Selbstverständnis der Kirche in ihrem Verhältnis zu »anderen«: zu anderen Religionen, anderen Glaubens- und Denkweisen.

Der »Missionsbefehl« Jesu Christi spricht zuallererst von der Gegenwart Jesu Christi bei denen, die er sendet, von seiner Herrschaft über sie und alle, zu denen sie kommen:

> Mir ist gegeben alle Gewalt im Himmel und auf Erden. Darum gehet hin und machet zu Jüngern alle Völker: Taufet sie auf den Namen des Vaters und des Sohnes und des Heiligen Geistes und lehret sie halten alles, was ich euch befohlen habe. Und siehe, ich bin bei euch alle Tage bis an der Welt Ende (Mt 28,18–20).

Erst in zweiter Linie wird der Blick auf das Verhältnis der Jünger zu allen anderen gelenkt – und dieser Blick könnte leicht auf falsche Gedanken bringen: auf eine raumgreifende Ausdehnung der Jüngerschaft, auf die schrittweise Ausbreitung des Christentums, auf die »Eingemeindung« der Völker in die Kirche. Träfe dies zu, so müßte die Kirche in Selbstzweifel geraten, sobald sie nicht mehr verstünde, sich immer mehr auszubreiten.

Die Christenheit hat das Sendungsgebot nicht zu allen Zeiten und an allen Orten, aber doch immer wieder als hinreichenden Grund für missionarisches Handeln verstanden. Ist ihr aber auch der innere Grund dafür immer klar und deutlich gewesen? Es muß zu denken geben, wie die Inthronisation Christi in Mt 28,18–20 zur Geltung kommt, was sie bewirkt: Menschen werden getauft, zur Jüngerschaft berufen, in die Nachfolge Christi gerufen, sie bekommen teil an seiner Geschichte. Warum? Weil Jesus Christus zum Herrscher über alle erhoben worden ist. Seine Herrschaft nimmt Gestalt an durch die Taufe: das Zeichen für das zuvorkommende Handeln Gottes, das Menschen in voller Freiheit annehmen, weil diese Annahme der erste Akt gewährter Freiheit ist. Wer sähe nicht den Kontrast zu allen anderen Formen, in denen Herrschaft angetreten und ausgeübt wird! Die eigentümliche, unvergleichliche Macht Christi zwingt nicht zur Unterwerfung, darum kann und darf die Taufe nie Mittel zur Unterwerfung von Menschen sein. Die Verheißung gilt, daß Jesus Christus überall und jederzeit bei denen ist, die seine Herrschaft unter die Menschen bringen, d. h. sie bezeugen, indem sie sich als erste ihr unterstellen, sich als ihr zugehörig zeigen.

»Bis an der Welt Ende, bis zum Ende der Welt« will Christus bei den Seinen sein: also allezeit und allerorten. In welchem Verhältnis steht diese Zusage für die kommende Zeit zur Welt als Raum? Bedarf die Christusherrschaft etwa einer räumlichen Ausdehnung? Ist sie womöglich erst dann verwirklicht, wenn die Gesandten Christi den letzten Winkel der Erde erreicht und ihre Botschaft so überbracht haben, daß niemand sich mehr damit herausreden kann, er habe niemals etwas davon gehört?

Die Ausführung des Missionsbefehls kann sich daher mit anderen Beweggründen verknüpfen – nicht bloß mit irgendwelchen niederen Motiven, die sich überall einschleichen mögen, sondern gerade mit Beweggründen, die von jenem »alle« und dem »Ende der Welt« im Munde Jesu herrühren. Wie ist beides zu denken?

Ein erster Beweggrund mag auf das *Sendungsbewußtsein* zurückgehen, das einer natürlichen Ausbreitungstendenz entspricht, etwa nach dem Motto: »Was sich nicht ausbreitet, schrumpft ein!« Überzeugte Menschen sind davon überzeugt, daß das, was für sie wesentlich ist, nicht auf sie beschränkt bleiben kann. Was sie wahrhaft überzeugt hat, muß auch anderen zugute kommen – sonst wäre es nicht wahrhaft überzeugend. Wird Glaube jedoch auf Überzeugung reduziert, dann verkümmert auch die Mitteilung des Glaubens, und diejenigen, denen er mitgeteilt werden soll, werden degradiert zu einem Publikum, das für die eigene Überzeugung gewonnen werden soll.

Ein anderer Beweggrund versteht sich aus dem *Universalanspruch der verkündigten Botschaft*: »Mir ist gegeben *alle* Gewalt – darum geht zu *allen* Völkern.« Legt dies nicht den Schluß nahe, daß Jesus Christus erst dann der Herr ist, wenn alle ihm unterstehen oder wenn zumindest die Kunde von seiner Herrschaft alle erreicht hat? Diese Folgerung, die in der Tat vielen missionarischen Bestrebungen Auftrieb und Durchschlagskraft verliehen hat, sieht sich womöglich noch dadurch bekräftigt, daß Gott, der Jesus Christus zum Herrn über alle und alles erhoben hat, dies überhaupt nur kraft seiner konkurrenzlosen Gottheit tun konnte. Er ist der einige, einzige Gott – nur er ist allein Gott.

Daraus bezieht beispielsweise der Islam seine unaufhaltsame missionarische Energie: Die Gottesverehrung des Propheten und das in ihr verwurzelte Recht sollen die ganze Erde überziehen. Das Judentum hat dagegen gerade keine Mission aus seinem Bekenntnis zur Einzigkeit Gottes abgeleitet. Jüdische Erwartung spricht von der Völkerwallfahrt zum Zion (Jes 2,2–4; Mi 4,1–5) – tragischerweise waren Juden dann jahrhundertelang von ihren heiligen Orten vertrieben, zerstreut unter die Völker. Die christliche Hoffnung richtet sich weder auf einen Ort noch bindet sie ihre Erfüllung an ihre weltumspannende Ausbreitung, obwohl dieses Motiv bei Paulus anklingt und viele missionarische Anstrengungen beflügelt hat, vor allem im 18., 19. und beginnenden 20. Jahrhundert. Wir müssen hier sorgsam Erstrangiges und Zweitrangiges unterscheiden. Wäre das Kommen des Reiches Gottes an die Ausbreitung der Kirche gebunden, dann könnte sich die Vorstellung einschleichen, die Kirche müsse Gott in die Welt bringen oder wenigstens Gott der Menschheit als ihren Oberherrn plausibel machen, damit Gott wirklich »alles in allem« sei (1. Kor 15,28).

Heutzutage ist Bereitschaft zur Mission in vielen christlichen Kirchen geschwunden, oder sie wurde umgeformt zur vagen Bereitschaft zum Dialog mit neu entstehenden Formationen christlicher Religion und mit anderen Religionen. Dies ist jedoch nur die andere Seite derselben Medaille. Das Bedürfnis zur Erweiterung der Kirche weicht der Sorge um ihre Bestandssicherung: sie muß sich konzentrieren, alle Kräfte sammeln, um sich nicht zu verlieren. Die Lust an der Ausbreitung des Christentums scheint vergangen zu sein oder flackert nur noch als Wunschtraum auf. Mission wird aufgegeben, weil jeder Einsatz »draußen« Verluste »drinnen« zur Folge haben könnte.

Beide genannten Beweggründe sind also ambivalent; aber auch abgesehen davon reichen sie keineswegs zur Begründung der Mission aus.

Mission ist theologisch nicht im religiösen Mitteilungsbedürfnis begründet; darum findet es seine Grenze auch nicht in den Komplikationen dieser Mitteilung an andere. »Ich glaube, darum rede ich« (2. Kor 4,13): dies meint nicht, daß ein »Glaubender« sich aussprechen will. Es wird vielmehr der Not entgegengehalten, angesichts deren es einem die Sprache verschlägt. Diese Not darf als Notlage benannt werden, indem sie in den Zusammenhang der Taten Gottes und seiner Verheißungen zu stehen kommt. »Wer glaubt, kann davon reden – er kann es vor Gott und so auch vor anderen deutlich nennen.« Leiden, Anfechtung und Anfeindungen dürfen im Bekenntnis zum auferstandenen Christus ausgesprochen werden – so aber lassen sie sich auch ungezwungen aussprechen. Damit ist also nicht gemeint, daß etwas Inneres nach außen gekehrt werden müsse, solle, dürfe: dergleichen bliebe ein psychisches und kommunikatives Phänomen.

Der innere Grund zur Mission kommt am deutlichsten in 2. Kor 5,18-21 zur Sprache:

> Das alles geschah von Gott her, der *uns durch Christus* versöhnt und uns den Dienst der Versöhnung auferlegt hat. Er war es, der *in Christus* die [Menschen-] Welt mit sich [Gott] versöhnte. Er rechnete *ihnen* ihre Sünden nicht zu und hat unter *uns* aufgerichtet das Wort von der Versöhnung. So sind *wir* nun Botschafter an Christi Statt, und Gott redet durch *uns* zu. So bitten wir an Christi Statt: »Lasset *euch* versöhnen mit Gott!« Denn er hat den, der keine Sünde kannte, *für uns* zur Sünde gemacht, damit *wir in ihm* Gottes Gerechtigkeit würden.

(40.) Christliche Mission geschieht in der unbegrenzten und grenzenlosen Bitte, sich mit Gott versöhnen zu lassen, d. h. sich die Versöhnung der Welt mit Gott in Jesus Christus gefallen zu lassen, ihr sich auszusetzen.

Wie ist Mission begründet? Gott versöhnte in Christus die *Welt* mit ihm selber – darum seid Botschafter an Christi Statt, und wir bitten euch: »Lasset euch versöhnen mit Gott!« Nur weil die Menschenwelt »in Christus« mit Gott versöhnt ist, können »Christen« sich an andere wenden, sie können – und müssen geradezu – diese anderen daraufhin ansprechen, daß Christus für sie da ist. Mission kann einzig und allein diese *Bitte* übermitteln, sie hat die Aufmerksamkeit auf das Geschehene zu richten, nicht aufdrängend und zudringlich. »Christen« haben nicht Christus in die Welt zu bringen, sondern sie sind dazu da, sich Christus nicht in den Weg zu stellen, seiner Bitte Raum zu lassen in ihrem Reden und Tun. Jesus Christus ist für alle gestorben und deshalb die Hoffnung aller: daran gilt es sich zu halten, und dies bestimmt das Verhältnis zu allen »anderen«.

Versöhnt-Werden und Versöhnt-Sein bilden gleichsam den Raum, das Kraftfeld, in dem zu bleiben die Bittenden und die Gebetenen berufen sind. Sie werden durch das Wort der Versöhnung, durch Gottes Tat im Wort, zueinander gewiesen und miteinander in Bewegung gebracht (um darauf aufmerksam zu machen, sind die Pronomina in der Zitation von 2. Kor 5, 18–21 hervorgehoben).

Hier wird der Horizont der Mission gleichsam nach innen hin erweitert. Darum bildet die Botschaft der Versöhnung das Gegengewicht zur Sendung der Jünger in Mt 28,18–20; sie charakterisiert ihren Auftrag, in den sie selber verwickelt sind, und verhindert, den Blick auf das Verhältnis von »Kirche« und »Welt« einzuzengen. Dem Bittcharakter sind die Gesandten selber unterstellt. Erst von daher werden Christi Macht und Herrschaft verständlich.

Niemand kann einen einzigen Menschen »*für Christus* gewinnen«, dessen Leben nicht schon *von Christus* gewonnen worden wäre. Nur weil »in Christus« alle Menschen vor Gott »zur Stelle sind« (vgl. Röm 5,6–19), dürfen, können und müssen die Boten Christi andere daraufhin ansprechen, daß Jesus Christus für sie da ist (sie so ansprechen, nicht nur ansehen!).

Das »Sendungsmotiv« wird also eigentümlich gebrochen. Denn Jesus Christus wird vom Vater gesandt, doch diese Sendung vollendet sich in seinem Sterben für alle, durch das sie vor Gott andere werden, als sie es bisher waren. Was können die Gesandten weitergeben? Sie setzen ja nicht eine Art Stoßrichtung fort – im Sinne einer Stoßrichtung von Gott in die Welt hinein und dann über alle Welt.

Mission geht hervor aus der Sendung des Wortes (Jes 55,11), der Sendung des Sohnes (Joh 3,17 u. ö.) und der Sendung des Geistes, der Christus verherrlicht: Der Geist redet nicht aus sich selber, sondern verkündigt das Gehörte und Künftige (Joh 16,7b–11.13f.): der trinitarische Elan der Mission. Die Sendung des Geistes als Nicht-aus-sich-selber-Reden: das Gehörte verkünden (Joh 16), hörbar werden, sichtbar werden lassen (Joh 15,26): dies und nichts anderes prägt auch die Sendung der Gemeinde (Joh 17,18; 20,21). Als solche Sendung sieht KARL BARTH eine mögliche Grundlegung einer Missionstheologie in der Versöhnungslehre (KD IV/3, Zollikon-Zürich 1959, § 72, 780 bis 1034).

Die Bitte Christi, an dem Gott für uns gehandelt hat: Lasset euch versöhnen mit Gott (Passivum divinum), laßt euch Gottes Handeln gefallen – das Handeln, das ein völlig zerstörtes Verhältnis neu schafft (»neue Schöpfung«), nicht eine gestörte Beziehung bloß repariert. Daraufhin werden auch geknickte, gar zerbrochene menschliche Beziehungen neu aufgerichtet, nicht gekittet.

Die Bittenden exponieren sich. Sie haben Unerhörtes mitzuteilen: etwas, das sie nie und nimmer aufdrängen, durch bloße Überredung vermitteln könnten. Gottes Versöhnungshandeln läßt sich nicht ansinnen. Die Bitte macht wehrlos gegenüber den Gebetenen und ihrer Reaktion. Die Bittenden werden verwundbar. Ihr Bitten kann Versöhnung nicht erzielen, sondern verweist die Gebetenen auf Gott – werden sie sich dies gefallen lassen?

Die Antwort auf die Bitte »Lasset euch versöhnen mit Gott!« – und sei sie eine strikte, gar heftige Ablehnung – gilt es ernstzunehmen. Geschieht dies nicht, wird die Integrität der Gebetenen verletzt: Ihnen wird unterstellt, sie seien ja schon als »Welt« mit Gott versöhnt, auch wenn es ihnen (noch) nicht bewußt sein mag. Wird indessen aus der Reaktion von Menschen auf die Botschaft der Versöhnung auf Gottes Handeln zurückgeschlossen, kommt es zu fatalen Theoriebildungen: etwa zur Lehre von der doppelten Erwählung (Prädestination), die den Umstand geistig bewältigen will, daß nicht alle Menschen glauben, und den Grund dafür in einen Entschluß Gottes verlegt, sie nicht retten, sondern verwerfen zu wollen – während die Glaubenden durch ihren Glauben und womöglich durch ihr Verhalten bestätigen, daß Gott sie zum Heil erwählt hat. Das komplementäre Gegenstück ist die Theorie der Allversöhnung: Gott hat die Welt mit sich versöhnt, also ist nichts und niemand davon ausgeschlossen, alle werden sich und alles wird sich irgendwann und irgendwie in Gott wiederfinden. Das wäre eine theoretische Eingemeindung der Menschheit in die Kirche – ohne jede Folge, allenfalls der, daß Christen darüber beruhigt einschlafen könnten. Eine solche Umarmungsstrategie ist die Alternative zur kirchlichen Binnenreflexion – die eine so fatal wie die andere.

Jesus befiehlt »Geht hin!« – er sagt nicht: »Wartet ab, bis sie kommen!« (MARTIN KÄHLER). Die Anweisung »Gehet hin« wird begleitet von der Einladung »Kommt her zu mir, alle, die ihr mühselig und beladen seid; ich will euch erquicken« (Mt 11,28). Wie verhält sich dieses »Hingehen« zum »Herkommen« zu Jesus Christus? Menschen gehen hin, um die Bitte Christi weiterzugeben, nichts mehr und nichts weniger. Sie sehen andere als bedürftig an, doch nicht stärker und anders bedürftig als sich selber. Sie können andere nur bitten, weil sie sich selber haben bitten lassen. Darin unterscheidet sich christliche Mission von einem jeden missionarischen Sendungsbewußtsein, das von Überlegenheitsgefühlen getragen wird.

Die Bitte ist paradoxer Ausdruck der Macht und Gewalt Christi: Wer bittet, ist wehrlos und verwundbar, er bittet um die Annahme seiner Bitte – Bitten können ja durchaus auch aufdringlich sein, Bittende können anderen auf die Nerven fallen. Vor allem hat die Bitte »Lasset euch versöhnen!« ganz die Gestalt des Verweises auf das, was Gott getan hat: Er war in Christus – die Welt mit sich, mit Gott versöhnend. Darum kommt Christus von »draußen« uns entgegen. In denen, die der Versöhnung bedürftig sind – ebenso bedürftig wie wir! –, treffen wir auf Gottes Handeln. Sie gehören weder zu einem weiteren Umkreis des Christentums: weder zu einer »latenten Kirche« (PAUL TILLICH, Systematische Theologie III, Berlin ⁹1987, 180), noch sind sie »anonyme Christen« (vgl. KARL RAHNER, Schriften zur Theologie VI, Zürich/Einsiedeln/Köln, ²1968, 545–554). Mit solchen weitherzigen Umschreibungen läßt sich nicht plausibel machen, daß Gottes Gegenwart und seine Gnade wesentlich weiter reichen als die ausdrückliche Annahme des Glaubens. Doch so werden aus der Universalität des Wirkens Gottes falsche Schlüsse gezogen. Entscheidend ist ja doch, daß Gott größer ist als unser Herz (← 2.4.3). Darum sind es nicht wir und unser Innenleben, durch die Gott in die Welt gebracht wird (← 2.5).

In der missionarischen Praxis kommt die Begründung der Mission erfahrungsgemäß zumeist erst in einer zweiten Phase zum Zuge, nachdem ein erster Schritt der Parole folgte: »Anders leben als bisher!« Darum ist die Vermittlung der theologischen Begründung auch ein Testfall für den Unterricht im christlichen Glauben (← 2.7), bei der innere Gründe kirchlichen Handelns zur Sprache kommen.

2.9.2 Reichweite und Geltungsbereich

»Gott in Christus die Welt mit sich versöhnend« (2. Kor 5,19): dies ist eine universale Aussage, ja sogar der Grundsatz *theologischer Universalität*.

Der Charakter dieser Universalität bringt es mit sich, daß sie nie und nimmermehr mit einem besserwisserischen oder überlegenen Anspruch an andere auftreten darf, aber ebensowenig mit Ängsten oder der Ausrede, anderen nichts zumuten zu wollen. Dies alles ist aufgehoben in den Gestus der Bitte: Der Bittende tritt zurück gegenüber dem, was dahinter steht: der ohnmächtige Gott ist auf seine Weise mächtig, verborgen am Kreuz. Werden dadurch andere verletzt? Die Bitte: »Lasset euch versöhnen mit Gott!« bleibt zuallererst an die Gemeinde, nach innen gerichtet; sie ist eine unaufhörliche Bitte. »Ich« kann nur bitten, wenn ich mich selber bitten lasse.

Die universale »Bedeutung« Jesu ist sein Sein für alle. Daraus läßt sich keine theoretische Perspektive für das Verhältnis von Menschen zueinander ableiten. Theologisch gilt: Jesus ist gegen niemanden, sondern für uns alle gestorben. Dieser Satz darf nicht halbiert werden!

Die universale Bedeutung Jesu wird verkehrt, wenn sie zum Deutungselement für das Verhältnis seiner »Anhänger« zu »anderen« erhoben wird, wenn sich die Seinen in ihrer Beziehung zu anderen begreifen wollen. Dann werden die anderen zum Bestandteil eines umfassenden religiösen Weltbildes, mit der Christenheit als anderem Teil. Die Verfechter einer solchen Anschauung wollen sich einerseits in ein Ganzes einordnen und zusammen mit anderen sehen, andererseits nehmen sie einen vergleichenden Standpunkt ein und stehen insofern über allen, sich selber als Teil der religiösen Welt eingeschlossen. Diese Doppelposition – ein äußerst problematischer Perspektivenwechsel! – ist die Wurzel zumindest zweier Übel, die sich in der Christenheit neuerdings Konkurrenz machen: Selbsternannte Sprecher dieser Christenheit verstehen sich entweder als anderen überlegen und begründen so ihre missionarische Aufgabe, oder sie sehen sich als gleichrangig an (oder gar unterlegen) und verzichten deshalb auf Mission.

Nichts weiter als das Wort der Versöhnung gilt es zu sagen, auch für das *Verhältnis*, in dem das »wir« der Kirche zu »anderen« steht. »Wir« können uns, soweit es um Glauben, Liebe und Hoffnung geht (und wann gälte das nicht!), zu jedem anderen nur als solche verhalten, die gemeinsam der Versöhnung bedürfen.

(41.) Die Reichweite theologischer Aussagen ist so unbegrenzt wie Gottes versöhnendes Handeln. Geltungsbereich theologischer

Aussagen ist die Kirche, ohne daß die Reichweite dieser Aussagen dadurch beschnitten würde.

Die Verwechslung von Reichweite und Geltungsbereich führt zu einem typischen Denkfehler, dem man leicht auf den Leim geht. Er tastet das Selbstverständnis der Kirche und der Mission an: Daß »Gott alles in allem« ist, wird zum Programm der Ausbreitung der Rede von diesem Gott – Gottes »Universalität« erscheint erst dann als gewahrt, wenn das Universum Gott anerkennt. »Kann Gott wirklich Gott sein, bevor (oder: wenn nicht) alle Menschen glauben?« Diese Frage ist falsch gestellt und kann deshalb auch nur irreführend beantwortet werden. »Gott alles in allem« (1. Kor 15,28) ist ein Satz, der allein im Glauben und auf Hoffnung hin gesprochen werden will: eine eschatologische Perspektive, im Blick darauf, was Jesus Christus als der Kommende zu guter Letzt tun wird, nämlich sich Gott unterstellen, ohne in ihm aufzugehen. Dies ist jedoch keine Umschreibung einer Universalität, die durch Mission »umzusetzen« wäre.

Die ebenso typische Kehrseite dieses Denkfehlers ist die heute weitverbreitete Angst, das Christusbekenntnis könnte andere verletzen und müsse deswegen aufgegeben werden, um dialogfähig zu sein und einen gemeinsamen Nenner religiöser Überzeugungen oder auch Wertmaßstäbe und Handlungsziele zu erreichen. Dieser Denkfehler verdirbt z. B. das Verständnis von Apg 4,12: »In keinem andern ist das Heil, auch ist kein andrer Name unter dem Himmel den Menschen gegeben, durch den wir sollen selig werden.« Dieses »Wir« wird durch das Handeln des Dreieinen Gottes konstituiert, es ist kein numerisches Wir, das durch den »Anschluß« anderer vermehrt oder durch ihren »Ausschluß« verringert werden könnte. Dieser Satz drückt keinen Besitzanspruch des Christentums aus, der dann auch preisgegeben werden könnte, damit dieses Christentum besser mit anderen Religionen (speziell mit dem Judentum) koexistieren kann.

Die Unterscheidung zwischen theologischer Reichweite und kirchlicher Geltung soll also helfen, das Reden von Gott *auf gar keinen Fall* empirisch derart verifizieren zu wollen, daß die *unermeßliche Erstreckung* von Gottes Handeln mit der *Allgemeingültigkeit* dessen, was glaubwürdig gesagt werden kann, gleichgesetzt wird. Jeder Versuch dazu würde entweder einen kirchlichen Imperialismus begünstigen oder, im Gegenteil, ein Minderwertigkeitsgefühl angesichts einer kirchenfeindlichen oder wenigstens am christlichen Glauben desinteressierten Öffentlichkeit dadurch sanktionieren, daß von Gott nur noch als dem geredet wird, der »für uns« oder gar nur »für mich« »gilt«.

Die Kirche ist der natürliche Gesprächsraum der Theologie: der Raum, in dem »wir« (← 2.5) uns auf das stützen, was unbedingt und unter allen Umständen im Glauben und auf Hoffnung hin gesagt werden kann, wo wir uns über die Geltung theologischer Sätze verständigen können und wo darüber auch gestritten werden muß, wo die, die hier miteinander sprechen und streiten, *wissen, womit sie anfangen können*. Je freier sich jemand hier bewegen kann, desto unbefangener ist er im Gespräch außerhalb dieses Verständigungsraumes, wird er auch dort theologische Inhalte entdecken, gerade weil er nicht darum besorgt ist, wo Theologie in alltäglichen Gesprächen »vorkommen« dürfte. Jede Sorge, wo er mit religiösen Fragen oder gar mit dem Reden von Gott einsetzen könnte, wird ihm abgenommen, weil er die, die mit ihm sprechen, und sich selbst von Gottes Handeln schon umfangen weiß. Ob und wann dies dann auch zur Sprache kommen kann, ist nicht wesentlich, Gottes Gegenwart hängt jedenfalls nicht davon ab. Wüßte er nicht, wie er anfangen kann, könnte er sich von der Sorge anderer, wie sie anfangen könnten, gar nicht treffen und bewegen lassen. Er könnte diese Sorge gar nicht verstehen, hätte er nicht in der Kirche immer wieder die Erfahrung gemacht, wie anzufangen sei.

Die Kirche ist der Sprachbereich, in dem ich weiß, *wie ich anfangen kann*, wenn ich im Glauben und auf Hoffnung hin reden will (← 1.2): der pragmatische Sprachbereich, in dem Verständigung über die Reichweite theologischer Aussagen möglich ist. Damit verändert sich das Verhältnis zwischen »Innen« und »Außen« der Kirche: »In der Kirche« – das ist Verständigung im Glauben, also kein bloßes Binnengespräch zwischen Menschen, die bereits einander verstehen, die ein Gemeinschaftsgefühl entwickelt haben, das sie von »denen da draußen« abgrenzt, vielleicht gar durch eine fromme Sprache, eine kollektive Privatsprache, die sonst keiner versteht. In der Kirche ist das Reden im Glauben natürlich. Und »draußen«, »außerhalb der Kirche«: da geschieht Begegnung mit Menschen, die ausdrücklich oder unausdrücklich von der Frage bewegt werden, wie sie anfangen können zu glauben, zu hoffen und zu lieben.

2.9.3 Anderen begegnen

(42.) Mission geschieht im Sich-Aussetzen von Glaubensaussagen in einen Kommunikationsraum hinein, in dem sie noch nicht gelten, aber ihre Geltung empfangen wollen.

Mission ist Gesandt-Sein, nicht nur von Menschen zu »anderen«, sondern auch ihres Redens und Tuns in andere Geltungsbereiche – immer mit der Frage: »Wie kann, was für alle Menschen geschehen ist, ihnen auch wirklich zugute kommen? Und inwiefern werden wir zur Verantwortung dafür gezogen?«

Damit wird eine vertrackte Frage aufgegriffen: In welcher Beziehung stehen »Christen« zu »Nichtchristen«? Als diejenigen, die *wissen*, daß sie der Versöhnung bedürfen, und zwar der Versöhnung der Welt mit Gott, die in Christus geschehen ist. Sie können deshalb alle anderen nur als solche *ansprechen*, denen diese Versöhnung gilt.

Um dies möglichst klar und unmißverständlich zu sagen, muß hinzugefügt werden: Daß Gott in Christus die Welt mit sich versöhnt hat, läßt sich nicht so verstehen, daß alle in diese Versöhnung *eingeschlossen* sind. Das hieße die Versöhnung zu einem abgeschlossenen Geschehen machen, zu dem »alle« hinzugezählt werden müssen als darin »inbegriffen«. Dieses »Einbegreifen« wäre ein fundamentaler Fehler. Warum?

»Der andere« wird zum Element meiner Positionsbestimmung. Ich finde mich mit anderen in einem Raume vor, vergleiche mich, meine Position, mit der Andersheit des anderen. Das ist in gewissem Grade unvermeidlich, wenn ich wirklich mit anderen kommunizieren und mich nicht von ihnen abkapseln will. Kommunizieren bedeutet jedoch zuallererst: den anderen als den anderen wahrnehmen, ihn als den, der er ist und wie er sich mitteilen will, vernehmen – und mich ihm so mitteilen, wie ich bin, und das heißt theologisch: mit allem, was »meinen Glauben« ausmacht, der ja nicht »mein« Glaube ist, sondern der Glaube mit einer bestimmten Reichweite.

Das Verhältnis zum anderen verändert sich jedoch fundamental, wenn »mein Glaube« dem Glauben anderer *gegenübergestellt* wird. Dann kommt es früher oder später zu Vergleichen. Ich nehme mich im Verhältnis zum anderen wahr – dies ist dann bereits ein Schritt in die Theorie hinein: der andere ist Teil meiner Weltanschauung. Damit wird ein *vergleichender Standpunkt* eingenommen, der einer religionswissenschaftlichen Beschreibung wohl ansteht, die Dogmatik jedoch sprachlos macht. Wer nur vergleichen will, verläßt den Ort des Redens aus Glauben, auf Hoffnung hin und aus Liebe. Und zwar nicht, um dieses Reden sachgemäß zu beschreiben, d. h. seinem Gegenstand getreu wahrzunehmen (→ 3.2), sondern um es geflissentlich zu vertauschen mit Äußerungen von inneren Überzeugungen, die zur Disposition stehen. Und dies hat unmittelbare Folgen für jede weitere Verständigung: Beim vergleichenden Standpunkt stehe »ich« »anderen« nicht mehr dialogisch gegenüber, sondern sie werden – auch in meiner Kommunikation – unter der Hand Bestandteil meiner eigenen Ortsbestimmung.

Die Dauerreflexion auf das Verhältnis vom »Innen« der Kirche und ihrem »Außen«, den »anderen«, gefährdet die Mission aufs äußerste und kann sie zum Erliegen bringen. Wer so denkt, kann an den inneren Gründen kirchlichen Handelns verzweifeln, weil sie sich nicht »draußen« plausibel machen lassen. Die Beobachtung, daß andere nicht glauben oder anders glauben, ist niemals ein sinnvoller Einstieg in die Fragen, was »wir« glauben, d. h. woraufhin wir theologisch reden dürfen, können und sollen. Daran wird zu erinnern sein, wenn dieser Einstieg eigens erkundet werden muß (→ 4.1).

MARTIN KÄHLER, Schriften zu Christologie und Mission, hg. von Heinzgünter Frohnes (TB 42), München 1971. – GEORGE W. PETERS, A Biblical Theology of Missions, Chicago, Ill. (Moody Press) 1972. – ARTHUR W. GLASSER/DONALD A. MCGAVRAN, Contemporary Theologies of Mission, Grand Rapids, Mich. (Baker Book House) 1983. – DONALD SENIOR, C. P./CARROLL STUHLMUELLER C. P., The Biblical Foundations for Mission, Maryknoll, New York (Orbis Books) 1983. – THEO SUNDERMEIER, Theologie der Mission: DERS., Konvivenz und Differenz. Studien zu einer verstehenden Missionswissenschaft, Erlangen 1995, 15–42. – JAN A. B. JONGENEEL, Philosophy, Science, and Theology of Mission in the 19th and 20th Centuries: A Missiological Encyclopedia II: Missionary Theology (SIGC 106), Frankfurt a. M. u. a. 1997.

In diesem Kapitel wurden verschiedene Handlungen der Kirche auf ihre inneren Gründe hin befragt. Diese Frage konnte sich auf verschiedene Weise stellen. Gewohnte, allzu vertraute, eingefahrene oder vielleicht schon abgeschliffene Handlungweisen müssen nach ihren inneren Gründen befragt werden, damit sie von ihnen her wieder ihre Dynamik empfangen. Oder Handlungsziele sind diffus geworden und bedürfen der theologischen Aufklärung. Es können sich Motivationen eingeschlichen haben, deren Fragwürdigkeit erst durchschaut werden kann, wenn wir sehen lernen, welches Tun und Lassen der Christengemeinde verheißen und geboten ist. Oder kirchliches Handeln ist durch Druck von außen umgeformt worden, vielleicht bereits so verformt, daß es seine Bewegungsrichtung verloren hat. Vielleicht tut es auch not, eine Handlungsform, die sich verselbständigt hat, in ihrer Verbindung mit anderen kirchlichen Handlungsweisen zu untersuchen.

Indem wir solchen Rückfragen und Anfragen exemplarisch – ohne Anspruch auf Vollständigkeit – von verschiedenen Seiten aus nachgingen, haben wir *dogmatische Denkpraxis im Vollzuge* kennengelernt: die Denkpraxis, deren Feinstruktur in Sprachgestalten und sprachlichen Bewegungen uns im ersten Kapitel begegnete. Diese Denkpraxis hat sich nun als ein weites Feld gezeigt. Jetzt kommt es darauf an, mit ihrer *systematischen Gliederung* noch intensiver vertraut zu werden, damit nicht etwa der Eindruck eines Labyrinths entsteht. Wir müssen erkunden, wie die thematischen Zusammenhänge der Dogmatik entstehen, so daß sich eine richtungsweisende Zusammenstellung, ein *systema* ergibt (3.1). Von welchen »Grundsätzen« können wir dabei ausgehen, welche Bewegung prägt theologisches Argumentieren (3.2)? Wenn wir (in 3.3) bedenken, warum und wie Dogmatik sich auf biblische Texte als »Schrift« bezieht, wird auch deutlich werden, warum in diesem Buch so häufig Bibeltexte zitiert werden und in welcher Absicht. Im Anschluß daran werden wir uns mit problematischen Zugängen zur Dogmatik oder mit Einstiegsmöglichkeiten beschäftigen, die uns auf eine falsche Spur bringen könnten (4. Kapitel).

3. Dogmatik – auf den Weg gebracht

3.1 Ausmaß und Tragweite theologischer Erkenntnis

3.1.1 In den theologischen Begründungszusammenhang hineinwachsen

Im zweiten Kapitel haben uns verschiedene Anlässe auf *innere Gründe kirchlichen Handelns* aufmerksam gemacht: darauf, daß und wie Gott seine Verheißungen Menschen anvertraut hat, damit sie diese mitteilen und so seinem ausgesprochenen Willen folgen. Es sind Gründe, die auf Gottes Handeln verweisen, indem sie sagen, worauf wir uns verlassen können und wonach wir uns ausstrecken dürfen.

Zugleich zeichneten sich Schritte *theologischer Erkenntnis* ab, indem deutlich wurde, wie solche Gründe miteinander verschränkt sind und wie sie damit auf die Erstreckung des Handelns Gottes aufmerksam machen: auf dessen unerschöpfliche Tiefe, aus der der Glaube seine Tragkraft empfängt, die unermeßliche Weite, aus der die Spannkraft der Hoffnung erwächst, und die intensive Dichte, aus der die Liebe emporquillt.

Werden dogmatische Gründe angegeben, dann bleiben sie bloße Formeln, solange sie nicht zu dieser Erkenntnis führen. Sie setzt mit elementaren Fragen ein: Warum wir beten, warum wir immer von neuem die Bibel lesen und damit nie zu Ende kommen (oder was es bedeuten würde, eines Tages auf sie verzichten zu wollen oder verzichten zu müssen!), wie es mit unserem Verhältnis zu anderen und zu uns selber bestellt ist, was es heißt, von Gott zu reden. Und wenn wir mit solchen Fragen wirklich Fuß fassen, statt sie nur immer wieder hin und her zu wenden, dann machen sich umrißhaft Sachverhalte bemerkbar. Gehen wir ihren sprachlichen Konturen nach, dann ergibt sich allmählich ein plastisches *Profil* dessen, was im Glauben und auf Hoffnung hin wirklich ist, außerhalb unser selbst und doch ganz uns zugewandt. Diese Wahrnehmung öffnet uns für das Wahrgenommene, sie läßt uns ganz und gar »bei der Sache« sein – und dann hebt das gelöste, manchmal geradezu ekstatische Staunen an, das jede wahrhafte

Erkenntnis begleitet: ungeahnte Zusammenhänge tun sich auf, Dimensionen, die zum Weiterdenken ermutigen, in die wir hineinwachsen, ohne uns aufzuplustern. Der Nebel von Vorurteilen lichtet sich, schrittweise stellt sich Klarheit ein, die Fragen beantwortet, ohne weiteres Suchen abzuschneiden.

Wir beschränken uns hier auf die sprachliche Form dieser Erkenntnis, speziell auf die Gründe, mit denen sie Gestalt gewinnt: formulierbare Gründe, unbeschadet aller vor- und außersprachlichen Faktoren, denen sich solche Erkenntnis noch verdanken kann. Im Hinblick auf ihre Sprachgestalt gilt das Folgende:

(43.) Theologische Gründe sind derart miteinander verbunden und vielfach verschränkt, daß sie einen Zusammenhang ergeben, den theologischen Begründungszusammenhang. Er vereinigt in sich sämtliche grundlegenden Aussagen, soweit sie in theologischen Denkerfahrungen bislang gewonnen worden sind.

Dies geschieht in gemeinschaftlichen Denkerfahrungen, auch wenn zunächst Erkenntnisschritte einzelner vorausgingen, die erst allmählich und mit erheblicher Mühe anderen glaubwürdig mitgeteilt werden konnten. Auf dem theologischen Begründungszusammenhang beruht der bisher erreichte theologische Erkenntnisstand (← 1.1.3). Er bildet den Kern der Dogmatik.

Seine Einheit und innere Geschlossenheit erhält der theologische Begründungszusammenhang dadurch, daß er als ganzer und in jedem seiner Gründe auf Gottes Handeln in all seinen Dimensionen verweist und dieses Handeln zugleich vor uns stellt. Er bringt die Externität des Handelns Gottes so zur Sprache, daß wir uns darin bewegen können, indem wir zurückfragen und erwartungsvoll weiterdenken, Gottes Taten und Zusagen wieder ins Gedächtnis rufen, damit weitere Erkenntnis möglich wird. Denn theologische Erkenntnis beschränkt sich beileibe nicht auf eine bloße Wiederholung dessen, was früher einmal gesagt worden ist, und sei es auf gültige Weise. Ebensowenig erschöpft sie sich darin, frühere Denkerfahrungen nur nachzuvollziehen. Vielmehr will sie, was im Glauben und auf Hoffnung hin unbedingt und unter allen Umständen zu sagen ist, in unserem Dasein ermessen – und dies nicht mit einem allumfassenden Zugriff, sondern indem sie Bestimmtes zu sagen erlaubt.

(44.) Der theologische Begründungszusammenhang steht der Kirche gegenüber: zum Zeichen der Treue Gottes, der Spannweite seiner Verheißungen und der Tragweite seines Handelns.

Er hilft, die Kirche aufzurichten, wenn sie wankelmütig oder unsicher wird, denn mit ihm wird ihr Reden und Handeln ausgerichtet. Dies kann jedoch auch bedeuten, der Kirche mit theologischen Gründen ins Wort oder in den Arm zu fallen.

Weil der theologische Begründungszusammenhang die Externität des Glaubens zur Sprache bringt, ist er nicht gleichbedeutend mit einer Theorie kirchlichen Handelns. Denn die Kirche sieht sich von ihm angesprochen, sie spricht sich nicht in ihm aus. Er ist kein Schaukasten kirchlicher Selbstdarstellung. Indem die Dogmatik den theologischen Begründungszusammenhang verantwortet, steht sie der Kirche gegenüber (← 1.1.2). Die Dogmatik würde sich, aus dem Zusammenhang kirchlichen Lebens gerissen, nur einer virtuellen Realität verschreiben, doch sie müßte auch verkümmern, wäre sie bloßer Reflex kirchlicher Leistungskraft.

Weil theologische Gründe miteinander verschränkt sind, können wir sie auch als solche und in *ihrem* Zusammenhang bedenken, selbständig, in ihrem *eigenen* Wahrheitsanspruch. So unterscheidet sich der theologische Begründungszusammenhang auch von einem Motivationshintergrund, der psychologisch und sozialpsychologisch aufzuschlüsseln wäre, als Mixtur von Beweggründen, gespeist aus verschiedenen Quellen: aus Anreizen und Anforderungen, überlieferten Wertvorstellungen und Selbsterhaltungsdrang. Die Dogmatik sperrt sich gegen jedes Bestreben, die inneren Gründe kirchlichen Handelns zu verwechseln mit einer Balance von frommen Gewohnheiten und der Fähigkeit zur Anpassung an das, was gerade an der Zeit ist.

Theologische Gründe sind miteinander verwoben: Zeigt dieses Gewebe ein bestimmtes *Muster*? Ist die Erstreckung von Gottes Handeln, von dem die Dogmatik redet, in verbindlicher Weise vorgezeichnet?

Lehrbücher, Kompendien, Konzeptionen, Vorlesungszyklen, in denen Dogmatik begegnet, erwecken einen solchen *systematischen* Eindruck. Die Fülle des Stoffes wird so angeordnet, daß ein Gesamtbild des theologisch Wissenswerten entsteht. Es soll der ganzen Wahrheit des Glaubens, der Fülle Gottes und seiner Werke vom Anfang bis zum Ende entsprechen.

Für diese Darstellung haben sich zwei Typen eingebürgert, die mannigfach variiert werden können. Der eine geht auf die Rede vom Dreieinen Gott zurück: *Vater, Sohn und Geist – Schöpfer, Versöhner und Vollender*; der andere Typus zeichnet quasi *die Geschichte des Wirkens Gottes* nach, nachdem zuvor gesagt worden ist, wer Gott ist und warum wir von ihm sprechen können.

Beide Typen, so altbewährt sie anmuten, sind Endprodukte einer längeren Entwicklung, die hier nicht geschildert werden kann (zur Übersicht: GERHARD SAUTER/ALEX STOCK, Arbeitsweisen Systematischer Theologie. Eine Anleitung, München und Mainz ²1982, 86–106). Ich möchte drei problematische Gesichtspunkte solcher Systematik anzeigen: Risiken und Nebenwirkungen, die mir im Gespräch mit Studierenden immer wieder begegnen, die vielen die Freude am Studium der Dogmatik nehmen und oft die Bemühung um genuine theologische Erkenntnis niederschlagen.

Zunächst das Problem der *Vollständigkeit*: Wird in der Dogmatik ein gleichsam flächendeckendes Wissen abgespeichert? Träfe dies zu, müßte es auch möglich sein, diesen Wissensstand zu komprimieren, ihn auf grundlegende Informationen zurückzuführen, die dann je nach Bedarf wieder entfaltet und ausgebreitet werden könnten: eine Nés-Theologie, die mit dem Wasser der Beredsamkeit zubereitet wird.

Sodann: Lassen sich die Themen der Dogmatik auf eine Reihe bringen? Wie ist ihre *innere Geschlossenheit und Folgerichtigkeit* beschaffen? Zumeist wird der Eindruck einer zeitlichen Abfolge vermittelt, vor allem beim zweiten der genannten Typen. Er beginnt mit dem Anfang aller Dinge und reicht bis zu ihrem Ende – scheinbar wie die Bibel, aber doch in völlig anderer Form als diese: weder erzählend noch in unterschiedlichen literarischen Formen entwickelnd, sondern als eine Anordnung aller Geschehnisse im Verhältnis von Gott, Welt und Mensch und dessen, was diesem Verhältnis vor aller Zeit und jenseits aller Zeit zugrunde liegt.

Schließlich: Welchen *Überblick* darf und kann die Dogmatik vermitteln? Wo stehen wir mit der Dogmatik? Bekommen wir Anteil an der Perspektive Gottes, womöglich an seinen Plänen, Gedanken und Regungen? Was haben unsere Erinnerungen und Erwartungen, was hat unser Sinn für Nähe und Ferne, unser Zeit- und Raumgefühl damit zu schaffen? Verleitet die Dogmatik vielleicht dazu, Gott, Welt und Mensch in ein Denk-Gebilde einzuräumen, das zwar unserem Bedürfnis nach Orientierung und Übersichtlichkeit entsprechen mag, aber unserem Standort nicht gerecht wird: das uns eine Vogelschau vortäuscht, die genauer besehen eine Froschperspektive ist und bleibt?!

Diese Probleme enthalten nicht bloß darstellungstechnische Schwierigkeiten, darin verbergen sich auch grundlegende theologische Fragen. Um ihnen nachzugehen und sie soweit wie möglich zu beantworten, sei das Kirchenjahr – das wir in 1.5.3 als eine bewährte Gedächtnisstütze kennenlernten – als eine Disposition zur Dogmatik skizziert. Es vermittelt eine spezifisch zeitliche Disposition, die darum den dritten Problemaspekt aufnimmt und dann zum zweiten weiterführt: wie Themenkreise der Dogmatik aufeinander folgen. Damit werden wir auf die Genese grundlegender dogmatischer Fragestellungen vorbereitet, die uns einige Überraschungen über die innere Logik der Dogmatik und für Erwartungen an ihre Vollständigkeit bereiten wird.

Wir fragen also in einem weiteren Zugang danach, *wie Dogmatik aufgebaut ist: nun als ein möglichst weitreichender Zusammenhang von Aussagen, der der Erstreckung des Handelns Gottes zu folgen versucht*, der diese Erstreckung umreißen oder zumindest ein Gespür dafür entwickeln will. Auf welche Fragen und Antworten stoßen wir hier zuerst? Welche weiteren Fragen und Antworten folgen daraus, und warum? Und worauf müssen wir immer wieder zurückkommen, um nicht auf Abwege zu geraten oder gar in die Irre zu gehen?

3.1.2 Das Kirchenjahr als Disposition der Dogmatik

Aus der Gliederung des Kirchenjahres ergibt sich ein bestimmter Rhythmus, bestimmt von Gottes Eingreifen in die Menschheitsgeschichte und ihre Geschicke. Das *Credo* hebt hervor, wie unverhofft dieses Eingreifen ist, indem es das Kommen Jesu Christi unvermittelt in die Schöpfung einbrechen läßt. Auch die weiteren Momente der Christusgeschichte werden als Einschnitte skandiert. Christi Geburt, Tod, Auferweckung, Erhöhung zum Richter markieren – jedes auf seine besondere, unverwechselbare Weise – Neuanfänge, keine Entwicklungsstufen. Die Punkte dieses Neuanfangs ergeben eine Strecke, einen Weg, der mit dem Zeitverlauf nicht identisch ist. Er wird durch die Erstreckung des Glaubens gewiesen und erlaubt deshalb, Zeit zu messen, nämlich mit der *Schrittlänge des Glaubens,* bezeichnet durch die Folge der Christusfeste.

Dadurch entsteht ein anderes Zeitmaß, als es etwa die sog. christliche Zeitrechnung vorgibt, die allein die Zäsur des »vor« und »nach Christi Geburt« kennt. Diese verliert leicht das Zeitgefühl dafür, daß Erwartung und Gedenken Christi nicht in zwei Zeitspannen aufgeteilt werden dürfen, sondern miteinander verschränkt bleiben; je länger desto mehr läßt diese Zeitrechnung den Eindruck aufkommen, als gerieten wir unaufhaltsam in eine nachchristliche Zeit hinein.

Die Christusfeste feiern jedoch die großen Taten Gottes. Die Botschaft jedes Festes eröffnet einen bestimmten Aspekt des überraschenden Handelns Gottes an und mit Jesus Christus. Diese Botschaft bringt sich ungefragt und unverhofft zu Gehör. Mögen ihr allerlei Erwartungen vorangehen, wie dies schon bei Jesus von Nazareth der Fall war: sein Kommen stört diese Annahmen, die Situation wird auf einmal unübersichtlich, das gewohnte Zeitmaß gerät durcheinander. Dies kehrt an den Christusfesten derart wieder, daß das Gedenken an Jesus Christus zum Gewärtigsein Gottes führt. Jedes seiner Feste lädt in je spezifischer Weise ein, sich Gottes neuschaffende Tat gefallen zu lassen und so Gott zu erwarten. So üben die Christusfeste in die Hoffnung wider alles Erwarten ein.

Das Gedenken Jesu Christi geschieht als Ankündigung der ungefragten Botschaft: »Christ ist erstanden!« – und es spannt sich aus in der Hoffnung auf Christus, den Kommenden.

(45.) Die Christusfeste erlauben uns, immer wieder von neuem anzufangen und in ihrem Rhythmus voranzuschreiten, ohne daß wir Gottes Fülle schrittweise einholen könnten.

Ihre Folge gleicht keiner Spirale, in der wir uns in einem unaufhörlichen Prozeß sozusagen zu Gott emporwinden müßten. Ebensowenig verlangt sie, daß wir von Zeit zu Zeit ein Stück mehr erleben oder gar hinzudenken müßten, um allmählich der Fülle Gottes näherzukommen. Und diese Fülle läßt sich schon gar nicht hervorbringen, indem wir mit jedem Durchgang eines Festes einen neuen Aspekt gewinnen.

Der geglaubte Glaube gibt seine Erstreckung zu erkennen – wir aber müssen die Schrittlänge des Glaubens einhalten. Wir können nichts vorwegnehmen und nichts überspringen: Weihnachten steht ebensowenig schon im Schatten von Golgatha, wie Karfreitag im »Lichte« von Ostern gesehen werden darf. Wohl kommt an Weihnachten schon der Karfreitag zum Vorschein: JOHANN SEBASTIAN BACH deutet dies im Weihnachtsoratorium an, wenn er einen Choral nach der Melodie »O Haupt voll Blut und Wunden« singen läßt; oder wie es JOOS VAN CLEVE (1480–1540/41) malt: Maria läßt ihr Kind den Leidenskelch trinken (Gemälde im Museum der bildenden Künste Budapest). Daraus ergibt sich aber keine systematische Synopse – eine solche wäre kurzschlüssig. Wir dürfen uns eine Zeitlang an der Krippe freuen, aber eben nur eine Zeitlang. Und wir müssen eine Zeitlang beim Kreuz verharren, den Abgrund des Karsamstages vermögen wir ohnehin nicht zu überspringen. Fatal wird es, wenn jemand sich an Weihnachten klammert und ewig Weihnachten feiern will – oder wenn er mit dem Starren auf das Kreuz zur Salzsäule erstarrt.

(46.) Die Disposition des Kirchenjahres entlastet von der hoffnungslosen Anstrengung, alles Entscheidende auf einmal sagen zu müssen oder immer wieder etwas völlig Neues sagen zu wollen.

Indem die Dogmatik sich diese Disposition zu eigen macht, ist sie ein wirksames Mittel gegen Monotonie. Darum läßt sie sich nicht auf *einen* Begriff bringen oder auf ihn zurückführen: auch nicht auf Ostern, so grundstürzend und folgenreich dieses »Datum« auch ist!

Die Wiederkehr der Christusfeste ist ein Zeichen dafür, daß Gott uns nicht in einer Zeitstrecke verlorengehen läßt, die wir aufbauen, nachzeichnen und überblicken. So und nicht anders will das Kirchenjahr »begangen« werden. Das Kirchenjahr ist eine *Periode* – ohne eine solche kommt kein Metrum zustande –, aber kein geschlossener Kreislauf. Die Christusfeste kommen mit dem Jahreslauf nicht zur Deckung. Nicht nur, daß sie den Jahreslauf nicht ausfüllen, ihre Folge hat auch einen anderen Rhythmus.

Im Jahreskreislauf geschieht ein ständiger Übergang vom Werden zum Vergehen und wieder zu erneutem Werden hin. Alle Jahre wieder stellt sich diese Regeneration vor Augen, sie geht ins Blut über. Das Zeitmaß wird auf den Biorhythmus des Werdens und Vergehens eingestimmt. Wer sich nicht von der Natur abschließt, sieht sich im Jahreslauf immer wieder an die eigene Vergänglichkeit gemahnt, dann aber durch den Aufschwung der

Natur auch wieder emporgetragen und darauf aufmerksam gemacht, daß das große Ganze das Verlöschen des einzelnen überdauert. Der eigene Lebenslauf erscheint als Zeitstrecke, aber diese bricht nur dann nicht ab, wenn das Leben wieder in den Kreislauf einschwingen kann, aus dem es für eine bestimmte Frist gespeist worden ist.

In dieses Zeiterleben tritt Jesus Christus ein. Er tritt zwischen das Werden und Vergehen, in das wir verflochten sind. Seine Person vermittelt uns an eine andere Zeit, und diese Zeit bleibt mit seiner Person verbunden. So entsteht der Gegenrhythmus zum Jahreslauf, der mitunter zu Rhythmusstörungen führt.

Der Beschluß des Kirchenjahres ist durch den Anfang, den Advent Jesu Christi, geprägt: Das Kirchenjahr endet, indem es in die Christuserwartung mündet. Es endet mit dem Trost für die Toten und Todgeweihten – und ruft zugleich zur Buße: die Adventszeit ist als Weihnachtsvorbereitung (»Wie soll ich dich empfangen?«) ursprünglich eine Fasten-, keine Freudenzeit. Das Ende des Kirchenjahres erlaubt weiterzukommen, ohne einfach weiterzugehen.

So entsteht eine unaufhörliche, dialektische Spannung von Gedenken und Hoffnung: ausgespannt zwischen Christi Gekommensein und seinem Kommen, zwischen dem, was er vollbracht hat, und dem, was in ihm uns zugesagt ist. In dieser Spannung können wir Bestimmtes sagen, bestimmt hinsichtlich des Gedenkens und der Hoffnung. Die Nahtstelle von Kirchenjahr und Dogmatik zeigt sich an der theologischen Aussage »zur bestimmten Zeit«: Was ist unter allen Umständen gerade an diesem Tag, an dieser Stelle zu sagen? Worin besteht die spezifische, unvertauschbare Botschaft von Weihnachten, Karfreitag, Ostern, Himmelfahrt?

Die Dogmatik hilft, die *Sequenz* im Auge zu behalten, die durch die Folge der Christusfeste markiert wird. Diese Sequenz hindert daran, die Wiederholung der großen Taten Gottes in einer bloßen Repetition von früher Gesagtem verkümmern zu lassen. Indem die Christusgeschichte in ihrem Zusammenhang und in weiteren theologischen Kontexten dargelegt wird – und eben dies geschieht in der Dogmatik –, zeichnet sich die Reichweite des Redens von Jesus Christus ab: Horizonte werden erkennbar, die zum Weiterschreiten ermutigen, Horizonte einer *theologia viatorum*. Deren Erinnerungen und Erwartungen werden im Blick auf die christologische Sequenz revidierbar – nicht weil sie überholt worden wären, sondern sofern erkannt wird, daß sie nicht hinreichen, weil sie vielleicht zu flach geworden sind und viel zuwenig ausschöpften. Solche Revision vertieft, erweitert und verdichtet theologische Erkenntnis.

3.1.3 Weiterdenken! Der Aufriß der Dogmatik

Dogmatische Entscheidungen, die mit der Entstehung des Kirchenjahres Hand in Hand gehen, sind zur Gedächtnisstütze der Kirche geworden. Welche Leitbahnen durchziehen dieses Gedächtnis? Wie ist seine Erinnerung konstituiert? Bis wohin reicht die Anamnese zurück – gleichgültig, wo sie jeweils einsetzen mag, bei welchen Erinnerungsfetzen, Assoziationen und momentanen Eindrücken?

Die Keimzelle dogmatischer Aussagen, die *regula fidei*, ist gleichursprünglich mit der *Kanonbildung* (← 1.1.4). Beide gemeinsam geben Rechenschaft darüber, daß »Glaube« daran hängt, daß Gott sich in Jesus Christus mitgeteilt hat – so mitgeteilt, daß Menschen aus verschiedenen Religionen und Kulturen, sozialen Schichten und sozialen Rollen, herausgerufen werden aus ihrer Herkunft, um seine Kirche zu sein und zu Jesus Christus zu gehören. Dadurch ist Dogmatik auf den Weg gebracht worden, und so wird sie immer wieder auf den Weg gebracht. Ohne Jesus Christus würden wir vielleicht von Gott reden, aber anders von Gott und wohl von einem anderen Gott als von dem, der in Jesus Christus endgültig für alle gesprochen hat (Hebr 1,1f.).

Daraus ergibt sich innerlich zwingend die Frage: »*Wer ist Jesus Christus? Wie verhält er sich zu Gott, dem Gott, den er anruft? Dürfen wir Jesus Christus ebenso anrufen, wie er Gott? Wer ist der Gott*, der in Jesus Christus gesprochen, an ihm gehandelt hat? Und *wie handelt er an den Menschen, wie ist er ihnen gegenwärtig?*« – Diese Fragekonstellation führte zur Trinitätslehre und zur Christologie, sekundiert vom Kanon, der auf der erstaunlichen Erlaubnis beruht, auch die heiligen Schriften der Juden als Buch der Kirche zu lesen und im Reden von Gott bis zum Lobpreis seiner Schöpfung zurückzugehen.

Es schließt sich die Frage danach an, wie es mit unserem Verhältnis zu diesem Gott bestellt ist – nicht allein mit dem Verhältnis von Glaubenden, sondern mit dem Verhältnis der Menschheit zu Gott: »Wer sind wir – vor Gott? *Was ist der Mensch*, daß du, Gott, seiner gedenkst?« (vgl. Ps 8,5). Hier setzt die Lehre von Sünde und Gnade und die Lehre von »Schöpfung und Fall des Menschen« ein. Entwickelt wird sie zum einen in Richtung auf ein differenziertes Reden vom Menschen: von seinem Ursprung und seiner Bestimmung in Gottes Handeln an ihm (IRENÄUS). Zum anderen richtet sich der Blick auf die Kirche: sie hängt von Gottes Erwählung und Berufung ab, sucht in ihren vielfältigen Lebensäußerungen in Gottes Willen einzustimmen und hofft auf Gott; darum kann sie nicht bestimmt werden durch die Qualität derer, die ihr angehören, etwa durch ihre moralische Hochleistung (AUGUSTIN).

Die Frage »*Was ist Kirche – und was kann sie tun?*« begleitet seither die Geschichte der Kirche und ihrer Theologie. Wie könnte sie jemals eine befriedigende, eine endgültige Antwort finden – in und auf Grund dieser Geschichte? Diese Frage verschärft sich in dem Maße, wie die Neigung zu kirchlicher Selbstbespiegelung wächst: wenn ihre Repräsentanten sich nicht mehr so sehr darauf besinnen, was der Kirche zu sagen und zu tun anvertraut ist, sondern sich lieber mit dem beschäftigen, was die Kirche zu besitzen meint. Darunter leidet die Wahrnehmung der Bibel und der Sakramente, der Gottesdienst bleibt nicht mehr lebendige Mitte und Quellort jeder weiteren kirchlichen Dienst»leistung«. Beherrschend wird statt dessen die Sorge darum, was die Kirche besitzt und austeilen kann, um Menschen an sich zu binden und mit anderen Verteilungskämpfen konkurrieren zu können. Was hat die Kirche zu vertreten und gegebenenfalls auch zu behaupten – und sei es in der besten Meinung, dies nicht für sich selber, sondern um Gottes willen behaupten zu müssen? Sogar die Frage »Wer ist Jesus Christus?« kann zur Funktion dieser kirchlichen Selbstthematisierung werden: »Was leistet die Kirche – unter Berufung auf das, was Jesus Christus vollbracht hat?« (So bei ANSELM VON CANTERBURY in »Cur deus homo?«: Die Kirche verwaltet das Verdienst, das Jesus Christus erworben hat, indem er Gottes durch Menschenschuld verletzte Ehre wieder zur ihrem Recht bringt.)

In der Reformation spitzt sich die Frage »Was ist Kirche – die rechte alte Kirche?« dermaßen zu, daß sich die Geister an ihr scheiden müssen: Die Reformatoren verweisen auf den Ursprung der Kirche aus Gottes Wort und Gottes Geist – das Konzil von Trient bemüht sich, mit einer Verhältnisbestimmung von »Schrift und Tradition« *kirchliche Autorität* zu begründen. Diese Linie führt weiter zum Dogma von der Unfehlbarkeit des Papstes im Ersten Vatikanum (1870/71) und bis zur Revision der Frage der Kirche nach sich selbst im Zweiten Vatikanum (1962-1965). In den Kirchen der Reformation tritt an die Stelle dieser Reflexion die Frage nach der *Autorität der Bibel*. Die römisch-katholische wie die evangelische Antwort – mit der Fülle ihrer oft kontroversen Ausprägungen – variieren die Frage: »*Wer ist die Letztberufungsinstanz für das Reden aus Glauben und auf Hoffnung hin?*« Ist es das kirchliche Lehramt, das in der Person des Papstes auch die Einheit der Kirche verkörpert? Oder ist es das biblische Wort, die »Schrift« – und was bedeutet es, mit ihr anzufangen und nicht hinter sie zurückzugehen (→ 3.3)?

Mit der Reformation wird auch der Faden der Gnadenlehre wieder aufgenommen, der in den Jahrhunderten zuvor beinahe zerfasert worden war: in Teilfragen wie dem nach dem Verhältnis von Gottes Handeln an Menschen zu ihrem Zusammenwirken mit diesem Handeln, nach menschlicher Disposition für den Glauben und nach dem schrittweisen Zustandekommen eines Lebens nach Gottes Willen, nach Glaube und Werken. Die reformatorische Frage »*Wie können wir von Gottes Handeln reden?*« verknüpft sich mit der Frage nach der wahren Kirche: der Gemeinschaft der gerechtfertigten Sünder, der einstmals Gott- und Hoffnungslosen. Die Folgefragen: »Wie können wir Sünde und Rechtfertigung wahrnehmen? Was läßt sich vom christlichen Leben sagen?« So stellte die reformatorische Theologie die Kirche vor die Frage, wovon sie lebt und aus welchen Quellen sie redet.

Ein anderer Strang von Fragen ergibt sich schon frühzeitig aus der Erstreckung von Gottes Handeln: »*Wie stehen Menschen, die nicht zur Kirche Jesu Christi gehören, zu Gott?*« Anders gefragt: Wie läßt sich, was im Glauben und auf Hoffnung hin zu sagen ist, anderen gegenüber verantworten, die nicht glauben und nicht hoffen – oder die meinen, anders zu glauben und zu hoffen? Wie können sie verstehen, was wir sagen, ohne damit einverstanden sein zu müssen? Gibt es ein gemeinsames Forum des Gesprächs, wo alle Einsichtigen auf das hin angesprochen werden, was argumentativ zu überzeugen vermag?

Dieser Fragenkreis muß sich in dem Maße verbreitern und verstärken, wie Theologie eine weitere Öffentlichkeit erreicht. Ein erster Schub entstand dadurch, daß Theologie nicht mehr nur zur Ausbildung einer theologischen Elite in Klöstern diente, sondern auch das Gespräch mit Andersdenkenden und Vertretern anderer

Glaubensweisen, mit Juden und Muslimen, vorbereiten sollte. Mit der Gründung von Universitäten im Mittelalter tritt die Theologie in geistige Auseinandersetzungen ein, die immer weitere Kreise ziehen: Dies ist die Geburtsstunde einer auf Rationalität bedachten Theologie, die hinfort ihr Verhältnis zu philosophischen Überlieferungen klärte und sich u. a. um die Demonstrierbarkeit Gottes bemühte, um die später so genannten Gottesbeweise. Die theologischen Lehrer waren nun nicht länger mehr zugleich Bischöfe oder Äbte; die Hochschulen schufen ein anregendes Gesprächsforum mit neuen Fragen und Referenzen, auch mit neuen Formen der Gesprächsführung (etwa der Disputation), die theologisches Denken nachhaltig prägten.

Ein solcher Wandel der Arbeitsbedingungen der Theologie bleibt nicht äußerlich. Wird »Vernunft« auch als soziales Phänomen angesehen, weil jede Person darauf ansprechbar ist, dann muß »Glaube« zu dieser Vernunft gebracht werden, wenn er sich mitteilen will. Das Verhältnis von *Glaube und Vernunft* entscheidet deshalb auch über die Geltung theologischer Aussagen. Allgemeingültig können sie nur dann sein, wenn sie auch als vernünftig ausgewiesen werden: ein weites Feld, in dem die Theologie schon sehr bald lernen muß, über die Begründung ihres Redens, über die Reichweite ihrer Aussagen und deren Geltungbereich nachzudenken. Je mehr diese Probleme das theologische Gesichtsfeld beherrschen, desto stärker drängt sich die Frage auf: Muß es nicht einen Zugang zur Theologie geben, der noch keinen ausgesprochenen Glauben voraussetzt? Diesen Zugang verspricht die *Religion* zu eröffnen: als geistige Verfassung aller Menschen, die von der Frage nach dem Woher und dem Wohin ihres Lebens bewegt sind – die auf diese Frage eine Antwort im christlichen Glauben finden können, sie aber nicht unbedingt hier finden müssen. Diese *Zugangsfrage* zieht die Theologie spätestens seit der Aufklärung immer mehr in ihren Bann und führt die Dogmatik in eine Krise nach der anderen. Neue Frageschemata verändern das Gesicht der Dogmatik (→ 4.1–3). Nicht selten verwunden sie die Dogmatik bis ins Mark, zumindest nehmen sie immer mehr Raum ein.

Wenn wir die Fragestellungen durchmustern, die in der Geschichte der Theologie besonders tiefe Spuren hinterließen und zu außergewöhnlich ertragreichen Denkerfahrungen führten, müssen auch einige Fehlanzeigen zu denken geben. Sie werfen ein Licht auf offen gebliebene Fragen der Theologie und machen darauf aufmerksam, daß die Dogmatik noch längst nicht abgeschlossen ist. Drei m. E. besonders dringliche Beispiele seien hier wenigstens gestreift:

Wie kann vom *Heiligen Geist als Gottes schöpferischer und erlösender Gegenwart* angemessen und beziehungsreich genug gesprochen werden (Pneumatologie)? Die Trinitätslehre reicht in ihrer bisherigen Ausführung schwerlich dafür aus; auch die theologische Rede von der Welt, vom Menschen, von der Kirche sind davon betroffen – aber wie? Die Christologie lehrt, Gottes Sein und Menschsein in Jesus Christus zu unterscheiden, nicht aber zu trennen (← 1.2.1). Die Pneumatologie müßte sagen können, wie Gottes Lebendigkeit und unser Leben zueinander stehen, wie Gottes Handeln und unser Tun und Lassen sich zueinander verhalten.

Reicht es dafür hin, den Menschen als Geschöpf und Sünder zu sehen, wie es die Alte Kirche gelehrt hatte? Sie hatte sich dafür vor allem auf die Geschichte von Schöpfung und Fall (Gen 1-3) gestützt, und darauf war später die Gnadenlehre aufgebaut worden. Konnte dies dem Spannungsreichtum des biblischen Redens vom Menschen gerecht werden? Welche Bedeutung gewinnt die Erkenntnis Jesu Christi als des »wahren Menschen« für die *theologische Wahrnehmung des Menschseins*? Und welche Einsichten konnten der Theologie aus der Spiritualität zuwachsen (← 1.5.1)? Aus den Komplikationen der Selbstwahrnehmung, die sich vor jeglicher Selbstbespiegelung zu hüten hat, wurden Denkerfahrungen gewonnen, die in die Dogmatik nur am Rande Eingang fanden. Seit der abendländischen Wendung des Menschen zu sich selbst in Folge der Aufklärung trat dieser Selbstwahrnehmung die menschliche Subjektivität als Beziehungsmitte aller Erkenntnis entgegen. »Natur« und »Geschichte« erschienen nun als Rahmenbedingungen des Menschseins, die auch überlieferte theologische Anschauungen umzuformen begannen (vgl. etwa EMANUEL HIRSCH, Schöpfung und Sünde in der natürlich-geschichtlichen Wirklichkeit des einzelnen Menschen [BSTh 1], Tübingen 1931). Die »Anthropologie«, die sich daraus entwickelte, brachte neue Forschungszweige der Wissenschaften vom Menschen, seiner Konstitution und seiner Stellung in der Welt hervor, und sie wurde damit zur Konkurrentin der Theologie. Dadurch erlahmten die Bemühungen um eine theologische Anthropologie. Die Schätze theologischer Denkerfahrungen des Mensch-Seins und Mensch-Bleibens wurden weithin verschüttet und warten darauf, wieder gehoben zu werden.

Auch die *Rechenschaft über die Hoffnung, die in euch ist* (1. Petr 3,15), hat noch immer keine Form gefunden, mit der überzeugend dargelegt werden könnte, wie sie im theologischen Begründungszusammenhang eingebettet ist. Zwar gibt es eine Lehre von den Letzten Dingen (Eschatologie), meistens als Schlußlicht der Dogmatik, wo wichtige Motive registriert werden: die Auferstehung der Toten, Gottes Gericht, die Vollendung der Welt, das Leben endgültig mit oder ohne Gott. Doch es dürfte mehr als zweifelhaft sein, ob damit hinreichend gesagt wird, wie lebendige Hoffnung auf Jesus Christus, den Kommenden, begründet ist.

Diese drei Themenkomplexe gerieten oft in den Hintergrund dogmatischer Interessen und konnten dann für ungezügelte Assoziationen ausgebeutet werden. Die Struktur ihrer theologischen Begründung darzulegen, fällt besonders schwer, darum bilden sie offene Flanken der Dogmatik. An ihnen flackern auch häufig Irrlichter auf, die auf trügerischen Boden locken.

Die Genese der Dogmatik konnte hier nur in gröbsten Zügen skizziert werden. Sie ergibt das Bild eines Entwicklungsprozesses, in dem nicht lediglich nur in einer Richtung weitergedacht worden ist, sondern wo immer wieder gleichsam Luft geholt und neu wieder eingesetzt wird, wo der Anschluß neuer Fragen an frühere gefunden werden muß, wo es auch Atempausen gibt, in denen über den bisherigen Weg Rechenschaft gegeben werden muß, damit der Anschluß nicht verpaßt wird. Solche Anschlüsse sind ja nicht technischer Art, sondern sie markieren einen Erkenntnisfortschritt, der das, was im Glauben, auf Hoffnung hin und aus Liebe gesagt wird, in neuen, anderen, weiteren Zusammenhängen wahrnehmen läßt. Erst dadurch entstehen Epochen dogmatischen Denkens, Einschnitte auch, bei denen verschiedene Wege eingeschlagen wurden und wo gefragt werden muß, warum dies geschah, mit welchen theologischen Gründen und ob überhaupt mit solchen Gründen.

Wird die Entstehungsgeschichte der Dogmatik derart theologisch – nicht historisch – rekonstruiert und erzählt, so gilt es insbesondere darauf zu achten, welche Gründe gebieterisch theologische Fragestellungen fordern. Mit welchem Gewicht bringen sie das Denken in Bewegung (nicht: haben sie einmal in Bewegung gebracht und sind jetzt zur Ruhe gekommen)? Sind sie wirklich miteinander verflochten? Und wenn ja, wie? Und dies unbeschadet aller tatsächlichen oder vermuteten geschichtlichen, kulturellen, sozialen Rücksichten, die dabei auch eine Rolle gespielt haben mögen, die aber nicht erklären können, warum theologisch so und nicht anders gedacht worden ist!

So werden wir mit den *Grundzügen dogmatischen Basiswissens* vertraut:

(47.) Grundkenntnisse der Dogmatik ergeben sich aus der Verknüpfung der Fragen und Folgefragen, von denen Dogmatik ausgeht – zu denen sie auch immer wieder zurückkehrt, um den rechten Anschluß zu finden.

Diese Verknüpfung muß im Gedächtnis behalten werden, nicht damit wir die erinnerten Fragen und Antworten registrieren und katalogisieren, sondern damit sie als unabweisbare Fragen lebendig erhalten werden und so im Gesichtsfeld der Theologie bleiben.

Diese Fragen sind geschichtlich entstanden – wie sollte es auch anders sein? Jede von ihnen kann in ihrer Entstehungssituation aufgespürt werden, in historischen »Entdeckungszusammenhängen« (→ 4.2.3): ein reiches Arbeitsgebiet historischer Theologie, die das Augenmerk auf geschichtliche Bedingtheiten richtet und einschärft, daß alles, was einmal theologisch gedacht und gesagt wurde, »relativ« bleibt, bezogen auf die Konstellation, in der es entstand und seine Wirkung entfaltete. Diese Sichtweise kann freilich auch dazu führen, daß sich die inneren Gründe theologischen Denkens verlieren: gerade auch dann, wenn sie nur noch ideengeschichtlich registriert werden. Für die Dogmatik kommt es hingegen darauf an, die *Denkerfahrungen*, die bleibend gewonnen wurden, zu markieren und ihre wechselseitige Verschränkung einzuprägen. Diese Denkerfahrungen setzen bei ganz elementaren Fragen an, die sich dem Reden aus Glauben und auf Hoffnung hin früher oder später immer wieder stellen. Und sie kommen zu bestimmten Schlüssen, die sich weiterhin als tragfähig erweisen, denn sonst würden sie früher oder später mit Fug und Recht vergessen. Auf sie kann das theologische Gespräch immer wieder zurückkommen, so lange, bis sich eine neue, bessere Erkenntnis durchsetzt. Die Dogmatik soll und darf diese Fragen und ihre Beantwortung niemandem aufzwingen, aber sie kann helfen, sich ihnen zu stellen und das früher Gelernte – das oft unter großen Schwierigkeiten, Anfechtungen und nach manchen Irrungen und

Wirrungen Erfahrene – weiterzugeben, Umwege und Irrwege zu vermeiden und von unnötigem Ballast zu befreien.

Zur Übung kann der Weg dogmatischer Fragestellungen wie mit einem Gesellschaftsspiel erkundet werden: ausgehend von einem elementaren Satz, der zum Beispiel dem Neuen Testament entnommen wird – vielleicht Jesu Spruch: »Ich und der Vater sind eins« (Joh 10,30) –, der von den Mitspielern und Mitspielerinnen schrittweise fragend entfaltet und »weitergedacht« wird. Und in einem solchem Spiel wird dann auch bewußt, daß Dogmatik immer eine *Gemeinschaftssache* ist oder früher oder später zu einer solchen wird, auch wenn sie das intensive und extensive Denken jedes und jeder einzelnen fordert.

Dies ist, alles in allem, ein plastisches *Profil* von Fragen und Antworten, von Denkerfahrungen und von Aporien in einem weiträumigen, reich gegliederten Gegenstandsfeld – keineswegs ein Katalog von Inhalten, der einfach gelernt und dann abgefragt werden kann; ein solch angelesenes Wissen wäre bald aus dem Gedächtnis verschwunden!

Die Skizze der Genese der Dogmatik dürfte einen ersten Eindruck von ihrer *Disposition* vermitteln, von ihrer mehrdimensionalen Erstreckung. Hier sind nicht nur Themen zu nennen und nacheinander abzuhandeln, sondern es gilt einen Erkenntnisweg zu beschreiben, und dogmatische Texte oder eine vorgetragene Dogmatik sind um so ergiebiger, je mehr sie an diesem Weg mit allen seinen Mühen, Überraschungen und Freuden Anteil nehmen lassen und Mut machen, ihn selber zu beschreiben.

Die Disposition der Dogmatik erlaubt indessen viele Möglichkeiten zur *Komposition*. Die ältere Dogmatik bestand aus einer Zusammenstellung von Themen: *systema* heißt ursprünglich schlicht »das Zusammengestellte«. Dabei kommt es auf Zweckmäßigkeit und Übersichtlichkeit an, und beides schien durch einen trinitätstheologischen oder quasi geschichtlichen Aufriß am ehesten erreicht. Je mehr jedoch das Bemühen um die Folgerichtigkeit und innere Geschlossenheit der Dogmatik wuchs, desto stärker entwickelte sich ein *systematisches* Interesse, bis hin zur Entwicklung der gesamten Dogmatik aus einem einzigen Grundgedanken, einem *Prinzip*, aus dem alles Weitere abgeleitet wird. Der Begriff »Prinzip« sollte dabei nicht abschrecken und nur ein starres Gedankengebilde, einen spekulativen Zugriff und eine monotone Ausführung befürchten lassen; er will in der Regel die Frage schlüssig beantworten, worin theologische Erkenntnis gründet, wovon sie dementsprechend ausgeht und worauf sie immer wieder zurückkommt und wie sie eine Gesamtanschauung gewinnen kann. Damit wird eine andere Art von Übersichtlichkeit und Geschlossenheit erreicht als bei einer lockeren Verknüpfung von Themen, von denen jedes sein eigenes Gewicht und besonderes Profil behält. Beides hat jedoch seinen Preis, seine Vor- und Nachteile.

Viel wichtiger als solche kompositorischen Unterschiede – die ein sorgfältiges Studium verschiedener Konzeptionen allemal lohnen – ist jedoch die Einsicht in die *Konstitution* dogmatischen Denkens. Um sie kennenzulernen, genügt es nicht, sich eine Gedanken- oder Themenfolge im Inhaltsverzeichnis von dogmatischen Büchern oder im Aufriß eines dogmatischen Kollegs anzusehen. Von dieser Konstitution handelte das erste Kapitel. Dort galt es zu zeigen, daß wir Bestimmtes wissen und können müssen, um theologisch zu urteilen. Die Genese der Dogmatik vermittelt die Kenntnisse über das bisher erreichte Ausmaß theologischer Denkerfahrungen. Diese haben sich jedoch nie eindimensional und monochrom manifestiert, darum finden sie auch nicht ihren Niederschlag in einzelnen Themen und ihrer filigranartigen Ausführung. Denkerfahrungen führen zu bestimmten Sprachformen, beispielsweise zu grundlegenden Unterscheidungen, die ausgrenzen und eingrenzen und auf denen weiter aufgebaut werden kann. Darum erschließt sich *dogmatisches Basis- oder Grundwissen in exemplarischem Lernen*; es ist noch weniger flächendeckend als die Dogmatik selbst, auch nicht in Form eines einzigen massiven Grundpfeilers, der das Ganze zu tragen vermöchte. Und das dogmatische Grundwissen ist auch nicht so etwas wie eine eiserne Ration, die man auf einem Blatt mit sich tragen könnte, oder ein Kernbestand, der von allen geschichtlichen Wandlungen unerschüttert geblieben ist, der aber wie ein gesunder Baum Jahresringe ansetzt oder mit einer sprachlichen Schale umgeben wurde, die, falls irgendwann einmal verschlissen, ersetzt oder erneuert werden muß.

Zu den Sprachelementen der Dogmatik gehören generative Aussagen (← 1.3.3). Es sind Texte unterschiedlichster Art, die so entstehen, die auch in einer Dogmatik neben- und miteinander ihren Platz haben, wenn in ihr nicht nur theologische Meinungen abgehandelt und abgekanzelt oder Themen der Theologie bloß geschickt arrangiert werden. Es können sich Texte kirchlicher

Lehre bilden (← 1.4) oder auch Äußerungen mit einem Kern dialogdefiniter Sätze (← 1.2.2), oder als Grundunterscheidungen (← 1.2.1), die verschieden durchgeführt werden können und sich bei unterschiedlichen Anlässen als fruchtbar erweisen. Der Umstand, daß sich Dogmatik so vielfältig zu äußern vermag, fördert theologische Erkenntnis weit mehr, als beim Wiederholen normativer Texte auch nur zu erahnen wäre.

Dogmatik ist – so gesehen – niemals am Ende, nie abgeschlossen, auch wenn ihr Themenfeld begrenzt ist. Begrenzt deshalb, weil sie über Gottes verheißungsvolles Handeln in all seiner Erstreckung niemals hinausgehen kann. Ob die Dogmatik diese Grenze überhaupt jemals rechtens zu erreichen vermag? Womöglich wäre sie dann dermaßen »fertig«, daß sie zugleich als Denkbewegung gestorben wäre und nur noch abgerufen werden könnte! Doch Gottes Handeln ist uns in seiner Erstreckung bei weitem noch nicht einsichtig, deshalb dürfen wir uns überraschen lassen, auch derart, daß wir tiefer eindringen, feinster Bewegungen und Verzweigungen gewahr werden. Daher rührt die wachsende Komplexität der Dogmatik, die bei ersten Begegnungen bedrücken mag, sich dann aber bald als beglückender Reichtum erweist. Gottes Handeln erstreckt sich unermeßlich: viel, viel weiter, als wir diesen Raum jemals durchschreiten könnten. Trotzdem sind wir auf einem Wege, der von diesem Handeln umfangen wird, und dessen Erstreckung können wir wenigstens soweit ermessen, daß wir sehen, ob wir auf dem rechten oder falschen Wege sind – nach menschlichem Ermessen. Daran erinnert die Dogmatik, und was sie aussagt, sollte so angeordnet sein, daß ihre Ausrichtung nicht in Unordnung gerät, daß keine Dimension übersehen wird, ohne daß wir uns dadurch überfordert fühlen müßten oder einen falschen Eindruck von der erreichten Vollständigkeit bekämen. Dies leistet die Dogmatik als Gedächtnisstütze.

Gerade deshalb vermag die Dogmatik aber auch zu entlasten: vor allem von der Zwangsvorstellung, alles sagen zu müssen, und dies gar noch möglichst auf einmal. Sie erlaubt, bei einer einzigen Beobachtung einzusetzen, ihr erst einmal in einer Richtung nachzugehen, ohne gleich alles andere im Blick haben zu müssen. Eben darum darf die Dogmatik keinesfalls den Eindruck eines uferlosen Umherschwimmens erwecken. Weil sie begrenzt ist und weil innerhalb ihrer Grenzen das, was sie zu sagen hat, nicht freischwebend bleibt, sondern in klaren Beziehungen zueinander steht und aneinander anschließt, darum kann sie in sich geschlossen sein – freilich nur soweit, wie ihr Erkenntnisweg auf festem Boden bleiben muß und nicht zu Luftsprüngen entartet oder gar zu einem salto mortale gerät, auch wenn dieser Weg nicht immer gleich geradlinig ausschaut. Wie wäre dies auch möglich bei einer Komplexität, wie sie der Dogmatik zu eigen ist?

Ebensowenig wie eine quasi-temporale Anordnung dogmatischer Themen Zeit bewältigen, die Spannung zwischen Gedenken und Erwartung aufheben kann, sowenig darf jedes eindrucksvolle »Einräumen« dieser Themen uns vergessen lassen, daß jeder auch noch so komplette Überblick über dogmatische Fragestellungen nur dazu dienen kann, unser Gedächtnis zu stärken und insofern die Übersicht zu behalten. Dogmatische Themen besitzen eine Reichweite, die nicht beschnitten werden darf, ohne daß sie Schaden nimmt; wird Wesentliches vergessen, tritt Einseitigkeit ein, oder es kommt zu einer Schieflage. Die Übersicht beschränkt sich jedoch darauf, bei Eindrücken und Sachverhalten, die theologisch zu beurteilen sind, anzusetzen und ihnen *so weit wie möglich und so tiefschürfend wie nötig* nachzugehen.

Wirkliches Weiterdenken, fern von jeder Konsequenzmacherei, erwächst aus einem Staunen, das uns über uns selber hinausführt, wenn Erkenntnis uns ergreift, der wir uns mit unseren Kenntnissen anfänglich gar nicht gewachsen fühlen, die uns aber aufatmen und weitersehen läßt: Da ist bereits ein Weg, den wir begehen können, auf dem es uns weiterzieht, dessen Folgerichtigkeit wir uns dann auch zugemutet sein lassen können. Weiterdenken heißt dann: ein Gespür dafür bekommen, daß elementare Fragen und Beobachtungen weiterführen, daß Verknüpfungen möglich sind, Vernetzungen sich herausbilden. Wie können wir einen Faden aufnehmen, einen Begriff entfalten, seine Folgerungen ermessen?

Es gibt kein Kompositionsgesetz für die Dogmatik. Für ideal halte ich ein Erscheinungsbild wie bei einem keltischen Kettenmuster: verschlungene Linien, bei denen kein Anfang und kein Ende ausfindig zu machen ist, die über- und untereinandergehen und deren Bewegungsrichtungen doch ein Ganzes bilden, übersichtlich und doch nie völlig überschaubar.

Mit welchem Thema die Dogmatik auch einsetzt – mit Gott selber im Geheimnis seines Gegenwärtig-Seins, mit seinem Handeln vom Anfang aller Dinge an, oder mit dem Kommen Jesu Christi, dessen Geschichte uns das Handeln dieses Gottes mitteilt, damit wir in die Unermeßlichkeit der Dimensionen dieses Handelns hineinwachsen, oder vielleicht auch mit uns selbst in der Spannung zwischen Unglauben und Glauben, Anfechtung und Zuversicht: diese Frage ist zu unterscheiden von den *Fixpunkten theologischer Orientierung, an denen sich dogmatische Argumentation ausrichtet*. Ihnen wollen wir uns nun zuwenden.

JAROSLAV PELIKAN, The Christian Tradition: A History of the Development of Doctrine I–V, Chicago/London (University of Chicago Press) 1971–1989.

3.2 Der Charakter der Dogmatik

Mit der Frage nach dem Charakter der Theologie möchte ich versuchen, eine Fragestellung zu revidieren, die häufig verfänglich, ja irreführend wirkt: »Was ist der Gegenstand der Theologie?« Drei Antworten scheinen nahezuliegen: Gegenstand der Theologie ist Gott – ist der Mensch – ist die Geschichte des Christentums. Diese Antworten formen die Geschichte der neueren Theologie und machen viele ihrer konzeptionellen Unterschiede verständlich. Die Komplikationen, die jede von ihnen für sich und sie alle gemeinsam in sich bergen, sollen hier nicht erörtert werden: »Gegenstand« wird mehr oder weniger als eine Vorhandenheit oder als Sachverhalt verstanden, der durch seine Nachprüfbarkeit die Einheit theologischer Forschung verbürgt.

Könnte, ja müßte »Gegenstand« nicht viel eher heißen, was der Theologie gegenübersteht, woran sie sich ausrichtet, auch im Sinne eines Widerstandes, woran sie sich formt, was sie prägt und ihr Vorgehen gestaltet?

»Gegenstand« in diesem Sinne bedeutet keine Gegebenheit, die zunächst für sich betrachtet und klargestellt werden könnte, um die Theologie darauf aufzubauen. Um dergleichen Mißverständnisse zu vermeiden, ziehe ich es vor, vom Charakter der Theologie statt von ihrem Gegenstand zu sprechen. »Charakter« ist das unverwechselbare Gepräge, das ein Wiedererkennen erlaubt. Man kann als Vergleich das Bild eines menschlichen Gesichtes heranziehen: eine Fotografie wird ihm oft nicht gerecht und bringt das Charakteristische dieses Gesichtes kaum zum Ausdruck. Ein begabter Maler wird jedoch mit wenigen Strichen gerade jenes Charakteristische treffen, er wird den Menschen so zeichnen, daß man ihn wiedererkennen kann. Darin ist ein gutes Porträt jeder fotografischen Ablichtung überlegen. Diese Zeichnung läßt deutlicher den *Zusammenhang* der Linien hervortreten, der erst ein wirkliches Bild ergibt.

3.2.1 Charakteristik

(48.) Das Gesicht der Theologie ist durch Aussagen über Gottes Sein, Gottes Offenbarung und Gottes Handeln charakterisiert – durch die theologische Antwort auf die Fragen »Wer ist Gott, den wir anrufen?«, »Wie begegnet Gott uns, wie treffen wir auf ihn?« und »Wer sind wir im Verhältnis zu Gott?«

Diese Antworten bilden die Aufgaben der Dogmatik, und darum wird im folgenden wechselweise von der Dogmatik stellvertretend für die Theologie als ganzer zu reden sein.

Die Dogmatik ist ein lebendiger Sprachkörper und gerade so eine Wissenschaft. Wie jede »normal science« – um mit THOMAS S. KUHN zu sprechen – wird sie durch eine ständig wiederkehrende Struktur von Wörtern und Objekten, m. a. W. durch einen *Gegenstandsbereich* gekennzeichnet (Die Struktur wissenschaftlicher Revolutionen, Frankfurt a. M. [10]1989, 25ff.). Diesen Gegenstandsbereich gilt es mit wenigen Sätzen so zu zeichnen, daß er unter verschiedenen Umständen und in verschiedenen sprachlichen Verflechtungen immer wieder erkennbar wird.

Vergegenwärtigen wir uns dies durch drei beispielhafte Antworten auf die genannten drei Grundfragen!

Die erste Frage – »Wer ist Gott, den wir anrufen?« – wird durch die Trinitätslehre beantwortet, die christliches Reden von Gott so charakterisiert: Es spricht vom Dreieinen Gott, von Gottes Selbstmitteilung in Jesus Christus und seinem Handeln am Menschen im Geist. Gott ist als der, der er ist, nur in seinem offenbarenden Handeln zu erkennen – Gott geht nicht in seinem Werk auf, er bleibt als Schöpfer, Versöhner, Erlöser und Vollender seinem Werk gegenüber. In jedem seiner Werke *gibt er sich* als Vater, Sohn und Geist *zu erkennen*.

Von diesem einen Gott können die Menschen, die ihn vernehmen und als den einzigen bezeugen, nur reden, wenn sie in Gottes

Bewegung selber aufgenommen werden. Diese »Bewegung« läßt sich nicht von jemandem feststellen, der von seinem Standpunkt aus beobachtet, wie sie abläuft, oder der sich relativ zu dieser Bewegung selber verändert. Der Mensch steht Gott nicht wie ein Fixpunkt oder wie ein Fixstern gegenüber, er steht auch nicht zu Gott in einer Beziehung, die durch eine sich unaufhörlich weiterentwickelnde Welt bestimmt ist, sondern er wird »vor Gott gestellt«. Schon wenn er Gott anruft, ist er in diese Bewegung Gottes hineingenommen. Menschen befinden sich nicht in irgendeiner größeren oder geringeren Distanz zu Gott, sondern sie nehmen sich wahr in dem Verhältnis, in dem sie zu Gottes Handeln stehen. Gott setzt sich damit menschlichen Gottesvorstellungen gegenüber durch, er kommt selber zu Wort in dem, was Menschen sagen – und er durchbricht, was sie von ihm meinen. Von dieser überraschenden Souveränität redet die Trinitätslehre so unverkrampft, daß sie hilft, wirklich Gottes unverhoffte Gegenwart zu *erwarten*.

In der Trinitätslehre werden *Zuordnungen* ausgesagt: Vater, Sohn und Geist, Gott und Welt, Geschaffensein und Lebendiggemachtwerden ... In diesen sich wiederholenden und zugleich äußerst beziehungsreichen Aussagen *zeichnet sich ab, was christliche Theologie zu sagen hat*, m. a. W. ihr Gegenstand.

So hat die Alte Kirche die Trinitätslehre profiliert. In immer neuen Anläufen wurde kritisch aufgedeckt, was Menschen immer schon von Gott zu wissen meinten, etwa: daß Gott eine nicht zusammengesetzte Wesenheit jenseits alles Seienden sei, denn anders könne er nicht mehr als der einzige, weltüberlegene Gott gedacht werden. Solche anscheinend zwingenden Schlüsse hat die Trinitätslehre abgewiesen, und zwar mit Gründen, die auf Gott verweisen, wie er sich vernehmbar gemacht hat. So bewegt – und nicht etwa unnötig kompliziert – fällt die Antwort auf die Frage aus: »Wer ist Gott?« Sie nennt die notwendigen Bedingungen für das Reden von Gott.

Die zweite Frage lautet: »Wie treffen wir auf Gott?« THOMAS VON AQUINO hat seinen ganzen Scharfsinn aufgewandt, um die Frage nach dem Gegenstand der Theologie in diesem Sinne ausdrücklich aufzunehmen und dadurch zu verschärfen. Zu Eingang der *Summa theologica* (I q.1 a.7 i. c.) stellt er die »heilige Lehre« als Wissenschaft (*scientia*) vor und erörtert daraufhin die Frage, ob Gott Gegenstand (*subiectum*) dieser Wissenschaft sein könne. Dabei hält er es für ausgeschlossen, daß Gott sich durch eine philosophische Wesensbestimmung erfassen läßt, denn Gott bleibt »unsagbar«. Er erschließt sich aber durch seine Werke, d. h. durch die Schöpfung, nämlich durch die Zuordnung alles Seienden zu Gott. Alles, was uns umgibt, kann also theologisch ausgesagt werden, weil es auf Gott bezogen ist:

> Illud est subiectum scientiae, de quo principaliter fit sermo in scientia. Sed in hac scientia principaliter fit sermo de Deo (dicitur enim theologia, quasi sermo de Deo).

> Respondeo dicendum quod Deus est subiectum huius scientiae. [...] Quod etiam manifestum fit ex principiis huius scientiae, quae sunt articuli fidei, quae est de Deo: idem autem est subiectum principiorum et totius scientiae, cum tota scientia virtute contineatur in principiis.

> Der Gegenstand einer Wissenschaft ist das, wovon in erster Linie in ihr die Rede ist. In dieser Wissenschaft aber ist in erster Linie die Rede von Gott (heißt sie doch Theologie, d. h. Rede von Gott).

> Gott ist der Gegenstand dieser Wissenschaft. [...] Das ergibt sich auch klar aus den Grundsätzen dieser Wissenschaft, nämlich den Artikeln des Glaubens, der sich auf Gott bezieht: Der Gegenstand dieser Grundsätze und der ganzen Wissenschaft aber ist ein und derselbe, da die ganze Wissenschaft virtuell in den Grundsätzen enthalten ist.

Drei Bestandteile dieser Gegenstandsbestimmung sind denkwürdig:
Thomas greift erstens den Gegenstandsbegriff ganz unbefangen auf, obwohl ihm bewußt ist, daß Gott nicht mit irgendetwas verwechselt werden darf, »das es gibt«. Vor solchem Mißverständnis schützt zweitens die Unterscheidung von Gott und Welt, die Gott selber setzt, indem er sich in der Welt vergegenständlicht, nämlich in der Zuordnung aller Welt zu ihm als dem Schöpfer. Diese Zuordnung wird drittens durch Gott selbst offenbart, niemand kann sie aus eigener Kraft erschließen. Um die Welt wirklich als Ganzheit zu erkennen, bedarf es der Glaubens-Artikel (*articuli fidei*), die das von Gott geschenkte Wissen enthalten und darum die Prinzipien theologischer Wissenschaft bilden.

Es hat den Anschein, als führe Thomas hier bloß überlieferte Autoritäten (Bibel und Dogmen) ins Feld. Wer jedoch die Feinstruktur seiner Gedankenführung beachtet, wird bald bemerken, wie metaphysische Einsichten durch ihre Konfrontation mit biblischen Aussagen so aufgebrochen werden, daß Gott weltdurchdringend zur Sprache kommt. Dadurch soll verhindert werden, daß die Theologie sich dieser Einsichten bemächtigt. Darin dürfte Thomas auch noch heute vorbildlich sein.

Wie Thomas diese Erkenntnis gewinnt – insbesondere ob er von der Welt, wie sie gegeben ist, auf Gott zurückschließt –, bedürfte weiterer Erörterung. In unserem Zusammenhang interessiert die Komplexität, die Thomas für die Theologie beansprucht. Sie ist darin begründet, daß die Theologie von Gott zu reden hat, ohne daß sie Gott zu erfassen vermag, gerade auch sprachlich nicht. Gerade so erhält die Theologie als Wissenschaft eine eigentümliche Dramatik, die ihr zugleich Sachlichkeit verleiht, weil sie nichts zu erzeugen braucht, am wenigsten durch einen Sprachzauber. Thomas läßt dies in aller trockenen Lehrhaftigkeit durchaus verspüren.

Die Antwort auf die dritte Frage »Wer sind wir im Verhältnis zu Gott?« hat MARTIN LUTHER wegweisend formuliert. Auch er greift auf den scholastischen, »schulmäßigen« Gegenstandsbegriff im Sinne eines Gegenstandsfeldes zurück. Er präzisiert ihn jedoch, indem er die *Bewegung* umschreibt, durch die Theologie entsteht. Diesen Umriß gewinnt Luther im Vergleich mit den »Gegenständen« einiger Wissenschaften, die wir heute den Humanwissenschaften zurechnen: der Jurisprudenz, die vom Menschen als Verfügungsberechtigtem handelt, und der Medizin, die sich um Kranke kümmert. Nicht in Konkurrenz dazu, aber deutlich davon unterschieden heißt es dann in der Auslegung von Ps 51:

> Nam Theologiae proprium subiectum est homo peccati reus ac perditus et Deus iustificans ac salvator hominis peccatoris. Quicquid extra hoc subiectum in Theologia quaeritur aut disputatur, est error et venenum (Enarratio Psalmi LI [1538]: WA 40/II, 328,17-20).

> Der charakteristische Gegenstand der Theologie ist der Mensch, der der Sünde schuldig und verworfen ist, und Gott, der den sündigen Menschen rechtfertigt und errettet. Was außerhalb dieses Gegenstandes in der Theologie erfragt oder erörtert wird, ist Irrtum und Gift.

Luther will damit natürlich nicht behaupten, daß die Theologie kein anderes Thema haben dürfe als den Sünder und Gott, der ihn errettet. Die Pointe der Gegenstandsbestimmung Luthers lautet vielmehr: Wir erkennen »den Menschen« wahrhaft erst dann, wenn er vor Gott steht, und wir können von Gott nur im Blick auf sein richtendes und rettendes Handeln reden. Wir können also weder isoliert von Gott noch vom Menschen »an sich« sprechen – aber auch nicht etwa von ihrer Beziehung zueinander –, sondern allein von Gott, der am Menschen handelt, und vom Menschen, wie er kraft dieses Handelns wahrgenommen wird. Im Grunde meint JOHANNES CALVIN dasselbe, wenn er zu Eingang der *Institutio* (1559) betont, daß Gottes- und Selbsterkenntnis miteinander verschränkt sind (I 1,1f.). Oder hören wir BLAISE PASCAL:

> Non seulement nous ne connaissons Dieu que par Jésus-Christ, mais nous ne nous connaissons nous-mêmes que par Jésus-Christ. Nous ne connaissons la vie, la mort que par Jésus-Christ. Hors de Jésus-Christ, nous ne savons ce que c'est ni que notre vie, ne que notre mort, ni que Dieu, ni que nous-mêmes (Pensées, ed. Léon Brunschvicg, Fragment 548, Ausgabe Paris 1961, 208).

Nicht nur Gott erkennen wir allein durch Jesus Christus, auch uns selbst kennen wir nur durch Jesus Christus; Leben und Tod erkennen wir allein durch Jesus Christus. Ohne Jesus Christus wissen wir weder, was unser Leben, noch was unser Tod, noch was Gott ist, noch was wir selber sind.

3.2.2 Axiomatik

Was ergibt sich aus diesen drei Skizzen?

(49.) Der Charakter der Dogmatik kommt durch theologische Grundaussagen zustande, die zudem in einem bestimmten Verhältnis zueinander stehen und in dieser Verbindung einen Zusammenhang bilden.

Wir können diese Grundaussagen *Axiome* nennen, weil man nicht dahinter zurückgehen kann; wollte man sie begründen, hätte man sie bereits mißverstanden. Sie bilden die sprachlichen Voraussetzungen für alle weiteren dogmatischen Aussagen. Die Trinitätslehre und Luthers Umschreibung des »Gegenstandes der Theologie« formulieren solche Axiome. Ihre Quintessenz lautet: Gott hat gehandelt und in eins damit zu handeln versprochen. Davon, und allein davon, kann christliche Theologie ausgehen.

Axiome sind Verklammerungen von Begriffen, die einer Wissenschaft zugrunde liegen. Die axiomatische Struktur der Theologie ermöglicht es, ihre Aussagen an ihren eigenen Bedingungen zu messen. Und sie erlaubt, sie mit anderen Wissenschaften zu vergleichen.

Ein erster Vergleichspunkt: Axiome sind immer Aussagen, die ein sprachliches Feld umreißen, das man ausschreiten und innerhalb dessen man sich bewegen kann. Insofern sind sie zugleich Grenzaussagen, d. h. sprachliche Gebilde, die die Grenzen der Sprache markieren. Von jenseits dieser Grenzen, also außer- und vorsprachlich, können Einsichten, intuitive Wahrnehmungen eingreifen. Damit rückt das Problem »Sprache und Wirklichkeit« bzw. »Wort und Gegenstand« in den Blick. Dieses sprachphilosophische Grundproblem ist zugleich ein wissenschaftstheoretisches, und als solches hat es sich gerade für die Grundlagenforschung der neueren Physik als unerhört fruchtbar erwiesen. Es erhellt auch die Umbrüche, die für die Geschichte der Naturwissenschaften charakteristisch sind, wie THOMAS S. KUHN gezeigt und HILARY PUTNAM sprachphilosophisch profiliert hat.

KUHN macht darauf aufmerksam, daß erst durch Axiome Realität für uns konstituiert wird – im Gegensatz zu der naiven, aber immer noch weitverbreiteten Meinung, dies würde durch unmittelbare Sinneswahrnehmungen geleistet. PUTNAM spricht sogar von der »contribution of the environment«, dem »Beitrag der Umwelt« – »Umwelt« bezogen auf die Welt der Sprache –, von dem die Zuverlässigkeit jedes bestimmten, d. h. nicht beliebigen Redens abhängt (The meaning of »meaning«: DERS., Mind, Language, and Reality: Philosophical Papers II, Cambridge/New York [Cambridge University Press] 1975, 215-271, übersetzt von Wolfgang Spohn: Die Bedeutung von »Bedeutung«, Frankfurt a. M. 1979, 97). Nur wenn die Wirklichkeit »mitspielt«, kann Sprache »funktionieren«. Die Sprache beherrscht also nicht allein das Feld, aber sie bildet einen Raum, der unumkehrbare Zuordnungen und somit ein bestimmtes, verknüpfendes Vorgehen erlaubt.

Zweitens: Axiome sind Indizien dafür, daß es verbindliche und nicht nur konventionelle Antworten auf gestellte Fragen gibt. Sie berühren sich in dem äußersten für uns faßbaren Maße mit dem, was unbedingt und unverrückbar ist. Insofern sind Axiome zwar relativ zur Wirklichkeit, die sie bezeichnen, aber beständig in ihrer Beziehung zu den Aussagen, die von ihnen ausgehen. Axiome erlauben uns festzustellen, worauf einzelne theologische Aussagen (sprachlich gesehen) zurückgehen, und zwar so, daß auch andere Aussagen von dort aus gewonnen werden können. Insofern sind Axiome Ausgangs- und Orientierungspunkte einer konsistenten und kohärenten Argumentation.

Auf Axiomen, auf *Grundannahmen*, beruht jede Wissenschaft. Axiome sind von intuitiven Einsichten, so wichtig diese als Anstoß für Erkenntnisse sein mögen, wesenhaft unterschieden, und zwar dadurch, daß sie Aussagen innerhalb eines durch sie gesteuerten Sprachzusammenhanges ermöglichen. Im Ensemble solcher Grundannahmen wird festgehalten, was sich der Gemeinschaft der Forschenden als unwiderleglich ergeben hat. In diesem Sinne spricht ALFRED NORTH WHITEHEAD sogar von *Dogmen* der Physik: »die Dogmen der Physik [sind] Versuche, die in der Sinnwahrnehmung der Menschheit freigelegten Wahrheiten präzise zu formulieren« (Religion in the Making, New York [Macmillan] 1926, übersetzt von Hans Günter Holl [stw 847], Frankfurt a. M. ²1996, 47). Whitehead zeigt damit an, was zwischen Wissenschaften vergleichbar ist und was grundverschieden sein kann: Axiome haben dogmatischen Rang, sofern sie »Wahres« formulieren (wohlgemerkt: nicht »die Wahrheit« schlechthin!) und damit weitere Beobachtungen auf eine gesicherte Grundlage stellen; gerade darum können sie »Dogmen« heißen, denn Dogmen sind keinesfalls bloße Setzungen mit unbefragbarem Geltungsanspruch.

Dogmen und Axiome sind in ihrer Funktion für die Wahrheitsfindung gleichbedeutend (JOHN R. CARNES, Axiomatics and Dogmatics, New York/Belfast [Christian Journals] 1982). THOMAS F. TORRANCE hat mit gewissem Recht daran erinnert, daß der Begriff »Dogma«, in der Wissenschaftssprache zumeist verpönt, weil einer rein autoritativen Setzung verdächtigt, anfänglich eine »wohlbegründete und einverständliche Bejahung, keine willkürliche und nur-persönliche Meinung« bedeutete, gerichtet gegen uferlos kritische Skepsis:

Throughout the whole Church, in East and West, the emphasis upon *dogma* came to be upon well-grounded and agreed affirmation rather than arbitrary and individual opinion, and upon positive and constructive as opposed the sceptical or merely critical thought (Theological Science, London/New York/Toronto [Oxford University Press] 1969, 339).

Überall in der Kirche, im Osten und im Westen, beruhte der Nachdruck, der auf das Wort ‚Dogma' gelegt wurde, auf wohlbegründeten und anerkannten Behauptungen statt auf willkürlichen und nur persönlichen Meinungen, und auf einem gesicherten und konstruktiven Denken, nicht auf einem skeptischen und bloß kritischen.

Die Kirchenväter hätten sich diesem Sprachgebrauch angeschlossen:

In the strictest sense the doctrine of the Holy Trinity is *theologia*, that is, theology in its purest form, the pure science of theology, or *episteme dogmatike* (The Ground and Grammar of Theology, Charlottesville, Va. [University of Virginia Press] 1980, 158).

Strenggenommen ist die Trinitätslehre *Theologie*, d. h. Theologie in reinster Form, die Theologie in wissenschaftlicher Reinkultur.

Umgekehrt greifen heute Naturwissenschaftler mit erkenntniskritisch tiefgehenden und umfassenden Interessen wie MICHAEL POLANYI auf religiöse oder quasi-religiöse Begriffe wie »belief« zurück. Sie möchten damit eine Art Grundvertrauen in die Realität ausdrücken, welche es Wissenschaftlern verbietet, sich ihrer zu bemächtigen, statt sie gleichsam sprechen zu lassen (Personal Knowledge: Towards a Post-Critical Philosophy, Chicago [University of Chicago Press] 1958, 271 u. ö.). Wissenschaftler vermögen zwar ihre »Sache« zu »beherrschen«, nicht aber die Realität, die ihr zu Grunde liegt.

Allerdings muß bedacht werden, wie weit hier die Analogie zwischen einem solchen Grundvertrauen und dem Glauben reicht. Wissenschaftliche Arbeit soll ja nicht einfach eine religiöse Note erhalten – und umgekehrt ist »Glaube« nicht gleichbedeutend mit der Einstimmung eines Grundvertrauens in das, was gegeben ist. Die Analogie von Axiom und Dogma weist vielmehr auch auf den Punkt hin, wo beide nicht vergleichbar sind.

In nicht-theologischen Wissenschaften ist es möglich, in gewissem Maße zwischen Systemen samt ihrer Axiomatik zu wählen. Man kann sich etwa für die euklidische oder eine nicht-euklidische Geometrie entscheiden. ALBERT EINSTEIN hat sich für das zweite entschieden, d. h. für eine andere Axiomatik der Vermessung – ohne daß damit die alte dreidimensionale Geometrie für den Alltagsgebrauch falsch würde. Ist diese Entscheidung einmal getroffen, muß nach ihr verfahren werden. Die Axiome z. B. der Mathematik anwenden heißt ja nichts anderes als: mit ihnen und nicht gegen sie arbeiten, in Anerkenntnis der »Ordnung der Zahlen«, auch ohne weitere Rückfrage danach, wie dieses Zeichensystem historisch und durch Konventionen entstanden sein mag.

Zur Charakteristik dieser Axiome gehört allerdings, daß sie jederzeit operational zugänglich sind. Zum Beispiel definiert die Biologie »Leben« durch eine Reihe von Parametern, die die Grundlage für experimentelle Beobachtungen bilden. Zwar können sie als solche experimentell nicht eingelöst werden, sie bewähren sich aber auf experimentellem Wege immer wieder (Mitteilung von Prof. CHANDLER M. BROOKS, Princeton). Die Axiome der Biologie nicht »anzuerkennen«, wäre also kein arbiträrer Akt, sondern das schlichte Eingeständnis, daß man sich außerhalb dieser Erforschung des Lebens stellen will. – Gewiß, man *kann* das auch wollen! Es könnte ja Gründe geben, die die Forschung nötigen, Axiome zu modifizieren oder aufzugeben. Aber dies entscheidet naturgemäß nicht über die Geltung der Axiome, nämlich über ihre Geltung *für* die mit ihrer Hilfe gewonnenen Erkenntnisse. Darum gehört es zu den Zielen einer Wissenschaft, ihre Axiome aufzufinden. Denn sie sucht nach immer mehr umfassenden Erklärungssystemen, und zwar nicht nur aus theoretischer Neugier, sondern gerade dann, wenn sie »ungefragt« erschüttert wird, wie die Physik zu Beginn des 20. Jahrhunderts.

Die Wählbarkeit von Axiomen ist allerdings durch den Gegenstandsbereich einer Wissenschaft eingeschränkt. So kann zwar der Mathematiker, EINSTEIN folgend, zwischen der Euklidischen und der Riemannschen Geometrie wählen, nicht aber der Physiker, wenn er bestimmte Bereiche der Körperwelt beschreiben will.

In dieser Hinsicht verhält es sich in der Theologie nicht grundsätzlich anders. Zwar gibt es nicht wenige Beispiele dafür, daß man sich etwa gegen die Trinitätslehre entscheidet. Heute scheint dies sogar der Normalfall zu sein, ohne daß dadurch eine solche Theologie zur »normal science« würde – ganz im Gegenteil! FRIEDRICH SCHLEIERMACHER beispielsweise entscheidet sich für eine andere Axiomatik, indem er sich auf eine Konstitution des Subjektes (Selbstbewußtsein) stützt; diese Konstitution wird zwar als genuin religiöse dargestellt – sie wurzelt im »Gefühl schlechthinniger Abhängigkeit« –, aber sie ist philosophisch aufgebaut und demgemäß einzusehen. Die Trinitätslehre wird nur in einem theologiegeschichtlichen Anhang abgehandelt, Schleiermacher zieht sie als historisches Demonstrationsobjekt heran und versteht sie nicht als theologisch grundlegend (Der christliche Glaube, ²1830/31, §§ 170–172 zur Lehre »Von der göttlichen Dreiheit« als »Verknüpfung« mehrerer Aussagen über das christliche Selbstbewußtsein). Während Schleiermacher damit noch in traditioneller Nachbarschaft zur Philosophie verblieb, sind heute überwiegend soziologische oder psychologische Strukturprinzipien oder eine Mischung aus beiden in die Theologie eingezogen.

Der Vergleich von Wissenschaften anhand ihrer Axiome erfaßt nicht schon die Konstitution der Axiome, ihren inneren Aufbau, ihre Verfassung. Diese läßt sich auch nicht aus der äußeren, geschichtlichen Entstehung einzelner Einsichten erheben, auch wenn sie noch so fundamental sein sollten. Denken wir etwa für die christliche Theologie an die überwältigende Begegnung mit Jesus von Nazareth als einer Person, die Gott nahebringt, oder an den Osterglauben der Jünger, der ihre Erschütterung auf Golgatha in Zuversicht für ein Leben mit Gott verwandelte! Mit beidem ist durchaus noch nicht gesagt, was es heißt, daß Gott Mensch wurde und daß Jesus Christus mit Gott eins ist. Oder: das jüdische Reden von Gott als dem Retter läßt sich nicht aus der Befreiungserfahrung des Exodus erschließen. Dies sind gewiß markante Daten aus der Geschichte Israels und der Kirche, Ausgangspunkte geschichtlicher Erinnerung, die man sich immer wieder erzählend vergegenwärtigt. Aber *was* wird hier erzählt, oder schärfer gefragt: *von wem* und *wovon* wird nun eigentlich gesprochen? Um das zu sagen, bedarf es einer Tiefenstruktur, die in der biblischen Erzählung zwar enthalten ist, aber als solche deutlich gemacht werden muß, damit sie später, in anderen Zusammenhängen, wiedererkennbar ist.

Ein Sachverhalt ist geschaffen worden, unverhofft, überraschend. Menschen haben etwas erfahren, unableitbar aus allen bisherigen Erfahrungen und aus Erwartungen, wie sie aus diesen Erfahrungen erwachsen sind. Dieser Sachverhalt kann nur ausgesagt werden, wenn zugleich von Gott geredet wird, wie er sich für Menschen hier kenntlich gemacht hat. Dadurch erhält dieses Reden eine Kontur, die das Wiedererkennen ermöglicht: Gotteserkenntnis. Menschen sagen (das ist die historische Außenseite der Entstehung theologischen Denkens): Von nun an müssen wir anders von Gott reden als bisher, nämlich von Gott als dem Befreier, im Blick auf den Exodus, und im Gedenken an das Leben und Sterben Jesu von Gott als dem, der in Jesus Christus ist und handelt.

Zu diesem Reden von Gott gehört konstitutiv – und das ist seine innere Struktur –, daß es in allem, was es sagt, auf Gott verweist. Es bekennt sich dazu, sich nicht selbst zu begründen. In der Sprache christlicher Theologie gesagt: Es bekennt sich zur Offenbarung Gottes, zu seinem Kundwerden als dem Geheimnis menschlichen Redens. Dieses Geheimnis kann selber nur als Geheimnis ausgesprochen werden. Weder verliert es, als ausgesprochenes Geheimnis, seinen Charakter als Mysterium, noch kann es als verkündetes Geheimnis zerredet werden. Das Reden von Gott »erklärt sich« zum Reden Gottes. Es ist verständlich, wir können es nachvollziehen – und daraufhin selber von Gott reden. Aber gerade dabei wird deutlich, daß solches Reden nicht in sich selber begründet ist, sondern im Kommen Gottes gründet.

Theologische Aussagen gründen in der Externität einer Wirklichkeit, die als Gottes Handeln in seiner Erstreckung zu kennzeichnen ist. Diese Aussagen repräsentieren Gottes Handeln nicht – auch nicht das Gesamt seiner Gründe im jederzeit möglichen Jetzt der Aussage. Vielmehr sprechen sie aus Glauben auf Hoffnung hin: aus einer genuinen, nicht-repräsentierenden Erinnerung auf eine genuine nicht-repräsentierende Erwartung hin.

Theologische Axiome verlangen als dialogdefinite Regeln der Wahrheitsfindung eine diskursive Darlegung. Eben dies hat die Dogmatik zu leisten. Der Gegenstandsbereich der Dogmatik, ihre Externität – Gottes Sein, Gottes Offenbarung und Gottes Handeln in seiner Erstreckung – wird durch sie eröffnet und zugleich für uns mitkonstituiert. Wie zu jeder anderen Axiomatik gehören auch zur theologischen Axiomatik interne Realitätsannahmen, die *ihre* »Realität« vorstrukturieren, sie gerade darin aber auch zugleich vom »Beitrag der Umwelt« abhängig machen.

Die diskursive Exposition, die Wahrheitsfindung, zielt auf eine genuine Einigung von theologischer Gewißheit, d. h. auf die Erkenntnis und Einstimmung in Gottes Willen in Jesus Christus durch die »Schrift« (→ 3.3.1).

Der theologische Gegenstandsbereich zeichnet sich durch seine genuine Zeitbestimmung aus: Er ist strukturiert durch Aussagen aus Glauben – aus einer bestimmten »Vergangenheit« – auf Hoffnung hin – auf eine bestimmte »Zukunft«. Der Gegenstandsbereich ist weiterhin dadurch gekennzeichnet, daß seine Zeiten nicht formalisiert werden können: Bestimmte theologische Aussagen gelten durchaus nicht in jeder möglichen Gegenwart, sondern in bestimmten »Augenblicken« (zum Beispiel: »Gott hat alles gut gemacht«). Solche Aussagen können nicht abgerufen und auch nicht demonstriert werden. Deshalb mag es fragwürdig erscheinen, wenn für solch nicht-formalisierbare Aussagen überhaupt von Axiomen gesprochen wird. Diskursiv-konsenshaft zu entfaltende Grundsätze sind jedoch für die Theologie unverzichtbar, wenn sie wissen will, womit sie argumentierend anfangen kann und wohinter sie nicht zurückgehen darf. Die Axiome der Theologie helfen ihr, nicht zuviel von sich zu erwarten und nicht zuwenig von sich zu verlangen.

Wir können dies anhand der oben skizzierten Physiognomie christlicher Theologie verfolgen:

(50.) Christliche Theologie umreißt das Geschehen, das als Gottes Begegnung mit uns erkennbar wird, ohne daß wir es voraussagen könnten. Dabei werden Bewegungen kenntlich. Deshalb sind die Axiome der Theologie dialektisch konstituiert.

Beginnen wir mit dem innersten Kern, der Möglichkeit theologischen Redens überhaupt! Warum reden Menschen von Gott? Weil sie nicht mehr allein von sich selber reden *können*, wenn sie sagen wollen, wer sie sind: diejenigen, denen Gott widersprochen hat, die zu dem hin aufgebrochen worden sind, was Gott für sie ist und was er selber sein will. Der Mensch, der von Gott redet, befindet sich nicht mehr in Einklang mit dem, was er ist und sein kann. Das geht bis zu der verzweifelten Bitte dessen, dem Jesus den Glauben zumutet und der daraufhin außer sich gerät und ausruft: »Ich glaube; hilf meinem Unglauben!« (Mk 9,24). Unglaube bedeutet hier nicht die subjektive Unmöglichkeit zu glauben, einen Sprung in den Glauben zu wagen, sondern ist die grundstürzende Erkenntnis der eigenen Gottverlassenheit. Von Gott zu reden – das hat also von allem Anfang an mit Sünde und Gnade, mit *dieser* Dialektik zu tun, die das Geheimnis des Glaubens umreißt: die Ortsveränderung, mit der der Mensch sich selbst, seiner heillosen Selbstverschlossenheit entrissen wird. Mit dialektischer Schärfe hat LUTHER so die *Externität* der Theologie gekennzeichnet:

> Dies ist also der Grund, warum unsere Theologie voller Gewißheit ist: Sie reißt uns von uns selbst los und stellt uns außerhalb von uns (*extra nos*) ... (← 1.1.2).

Die Dialektik des Glaubens läßt den Menschen sich selbst gegenübertreten, weil er nicht mehr in sich gründet, nicht einmal in seiner Betroffenheit, es sei denn unvermittelt getroffen durch Gottes Zuspruch und Verheißung.

Die Dialektik des Glaubens verbietet deshalb jeden Subjektivismus in der Grundlegung der Dogmatik. Das »Ich« ist, gerade im Bekenntnis »Ich glaube«, kein Fixpunkt der Wirklichkeit und schon gar nicht der Mittelpunkt des Weltalls. Das Ich könnte äußerstenfalls innere Spannungen entdecken, bewegende Polaritäten, in deren Kraftfeld jede Realitätsbegegnung eingefangen wird.

Naturwissenschaftler und Philosophen, die durch das Feuer naturwissenschaftlicher Erkenntniskritik gegangen sind, werden solcher Selbstbewegung nicht folgen. Für sie stehen »Ich« und »Welt« (um diese Abkürzungen zu gebrauchen) in einer dialektischen Beziehung zueinander. Diese Einsicht verhilft wesentlich dazu, das cartesianische Gegenüber von Ich und Welt zu überwinden, das die Vorstellung von Gegenständen wissenschaftlicher Erkenntnis lange Zeit unheilvoll bestimmt hat. Wenn aber der Akt der Erkenntnis ein Moment in dem Flusse des Geschehens ist, das wir als »Welt« zusammenfassend zu denken versuchen, kann jeder Bestandteil dieser Welt nur annäherungsweise und in optischer Vergröberung fixiert werden, um meßbar zu werden.

Eine Mensch/Welt-Dialektik, allerdings anderer Art, spielt auch in mancher Grundlegung der Sozialwissenschaften und in Politischer Philosophie eine maßgebende Rolle, besonders markant in der »Negativen Dialektik« der frühen »Frankfurter Schule«. Die »Betroffenheit« des Menschen durch die Daseinsbedingungen, unter denen er lebt, wird hier zum Moment seines Engagements für die Geschichte, die als das Feld unablässiger Gestaltung und Wandlung aufzufassen ist. Weltgestaltung erscheint dann als ein Prozeß, in dem sich die Menschen wandeln, die den wahren Fortschritt der Geschichte mit ihrem Nein gegen alles bewirken, was nicht bestehen kann und darf. Dialektik gilt als eine Auseinandersetzung mit der verkehrten Welt, die die Kräfte der Erneuerung in sich birgt. Und dies zieht viele Theologen an, weil Gott als das ganz Andere zu dieser Welt plausibel zu werden verspricht und mehr noch: weil der Anschein entsteht, als könne Gott dergestalt als weltbewegende Kraft ins Spiel gebracht werden. Davor sollte eigentlich das Wissen um theologische Axiome und ihre Konstitution bewahren.

Zwar führt dies alles über den bloßen Subjektivismus hinaus, doch ist damit die Bewegung des Glaubens noch nicht treffend gezeichnet. Sie wird von einer weiteren Dialektik begrenzt und damit umgriffen: Gott nimmt in Jesus Christus menschliches Leben und Sterben an, er geht in die Welt ein, ohne in ihr aufzugehen. Gott vergegenständlicht sich in der Welt, die gleichwohl von ihm unterschieden bleibt. Er verändert sie dadurch, daß sie mit ihm nicht mehr der in sich ruhende, aus sich heraus bewegte Kosmos bleiben kann. Durch Gottes Gegenwart wird sie begrenzt, und zwar stets neu, wenn Gott sich offenbart. Seine Offenbarung ist aber – wiederum dialektisch – zugleich verborgen im Geheimnis seiner Gegenwart: Gott handelt eben auf *seine* Weise, und er bleibt gerade in seiner Offenbarung Gott. »Auf *seine* Weise« macht er sich in dem Widerspruch zu der Weltauslegung bemerkbar, in der Menschen sich deutend und gestaltend in Zeit und Raum hinein entwerfen. Niemand kann Gott erreichen, Gott begegnet – unverhofft, in unvorhergesehener Weise, und doch darf jeder Mensch ihn erwarten, weil *er* sich zu erkennen gegeben hat.

Diese Dialektik weist auf Gott selbst hin – nicht auf eine unaufhörliche Spannung in Gott, die uns das Bild einer unendlichen Bewegung bieten könnte, sondern auf die unübersteigbare Dialektik des Redens von Gott, das an Gottes Selbstoffenbarung gebunden ist, an sein richtendes *und* rettendes Handeln: Rettung durch Gericht, Gericht als Rettung. Das ist die äußerste Dialektik christlicher Theologie: ihrer Aussagen über Gott, den Einen und Einzigen, der Einheit des Unvereinbaren, formuliert in den biblischen Gottesprädikaten, die nicht auf eine Reihe zu bringen sind: Macht und Liebe, Gerechtigkeit und Barmherzigkeit, Töten und Lebendigmachen. Gott »ist« nicht einmal so, ein andermal anders, sondern er handelt unterschiedlich, um uns zu *der* Einheit zu führen, die sich unserer Erfahrung in dem Moment, in dem wir sie als Einheit zu erfassen meinen, entzieht. Es ist keine »höhere« Einheit, auch keine complexio oppositorum, sondern die Aufhebung der für uns gespaltenen Werte-Welt. Die Dialektik des Redens von Gott widersteht jedem Versuch, Gott zum Begriff zu machen, d. h. ihn derart zu denken, daß ein Inbegriff aller Wirklichkeit gebildet wird. EINSTEIN hat es auf seine Weise – und im Blick auf die geordnete Rätselhaftigkeit des Kosmos – so gesagt: »Raffiniert ist der Herr Gott, aber hinterlistig ist er nicht«; so zu lesen, auf deutsch, in der Lounge des Departments of Physics in Princeton University.

Mit der Dialektik des Redens von Gott stehen wir wieder am Anfang, bei der Frage, wie wir von Gott reden können. Wirklich von Gott zu reden, klagend, bittend, dankend: das versetzt erneut in Bewegung, zu Gottes Kommen hin. Unser Reden kann Gott nicht abbilden, aber es kann die Bewegung Gottes zum Menschen hervortreten lassen. Die Dialektik des Redens von Gott bringt uns in Bewegung: Dogmatische Aussagen sind Bewegungsanweisungen zum Glauben und Hoffen. Wir sind dort angelangt, von wo wir auszugehen haben. Auch das ist ein Kennzeichen von Dialektik, im Unterschied zur bloß zirkulären Selbst-Bewegung.

Dies gehört zur äußersten Dialektik der Theologie, zur Dialektik im Reden von Gott selber. Diese Dialektik ist *asymmetrisch*, d. h. sie geht von Gott selber aus, ohne daß der Beitrag des Menschen irgendein Gegengewicht bilden könnte, das zu einer dynamischen Balance führen würde. In Mi 6,8 heißt es: »Es ist dir gesagt, Mensch ...« Dieses Gesagt-Sein ist Ausgangs- und Endpunkt theologischen Redens. Darum hat KARL BARTH das erste Gebot als theologisches Axiom bezeichnet. »Ich bin der Herr, dein Gott – du sollst ...«: Der Mensch wird in ein bestimmtes Verhältnis gestellt, er wird zum Hörer des Wortes (Das erste Gebot als theologisches Axiom [1933]: K. BARTH, Theologische Fragen und Antworten. Gesammelte Vorträge III, Zollikon 1957. Zürich ²1986, 127–143). Kein Mensch kann sich als Dialogpartner Gottes ansehen, auch wenn er zu Gott redet, sogar wenn er mit Gott wie mit einem Freund sprechen sollte.

(51.) Dogmatik hat auszusagen, was Menschen »um Gottes willen« zu sagen haben – während sie andernfalls schweigen müßten.

Dogmatik sagt aus, was nur um den Preis der Verleugnung Gottes verschwiegen werden dürfte. Damit weist sie auf ihre eigene Bedingtheit hin, die sie als ihre Axiomatik, als Zusammenhang ihrer Axiome erschließt. Die Axiome werden in jedem spezifisch dogmatischen Satz erkennbar, auch wenn sie nicht immer ausdrücklich genannt sind. Sie helfen der Dogmatik, bei ihrer Sache zu bleiben, d. h. keine falschen Rücksichten zu nehmen.

So steht jeder, der die Aufgabe der Dogmatik wahrnimmt, im Zeugenstand. In der Dogmatik wird der *Preis* bedacht, den Menschen zahlen, wenn sie Gott bekennen oder verleugnen. Sie hat zu bestätigen, was zum Glauben gehört und was für ihn ausgeschlossen bleibt. Sie kann nicht das Glaubenszeugnis ersetzen, wohl aber helfen, es argumentativ auszurichten. Mit allem, was sie an Wissen enthält, und mit allen Denkerfahrungen, die im Laufe ihrer Geschichte gewonnen worden sind und sich bewährt haben, kann sie helfen, »den Glauben« zu artikulieren und dadurch fähig zu werden, andere zu *überzeugen*, statt sie nur zu überreden.

3.2.3 »Gegenstand der Dogmatik« – eine verfängliche Frage

Die Frage nach dem Gegenstand der Dogmatik ist unverfänglich, solange darauf geachtet wird, daß die Dogmatik ihren Charakter nicht verliert. Problematisch wird es dagegen, wenn die Sorge aufkommt, die Dogmatik könnte »gegenstandslos« werden, vielleicht sogar schon längst gegenstandslos geworden sein. Nicht was die Dogmatik zu sagen hat, sondern ob sie etwas zu bieten haben könnte: das sei hier die Frage!

Hinter dieser – heute weitverbreiteten – Befürchtung steht zuallermeist die Vorstellung, als Gegenstand müsse etwas Habhaftes oder doch Demonstrierbares vorhanden sein; andernfalls beherrschten subjektive Faktoren das Feld: Überzeugungen, unbefragbare Einstellungen, bloße Gefühle. Dann aber werde, so folgert man, die Dogmatik notgedrungen »gegenstandslos« im doppelten Sinne: ungreifbar und ohne jede überpersönliche Bedeutung.

Diese Vorstellung vom »Gegenstand« führt zu falschen Erwartungen, die früher oder später enttäuscht werden müssen: wenn nämlich als »Gegenstand« der Dogmatik ein greifbarer Sachverhalt ausfindig gemacht werden soll, und zwar »methodisch« in dem Sinne, daß er mit geeigneten Mitteln zu greifen ist. Als »Gegenstand« gilt hier ein Basis-Datum, eine grundlegende Gegebenheit, auf der alles weitere folgerichtig und d. h. wiederum »methodisch« aufgebaut werden kann. Gelinge es nicht, einen solchen Gegenstand aufzuweisen, werde die Dogmatik »gegenstandslos« und zugleich überflüssig.

Das ist eine irreführende Gegenstandsfrage. Sie beruht auf der Annahme, es gebe *die* Wirklichkeit schlechthin, objektiv beschreibbar in einer Einheitssprache.

Dieser Maßstab für Objektivität wird den neuzeitlichen Naturwissenschaften zugesprochen – fälschlicherweise, wie man heute hinzufügen muß. Der Wunsch, solch »wissenschaftlichen« Anforderungen nachzukommen, war schon immer verfehlt, ist aber inzwischen auch anachronistisch geworden. Er verführt zu Schattengefechten, auch dann, wenn man sich mit jenem Gegenstandsbegriff zwar auseinandersetzt, aber doch nach einer dogmatikfreien Basis für die Dogmatik sucht, statt sich auf den Prozeß dogmatischen Denkens einzulassen und dabei seiner Grundlagen ansichtig zu werden.

Deshalb mußte die Suche nach einem archimedischen Punkt, von dem aus die ganze Welt wissenschaftlich in die Angeln gehoben werden könnte, als aussichtslos aufgegeben werden. Statt dessen wandte sich das Interesse den *Ausgangspunkten* (starting points) *wissenschaftlicher Argumentation* zu.

Wer Dogmatik »treibt«, darf sich nicht weniger zumuten als allen, die sagen: »Ich glaube«. Er muß sich aber auch noch einer anderen Aufgabe stellen, und das zählt zu seinem Beruf: Er verantwortet, wie auf unabweisbare Fragen geantwortet werden kann – und welche Antworten ausgeschlossen sind, weil sie zu Selbstwidersprüchen führen müßten.

Dazu gehört die Frage nach dem Gegenstand der Theologie. Die dogmatische Antwort wird durch ihre Axiome gegeben, und zwar so, daß damit zugleich ihre dialektische Konstitution sich Geltung verschafft. Darum gehört die Charakteristik der Theologie zu den Aufgaben der Dogmatik – und deshalb habe ich beides, Theologie und Dogmatik, nicht streng voneinander unterschieden.

Wenn in der Dogmatik auszusagen ist, was Menschen um Gottes willen sagen müssen, während sie sonst schweigen müßten: dann sind andere Bestimmungen ausgeschlossen. Ausgeschlossen ist zum Beispiel, daß die Dogmatik eine Welterklärung liefern könnte, ohne daß sie – dies ist immer hinzuzufügen – ihren Charakter verliert. Denn versuchen kann man dergleichen schon, wie die Geschichte christlicher Theologie zur Genüge zeigt. Aber um welchen Preis! Ebensowenig kann eine christliche Dogmatik sich der Sinnfrage verschreiben – jedenfalls nicht derart, daß sie einen Zusammenhang sinnvoller Erlebnisse und Handlungen konstruiert, der dann in die Tat umzusetzen wäre. Alles in allem darf für die dogmatische Theologie, wenn sie nicht treulos werden will, nichts in Frage kommen, was ihre Dialektik in polare Spannungen oder reine Beziehungen umsetzen könnte. Ausgeschlossen ist schließlich, daß für die Dogmatik eine rationale Letztbegründung ihrer Aussagen zu erreichen ist, d. h. daß sie sich selber begründen will – es sei denn um den Preis, daß sie ihren Charakter verliert (→ 4.1). Gerade in dieser Hinsicht berührt sich die axiomatische

Grundlegung der Theologie mit der wissenschaftstheoretischen Diskussion. Theologen und Theologinnen können und sollten sich an dieser Diskussion beteiligen – schon allein deshalb, weil in der Dogmatik wesentliche Denkerfahrungen dazu gespeichert sind.

Theologie als Wissenschaft. Aufsätze und Thesen, hg. von Gerhard Sauter (TB 43), München 1971. – KOLOMAN N. MICSKEY, Die Axiom-Syntax des evangelisch-dogmatischen Denkens. Strukturanalysen des Denkprozesses und des Wahrheitsbegriffs in den Wissenschaftstheorien (Prolegomena) zeitgenössischer systematischer Theologen (FSÖTh 35), Göttingen 1976. – DIETRICH RITSCHL, Zur Logik der Theologie. Kurze Darstellung der Zusammenhänge theologischer Grundgedanken, München 1984. – Implizite Axiome. Tiefenstrukturen des Denkens und Handelns, FS Dietrich Ritschl, hg. von Wolfgang Huber/Ernst Petzold/Theo Sundermeier, München 1990.

3.3 »Schrifttreue« – kein »Schriftprinzip«

»Stehen Sie auf der Schrift?« So – wird erzählt – fragte der preußische Minister Goßler 1893 Adolf Schlatter, als er den großen Neutestamentler, der auch als Dogmatiker und Ethiker Bedeutendes leistete, an die Berliner Universität berufen wollte. Schlatter soll darauf geantwortet haben: »Ich stehe unter der Schrift!« (ADOLF SCHLATTERS Rückblick auf seine Lebensarbeit, hg. von Theodor Schlatter, Gütersloh 1952, 132).

Was ist das für ein Unterschied: *auf* der Bibel stehen – oder *unter* ihr? Wer betont, er *stehe auf der Bibel*, möchte damit wohl seine Standfestigkeit und fromme Zuverlässigkeit bekräftigen. Wer aber könnte die Bibel unter sich haben? Das wollte Schlatter sagen, als er die Frage des Ministers umbog und damit zurechtbrachte. *Sich der Bibel unterstellen* heißt: sich ihr aussetzen, heißt wahrnehmen, was sie mitzuteilen hat.

3.3.1 Was heißt »Mit der Bibel anfangen«?

Die Bibel: ein Unterstand, zugleich ein Bollwerk, nach allen Seiten hin gesichert, auf mehr als felsenfestem Grund errichtet und darum selbst eine solche Basis – dergleichen Vorstellungen tauchen häufig auf, wenn vom *Schriftprinzip* die Rede ist. Lutherische und reformierte Theologen berufen sich seit Ausgang des 16. Jahrhunderts auf die Bibel als theologisches Erkenntnisprinzip (*principium cognoscendi*)¹: Die »Schrift« ist die un-bedingte Voraussetzung der Theologie, weil Gott sich in ihr offenbart und sie mit seinem Geist begabt hat. Gott wirkt in seinem Wort. Deshalb läßt sich die christliche Lehre – um sie bemühen sich jene Dogmatiker vor allem – auf nichts anderes zurückführen, darum ist die auf die Bibel begründete Theologie selbst unwandelbar und kann durch nichts und niemanden erschüttert werden.

Im 19. Jahrhundert kommt ein anderer, schärferer Ton hinzu: Die Bibel heißt jetzt das »Formalprinzip«, das den »Protestantismus« charakterisieren soll.

> Das Zurückgehn auf die ursprüngliche Offenbarung in der Schrift ist [...] das *formale Princip* des Protestantismus, welches sich in der Anwendung als *Kritik* darstellt, die in Allem, was sich für Christliche Wahrheit ausgiebt, das, was Menschenwerk und deßhalb verdächtig ist, durch die Beymischung menschlicher Irrthümer verunreiniget zu seyn, von dem zu scheiden sucht, was sich aus der Schrift, als der ungetrübten Quelle der göttlichen Offenbarung, rechtfertigen läßt (AUGUST DETLEV CHRISTIAN TWESTEN, Vorlesungen über die Dogmatik der Evangelisch-Lutherischen Kirche, nach dem Compendium des Dr. W. M. L. de Wette I, Hamburg ²1829, 282).

»Materialprinzip des Protestantismus« sei die Rechtfertigung allein aus Glauben (280f.).

Die Berufung auf die Schrift, und zwar allein auf sie (*sola scriptura*), kann jedoch keinen anderen Grund haben als das Bekenntnis zur »Rechtfertigung aus Gnaden allein« (*sola gratia*): Gott teilt seine Gerechtigkeit mit, indem er mit uns redet: unter dieser Erwartung steht das Bibellesen ebenso wie die Bitte, Gott möge sich uns zuwenden – beide sind nicht voneinander zu tren-

---

1 Belege bei CARL HEINZ RATSCHOW, Lutherische Dogmatik zwischen Reformation und Aufklärung I, Gütersloh 1964, 71–76. – JOHANN HEERBRAND nennt in seinem »Compendium theologiae« ([1573] Leipzig 1587, De sacrosancta scriptura, 1) die Heilige Schrift einen »allgemeinen und unumstößlichen Anfang, Ursprung und Grundlage der gesamten Theologie« (commune et irrefragabile principium, origo et fundamentum totius theologiae). Der Reformierte JOHANNES WOLLEB (Christianae theologiae compendium, Basel 1626, 3) beruft sich auf die Schrift, Gottes Wort, als »Prinzip der christlichen Religion« und wendet darauf den Grundsatz jedes wissenschaftlichen Diskurses an, daß jeder, der die Prinzipien verneint, nicht diskussionswürdig ist (»contra negantem principia non disputatur«).

nen.² Gottes unverdiente Gabe wird uns nirgendwo anders als im biblischen Wort mitgeteilt, und umgekehrt hängt die Rechtfertigung aus Gnaden und allein im Glauben (*sola fide*) an der Erwartung des Handelns Gottes, die uns zur »Schrift« leitet und uns in ihr suchen läßt. Nicht, um dort zu finden, was wir immer schon wissen (und sei es durch eine ein für allemal erfolgte biblische Belehrung), sondern um in ihr Christus zu treffen und inmitten aller Stimmen ihn von neuem zu vernehmen. Er allein (*solus Christus*) ist Gottes lebenschaffendes Wort. »Ihr sucht in der Schrift, denn ihr meint, ihr habt darin das ewige Leben – und sie ist's [doch], die *mich* bezeugt« (Joh 5,39).

Der Begriff »Schriftprinzip« läßt an die Bibel wie an eine Quelle denken, die solange ungetrübt bleibt, wie Menschen sich nicht an ihr zu schaffen machen. Dennoch enthält dieses Verständnis von »Prinzip« (ἀρχή) auch ein Wahrheitsmoment:

(52.) Die Bibel darf nicht hintergangen werden.

Die christliche Theologie fängt mit der Bibel an: insofern nämlich, als sie sich dazu bekennt, in der »Schrift« Gottes Selbstmitteilung zu vernehmen. Zu diesem Vernehmen hat sich die Kirche in der Kanonbildung bekannt, und sie bekennt sich dazu immer wieder, indem sie zur Schrift zurückkehrt, um weiterzuschreiten. Dahinter, daß Gott in Jesus Christus endgültig gesprochen, uns angesprochen hat, kann sie nicht zurückgehen – und wer redlich christliche Theologie treibt, wird diesen Charakter der »heiligen Schrift« in ihrer Einheit und Ganzheit nicht verleugnen können. Das bedeutet keinesfalls, daß alles, was im christlichen Glauben gesagt werden kann, schematisch mit einem Bibelwort beginnen müßte. Jedes christliche Reden muß sich jedoch daran messen lassen, ob es auf das kontingente Geschehnis »Gott ist in Jesus Christus zu Wort gekommen« verweist – oder ob es anderen Ursprungs ist.

Dieses Geschehnis läßt sich auf nichts anderes zurückführen: Was die Bibel sagt, kann weder im Rückgang auf historisch gesi-

---

2 Darum schließt MARTIN LUTHER beides zusammen: Gottes Rechtfertigung in seinem Reden und unsere Rechtfertigung. Vgl. Vorlesung über den Römerbrief (1515/16), zu Röm 3,24: WA 56,213,13f.: »Sic etiam iustificatio Dei in sermonibus suis potius nostri est iustificatio; et iudicatio sive condemnatio eius nostri potius est ...«.

cherte Tatsachen, noch psychologisch oder gar tiefenpsychologisch im Ergründen von Befindlichkeiten, noch in der soziologischen Rekonstruktion von Umständen überhaupt erst konstituiert werden – so aufschlußreich dergleichen an seinem Ort auch sein mag. Die Bibel ist wehrlos gegenüber solchen Versuchen, ihren Texten auf den Grund zu gehen, will heißen: auf einen anderen Grund »als den, der gelegt ist, welcher ist Jesus Christus« (1. Kor 3,11). »Hinter die Bibel zu kommen« meint gemeinhin, andere Gründe und Beweggründe aufzuspüren: ihre Autoren sollen durchschaut werden, indem man ihre unausgesprochenen Absichten, ihre Interessen oder ihre Reaktion auf erforschbare Lebenssituationen aufklärt. Wer hinter die Schrift zurückgehen will, wird nachher in aller Regel an dem vorbeigehen, was sie selber zu sagen hat.

Doch bedeutet, die Schrift *nicht zu hintergehen*, auch schon, mit ihr *anfangen* zu können?

Wer sich der Schrift aussetzt, wird *in ihr* auf einen ganz anders gearteten Anfang und Neubeginn stoßen. In seiner Auseinandersetzung mit Erasmus von Rotterdam, in der es nicht zuletzt um die Berufung auf die Bibel, um ihre Deutlichkeit und ihre Tragweite für verbindliches theologisches Reden geht, bezieht Martin Luther sich beharrlich auf ein *primum principium*, ein »erstes Prinzip«[3]; damit nimmt er eine philosophische Kategorie auf: die un-bedingte Voraussetzung alles weiteren Argumentierens. Mit dem ersten Prinzip meint er die »Bestimmtheit« der Schrift, ihre unzweideutige Rede. Nur kraft dieser Bestimmtheit ist – so sagt er im Vergleich mit Gesetzen, die Sitten ordnen und Streitfragen entscheiden sollen – Klärung dort zu erwarten, wo es um Leben und Tod geht.

Das primum principium ist – Gott, der aus seinem Dunkel hervortritt, der uns entgegentritt, nahetritt, an uns handelt. Die Klarheit der Schrift ist Christus selber als das Licht, welches das Dunkel erhellt, mehr noch: das Dunkel durchbricht – die Wahrheit als das Leben. Daß wir die Schrift nicht hintergehen dürfen, hat

---

3   De servo arbitrio (1525): WA 18,653,33–35: »... cogimur primum probare illud ipsum primum principium nostrum, quo omnia alia probanda sunt, quod apud philosophos absurdum et impossibile factu videretur.« – »... sind wir zunächst genötigt, jenes unser erstes Prinzip als solches, an dem der Beweis für alles andere hängt, zu beweisen, was bei den Philosophen als verfehlt und unmöglich gelten würde.«

seinen Grund in dieser überwältigenden Klarheit. Darum kann kein Mensch irgendwo anders, weder später noch früher, einsetzen. Unternähme er es, dann versuchte er insgeheim, *das Vertrauen darauf zu hintergehen, daß Gott selber in der Bibel redet.* Darum fängt das Bibellesen als ein wirklich eindringendes Lesen auf Leben und Tod mit der folgenden Frage an: »Wer ist Gott, der sich vernehmbar macht? Wer ist er, von dem ich in der Bibel lese?«

3.3.2 Begründen bedeutet auch streiten

Das genaue Gegenteil des *primum principium* wäre es, sich mit Bibelworten Geltung zu verschaffen, ja durchsetzen zu wollen – und dazu ist das »Schriftprinzip« heutzutage weithin verkümmert. Eine seltsame Ironie, und doch in fataler Weise folgerichtig! Von LUTHER und unter Berufung auf ihn wurde die Bibel benutzt, um kirchliche Autorität zu bestreiten, um eine Art archimedischen Punkt zu finden, den *Glauben* wieder in die Angeln seiner Freiheit zu heben. Seit der Aufklärung wurde die Bibel selber den Traditionen zugerechnet, von denen sich die aufgeklärte Christenheit emanzipierte, um ihre (wie sie meinte) lebendige Begründung in einer ursprünglichen, unvermittelten Gottesbeziehung wiederzufinden. Das Schriftprinzip gilt in der Sicht dieser Kritik als eine der letzten Eierschalen mittelalterlicher Beugung unter Autoritäten, die noch der reformatorischen Theologie anhafteten und die erst die Aufklärung vollends abstreifen konnte. Und nach alledem wird die Bibel doch wieder gebraucht – benötigt und mißbraucht –, um verbindlich zu machen, was *getan* werden soll, wenn andere Beweggründe fehlen oder zu schwach sind, um zum Handeln zu mobilisieren.

Biblisch »begründet« werden soll vor allem, was ohne Aus- und Widerrede zu tun ist. Es ist auffällig, ja verräterisch, daß heutzutage die Bibel so oft für Handlungsanweisungen »gebraucht« wird. Zwar kann dies nicht verwundern, denkt man daran, wie vieles auf dem Felde der Ethik strittig ist und daß es offenbar starker Motivationen bedarf, um auch nur das Notwendigste zu tun. Aber es müßte doch stutzig machen, daß biblische Sätze oder auch nur der Bibel entnommene Motive in aller Regel dazu benutzt werden, das verbindlich zu machen – und zwar *im nachhinein* –, was bereits bekannt ist, was als eine Handlungsmöglichkeit unter anderen schon erörtert wird. Die Bibel wird nicht mehr studiert, weil man nach einer biblischen Weisung inmitten aller Dringlichkeiten und Nötigungen zum Handeln fragt: nach einer Weisung, die uns nicht die Entscheidung abnimmt, sondern über diese Entscheidung hinausweist, die den Blick auf Gottes Verheißung, auf Gottes Tun richtet, das uns umfängt, aber nicht mit unseren Zielsetzungen, so ehrenhaft sie sein mögen, verrechnet werden kann.

»Biblische Begründung« besteht nicht in einer Rezitation von Bibelstellen, gefolgt von geistvoller Aktualisierung. Die Begründung muß auf den theologischen Begründungszusammenhang (← 3.1.1) hin durchsichtig sein. Dieser Zusammenhang ist zwar nicht einfach aus der Bibel (als literarisch abgrenzbarem Textgebilde) zu erheben. Er ist in keinem hervorgehobenen Satz der Bibel oder auch nur einem ihrer Themen oder Begriffe festzustellen, so daß diese dann als Kriterium für andere Texte eingesetzt werden könnten. Gleichwohl wird sich der Klartext des theologischen Begründungszusammenhanges nirgendwo anders als beim »Suchen in der Schrift« finden lassen, wenn damit die Erwartung verbunden ist, daß Gott selber sein Urteil spricht – das Urteil, das nicht nur bewertet, was wir denken, tun und sagen, sondern sein Wirklichkeitsurteil: »So ist es und nicht anders.« Wirklichkeit besteht erst, wenn Gott uns entgegentritt, wenn er uns sagt, wer wir sind – und dann erst werden wir wahrnehmen, was wirklich ist.

Wer kann im Hin und Her der Meinungen mehr als ein Machtwort sprechen, und wer vermag eine Entscheidung in strittigen Punkten herbeizuführen, nämlich ein wirklich lösendes Wort zu sagen? Diese Frage war der Ansatzpunkt für die Theologen der Reformation, sich auf die Schrift zu berufen, der Hintergrund für das *sola scriptura: Wer entscheidet in der Kirche* – und zwar dann, wenn es um Wahrheit und Unwahrheit, um Leben und Tod geht?

(53.) Die Berufung auf die Schrift besteht darin, sich auf den theologischen Begründungszusammenhang einzulassen, ihn innerhalb der biblischen Schriften und deren Innenspannung wahrzunehmen, kurz: die Bibel in der begründeten Annahme zu lesen, daß Gott hier eingreift, das Wort ergreift.

Diese Erwartung tritt uns aus der Schrift entgegen, und so nehmen wir sie wahr. Das ist kein Zirkelschluß (*petitio principii*). Hier äußert sich vielmehr *die Selbstreferenz der Schrift als eines leben-*

digen Ganzen, das wie jedes lebendige Wesen sich auch auf sich selber beziehen muß, um existieren zu können. Die Bibel legt sich selber aus[4], nicht in einem unablässigen Selbstgespräch, sondern indem sie nach außen hin bekundet, wodurch sie am Leben erhalten wird. Sich auf die Bibel zu berufen, heißt darum: sich auf die Lebendigkeit der Bibel einzulassen, mit ihr zu leben. Luthers Ringen um das Kriterium – eher: um ein Zusammenspiel regulierender Elemente – gilt dem Ausgerichtet-Werden durch Gott selber, keiner starren Norm.

Wenn hier überhaupt von einem Schriftprinzip geredet werden kann, dann ist es ein *Streitprinzip*. Die Schrift ist kein Mittel, um sich im Streit über Geltungsansprüche durchzusetzen, sondern die Berufung auf die Bibel nötigt vielmehr zu einem Streit prinzipieller Natur: Womit anfangen? Wie Gott Raum lassen? Erst diese Grundfrage führt über die Autoritätskrisen hinaus, in die das Schriftprinzip hineingeführt hat, während es doch vor diesen Krisen Schutz gewähren sollte.

Der Dissens angesichts dessen, was uns biblisch gesagt ist: dies ist der Ansatz zum »Sola scriptura«. Wenn in der Kirche wirklich wesentliche, ja lebensnotwendige Meinungsunterschiede auftreten, können sie nur im gemeinsamen Hören auf die »Schrift« bereinigt werden, das heißt: indem alle sich *Gottes Urteil* unterstellen und gemeinsam zu vernehmen suchen, was ihnen jetzt, angesichts bestimmter Aufgaben, Fragen und Unklarheiten, gesagt wird.

(54.) Das in der Schrift vernommene Wort Gottes ist Letztberufungsinstanz der Christen auf Erden.

Darum wird in der Konkordienformel (1577) die heilige Schrift »Richter, Regel und Richtschnur« genannt, weil nach ihr »alle Lehren erkannt und geurteilt werden, ob sie gut oder bös, recht oder unrecht sein« (BSLK 769,23–26). Die langwierige und mühsame Konsensbildung, die mit der Konkordienformel abgeschlos-

---

4   MARTIN LUTHER, Assertio omnium articulorum (1520): WA 7,97,23f.: scriptura »ipsa per sese certissima, facillima, apertissima, sui ipsius interpres, omnium omnia probans, iudicans et illuminans«. – Die Schrift »selbst ist durch sich selber völlig gewiß, leichtverständlich, offen zutage liegend, Auslegerin ihrer selbst, die alles aneinander prüft, beurteilt und erhellt«.

sen wurde, ist selber ein maßgebendes Beispiel für den Schriftgebrauch als Streitprinzip.

Letztberufungsinstanz der Christen auf Erden ist nicht das, was sie von Gott denken oder fühlen, auch nicht ihre innere Stimme, die unmittelbar zu Gott sein könnte, und auch nicht die Kirche als Repräsentantin Gottes auf Erden, als Sprachrohr Jesu Christi und Verkörperung des Geistes Gottes. So erweist sich das *sola scriptura* als Alternative zur Letztberufung auf die Kirche (*sola ecclesia*), auf das eigene Gewissen (*sola conscientia*), auf die Vernunft (*sola ratione*) oder gar auf die eigene Gemütsstimmung (*solo affectu*).

Der Sinn des »sola scriptura« würde sich jedoch grundlegend ändern, wenn alles, was in der Kirche mit Geltungsanspruch gesagt wird, aus biblischen Texten *hergeleitet* werden sollte. Dann würde die Bibel zur »Quelle« – Quelle aber in ganz anderem Sinne als beim *sola scriptura* der Reformatoren, die gleichsam in der Wüste und im Treibsand menschlicher Meinungsverschiedenheiten mit allen Kräften nach einer Quelle suchten, die das Lebensnotwendige zuteil werden läßt. Dagegen erscheint bei allen Ableitungen die Quelle in ein historisches Reservoir gefaßt, aus dem »geschöpft« werden soll – als sei sie ein Vorrat von Wahrheiten, auf den man nach Bedarf zurückgreifen kann, eine anzapfbare Auskunftsquelle. Wird die Bibel dermaßen beansprucht, dann wird sie zum Formalprinzip: zur kirchlich besiegelten Urkunde der eigenen Selbstbehauptung, statt Ur-kunde für das Vernehmen der *An*rede Gottes zu sein.[5]

Letztberufungsinstanz ist demnach kein Bibelwort an und für sich: »so, wie es dasteht«. Ein einziges Mal ist in der Bibel ausdrücklich von einer prinzipiellen Berufung auf ein »Es steht geschrieben« die Rede – allerdings in der Geschichte von der Versuchung Jesu (Mt 4,1-11; Lk 4,1-13)! Mit einem »Es steht geschrieben« will der Satan, der Bibelkundige, Jesus zu Beginn seines Weges auf Abwege führen. Jesus entgegnet ihm mit Bibelworten. Ober-

---

5 Vgl. Martin Kählers Auseinandersetzung mit dem Gedanken, die Bibel »enthalte die Urkunden für die Gründungsgeschichte der Kirche«, und seine Formulierung, die Bibel sei als Ganzes »Urkunde für den Vollzug der kirchengründenden Predigt« (Der sogenannte historische Jesus und der geschichtliche, biblische Christus, Leipzig ²1896, 21f. = TB 2, München ³1961, 70 Anm. a).

flächlich betrachtet, wirkt die Szene wie ein Schlagabtausch mit Bibelzitaten – ähnlich einer Geschichte, die JOHANN PETER HEBEL erzählt:

> ... trifft ein Bauer den Herrn Schulmeister im Felde an. »Ists noch euer Ernst, Schulmeister, was jhr gestern den Kindern zergliedert habt: so dich Jemand schlägt auf deinen rechten Backen, dem biete den andern auch dar?« Der Herr Schulmeister sagt: »ich kann nichts davon und nichts dazu thun. Es steht im Evangelium.« Also gab ihm der Bauer eine Ohrfeige, und die andere auch, denn er hatte schon lang einen Verdruß auf ihn. Indem reitet in einer Entfernung der Edelmann vorbei und sein Jäger. »Schau doch nach Joseph, was die zwei dort mit einander haben.« Als der Joseph kommt, gibt der Schulmeister, der ein starker Mann war, dem Bauer auch zwei Ohrfeigen, und sagte, es steht auch geschrieben: »mit welcherlei Maaß ihr messet, wird euch wieder gemessen werden. Ein voll gerüttelt und überflüßig Maaß wird man in euren Schoß geben«; und zu dem letzten Sprüchlein gab er ihm noch ein halbes Duzend drein. Da kam der Joseph zu seinem Herrn zurück und sagte: »Es hat nichts zu bedeuten, gnädiger Herr; *sie legen einander nur die heilige Schrift aus*« (Schwänke aus dem Rheinländischen Hausfreund 1. Theil, Stuttgart 1839, reprographischer Nachdruck Dortmund 1979, 87f.).

Daß man sich Bibelworte um die Ohren schlägt, hat natürlich nichts mit dem Streitprinzip »Allein die Schrift!« zu tun; daß die Streitenden sich dazu noch auf das Evangelium berufen, verstärkt die ironische Pointe.

In der Versuchungsgeschichte stellt der Teufel Jesus auf die Probe, indem er ihn dazu verlockt offenzulegen, wovon er lebt, worauf er vertraut und wem er sich unterstellt. Jesus nimmt diese Herausforderung an, indem er sich dreimal auf Worte der Thora beruft – und zwar so, daß er damit bezeugt, daß er dem ausgesprochenen Willen Gottes gehorchen will. Einmal zitiert auch der Versucher ein Schriftwort, einen Psalm, der – wie er unterstellt – Gott in Dienst zu nehmen verspricht. So stellt er durch seinen Schriftgebrauch in Frage, ob das Schriftwort *Gottes* ausgesprochener Wille ist, und flüstert ein, es sei ein magischer Zauber, hilfreich für die Lösung aller Lebensprobleme, oder zu guter Letzt das subtilste Herrschaftsinstrument. Indem Jesus nun dem Versucher andere Schriftworte entgegenhält, will er ihn nicht mit mehr oder noch schlagkräftigeren Sätzen ausstechen. Er begegnet ihm damit, daß er das »Es steht geschrieben« hörbar werden läßt als »es ist dir gesagt, von Gott gesagt, und darum will es uns allein zu ihm führen«. Damit wandelt sich der Text unversehens zum anredenden, rufenden Wort. Wird die Schrift instrumentalisiert, dann ist das ein teuflisches Indiz; als Waffe kann sie nur todbringend sein. Doch im Munde Jesu zeigt das Schriftwort, wie lebendig es ist, weil es als An-Spruch Gottes gehört wird. Darin zeigt sich die *perspicuitas* der Schrift: ihre Deutlichkeit, die auf Gott schauen läßt, der hier das Wort ergreift. Jesus will nicht demonstrieren, daß er die passenden Bibelworte zur Hand hat. Sein Schriftgebrauch ist Gottesdienst.

Warum suchen wir in der Schrift, warum lesen wir überhaupt die Bibel? Und zwar nicht bloß je und dann, wenn wir eine Auskunft brauchen, vielleicht gar eine Anweisung, um andere unter Druck zu setzen, die nicht unserer »bibeltreuen« Meinung sind?

Wer wirklich in der Schrift sucht – nicht nur nachschlägt, was er schon zu wissen meint, um sich bestätigen zu lassen, oder sie gar als Orakelbuch brauchen will –, hofft darauf, daß sich Gott hier selber vernehmbar macht.

Wer Gottes Wort »wählt«, *bekennt* sich dazu, daß er hier in unvergleichlicher Weise angeredet ist. Damit mag er bekräftigen, was er auf irgendeine Weise schon einmal gehört hat und deshalb »weiß«, aber er läßt es sich jetzt aufs neue *zusagen*. So unterstellt er sich der Bibel – und gesteht damit ein (auch wenn er es gar nicht eigens ausspricht), daß er auf sie hören will. Anders als bei manchem selbstgewählten Zuhören, geschweige denn bei jedem selbstgewählten Zuspruch, muß er auf Überraschungen gefaßt sein, wenn er sich auf die Bibel »beruft«. Sich der Bibel unterstellen heißt deshalb gerade nicht: stehen bleiben, in sich beharren. Wer erwartet, in der Bibel Lebensnotwendiges zu hören, wird auch sein Bestreben, verläßlich zu sein und Treue zu bewahren, vom Treueversprechen Gottes umfangen sehen.

(55.) Die Bibel ist als Ganzes (»Schrift«) Kunde der Treue Gottes.

Das Alte Testament erzählt von Gottes Treue zu seiner Schöpfung und zu seinem Volk, das zum Segensversprechen für die Menschheit erwählt ist. Diese Treue setzt sich immer wieder durch, gegen die Untreue der Menschen. Gerade in diesem Widerspruch bekundet Gott seine Treue. Und das Neue Testament bezeugt gleichfalls diese Treue, nun Gestalt geworden in Jesus Christus:

die Befestigung aller Gottes-Versprechen in ihm (2. Kor 1,20), seinem Sterben und Leben. Zugleich wird auch hier bekundet, wie Menschen wider ihr Erwarten, ja gegen all ihre Hoffnung Gottes Treue widerfährt. Sie widersetzen sich dieser Treue, weil sie schon zu wissen meinen, was sie im Guten und im Bösen zu erwarten haben. Dieser Widerstand spielt sich nicht zuletzt in ihrer Berufung auf »Gesetz und Propheten« ab. In ihren subtilen Deutungen sollen Schriftworte extensiv ausgelegt, ihre Beziehung zur alltäglichen Realität äußerst scharfsinnig erkundet werden, weil es keine Lebenslage gibt, die nicht schon Schrift geworden, in ihr beschlossen wäre. Und doch kann darüber der Sinn für den lebendigen *An*spruch Gottes verkümmern: Gott handelt mit seinem Geheiß an den Seinen, er zieht sie in sein Treueversprechen hinein, darum verlangt er nichts ab, wofür er nicht selber einsteht.

Auf diesen Anspruch macht der Schriftgebrauch Jesu aufmerksam. Sein »Ich aber sage euch!« (Mt 5,22.28.32.34.39.44) wendet sich aufs schärfste dagegen, daß mit einem »Es steht geschrieben!« nur dieses oder jenes gestörte Lebensverhältnis geordnet oder bloß ein begrenztes Fehlverhalten vermieden werden soll. Jesus Christus hat die Vollmacht, ein neues, unermeßliches und unbegrenztes Gotteshandeln zuzusagen. Für diesen unverhofften Treueerweis werden die Worte der Schrift durchsichtig, und das verändert auch ihre Tragweite. Wer jetzt noch Gottes Anruf in das Befolgen von Vorschriften einschließt, hält das Wort Gottes gefangen, er *hintergeht* die Schrift – und damit entzieht er Gott das Vertrauen.

Darum hat das Wort *Schrifttreue* einen doppelten Klang: *Es ist die Treue der Schrift, der wir trauen*. Ihre Qualität hängt nicht von unserer Treue ab – schrecklich, wenn jemand sich selber als »schrifttreu« bezeichnet, gleichbedeutend mit »bibelfest«! Doch auf die Treue der Schrift hin können diejenigen, die gemeinsam hören auf das, »was dir gesagt ist«, Treue zueinander wahren. Dazu gehört: aufeinander hören, einander nicht ins Wort fallen, dem anderen nicht das Wort abschneiden, sondern ihn ausreden lassen gerade in dem, worin er sich zu erkennen gibt. Die widerfahrene Treue ermöglicht unsere Treue.

»Die Treue gegenüber« den biblischen »Texten besteht dann in dem grundsätzlichen Einverständnis, daß es sich im Hinblick auf das Verhältnis Gottes zu uns so verhalte, wie die Texte unbeschadet ihrer menschlichen Gebrochenheit zu bezeugen versuchen, und daß es für uns heilsam ist, ihr Treuezeugnis uns gesagt sein zu lassen. Treue gegenüber Texten der Schrift impliziert so die sich durch ihre Mehrdeutigkeit, ja auch ihr Schweigen, nicht beirren lassende Erwartung, daß wir durch sie zur Erkenntnis und Erfahrung der Treue Gottes geführt werden, daß hier Kompetenzen verborgen sind, über die wir nicht verfügen, ja daß ihr Verweisbezug auf Gottes Treue immer noch stärker ist als ihre unbestrittene Irrtumsfähigkeit« (MICHAEL BEINTKER, Anmerkungen zur Kategorie der Texttreue: Sola Scriptura. Das reformatorische Schriftprinzip in der säkularen Welt, hg. von Hans Heinrich Schmid/Joachim Mehlhausen, Gütersloh 1991, 281-291, 283).

Die Schrifttreue in dem umschriebenen Doppelsinn: als Treue der Schrift und Treue zur Schrift, ist der innere Grund für den biblischen Kanon. Damit wird eine Blickrichtung gewiesen, die das lebendige Wesen der Schrift mitsamt dem Erwartungshorizont wahrzunehmen erlaubt, der sie konstituiert. Der Erwartungshorizont des christlichen Kanons – d. h. die Wahrnehmung der Gegenwart Gottes und der Christuserwartung im Geist – unterscheidet die Treue, die sie wahrt und zu deren Wahrung sie einlädt, von der Treue Gottes, von der sie lebt – und mit ihr alle ihre Hörer und Leser.

Schrifttreue trägt dem Umstand Rechnung, daß die Kirche in der Kanonbildung bestätigt hat, was sich ihr aufgedrängt hatte: Gottes Treue, die sie in einer *Vielfalt von Erwartungsperspektiven* der Schriften entdeckte: Perspektiven, die sich weder aufeinander zurückführen lassen noch aufeinander abgebildet werden können, die derart ineinandergreifen, daß die Wahrnehmung nie zu einem Ende kommt und nicht auf eine Reihe zu bringen ist (ROWAN WILLIAMS, Der Literalsinn der Heiligen Schrift: EvTh 50 [1990] 55-71). Die Textebene enthält mehrere Fluchtpunkte, die die Aufmerksamkeit so auf sich ziehen, daß der Blick sich immer wieder neu auf anderes richtet, ohne daß die Einheit des Ganzen verlorengehen darf. Konsistenz und Offenheit schließen sich hier nicht aus; die Wahrnehmung ist weder beliebig noch vollständig vorgezeichnet. Diese perspektivische Vielfalt, die der Plastizität des biblischen Wortes Rechnung trägt, ist auch beispielhaft für die Mehrdimensionalität dogmatischer Aussagen, die nicht auf eine einzige Bedeutung reduziert werden dürfen (← 3.1).

3.3.3 Dogmatische Regeln für das Bibellesen

Unsere Treue zur Schrift ist auf das Ineinander von Konsistenz und Offenheit angewiesen, das sich in den biblischen Texten abzeichnet. Deshalb bedarf es verläßlicher Hilfen, welche die Schrift selber gewährt: Regeln, verbunden mit Grundunterscheidungen, die uns ermöglichen wollen, jeden Bibeltext so wahrzunehmen, wie er selber vernommen werden will. Sie helfen, den Texten nicht ins Wort zu fallen, sie nicht eigenmächtig »stimmig zu machen« und sie dann entsprechend zu benutzen.

(56.) Die dogmatischen Unterscheidungen »Geist und Buchstabe«, »Gesetz und Evangelium«, »Verheißung und Erfüllung« bauen ein Wahrnehmungsgefüge für Schrifttreue auf.

Diese theologisch geprägten Unterscheidungen wollen keine Auslegungsergebnisse vorwegnehmen. Sie sind durch biblische Einsichten vorbereitet, mit denen sich die Bibel selber auslegt, und sie sind Dialogregeln, die zu einem Lesen verhelfen, welches Leserinnen und Leser aufschließt für die Struktur und Perspektiven des Textes. Sie können keiner vermeintlich höheren Auffassung Vorschub leisten, die die Texte anders, tiefer oder konsequenzenreicher liest, als sie es ungezwungen hergeben. (Übrigens ist so der »sensus literalis«, der sog. buchstäbliche Schriftsinn, zu verstehen: Die Geschichten, die uns erzählt werden, die Konflikte und Irritationen, auf die uns die biblischen Texte stoßen, ziehen uns in ihre Fragen und Antworten hinein, ihre Argumentationsgänge wollen von uns mitvollzogen sein, nicht nur nachgedacht oder gar bloß wiederholt werden. So treten heutige Leser und Leserinnen in das Gespräch zwischen den verschiedenen Stimmen ein, die in der »Schrift« laut werden.)

Die erste Unterscheidung, *Geist und Buchstabe,* ist die älteste in der Geschichte des Bibelverständnisses der christlichen Kirche und hat eine geradezu abenteuerliche Geschichte. ORIGENES hat ihr zwei Impulse entnommen: Die Kunst des Bibellesens ist erstens und vor allem eine geistliche Wahrnehmung (De principiis I,1,9; IV,4,10), die im Grunde des ständigen Betens bedarf (Epistula ad Gregorium 3: PG 11,92A). Zum zweiten – und damit ist Origenes für die Geschichte der Bibelauslegung folgenreich geworden, und zwar in problematischer Weise – wird »Geist« als menschliches Vermögen aufgefaßt, als der gottgegebene geistig/geistliche Sinn, geöffnet für die »obere Welt«, wie diese in Jesus Christus in die niedere Welt gekommen ist und sie nunmehr erfüllt. Diese anthropologische Zuweisung ist irreführend, weil sie den Anschein erweckt, als sei dieser »Geist« den dazu auserwählten Christen – nicht einmal allen! – zu eigen, und dergleichen führt zu einer kirchensoziologischen Abgrenzung der »Geistbegabten« von allen anderen. Trotz dieser Sonderlehre des Origenes hat die Unterscheidung von Geist und Buchstabe der Alten Kirche geholfen, die heiligen Schriften der Juden auch als Buch der Christen zu lesen: Gottes Geist kommt dem Gesetz zuvor, das die jüdische Geschichte gebildet hat; er gibt den primären Sinn jedes Textes zu erkennen.

Die Unterscheidung von Buchstabe und Geist geht auf einen Passus aus 2. Kor 3 zurück, dessen Pointe Paulus in 4,5 markiert: »Wir verkündigen nicht uns selbst, sondern Jesus Christus.« Dies erläutert Paulus in einer sehr gedrängten und auch verwickelten Auseinandersetzung mit der Thora und ihrer Aufnahme durch die jüdischen Frommen. Ihr Kernsatz lautet: »Der Buchstabe (γράμμα) tötet, aber der Geist macht lebendig« (3,6). Hier wie dort zeigt sich *Gottes Freiheit in seinem Urteil*. Diese Freiheit bedeutet keinesfalls Willkür. Frei will Gott ja nicht demgegenüber sein, was er gesagt hat, aber er widerspricht unseren Vorurteilen ihm und uns selbst gegenüber. So bricht Gott menschliche Selbstverschlossenheit auf und erschließt Menschen für das Hören auf ihn. In dieser Hinsicht soll die Unterscheidung zwischen Buchstabe und Geist jedes Lesen der Bibel leiten. Sie will darauf aufmerksam machen, daß wir nur dann recht auslegen und recht hören, wenn wir darauf hoffen, daß *Gottes Geist uns aufschließt für sich selber*.

Die zweite Unterscheidung, *Gesetz und Evangelium*, präzisiert die erste, ohne sie überholen wollen oder gar ersetzen zu können. Als theologische (nicht formgeschichtliche) Unterscheidung soll sie nicht etwa zwei Textsorten, nämlich Vorschriften und Zusprüche, voneinander abgrenzen. Sie besagt vielmehr, daß biblische Worte uns als Gesetz *oder* als Evangelium *treffen können*, ohne daß ihnen dies von vornherein vom Gesicht abgelesen werden kann. Deshalb hat MARTIN LUTHER die Unterscheidung von Gesetz und Evangelium wiederholt eine Kunst genannt – eine Kunst, die unabdingbar ist für jedes Reden im Glauben, auf Hoffnung hin und gehalten in der Liebe, gleichzeitig aber unmöglich von selber zu erringen: sie ist eine Geistesgabe.

In einer Predigt über Gal 3,23–29 vom 1. Januar 1532 nennt Luther diese Unterscheidung die höchste kunst [maxima scientia] jnn der Christenheit, die wir wissen sollen (WA 36,9,28f.).

Darumb welcher die kunst wol kan, den setze oben an und heisse jn ein Doctor der heiligen schrifft, denn on den heiligen geist mag diese unterscheid nicht verstanden werden, Ich erfare es jnn mir selbs und sehe es auch teglich jnn andern, wie schwere es ist, Der heilig geist gehort zu dieser unterscheid ... (WA 36,13,22–26).

Niemand kann einen Text zu Gottes Gerichtswort machen oder ein anderes zum Gnadenwort. Denn *Gesetz ist das richtende, Evangelium das rettende Urteil Gottes*. Beide können mit demselben Wort treffen, den einen so, den anderen anders, oder auch denselben, dieselbe einmal so und einmal anders. Wie und wann, können wir nicht bestimmen, auch nicht mitbestimmen. Was wir aber »wissen« können: Gott ist Richter *und* Retter. Wer die Unterscheidung von Gottes richtendem und rettendem Handeln kennt – und wodurch anders als durch die Bibel! –, wird die Anrede des Gesetzes auch, wenn Gott will, dort hören können, wo der Klang des Evangeliums vorherrscht, oder die Botschaft des Evangeliums vernehmen und vernehmbar machen, wenn er sich und andere von Gott gefordert sieht. Er wird das eine oder das andere zu seiner Zeit und an seinem Ort verstehen und sich dabei daran halten: *Gott ist ein und derselbe als Richter und Retter* (← 3.2.3), und zwar womöglich in demselben Wort zu verschiedenen Zeiten verschieden und zu verschiedenen Menschen verschieden.

Diese Unterscheidung will also alle, die *das Wort der Bibel als Gottes Urteil zu hören* bereit sind, darauf vorbereiten, *sich Gottes Handeln auszusetzen und sich diesem Handeln anzuvertrauen*. Dessen sollten sie gewärtig sein – nicht mehr und nicht weniger.

Die beiden erstgenannten theologischen Unterscheidungen bereiten Antworten auf die Frage vor: »Wer ist Gott, von dem wir in der Bibel lesen?« Gott begegnet uns in Person in seiner Freiheit (Geist und Buchstabe) und in seinem Urteil (Gesetz und Evangelium).

Die dritte Unterscheidung, *Verheißung und Erfüllung,* handelt davon, daß Gott sein künftiges Handeln und damit seine Zukunft verspricht, ja sich selber zusagt. Wer außer ihm könnte dies? »Des Herrn Wort ist wahrhaftig, und was er zusagt, das hält er gewiß« (Ps 33,4 in Luthers Übersetzung) – »Denn gerade ist SEINE Rede, alles was er macht ist in Treuen« (MARTIN BUBER, Das Buch der Preisungen, Köln/Olten 1963, 51). Mit seinem Reden eröffnet Gott die zeitliche Erstreckung seines Handelns. Dadurch erweckt er bei den Angesprochenen den Sinn für eine unumkehrbare Geschehensfolge, für Geschichte. Was geschieht, wird in erwartungsvollem Eingedenken der Verheißung wahrgenommen.

Die Auffassung des Zeit-Raums »Geschichte« ist jedoch besonders anfällig für Schematisierungen. Durch das Bemühen, Zusammenhänge zu überschauen und sie zu diesem Zwecke aufzugliedern, räumen Menschen sich selber in die Zeit ein, indem sie alles, auf das sie »schon« zurückblicken können, von dem unterscheiden, was »noch« aussteht.

Ein solcher Gliederungsversuch ist immer wieder auch für die Schriftauslegung in Anspruch genommen worden. Er schien sich vor allem für die Beziehung zwischen »Gesetz und Propheten« einerseits und »Evangelium und apostolischer Botschaft« andererseits nahezulegen. Darauf baut sich die sog. Heilsgeschichtliche Theologie aller Schattierungen auf: Sie gliedert die Bibel in einen Erwartungs- und einen Erfüllungsteil, die durch eine Fülle von Querverweisen miteinander vernetzt sind. Ihr innerer Beziehungsreichtum läßt den Weg zu allen glaubenswichtigen Informationen finden. So stellt es etwa JOHANN ALBRECHT BENGEL dar: »Die heilige Schrift an sich selbs ist schon ein Systema historico-dogmaticum, als ein Lägerbuch der Gemeine Gottes im A. und N. T. vom Anfang der Welt bis an ihr Ende« (Johann Albrecht Bengel. Lebensabriß, Character, Briefe und Aussprüche. Nach handschriftlichen Mittheilungen dargestellt von Dr. OSCAR WÄCHTER, Stuttgart 1865, 144). Ein »Lagerbuch« ist nach schwäbischem Sprachgebrauch das »Verzeichnis aller Liegenschaften einer Ortschaft oder Gegend mit ihren Rechtsverhältnissen«, übertragen bedeutet es das »Verzeichnis alles Wissenswerten« (MARTIN BRECHT, Johann Albrecht Bengels Theologie der Schrift: ZThK 64 [1967] 99–120, 117). Theologen können als Buchhalter registrieren, wieweit diese Geschichte bereits abgelaufen ist und was noch aussteht. Damit wird die Zusage Gottes umgeformt in eine Ansage künftiger Ereignisse, und dementsprechend meint »Erfüllung« das feststellbare Eintreffen dieser Voraussage. »Verheißung« und »Erfüllung« sind dann auf zweierlei Textgruppen verteilt, die im Geschichtsverlauf voneinander abgehoben erscheinen.

Die theologische Unterscheidung bezieht sich jedoch auf das Reden und das Handeln Gottes, die nicht säuberlich voneinander geschieden sind. *Indem Gott erfüllt, was er versprochen hat, zeigt er seine Verheißung*. Insofern bilden Verheißung und Erfüllung eine Einheit, deshalb können sie nicht von uns auseinandergelegt werden. Gott wartet nicht darauf, daß eintrifft, was er sagt. Er handelt *auf seine Weise*, indem er erfüllt, was er verspricht. Darum meint »Erfüllung« keine ausgefüllte Leere, sondern die alles durchdringende unerschöpfliche Fülle Gottes. Gott hält, was er verspricht – er sagt sich selber zu. Seine Verheißung erfüllt er oft erheblich anders, als Menschen es erwarten und erhoffen können. Erfüllung bedeutet deshalb nicht, daß Gott etwas (vielleicht auf einer Geschichtsstrecke) abhakt und mit dem Vermerk »erledigt« hinter sich läßt. Verheißung bleibt als Gottesverweis in der Erfüllung bestehen, sie besteht nicht etwa in einem Rest, der noch unabgegolten wäre.

Die Christusgeschichte ist *das* Paradigma schlechthin für die unterschiedsreiche Einheit von Verheißung und Erfüllung. In Jesus Christus bestätigt Gott seine Verheißung so, daß Menschen in der Gemeinschaft mit Christus auf ihn hoffen dürfen, daß sie ihn von neuem erwarten und damit auch Neues von ihm erwarten. Nur als Hoffende können sie glauben. *Einen biblischen Text als Verheißung lesen heißt darum, ihn als Treueversprechen Gottes vernehmen.* Damit werden wir zugleich dessen gewahr, daß Gottes Treue nicht ein Wechsel auf Zukunft ist, sondern daß hier Gott sein Ja schon gesprochen hat und wir uns an dieses Ja halten können. »Die Schrift gibt uns die göttliche Verheißung, und darum hängen wir an ihr«, schreibt ADOLF SCHLATTER (Hülfe in Bibelnot, Velbert ²1928, 19), und damit sagt er, warum er sich der Bibel unterstellt. Insofern trägt die dritte Unterscheidung das Bibellesen in besonderem Maße, ohne daß die beiden anderen dadurch aufgehoben würden. Nur indem sie sich gegenseitig in Bewegung halten, können sie miteinander wirken, setzen sie immer neu und überraschend Wahrnehmungsperspektiven frei – und so erweisen sie sich miteinander als Zeichen der Schrifttreue.

KARL BARTH, Einführung in die evangelische Theologie, Zürich 1962. ⁴1987, 34–44. – WERNER G. JEANROND, Text und Interpretation als Kategorien theologischen Denkens (HUTh 23), Tübingen 1986. – Die Zukunft des Schriftprinzips, hg. von Richard Ziegert (Bibel im Gespräch 2), Stuttgart 1994. – Sola Scriptura. Das reformatorische Schriftprinzip in der säkularen Welt, hg. von Hans Heinrich Schmid/Joachim Mehlhausen, Gütersloh 1991. – FRIEDRICH MILDENBERGER, Biblische Dogmatik. Eine Biblische Theologie in dogmatischer Perspektive I: Prolegomena: Verstehen und Geltung der Bibel, Stuttgart u. a. 1991. – Offenbarung und Geschichten, hg. von John Barton/Gerhard Sauter (in Vorb.).

4. Dogmatik in der Krise: Holzwege und Sackgassen

Wird Dogmatik auf den Weg gebracht, dann gilt es darauf zu achten, ob es auch wirklich ein Weg ist, auf dem dogmatisch weitergedacht werden kann – oder ob die Dogmatik von ihrer Denkpraxis abgelenkt und auf einen anderen Weg geschoben wird, der sich früher oder später als ungangbar erweisen muß, ob sie womöglich durch eine Blockade überhaupt am Gehen gehindert wird und dann nur noch ihren Standpunkt behauptet.

4.1 Dogmatik unter Dogmatismusverdacht

Dogmatik stünde sich selbst im Wege, wollte sie eine Erkenntnissicherheit beanspruchen, die kein Wenn und Aber mehr kennt, ein Wissen, das nur noch ausgebreitet werden müßte und sich über jeden menschenmöglichen Irrtum erhaben dünkte – dergleichen wäre Dogmatismus. Die Dogmatik würde aber auch dann blockiert, wenn sie sich vom Verdacht auf Dogmatismus kopfscheu machen ließe.

4.1.1 Gefährdete Integrität

»Dogmatismus«: so lautete der Kampfruf der deutschen Aufklärung, mit dem sie gegen Auffassungen zu Felde zog, die aus unüberprüften Prinzipien hergeleitet worden waren; diese Parole richtete sich vor allem gegen die Metaphysik und alle Denkungsarten, die ihr verpflichtet geblieben waren, darunter auch die dogmatische Theologie (W. NIEKE, Art. Dogmatismus: HWP II, Basel/Stuttgart 1972, 277–279, 277). Dogmatismus werde durch die »Zensur der Vernunft« bloßgestellt, verkündete IMMANUEL KANT (Kritik der reinen Vernunft, B 788). Für englisches Sprachempfinden stützt sich alles, was »dogmatisch« gesagt wird, auf apriorische, nicht weiter befragbare Grundsätze, aus denen Wissen abgeleitet, sozusagen »von oben her« deduziert werden soll – im Gegensatz zu einer »Induktion«, die sich aus Sinneswahrnehmungen »von unten her« aufbaut. In der englischen Umgangssprache, auch unter Wissenschaftlern, ist »dogmatisch« gleichbedeutend mit »arrogant« – welche Aussichten für Begegnungen mit Dogmatik! Daß im 19. Jahrhundert katholische Neuscholastiker das Etikett »Dogmatismus« für sich in Anspruch nahmen, um den Skeptizismus zu bekämpfen (H. WACKERZAPP, Art. Dogmatismus: LThK² III, 1959, 457), mag erst recht den Verdacht bestärkt haben, die Theologie und insbesondere die Dogmatik entzögen sich jeglicher Befragung ihrer Grundsätze.

Der Verdacht auf Dogmatismus kann sich gegen Kritikresistenz richten:

> Wir können uns stets Gewißheit verschaffen, indem wir irgendwelche Bestandteile unserer Überzeugungen *durch Dogmatisierung gegen jede mögliche Kritik immunisieren* und sie damit *gegen das Risiko des Scheiterns absichern* (HANS ALBERT, Traktat über kritische Vernunft, Tübingen ²1969, 30).

Dogmatismus schotte sich gegen jede Rückfrage von außen ab und erschöpfe alle seine Kräfte in unaufhörlicher Selbstbehauptung.

Heutzutage sprechen auch Vertreter einer sozialpsychologischen Handlungstheorie, die autoritäres Denken entlarven will, gern von »Dogmatismus«. Dann werden »Dogmatismus« und »Dogmatik« in einen Topf geworfen:

> »Dogmatisch ist ein System dann, wenn das Individuum ein den eigenen Überzeugungen widersprechendes System von abgelehnten Gegenüberzeugungen ausgebildet hat, das relativ wenig differenziert ist und sich scharf vom eigenen Standpunkt abhebt.« Merkmal einer dogmatisch/dogmatistischen Haltung sei »die Vorstellung von der alleinigen Richtigkeit der eigenen Überzeugungen. Sie sind um einige wesentliche Grundüberzeugungen zentriert. Die Autorität, von der sie stammen, wird in hohem Maße anerkannt« (M. ROKEACH, wiedergegeben von KARL-FRITZ DAIBER in DERS./MANFRED JOSUTTIS [Hg.], Dogmatismus. Studien über den Umgang des Theologen mit Ideologie, München 1985, 15).

Hier ist der Dogmatismus zu einer Fehlhaltung herabgesunken. Wer sich »dogmatisch« verhält, gilt als autoritätsgläubig, dementsprechend als starr, aggressiv, besserwisserisch und gesprächsunfähig. Eine solche Diagnose verbessert aber die Gesprächslage keineswegs. Denn wohl niemand wird sich gerne den Vorwurf gefallen lassen, einem Dogmatismus verfallen zu sein – dieser

Vorwurf kommt ja fast einem Rufmord gleich. Darum wird er versuchen, seinen Kritikern vorzuhalten, sie seien selber in die Falle des Dogmatismus getappt, indem sie etwa eine unablässige Kritik zum Prinzip erhöben oder sich auf Grundsätze beriefen, die über jede Kritik erhaben seien – beispielsweise auf eine Rationalität, die Ankläger, Verteidiger und Richter in einem sein muß und im Rationalismus endet: in einer Vernünftigkeit, die um sich selber kreist.

Fällt das Verdikt »Dogmatismus«, so signalisiert dies in der Regel einen *Gesprächsabbruch* oder den Beginn von weltanschaulichen Grabenkämpfen. Die Waffen, mit denen hier operiert wird, sind jedoch allermeist Ladenhüter aus früheren Streitfällen, stumpfgewordene Waffen, die jedoch immer noch verheerend wirken können. Bei genauerer Untersuchung zeigt sich, daß oftmals falsche Alternativen zu unüberbrückbaren Gegensätzen aufgebauscht worden waren: »Deduktion« und »Induktion« zum Beispiel heißen Verfahrensschritte in verschiedener Richtung – entweder werden einzelne Ausagen aus einer Theorie hergeleitet bzw. erklärt, oder eine Theorie wird durch Beschreibungen wiederholter Vorgänge aufgebaut und erlaubt dann weitere Deduktionen. »Deduktion« und »Induktion« sind jedoch verschiedene Wege zur Beschreibung von Realität, keine konträren Ansätze für ihre Erfassung. Wie es um deren Kontrollierbarkeit steht, muß eigens erörtert werden.

Bei diesem kritischen Punkt dürfen wir nicht außer acht lassen, was bisher zur Konstitution der Dogmatik darzulegen war: Grundbedingung für jedes theologische Reden ist und bleibt, daß Gott gehandelt hat, indem er Menschen in das, was er will, hineinzieht. Die Einstimmung in das, was Gott verheißungsvoll getan und zu vollbringen versprochen hat (← 1.2.1), ist darum konstitutiv für jedes dogmatische Denken. Es bleibt auf das Vernehmen angewiesen, mit dem sich Menschen als Hörer bekennen und damit zeigen, daß sie die Voraussetzungen ihres Redens kennen (← 2.4.1). Daran halten sie sich, indem sie fragen, was Gott will. Jeder andere Begründungsversuch würde den Anfang theologischen Redens und den Einsatz dogmatischen Denkens erschleichen und damit fehlgehen.

Dogmatische Denkschritte verweisen in dem, was sie im einzelnen sagen, auf die Externität, in der Glaube, Hoffnung und Liebe gründen (← 1.1.2). So folgt die Dogmatik der Erstreckung von Gottes Handeln. Diese Erstreckung versucht sie fortschreitend auszusagen und damit ihrer sprachlichen Gestalt Rechnung zu tragen: dem theologischen Begründungszusammenhang (← 3.1.1). Hier kommen die Gründe zur Sprache, die eine jede dogmatische Argumentation tragen. Worauf sie im ganzen zurückgeht, wie weit sie gehen kann und was sie infolgedessen versprechen darf: dies helfen die theologischen Axiome zu formulieren (← 3.2.2). Bei der Frage nach dem »Gegenstand« der Dogmatik (← 3.2.1) haben wir einen Einblick erhalten in die beziehungsreichen Unterscheidungen und inneren Differenzierungen, die an Knotenpunkten der Geschichte der Dogmatik gewonnen worden sind. Diese Denkerfahrungen machen auf schwerwiegende Fehler aufmerksam, die sich bei anscheinend leichten Lösungen einstellen würden: etwa wenn versucht werden soll, Gott als direkten Gegenstand der Dogmatik zu begreifen, oder wenn ihr unmittelbarer Gegenstand in der inneren Welt frommer Subjektivität gesucht werden soll. Gegenstandsfeld der Dogmatik kann allein ein Reden sein, das auf Gottes Handeln verweist.

Durch solche Klärungen wird unsere kritische Aufmerksamkeit geweckt: für Überzeugungen, die in sich geschlossen sind und deren Begründung nur auf sie selbst zurückweisen, oder für ein intellektuelles Sicherheitsstreben, das sich einigelt, ebenso aber auch für die Neigung, für die Theologie einen Spielraum ausfindig zu machen, in dem sie ungestört sagen kann, wie Menschen ums Herz ist und wie ihre Lebensführung gedeihen kann. Diese Quellen der Selbstkritik gilt es zu nutzen, statt sie durch falsche Frage- und Frontstellungen zu verstopfen. An Kritikfähigkeit und Offenheit für weiterführende Einsichten dürfte sich die Dogmatik schwerlich überbieten lassen – freilich nur dann, wenn Gesprächsoffenheit und Revisionsbereitschaft keine Werte für sich sind, sondern wenn klar und deutlich ist, worüber gesprochen wird und worüber rechtens gestritten werden kann.

Mag die Theorie der Dogmatik, um die wir uns in diesem Buch bemühen, für Betrachter »von außen« wie eine Sammlung bloßer Korrektheitsstandards anmuten, so dürfte für alle, die diesen Standards entsprechend denken, bald ihre Tiefenschärfe deutlich werden. Wer hier zu reden unternimmt, wird so sehr in die Tragweite seiner Aussagen verwickelt werden, daß es längst nicht mehr genügt, bloß ihre logische Richtigkeit darzutun. Was unbedingt und unter allen Umständen gesagt werden muß, will uns im Leben und Sterben tragen und formt unser Tun und unser Lassen. Ob es dies wirklich vermag, kann Gott allein entscheiden – darum steht jedes unserer Urteile darüber, ob theologische Aussagen stichhaltig sind, in der Erwartung des Urteils Gottes. Damit wird keine menschenmögliche Prüfung theologischen Redens suspendiert, aber sie hat im Auge zu behalten, daß theologische Sätze noch nicht wahrheitsdefinit sein können. Sind sie dialogdefinit (← 1.2.2), so sind sie verläßlich genug – sie bleiben aber auf Rede und Gegenrede angewiesen. Theologisches Reden sieht sich in den Zusammenhang kirchlichen Handelns, der Glaubenssprache (← 1.5) und des Glaubensgesprächs (→ 5.3) gestellt. Dadurch wird es aufmerksam auf die Fülle der Gegenwart Gottes, die uns von allen Seiten umfängt und dadurch von keinem einzelnem, keiner einzelnen allein wahrgenommen werden kann. Wie sehr geht dies alles über eine dialektische Bewegung zwischen »Erkenntnis-Subjekt« und »-Objekt« und über viele Maximen kommunikativer Wahrheitsfindung hinaus! Jede Anstrengung, eine unerschütterliche Erkenntnissicherheit unter Beweis zu stellen, wird hier absurd.

Wir wollen uns deshalb nicht länger mit dem Dogmatismus als einer Fehlhaltung beschäftigen, auch nicht mit dem Selbstbehauptungsdrang von Personen, die sich um so starrer und selbstsicherer gebärden, je weniger sie ihrer Sache wirklich gewiß sein können. Statt solcher psychologischer, vielleicht gar psychotherapeutischer Enthüllungen interessiert uns die Frage danach, ob dogmatische *Aussagen* aus einem Dogmatismus erwachsen sind oder nicht – und wie dies überhaupt beurteilt werden kann. Ist Dogmatismus vielleicht ein Surrogat der Dogmatik, ein Ersatzprodukt: eine sublime Gefährdung des Redens aus Glauben, auf Hoffnung hin und in der Liebe – und darum ein Risiko dogmatischen Denkens?

(57.) Dogmatismus kann aus einer Überanstrengung dogmatischer Folgerichtigkeit erwachsen: wenn theologische Urteilsbildung verwechselt wird mit einem Wahrnehmungsschema, das alles, was Menschen begegnet, aus ihrem Angewiesensein auf »Gott« zu deuten beansprucht und daher immer schon zu wissen meint, was geschehen kann. Dogmatismus ist ein Gegner theologischer Integrität.

Dogmatismus ist das begleitende Symptom einer Erkrankung der Dogmatik – einer Krise, in die Dogmatik gerät, wenn von ihr abverlangt wird, was sie nicht »leisten« kann, auch beim bestem

Willen nicht, oder wenn sie Ansprüchen genügen soll, unter deren Druck sie ihr Gesicht verliert.

Die Entfremdung mag von außen bewirkt worden sein: durch eine Zensur etwa, die nur noch zu sagen gestattet, was sich einem Standard fügt, der an die Dogmatik herangetragen wird, statt daß es aus ihrer Selbstprüfung hervorgeht.[1] Eine solche Zensur wird allerdings am liebsten durch Theologen und Theologinnen ausgeübt, die damit demonstrieren wollen, daß sie auch anderen – etwa philosophischen, soziologischen, linguistischen – Maßstäben gerecht werden können: genauer besehen meistens ein Problem akademischen Selbstverständnisses und ein grundsätzliches Kommunikationsproblem, nicht die Frage danach, was theologisch wahrgenommen worden ist und als eine Erkenntnis ins Gespräch gebracht werden kann – und zwar um dieser Erkenntnis willen, nicht, um die Theologie salonfähig zu machen. Bricht dann eine Krise aus, so rührt sie von einer Konstitutionsschwäche oder einer latenten Erkrankung her, die besser früher als später zum Ausbruch kommen sollte, damit die Krise zur Gesundung verhelfen kann. Die Krise kann jedoch auch lebensgefährlich werden, sie kann den Atem nehmen und zum Erstickungstod führen. Dann bleiben nur mumifizierte Erinnerungen an Denkgebilde, die ihren Geist aufgegeben haben.

Wir nähern uns hier einer Pathologie der Dogmatik, die leicht in ein dramatisches Szenario wechselnder Krankheitsbilder ausarten kann. Die Dogmatik hat ja eine so lange, wechselvolle und vielmals umstrittene Geschichte, daß ihre Normalität weniger in Erscheinung tritt und im Gedächtnis haften bleibt als ihre skurrilen Abweichungen, die Furcht und vielleicht auch Mitleid erregen. Um aber auch in pathologischen Zügen lebendige Dogmatik zu entdecken, sei eine typische Krise dogmatischen Denkens skizzenhaft an einem Beispiel erläutert: der *Lehre von Gottes Vorsehung (Providenz)*. Sie führt die Grenzen dessen vor Augen, was im Glauben, auf Hoffnung hin und mit dem Tastsinn der Liebe gesagt werden kann, auch wenn es um des Gedeihens der Menschheit

---

1 Ein Beispiel ist das »moderne Wahrheitsbewußtsein« als Referenzrahmen der Dogmatik bei EMANUEL HIRSCH (Leitfaden zur christlichen Lehre, Tübingen 1938) und WOLFGANG TRILLHAAS (Dogmatik, Göttingen 1962, 57–68). Ein anderes Beispiel gibt die Kontextuelle Theologie (→ 4.2.1), sofern sie die Forderung vertritt, die Theologie gesellschaftlich und politisch funktionsfähig zu machen.

willen wünschbar erscheinen mag, mehr zu wissen und unser unbegreifliches Leben besser zu durchschauen.

Jenseits dieser Grenzen lauert der Dogmatismus: in Form der Behauptung, die gesamte Wirklichkeit »von Gott her« erfassen und entschlüsseln zu können, mit Deutungsmustern, die so in sich geschlossen sind, daß sie für alle Fragen möglichst schon eine Antwort parat haben. Freilich läßt der Dogmatismus nur solche Anfragen zu, für die er vorbereitet ist. Seine Auskünfte werden desto unerbittlicher behauptet werden, je weniger flexibel und aufgeschlossen sie tatsächlich sind. Ein Dogmatismus läßt sich nur repetieren, er ist gegen jede Kritik resistent und hat sich gegen jede Rückfrage längst immunisiert.

Die Providenzlehre kann geradezu als ein Schulbeispiel dafür gelten, wie eng benachbart Dogmatik und Dogmatismus sind und daß die erstere leicht in letztere umschlagen kann, während es recht schwerfällt, vom Dogmatismus in die Grenzen der Dogmatik zurückzukehren und diese Grenzen zu wahren.

Daß Gott das Weltgeschehen planvoll geordnet hat und daß er damit seine Absichten verfolgt, die Menschen durch ihre Einsicht in den Lauf der Dinge ermessen können – jedenfalls soweit, daß sie sich ihr Dasein danach einrichten können und gottgefällig leben: diese Vorstellung übernahmen christliche Theologen im 1. Jahrhundert von der Stoa, einer spätantiken praktischen Philosophie. Hier meinten sie einen biblischen Grundgedanken anzutreffen: Gott lenkt die Geschicke der Seinen und gibt ihnen seinen Willen zu erkennen, wenn er in ihre Geschichten eingreift. Ist dieser Wille nicht in besonderem, ja weltbewegendem Maße durch das Kommen Jesu Christi in Erscheinung getreten? So dachten jene Theologen, die sich bemühten, Gottes Handeln an und in Jesus Christus verständlich zu machen: »apologetisch«, d. h. in einer Rechenschaft über den christlichen Glauben, die ihn auch für andere, außerhalb der Christenheit, als argumentationsfähig erweist. Die Apologeten rechneten damit, daß ihre Zeitgenossen sich für diesen Glauben aufgeschlossen zeigten, sobald er Antwort auf Fragen böte, die in der Luft lagen – wenn diese Antwort auf Vorstellungen beruhte, die Christen mit Nichtchristen teilen könnten. Die Apologetik sollte aber auch helfen, Fragen zu beantworten, vor die sich die Kirche gestellt sieht: Warum schickte Gott seinen Sohn, um die Welt zu retten? Warum gerade dann und dort, nicht früher oder später oder anderswo? Warum mußte Jesus sterben? Und warum geht die Geschichte nach der Auferweckung

Christi weiter – was ist anders geworden? Wie verhält sich diese Geschichte zu der Zeit vor Christi Kommen?

Der Gedanke an Gottes Vorsehung, an seinen Willen und Plan schien einen Schlüssel zur Beantwortung dieser Fragen zur Hand zu haben. Und er bot außerdem die Gelegenheit, eine gewisse Starre der stoischen Vorstellung von Gott zu überwinden, und zwar mit der Behauptung: Gott hat die Welt nicht nur von Anfang an so eingerichtet, daß das Weltgeschehen in geordneten Bahnen verläuft. Er verfolgt mit diesem Geschehen auch eine weit in die Zukunft weisende Absicht, und er wirkt unaufhörlich, um dieses Ziel zu erreichen.

Verträgt sich ein solches Denken mit der Schrifttreue (← 3.3)? Auch wenn wir meinten, noch so viele »biblische Belege« für Gottes Absichten und Pläne zur Hand zu haben, könnten wir damit diese Frage nicht bejahen. Vielmehr muß bedacht werden, *wie* und *wann* überhaupt davon geredet werden kann, daß Gott menschliche Geschicke lenkt und daß er vollendet, was er will. Hören wir zum Beispiel die Geschichte von Joseph und seinen Brüdern: »Ihr gedachtet, es böse zu machen, aber Gott gedachte, es gut zu machen, um eine Menge Menschen zu retten, wie er es heute getan hat« (Gen 50,20). Ausgerechnet der, den die Brüder einstmals aus ihrer Mitte verstießen, wurde zu ihrem Helfer in einer Notlage, die die ganze Familie zu vernichten drohte. Gott hat also die tödlichen Absichten von Menschen dazu benutzt, ihr Leben vor dem Hungertod zu bewahren, allerdings in einer Geschichte voller Verstrickungen und Verwicklungen, voller dramatischer Wendungen, die einen guten Ausgang immer wieder in Frage stellten. Daß Gott menschliche Zielsetzungen in seine Absicht aufnimmt und so verwandelt, das läßt sich nur *im nachhinein* sagen, nicht von vornherein ins Kalkül nehmen. Joseph nimmt keine Rache, weil er nicht an Gottes Stelle steht (V. 19), und seine Brüder, die Vergeltung befürchten müßten, sollen Gott fürchten, indem sie ihm danken. Die Retrospektive findet ihren Platz im Dankgebet: Menschen staunen darüber, daß sie noch da sind, daß sie existieren trotz allem, was sie getan und unterlassen haben. Zugleich wird ihr Blick nach vorne gerichtet: zu Gottes Segensversprechen hin, zur Verheißung der Zukunft für die Seinen, die sich auch auf höchst unerwartete Weise und wider die Absicht der Beteiligten erfüllen kann. Um dies auszusprechen, bedarf es freilich auch solcher Gestalten wie Joseph, die bei allem eigenen planvollen und vorausschauenden Handeln sich nicht an

Gottes Stelle setzen und sich sein Urteil anmaßen. So können sie zu einer Einsicht gelangen, die anderen versagt bleibt, wenn sie bloß mit eigenen absichtsvollen Erwartungen beschäftigt sind und sich mit unvermuteten Konsequenzen auseinandersetzen müssen.

Dogmatisches Nachdenken über Gottes Vorsehung wird durch eine solche Geschichte auf ihren Weg gebracht: wenn gesagt werden soll, was aus der Erzählung »herauskommt«, wenn wir es denn in Worte fassen oder gar auf einen Begriff bringen müssen. Wir riskieren dann, etwas zu formulieren, was nicht in der Geschichte steht, aber durch sie angeregt wird. Im Dogmatismus dagegen verselbständigt sich eine definierende Deutung sowohl gegenüber der erzählten Geschichte wie gegenüber jeder Geschichte, die wir selbst erzählen könnten. Dieses Deutungsmuster entwickelt eine Eigenlogik, es wird zum Vorurteil für weitere Geschichten, die dann die vorgegebene Deutung nur wiederholen. THOMAS MANN hat dies für die Josephsgeschichte in seinem Roman »Joseph und seine Brüder« exerziert, beredt und beklemmend zugleich: in der Schilderung eines Mannes, der von seiner Einzigartigkeit so überzeugt ist, daß er sein Leben trotz aller Nackenschläge ungebeugt zu meistern versteht, entsteht ein religionspsychologisches Gegenbild zur Providenzlehre.

Eine andere Geschichte mit gleicher Blickrichtung ist das Gespräch des Auferstandenen auf dem Wege nach Emmaus mit zweien seiner Jünger. Sie können nicht verstehen, was an Karfreitag und an Ostern geschehen ist. »Mußte der Christus dies nicht erleiden, um in die strahlende Wirklichkeit Gottes einzugehen?« (Lk 24,26), fragt der Unerkannte und stellt damit die naheliegende Frage »Warum mußte Christus leiden?« richtig. Er bietet keine Erklärung an, die das unbegreiflich Schreckliche doch noch plausibel machen könnte (etwa mit Hilfe einer Vorstellung vom leidenden Messias oder von einer Erlösung, die nur durch Leiden erreicht werden kann). Vielmehr lehrt er, die heiligen Schriften als Hinweis auf Christus zu lesen: auf den, der kommen soll, damit geschehe, was Gott will. Dies ist der Sinn jener Schriften, der denen erschlossen wird, denen Jesus in den Weg tritt – ein Sinn ganz anderer Art, als wenn jemand ausfindig machen wollte, was »sinnvoll« oder »sinnlos« ist, was voraussetzt, daß er immer schon wissen kann, was »Sinn hat« oder »Sinn macht«. Wir, die Hörer und Leser dieser Geschichte, dürften hingegen Jesu Gebet in Gethsemane im Gedächtnis haben: »Nicht mein, sondern dein

Wille geschehe!« (Lk 22,42). Jesus fragt betend nach Gottes Willen. Er setzt ihn nicht etwa mit dem gleich, was geschieht – vielmehr setzt er sich dem aus, was an ihm geschieht, in der Erwartung, Gottes Willen zu erleiden, ihn an sich geschehen zu lassen. Dieser Unterschied trennt die Frage nach Gottes Vorsehung von einer Welterklärung, die Gottes Willen entweder mit dem identifiziert, was der Fall ist, oder in dem sucht, was sein sollte und eigentlich geschehen müßte – nach Maßgabe der eigenen Kenntnis von dem, was Gott will. Dieser haarfeine Unterschied bildet die Grenze zwischen Dogmatik und Dogmatismus.

Die theologische Kontrollfrage für das Reden von Gottes Vorsehung (oder auch für die Frage nach dem Sinn der Geschichte oder nach dem Sinn des Leidens) lautet also, ob hier der Charakter der Dogmatik gewahrt bleibt: Wird der Preis für ihre Aussagen bedacht (← 3.2.2)? Sie könnten das Leben kosten. Oder wenigstens die Zuversicht gerät ins Wanken, daß alles, was an und mit und durch uns geschieht, sich so ineinander füge, daß es einsehbar bleibt. Über Gottes Absichten und den Lauf der Dinge läßt sich trefflich spekulieren und debattieren – können wir aber auch dem gewachsen sein, was wir uns da ausdenken oder für stimmig halten? Doch sollten wir aus lauter Angst, zuviel zu sagen, gar nichts mehr sagen wollen, dann verflüchtigt sich das Reden im Glauben, auf Hoffnung hin und aus Liebe in eine vage Beschwörung Gottes und seines unergründlichen Waltens. Dies erscheint so sehr geschieden von allem, was Menschen ermessen können, daß sie sich damit bescheiden müssen, wie im Nebel ihren Weg zu suchen. Dagegen nötigen Aussagen über Gottes Vorsehung zur Selbstprüfung, ob sie wirklich an der Externität von Gottes Verheißungen hängen, die der Kirche in ihrem Reden den Weg weisen, auch über die Grenzen der Kirche hinaus. Werden wir der Erstreckung des Handelns Gottes gewahr? Und zwar nicht nur seiner zeitlichen Erstreckung, sondern auch der räumlichen, der Höhe und Tiefe, und seiner Intensität und Extensität?

Es ist wohl kein Zufall, daß Paulus gerade dort, wo er das Thema »Vorsehung« anschlägt (wenngleich mit anderen Worten), auf diese Dimensionen zu sprechen kommt:

> Wir wissen aber, daß denen, die Gott lieben, alle Dinge zum Besten dienen, denen, die nach seinem Ratschluß berufen sind. Denn die er ausersehen hat, die hat er auch vorherbestimmt, daß sie gleich sein sollten dem Bild seines Sohnes, damit dieser der Erstgeborene sei

unter vielen Brüdern. [...] Was wollen wir nun hierzu sagen? Ist Gott für uns, wer kann wider uns sein? Der auch seinen eigenen Sohn nicht verschont hat, sondern hat ihn für uns alle dahingegeben – wie sollte er uns mit ihm nicht alles schenken? [...] Denn ich bin gewiß, daß weder Tod noch Leben, weder Engel noch Mächte noch Gewalten, weder Gegenwärtiges noch Zukünftiges, weder Hohes noch Tiefes noch eine andere Kreatur uns scheiden kann von der Liebe Gottes, die in Christus Jesus ist, unserm Herrn (Röm 8,28f. 31f. 38f.).

Von der Vergangenheit ist gar nicht mehr als Trennungsgrund die Rede, denn sie ist aufgehoben in Gottes Vergebung.

Der Apostel gibt keine positive Prognose ab. Wie alles sich zum Besten fügt, das können wir mit unseren Maßstäben für Besseres und Schlechteres nicht ermessen – wo wir nicht einmal wissen, was wir recht beten sollen (8,26)! Entscheidend ist, in Gottes Willen aufgenommen zu sein. Dies hat Gott vorgesehen, nicht einfach vorhergesehen: darin besteht seine Für-sicht, so handelt der richtende und rettende Gottes an uns Menschen, an denen, die »der Sünde schuldig und verworfen sind« (LUTHER, ← 3.2.1). Gottes Erwählung schränkt seine Providenz nicht auf einige wenige ein, während alle anderen ausgeschlossen blieben. Der Blick reicht weiter, von der stöhnenden Schöpfung, die unter ihrem Leerlauf leidet (8,20–22), über das Geschick des jüdischen Volkes zum Zeichen für Gottes zuvorkommendes Handeln (Röm 9–11), bis zur Doxologie »Von ihm und durch ihn und zu ihm sind alle Dinge« (11,36).

Paulus ist mit seiner Erkenntnis ein gehöriges Stück weit in den theologischen Begründungszusammenhang hineingewachsen (← 3.1.1). Hier geht er dem Geschick der Schöpfung bis zu dem unbegreiflichen Punkt nach, wo sie unfreiwillig in die Vergeblichkeit hineingeschleudert wurde. Er nimmt aber auch das Hoffen der leidenden Mitgeschöpfe wahr, weil es nur auf das setzen kann, was Gott der Schöpfung bestimmt hat (Röm 8,22–25).

Theologische Aussagen über Gottes Vorsehung prägen eine bestimmte *Unschärfe* ein: Gottes Handeln kann kein Mensch mit dem Lauf der Dinge in Einklang bringen – und doch ist Gott nicht über den Dingen und jenseits ihrer am Werk, sondern in ihnen und mit ihnen, so, daß es uns einmal im nachhinein aufleuchtet, ein andermal verschlossen bleibt. Glaube wird zur Hoffnung, indem er den Widerstand des Nicht-Sehens und Nicht-Wissens besteht, ihn nicht umgeht oder gar besserwisserisch überspringt.

(58.) Die spezifische Unschärfe dogmatischen Redens kommt zustande, weil wir Sachverhalte theologisch bezeichnen und insofern sprachlich, sogar begrifflich identifizieren, ohne damit Gottes Handeln feststellen zu können. Dieses Urteil bleibt Gott überlassen – eine eschatologische Perspektive, der Hoffnungsaspekt jedes dogmatischen Redens.

So hochgemut Paulus redet – gerade er weiß zu sagen, daß Hoffnung erst in Leiden und Anfechtung geduldig wächst (Röm 5,3f.). Auch dies gehört zur Unschärfe dogmatischen Redens: Glaubenszuversicht eines Menschen kann nicht von ihm abgelesen werden, denn sie ist weder eine menschliche Veranlagung noch eine Errungenschaft, sosehr Menschen in ihr wachsen können. Und schließlich hilft das Reden von Gottes Providenz, »mein« eigenes Geschick und Mißgeschick, meine »Betroffenheit« nicht das Maß aller Dinge sein zu lassen. Der Blick wird auf das Leiden anderer gelenkt, und dabei wird er einer weiteren Unschärfe inne: »Wir wissen nicht, was *wir* beten sollen« (Röm 8,26). Das Vertrauen in Gottes Fürsicht ist eingebunden in das Wir, das von Gottes Segen und der Anrede der Gemeinde konstituiert wird (← 2.5), und in das Gedächtnis der Kirche (← 1.5.3 und 3.1.2). Der Vorsehungsglaube ist ins Gebet eingebunden – und im Gebet sprechen insgeheim alle anderen Beter und Beterinnen mit, weil sie die Gebetssprache miteinander teilen.

So ist die Providenzlehre vielfältig mit dem Handeln der Kirche verflochten. Wird sie davon abgeschnitten, schleicht sich der Dogmatismus ein: Gottes Vorsehung wird zum Netz universaler Zuordnungen. Für die Vorsehungslehre hält er gleich mehrere Auskünfte bereit. Etwa in einer Verbiegung des paulinischen Satzes: »Alles muß uns zum Besten dienen«: wir müssen es uns nur zum Besten dienen lassen, d. h. das Beste daraus machen – eine Losung positiven Denkens, die sicherlich viel für sich hat, aber alles andere ist als die Einstimmung in Gottes Verheißung seiner Fürsicht. Oder: »Gott hat alles so eingerichtet, daß es den Menschen zugute kommt«, sie müssen es nur erst einsehen lernen, und sei es unter Schmerzen, dann kommt auch früher oder später Gutes dabei heraus. Verhielte es sich so, wäre das Vertrauen auf Gottes Vorsehung eine Grundeinsicht, die nur immer wieder angewandt werden müßte. Dogmatische Aussagen würden umgemünzt in Totaldeutungen der Wirklichkeit.

Wie also weiterdenken (← 3.1.3)? Wie weit denken können, dürfen? Jedenfalls auf keinen Fall so weiterdenken und so weit denken wollen, daß Theologie zu einer grandiosen Zuordnungs-Strategie entartet, die von Gottes Warte aus den Lauf der Dinge in der Welt zu überblicken beansprucht.

Beispielsweise in der *Theodizee*, der Rechtfertigung Gottes angesichts unverständlicher Leiden und unerklärlichen Übels. Grundstürzende Naturereignisse zeigen der Menschheit, daß Menschen zumindest dann und wann Opfer von Naturgewalten werden – »unschuldige« Opfer oder nicht? Oder Menschen handeln so unerhört grausam an anderen, daß jede Annahme einer moralischen Weltordnung erschüttert wird. Wer versucht, solche Unfaßbarkeiten auf Gottes Absichten zurückzuführen und so ihren »Sinn« zu erschließen, etwa als Erziehungsmittel – »Leiden sind dazu da, daß ...« –, kann unversehens einem Zynismus verfallen. Er gibt für das Leiden anderer eine Erklärung ab und verletzt dadurch die Leidenden zusätzlich. Ein jeder Versuch theologischer Erklärung kann nur anmaßend ausfallen, anmaßend auch gegenüber denen, die gelitten haben, weil sie denen, die unter Gottes Vorsehung zu leiden meinen, zu nahe tritt.

Was geschehen ist, aus Gottes Willen oder Plan ersehen und so erklären zu wollen, hat nichts mit der Begründung dessen zu tun, was im Glauben, auf Hoffnung hin und aus Liebe zu sagen ist. Die theoretische Frage: »Warum ist etwas geschehen, wie es geschehen ist?« müssen wir uns versagt sein lassen. Die Dogmatik darf jedoch einen Raum abstecken, in dem die existentielle Frage: »Warum ist gerade mir das geschehen?« sinnvoll gestellt werden kann.

Wird diese Begründung mit einer allumfassenden Wirklichkeitserklärung verwechselt, so ist dies eine Grenzüberschreitung der Theologie, mit der sie ihre Integrität preisgibt.

(59.) Theologische Integrität bedeutet: nicht mehr versprechen, als man halten kann; nicht eine Sicht vortäuschen, die nur verquer gewonnen werden kann; keine Denkfehler und Diskursvermengungen in Kauf nehmen, auch nicht in bester Absicht.

Theologische Integrität heißt: nichts verbergen, keinen Hintersinn und Hinterhalt, sich und anderen nicht etwas vorspiegeln, nicht etwas sagen, wozu man nicht auf Dauer stehen kann, keine Perspektive beanspruchen, die einfach deshalb immer recht haben kann, weil sie eine Unmenge Schlupflöcher im Visier hat. Auch nicht unter der Hand über etwas anderes reden als davon, wovon wirklich die Rede ist und die Rede sein kann: zum Beispiel nicht über die Allgemeingültigkeit theologischer Aussagen, wenn es gilt, auf Gottes Universalität zu blicken. Das wäre eine Vermengung zweier Diskurse, dem Diskurs über den Geltungsbereich und dem Diskurs über die Reichweite theologischer Aussagen (← 2.9.2). Integrität bedeutet: so fragen, daß auch wirklich Rede und Gegenrede möglich wird und ein Gepräch weitergehen kann (ROWAN WILLIAMS, Theological Integrity: Cross Currents 1995, 312–325, 314). Vor allem heißt Integrität: nicht in Selbstwidersprüche geraten. Ein fundamentaler Selbstwiderspruch wäre es, zu Anfang etwas in Aussicht zu stellen, was später wieder zurückgenommen werden muß – etwa das Versprechen, Glauben hervorzubringen.

4.1.2 »Prinzipienlehre«, »Fundamentaltheologie« und »Enzyklopädie« als Krisenerscheinungen

Dogmatik wird auf ihren Weg gebracht, wenn deutlich ist, worauf sie sich erstreckt (← 3.1), womit sie einsetzt und wie weit sie reichen kann (← 3.2) – und was sie bei alledem nicht hintergehen darf (← 3.3).

Auf Holzwege geraten wir jedoch, sobald unklar wird, womit die Dogmatik anfängt und worauf sie sich bezieht, mit welchen Kriterien sie Rechenschaft über ihre Denkerfahrungen zu geben vermag und wie sie überhaupt zugänglich wird. Holzwege scheinen zunächst gangbar zu sein, doch sie verlieren sich früher oder später im Dickicht, womöglich in unzugänglichem Gelände. Bei denen, die um jeden Preis vorankommen wollen, stellt sich dann leicht Nervosität ein, die hektisch neue Wege sucht, statt sich einzugestehen, daß ein Irrweg eingeschlagen wurde. Dann wird Dogmatik abgelenkt, vom Wege abgebracht, nicht nur von Trampelpfaden, sondern vom Wege überhaupt.

(60.) Dogmatik gerät in eine Krise, wenn Theologen und Theologinnen nicht mehr sicher sind, womit sie anfangen dürfen: Wenn versucht wird, einen Grund für die Theologie zu legen, der allgemein einsichtig sein soll, wenn Zugänge eröffnet werden, die zunächst zu Allgemeinverbindlichem führen, damit sich der Schritt zum Glauben wie in ein Séparée anschließen kann.

Krisenerscheinungen rühren von Denkfehlern oder Diskursvermengungen her, die sich leicht einstellen. Sie haben ihre Beweggründe in Komplikationen, deren man nicht so einfach Herr wird. Wenn wir der Entstehung der Dogmatik nachgehen (← 3.1), sehen wir, wie sich eine solche Krisenerscheinung abzeichnet: als Anmarschwege zur Dogmatik, die sich immer mehr ausdehnen. Gespickt sind sie mit Hinweisschildern, die versprechen, zu vordogmatischen Fundamenten hinzuleiten, die tragfähiger seien als alles, was die Dogmatik selber bislang an Grundlagen aufzubieten vermochte. Diese Wegweiser sind mit Warnzeichen versehen: Nur ja nicht unvermittelt dogmatisch zu denken anfangen! Nicht damit rechnen, daß es »Kirche« gibt – viel eher die Kirche zur Disposition stellen, um erst einmal ausfindig zu machen, welche Funktion sie haben könnte, um dann – vielleicht! – mit guten Gründen in sie einzukehren. Niemals »im Glauben« mitreden wollen, bevor nicht ausfindig gemacht werden kann, was überhaupt »Glaube« bedeutet und wie er erschwinglich sein könnte. Dergleichen ist ein befristeter Kirchenaustritt oder eine kalkulierte Distanz zum kirchlichen Handeln, und damit wird die Dogmatik auf den Boden einer virtuellen Realität gestellt, die sich früher oder später als Luftschloß erweisen wird.

Dies ist eine *erste* Krisenerscheinung: mit dem falschen Anfang anfangen. Sie hat einen Namen: *Fundamentaltheologie* (diese Bezeichnung hat sich zunächst in der katholischen Theologie eingebürgert, wurde dann von evangelischen Theologen übernommen), sie kann auch *Prinzipienlehre* heißen, abgeschwächt *Prolegomena*, die sagen wollen, was vorweg gesagt werden muß, um daraufhin mit den Themen der Dogmatik beginnen zu können. Diese Fundierungs- und Stabilisierungsbemühungen sind höchst verschiedenartig und dürfen nicht auf einen Nenner gebracht werden, auch wenn sie denselben Titel tragen. Hier sei nur markiert, was sie als Krisensymptome kennzeichnet.

Voraussetzungen des Glaubens sollen namhaft gemacht werden, die alle Menschen teilen – oder doch, wenn sie vernünftig sind, teilen könnten, wenn sie sich auf diese Gemeinsamkeiten besännen. Ein solches Fundament könnte die Vernunft als menschliche Anlage sein, oder unsere sprachliche Verfassung, in der sich Wirklichkeit erschließt (GERHARD EBELING), oder Hoffnung als eine Intentionalität, mit der wir unsere Fühler ins Unabsehbare hinein ausstrecken (WOLFHART PANNENBERG), oder die mitmenschliche Zuwendung, in der sich unser Personsein erfüllt (HANSJÜRGEN VERWEYEN). Die Fundamentaltheologie will (jedenfalls in der Regel, die durch Ausnahmen bestätigt wird: WILFRIED JOEST, der sich darauf beschränkt, Referenzen der Theologie zu beschreiben) eine Begründung verschaffen, die dem Reden im Glauben und auf Hoffnung hin vorangeht und ihm zugrunde liegen soll – und zwar so, daß Glaube und Hoffnung sich auf allgemein einsichtige Phänomenen aufbauen *können* und es wünschenswert wäre, daß sie dies auch *tatsächlich täten*; ob dafür ein zwingender Grund besteht, ist allerdings eine andere Frage.

Diesem Begründungsversuch liegt eine Verwechslung von Reichweite und Geltungsbereich (← 2.9.2) zugrunde: Allgemeingültigkeit wird gesucht in der Annahme, daß nur so das Reden von Gott als wahr erwiesen werden kann. Gottes Gottheit werde verletzt, wenn sie nur für Gläubige von Bedeutung sei. Wie aber kann diese Allgemeingültigkeit erreicht werden? Doch nur, indem zunächst von jedem *bestimmten* theologischen Reden Abstand genommen wird, damit alle Zeitgenossen und -genossinnen sich in dem angesprochen fühlen, was ihnen gemeinsam ist, und sei es nach gehöriger Belehrung. Als verbindend aufgewiesen werden könnte die Frage nach Herkunft und Ziel des Lebens, nach seinem Sinn, nach allem, was dem Menschsein vorgegeben ist, was ihm vorausliegt und deshalb zu immer weiteren Fragen drängt. Auf dieser Grundlage mag dann das Reden aus Glauben und auf Hoffnung hin als eine Ausprägung religiöser Grunderfahrung unter vielen anderen bestimmt werden. Heißt es dann: Freie Fahrt für die Dogmatik? Mitnichten, denn die Externität des Glaubens und der Hoffnung sind in einem Jenseits menschlichen Daseins bereits lokalisiert. Die Externität trifft uns nicht mehr, die Überraschung der ungefragten Botschaft (← 2.4.2) ist immer schon aufgehoben in der Fraglichkeit menschlicher Existenz und durch die sprachlichen Möglichkeiten, die in ihr enthalten sind.

Eine *zweite* Krisenerscheinung: Die Dogmatik von außen her betrachten wollen, um ihre Wirkung nach draußen hin zu testen, ihre Überzeugungskraft in der Öffentlichkeit. Ein hypothetisches Gegenüber wird konstruiert, auf das Theologen und Theologinnen blicken, um sich eine stärkere Plausibilität zu verschaffen. Dies ist ein Denkfehler, der Gefahr läuft, sofort auf eine Beschreibungsebene zu gelangen: zum Disput *über* Theologie statt zur Darlegung *von* Theologie – erneut eine Diskursvermengung.

Dahinter steht die Sorge, Dogmatik könne bloß noch in einem kirchlichen »Binnengespräch« von Nutzen sein und überhaupt nur dort verstanden werden. Damit sie vermeiden, nur mit ihresgleichen zu reden, sollten Theologinnen und Theologen sich deshalb aus der Perspektive Nicht-Glaubender sehen lernen, auch damit sie das Bollwerk ihrer kollektiven Privatsprache verlassen und das, was sie sagen wollen, den rauhen Winden öffentlicher Verständigung aussetzen. Dies soll nicht erst in tatsächlichen Gesprächssituationen geschehen; diese werden gleichsam simuliert, damit der alltägliche Ernstfall geübt werden kann. Die »Außenperspektive« soll also internalisiert werden, damit »Glaubende« sich besser sehen können. Das beständige Schielen nach draußen kann aber leicht einen Sehfehler nach sich ziehen.

(61.) In der theologischen Prinzipienlehre oder der Fundamentaltheologie wird in der Regel nach der Möglichkeit der Begründung der Theologie im Sinne von inter- und transsubjektiv gültigen Grundsätzen gefragt. Es ist die Anstrengung, die Theologie als virtuell unbestreitbar – wenn auch aktuell höchst strittig – darzustellen. Glaube soll einsichtig gemacht werden, wo er als unglaubwürdig gilt für das, was Menschen im allgemeinen denken, für möglich halten und nachvollziehen können.

So können Prinzipienlehre und Fundamentaltheologie auf falschen Versprechungen beruhen, die mit allerbesten Absichten abgegeben werden. Dies führt in eine Sackgasse: Gesprochen wird von anderem als von dem, wovon die Rede ist – die Begründung der Theologie wird verwechselt mit der Ermöglichung ihrer Verständlichkeit. Sie wird in dem gesucht, was sich allgemein versteht, und damit wird ein Kommunikationsproblem zum Kriterium der Argumentationsfähigkeit erhoben. Von anderen verstanden zu werden, soll bedeuten: eine gemeinsame Basis zu finden – statt: verstanden zu werden auch von denen, die nicht einverstanden sind.

Um so mehr gilt es, sensibel zu sein für die Forderung nach Begründung – und zwar sensibler, als es die Fundamentaltheologie vorgibt. Daß theologische Aussagen begründet sein müssen, sollte sich von selbst verstehen. Darum haben wir nach ihrem Begründungszusammenhang (3.1), nach Axiomen (3.2) und nach ihrem *principium* gefragt (3.3). Wenn jedoch nach Begründung nicht einzelner dogmatischer Aussagen, sondern nach Begründung der Theologie überhaupt gefragt wird, vielleicht geradezu inquisitorisch, dann sieht sich die Theologie zur Legitimation oder Verteidigung herausgefordert. In Frage steht dann nicht nur, was sie zu sagen hat, sondern grundsätzlich, ob sie überhaupt etwas begründetermaßen sagen kann: ob sie allseits anerkannten Maßstäben gerecht wird und insofern plausibel ist. Darum muß genau hingehört werden, wenn derart gefragt wird.

Heute wird vielerorts gar nicht mehr nach Begründung gefragt: dort, wo Kulturen keine übergreifenden Gemeinsamkeiten und darum auch keine Allgemeingültigkeit mehr kennen, sondern zufrieden sind, wenn Gruppen verschiedenster Art schiedlich/friedlich miteinander und nebeneinander her leben und sich in ihren Überzeugungen – wenn sie denn überhaupt noch solche ihr eigen nennen – nicht gegenseitig stören. Auch was theologisch begründetermaßen gesagt werden kann, sieht sich dann nicht mehr an die Kette einer Rationalität gelegt, die die ganze Menschheit oder wenigstens den vernünftigen Teil von ihr vereinigen soll. Statt dessen reicht es aus, wenn eine Religionsgemeinschaft die Regeln ihres Sprachgebrauchs kennt, also gelernt hat, wie ihr Reden in sich schlüssig ist:

> Christian theology is strictly the grammar of the faith, a procedure in self-description for which there is no external correlative (HANS W. FREI, Types of Christian Theology, ed. George Hunsinger/William C. Placher, New Haven/London [Yale University Press] 1992, 4).

> Christliche Theologie ist strenggenommen die Grammatik des Glaubens, die durch eine Binnenbeschreibung zustandekommt, für die es keine Entsprechung außerhalb ihrer selbst gibt.

Diese Auffassung schränkt Begründungsweisen auf ihren Geltungsbereich ein, versteht diesen jedoch prinzipiell als das soziolinguistische Substrat, als faktischen Sprachgebrauch, der innerhalb einer Gruppe erlernt wird und weitergegeben wird (← 1.5.2). Die Frage danach, wie dieser Sprachgebrauch begründet ist, und zwar außerhalb seines Funktionierens, erscheint dann völlig überflüssig. Diese Gegenbewegung zu jeder Begründungsstrategie (in den USA »foundationalism« genannt) findet als radikaler »antifoundationalism« Anhänger in Philosophie und Theologie (zur Übersicht: JOHN F. THIEL, Nonfoundationalism, Minneapolis, Minn. [Fortress Press] 1994).

Die Begründung der Theologie entsteht jedoch nicht aus kirchlicher Binnenreflexion, das einem Gespräch unter Familienangehörigen gliche. Dieser Verwechslung wehrt die Dogmatik, indem sie den theologischen Begründungszusammenhang von kirchlichen Zielsetzungen unterscheidet. Dogmatik versteht sich gerade nicht als Selbststeuerung der Kirche (← 1.1.1), denn der theologische Begründungszusammenhang ist Zeichen für die Externität des Handelns Gottes (← 1.1.2), der Menschen in die familia Dei ruft. Darum steht der Begründungszusammenhang jedem offen, der ihn verstehen kann – und um diese Verständlichkeit hat sich die Dogmatik zu kümmern. Vor allem aber darf dieser Begründungszusammenhang nicht in die Glaubenssprachen einzelner Kirchen und religiöser Gruppen zerfallen; er weist auf die *Einheit der Kirche* hin, hat also *ökumenischen* Charakter.

Der theologische Begründungszusammenhang kann aber auch nicht (wie es der foundationalism will) auf eine virtuelle Allgemeinheit, etwa in der Gesprächsgemeinschaft aller vernünftig denkenden Menschen, zurückgeführt werden. Die Dogmatik muß also die Klippen eines Universalismus, wie er durch die Philosophie der europäischen Aufklärung entwickelt wurde, ebenso vermeiden wie die Untiefen einer soziologischen Bestandsaufnahme, die Gruppen und ihre sprachliche Konstruktion partikularer »Welten«, die nur für sie gelten, erfaßt. Der Weg der Dogmatik wird zwischen foundationalism und antifoundationalism hindurchgehen müssen.

Die Emanzipation der Fundamentaltheologie von der Dogmatik ist *zum dritten* ein Krisensymptom, weil Dogmatik hier nur noch als Traditionsbestand angesehen wird: er kann vielleicht reaktiviert werden, ist aber kein lebendiges Sprachgebilde mehr. Womit die Dogmatik anfangen kann, wie sie aufgebaut ist und ob ihre Argumentation in sich stimmig ist, soll unabhängig von der dogmatischen Arbeit geprüft und entschieden werden.

Um diese Krise recht einzuschätzen, müssen wir einen Blick auf die Dogmatik im Ganzen der Theologie und damit auf die *enzyklopädische* Aufgliederung der Theologie werfen.

Die Bezeichnungen »dogmatische Theologie« und »Dogmatik« sind erst im 17. Jahrhundert eingeführt worden, in einer wissenschaftsgeschichtlich kritischen Konstellation, während Ansätze zur Dogmatik der Sache, aber nicht dem Namen nach bereits recht früh in der Alten Kirche zu beobachten sind (← 1.1.1), später ausgeführt unter verschiedenen Namen und erst allmählich in systematischer

Form (← 3.1.3). Das Herz der Theologie schlug in der Bemühung um die rechte Glaubenstradition, die rechte Lehrüberlieferung und das rechte Bibellesen, wie sie immer schon durch theologische Urteilsbildung wachgehalten wurde, unterstützt durch eine allmähliche Entfaltung des theologischen Begründungszusammenhanges.

Als LUCAS FRIEDRICH REINHART 1659 seine *Synopsis Theologiae christianae dogmaticae* veröffentlichte, wollte er eine theologische Gesamtdarstellung liefern. Reinhart braucht das Wort »dogmatisch« noch gar nicht, wenn er die verschiedenen *gradus Theologiae* aufzählt: kirchliche Theologie (lehrhaft und positiv, »vorgegeben« im Unterschied zur theoretischen Konstruktion), exegetische, historische, »akademische« bzw. polemische Theologie. »Dogmatik« scheint der Oberbegriff für die Theologie insgesamt zu sein, der Name tut hier noch nichts zur Sache.

Eine folgenschwere Abgrenzung hatte sich jedoch bereits in GEORG CALIXTS Abriß theologischer Ethik (1634) angekündigt. Calixt unterscheidet die *theologia moralis* von der *theologia dogmatica*. Letztere hat es mit Glaubenssätzen zu tun, erstere soll überlieferte Wertmaßstäbe auf die Allgemeinheit des sittlichen Bewußtseins beziehen: auf das, was allen Menschen zu tun aufgegeben ist. Dafür war bisher die Philosophie zuständig. Jetzt soll sich auch die Theologie der Aufgabe annehmen, die Normen der Christenheit universal zu begreifen. Zwar war auch früher schon von *dogmatica* und *ethica*, von Glaubens- und Sittenlehre die Rede gewesen. Doch jetzt entsteht allmählich der Eindruck, die Glaubenslehre sei ein besonderes, eingegrenztes Gebiet auf anderer Basis und mit anderem Geltungsanspruch als die Ethik. Steht und fällt die Dogmatik mit der Geltung kirchlicher Überlieferung? Ist Dogmatik von kirchlicher Autorität und ihrem Einflußbereich im öffentlichen Leben abhängig, während sich die Moraltheologie viel eher im ständigen Austausch mit allgemeinen sittlichen Maßstäben regeneriert? Müßten dann die Experten für dogmatische Theologie sich nicht ebenso von Notlagen herausfordern lassen und durch ihre Antworten die Überzeugungskraft christlicher Gesinnung erweisen?

Calixts ausgesprochene Absicht war es, die Morallehre in die Theologie einzubeziehen. Seine Unterscheidung führte die Dogmatik jedoch in eine Krise im Verhältnis zur Ethik – gleichgültig, ob diese nun als ein Teil der Theologie gelten sollte, oder ob man in ihr ein trojanisches Pferd der Philosophie fürchtete, oder ob sie als Chance für den Grenzverkehr zwischen Kirche und Gesellschaft wahrgenommen wurde. Der kirchlichen Tradition wird nicht nur begrenzte Geltung, sondern auch eine begrenzte Reichweite zuerkannt – und zwar eine um so begrenztere Reichweite, je mehr der kirchliche Einfluß in der Öffentlichkeit zu schwinden droht. Die Ethik soll dagegen die »Allgemeinheit« repräsentieren, und dies um so mehr, als die Ethik über die Vertretung kultureller Sitten und geprägter moralischer Anschauungen hinauswachsen möchte und – programmatisch seit KANT – eine universale Sittlichkeit begründen will: die Regeln einer Lebensführung, die so beschaffen sein muß, daß sie jedem und jeder zugemutet werden kann, weil sie dem unbeschränkten Gemeinwohl, ja der Vollendung der Menschheit dient.

Auf eine weitere Abgrenzung arbeitete HEINRICH ALTING hin. Er stellt die dogmatischen »Gegebenheiten« (*dogmatica*), den *Glaubensgehalt kirchlicher Lehre*, den geschichtlich erforschbaren Realitäten des Christentums (*historica*) gegenüber (Theologia Historica, Sive Historici Loci Quatuor, 1635. Amstelodami 1664, 3f.). Damit meldet sich das historische Bewußtsein zu Wort, das hinfort auch die Theologie immer nachhaltiger bestimmen wird. Über kurz oder lang wird es nach einer Neubegründung theologischen Wissens verlangen. Noch ist man weit davon entfernt, für die Theologie die Konkurrenz zwischen der »historisch-kritischen Methode« und einer »dogmatischen« zu behaupten, eine Konkurrenz, bei der der Dogmatiker sich damit bescheiden muß, eine wissenschaftlich nicht greifbare, ja wissenschaftsfremde und darum höchst verdächtige »geoffenbarte Wahrheit« in Anspruch zu nehmen. So wird ERNST TROELTSCH 1900 die Lage diagnostizieren (Über historische und dogmatische Methode in der Theologie: Gesammelte Schriften II, Tübingen 1913, 729–753). Mit dem Überlegenheitsgefühl des Geisteswissenschaftlers empfiehlt er den Dogmatikern, sich doch endlich unter die Fittiche einer aufgeklärten Universalphilosophie der Geschichte zu begeben, die zugleich religiös tief begründet sein soll. Doch schon bei ALTING wurde eine wichtige Weichenstellung erkennbar: Dogmen – die von den Konzilien der Alten Kirche formulierten und anerkannten Glaubensaussagen – werden zum Material theologischer Geschichtsschreibung. Diese Überlieferungen sind in ihrer Entstehung und Wirkungsgeschichte zu erforschen. Wie verhalten sie sich zu dem, was unbedingt und unter allen Umständen zu sagen ist – damals wie heute? Kann es Aussagen, die über lange Zeiträume hinweg gültig sind, überhaupt geben? Damit ist das Problem der Begründung dogmatischer Aussagen gestellt, im Vergleich zu historisch begründbaren Erkenntnissen für den christlichen Glauben. Hier ist der Keim zu den Spaltpilzen gelegt, die später die Theologie auseinanderzutreiben drohen.

Mit der Entstehung der Dogmatik als eines separaten Faches, einer Teildisziplin der Theologie, sind also drei Fragen verknüpft:
– Kann die Theologie sich als eine Einheit darstellen, und wie ist diese Einheit beschaffen?
– Was bedeutet »Theologie« überhaupt, etwa im Vergleich zur Erforschung der Religionsgeschichte, zur Morallehre oder Sozialphilosophie, in denen das Christentum, seine Kirchen und Gruppen ja durchaus ihren Platz finden könnten?
– Welcher Art ist die Begründung der Theologie?

Die Theologie wurde in verschiedene Fach- und Forschungsgebiete nicht (oder nicht nur) deshalb aufgegliedert, damit ihre wachsenden Aufgaben zweckmäßig verteilt werden konnten. Unterschiedliche Arbeitsweisen und Zielsetzungen stehen auch nicht immer in einem fruchtbaren Wettstreit, sondern geraten immer wieder in Konkurrenz zueinander: vor allem, wenn in einzelne Fächer andere Begründungsstrategien eindringen, etwa eine historische Total-Erklärung (Historismus), eine handlungstheoretische Gesamtdeutung, ein religionssoziologischer oder religionspsychologischer Zugriff auf die gesamte Theologie – im Unterschied zu einem Austausch von Beobachtungen mit diesen Forschungsgebieten. Besonders kritisch, ja bedrohlich für die Integrität der Theologie wird der *fundamentaltheologische* Anspruch der neu entstandenen theologischen Fächer, von denen womöglich jedes noch das Ganze der Theologie repräsentieren will. Als die Praktische Theologie als neues theologisches Fach eingeführt wurde, hat einer ihrer ersten Theoretiker, CARL IMMANUEL NITZSCH, sie sogleich auf den Thron setzen wollen, indem er den Praxis-Begriff ausbeutete und die gesamte Theologie als praxisbezogene Wissenschaft (*scientia ad praxin*) bestimmte, die sich in der Praktischen Theologie als *scientia praxeos* vollende (Praktische Theologie I, Bonn 1847, 5). Die Tendenz, neue Forschungsgebiete sogleich auf das Ganze der Theologie zu beziehen, ja sie am liebsten als Hebel für das Ganze der Theologie zu benutzen, setzt sich bis heute fort, etwa in der Einführung Feministischer Theologie oder der Befreiungstheologie.

Nachträgliche Versuche, die Auffächerung der Theologie aus ihrer Einheit heraus zu erklären, werden dem Umstand nicht gerecht, daß die Theologie sich in den letzten 300 Jahren kaum je organisch weiterentwickelt hat. Sie driftete in mehreren Schüben auseinander, nur je und dann aufgehalten dadurch, daß eine gemeinsame Aufgabenstellung postuliert wurde. FRIEDRICH SCHLEIERMACHER richtete das theologische Studium auf die Kirchenleitung aus (← 2.8.2), KARL BARTH und seine theologischen Weggefährten führten die theologischen Fächer wie zu einer Kette von der Auslegung biblischer Texte bis zur Predigt zusammen (← 2.4.1), PAUL TILLICH gab mit seinem Verständnis der Seelsorge (← 2.6.1) einen Anstoß zur Konzentration der Theologie auf die Sinnfrage. Neuere Versuche, eine Einheit der Theologie wiederzugewinnen, berufen sich auf die Hermeneutik, die als »Verstehen durch Sprache« Überlieferungen für die Gegenwart erschließe (GERHARD EBELING), oder sie wollen diese Einheit in der Person des Theologen, der Theologin finden, die ihre geistige Integrität bewahren müssen (EDWARD FARLEY).

Für Studierende bedeutet die Ausdifferenzierung der theologischen Fächer von Kolleg zu Kolleg, von Buch zu Buch ein Wechselbad, das die Lebensgeister stärken kann, mitunter aber auch latente Gesundheitsschwächen zum Ausbruch bringt.

Für eine Arbeitsteilung bedarf es nicht nur einer gemeinsamen Aufgabe, die verschiedene Kräfte zusammenführt, sondern auch einer Verzahnung von Kapazitäten. Von der Denkpraxis der Dogmatik her gesehen, geht die historische Theologie (unter Einschluß einer rein historisch fragenden Exegese) hinter Geschehenes und Gesagtes zurück, um dessen Entstehung zu rekonstruieren und es dadurch in seiner Vergleichbarkeit und Eigenart schärfer zu beleuchten: Dokumente aus der Geschichte von Kirche und Theologie auf ihre jeweilige Situation zu beziehen, sie so zu profilieren und zugleich zu relativieren. Die Praktische Theologie erscheint als eine Theorie kirchlichen Handelns, die auf die Innenspannung zwischen Handlungsfeldern und den inneren Gründen dieses Handelns zu achten hat.

Auf beide Hinsichten bleibt die Dogmatik angewiesen.

4.1.3 Selbstkorrekturen und Erkenntniswachstum

Um nochmals daran zu erinnern – Dogmatik ist entstanden, weil sich etwas Neues ereignet hat: die Christusgeschichte als das

Fundament, das Gott selber gelegt hat (1. Kor 3,11). Was besagt und bedeutet diese Fundierung: im Blick auf Gottes Verheißungen an sein Volk, die die Kirche aus Juden und Heiden von neuem als bekräftigt vernahm (2. Kor 1,20; Eph 2,13)? Sie stellt sich nicht als eine Traditionslinie dar, die sich an jüdische Glaubensüberlieferung einfach anschloß oder aus ihr allmählich herauswuchs. Vielmehr hat Gott von neuem eingegriffen und *so* gezeigt, daß er seinen Verheißungen treu bleibt. Er hat eine Gemeinschaft geschaffen jenseits bisheriger religiöser, kultureller und sozialer Grenzziehungen. Diese eminent spannungsvolle Komplexität wahrzunehmen, zur Sprache zu bringen und zu bedenken, war und ist die Aufgabe der Dogmatik. Sie hat unbedingt und unter allen Umständen zu sagen, *wer Gott ist*, auf dessen Handeln das Dasein der Kirche verweist, mit allen ihren fragmentarischen Äußerungen und frag-würdigen Handlungsweisen.

Zur Kritik ist die Dogmatik aufgerufen, weil sie glaubensnotwendige Unterscheidungen zu treffen hat: auch zwischen der Vorgabe für unser Reden von Gottes Handeln und vorgegebener Überlieferung. Es gilt, immer genauer und bestimmter zu prüfen, was theologisch Bestand hat und was nicht, ob und wie es begründet ist. Ein wesentliches Instrument dieser Kritik bildet die Frage nach dem *principium* der Theologie, das zur Schrifttreue führt (← 3.3.1). Dieses Instrument wird geschärft durch die Antworten, die die Kunst des Bibellesens gewährt und die weitere und weitergehende Fragen hervorruft. Die Selbstkorrekturen und das Erkenntniswachstum, die sich aufmerksamem Bibellesen verdanken, dürften unerschöpflich sein.

Erkenntnisfortschritte sind ebenfalls dadurch entstanden, daß *Einsichten* gewonnen wurden, Einsichten in die Struktur der »Welt« und des Zeitverlaufes; in die Komplikationen der Selbst-, Raum- und Zeiterfahrung; in die Möglichkeiten und Schwierigkeiten, in Worte zu fassen, was sprachlich nicht zu bewältigen ist, zu verstehen, was menschliche Fassungskraft übersteigt, und mitzuteilen, was sich nur indirekt vermitteln läßt.

Dafür nur einige hervorragende Beispiele, die hier nur schlagwortartig genannt werden können:
– das Verhältnis von »alt« und »neu« im Reden von Gottes Handeln;
– Gott im nachhinein, aus seinem Handeln erkennen: als den, der sich selbst verbirgt, indem er sich kundtut;

– die Paradoxie: Gott hat den, der von allen verstoßen war und sogar von Gott verlassen schien, an seine Seite gerufen – die Auferweckung des Gekreuzigten;
– den Tod Jesu Christi verkündigen, bis er kommt, seiner als des Kommenden gedenken – wie stehen dann Zukunft, Vergangenheit und Gegenwart zueinander?
– Gottes Personsein und menschliche Personalität;
– die Endlichkeit der geschaffenen Welt und ihrer Zeiterstreckung;
– Hoffnung als Zuversicht, kein Sich-Ausstrecken in eine zweifelhafte Zukunft, die Glück und Schrecken in sich bergen kann, zugleich aber Hoffnung wider Hoffnung, ein dramatisches Gegeneinander;
– Freiheit und Unfreiheit menschlichen Willens;
– die Abgründe der Selbsterkenntnis;
– innerer und äußerer Mensch – Zwiespalt, Dualismus, eine externe Einheit?

Einsichten, die der Theologie im Laufe ihrer Geschichte zugewachsen sind, konnten sich gleichsam auf die Beine machen und weiter gehen, z. B. in die Philosophie hinein. Und umgekehrt sind sie durch philosophische und andere Einsichten provoziert, vertieft, erweitert und auch so sehr in Frage gestellt worden, daß neue Antworten nötig wurden. Solange Theologie und Philosophie sich nicht auf bestimmte Rollen im geistigen Wettstreit festlegen lassen, können sie wechselseitig einander geben und nehmen (vgl. DIOGENES ALLEN/ERNSTPETER MAURER, Philosophie für das Theologiestudium [TB 91], Gütersloh 1995). Darum können Philosophie und Theologie auch nicht säuberlich voneinander geschieden werden, schon gar nicht so, daß der einen das Denken, der anderen das Glauben zukäme – als gäbe es in der Theologie nichts zu denken und in der Philosophie nichts zu glauben!

Der Austausch von philosophischen und theologischen Einsichten wird jedoch gefährdet, wenn nicht gar unmöglich gemacht, wenn die Philosophie als Sprecherin der Universalität angesehen und der Theologie ein partikulares Eigenleben zugeschrieben wird – ein Vorurteil der Moderne, entstanden aus der Eingrenzung der Kirche in der Öffentlichkeit.

Der Rekurs auf Universalität übersieht leicht, daß das, worin alle Zeitgenossen oder auch nur ein repräsentativer Teil übereinstimmen mögen, bereits kulturell vermittelt ist. In dieses vielschichtige Erbe hat die Christenheit manches hineingegeben, das sie jetzt dort verallgemeinert wiedererkennen kann. Es wäre verkehrt, es nun wieder als früheres Eigentum zurückzufordern. Doch es darf und sollte gefragt werden, in welchem Begründungszusammenhang es jetzt steht. Was mit theologischen Gründen gesagt werden kann, ist immer auch mit dem Handeln der Kirche verwoben – davon abgeschnitten, kann es noch eine Zeitlang weiterblühen, wird aber dann verwelken. Darum hat es die Dogmatik nicht nur mit kognitiven Elementen zu tun und auch nicht nur mit einem bestimmten Reden, sondern sie bedenkt beides *im Konnex mit dem geistlichen Leben*, und das heißt: mit dem alltäglichen Leben vor Gott, in der unübersehbaren Gemeinschaft derer, die ihn anrufen. Die Verwurzelung in der Spiritualität bedeutet keinen Rückzug in geschütztes Gelände; diese Standfestigkeit erlaubt vielmehr einen Bewegungsspielraum auch für Gespräche mit anderen, der oft viel weiter reicht, als wir ihn uns zumuten mögen.

So ist die primäre Lebensform der Providenzlehre das Gebet, etwa das Gebet um Gelassenheit:

> Herr, gib mir Gelassenheit, Dinge hinzunehmen, die ich nicht ändern kann.
> Herr, gib mir den Mut, Dinge zu ändern, die ich ändern kann.
> Und, Herr, gib mir die Weisheit, das eine vom andern zu unterscheiden.

Von wem dieses Gebet stammt, ist wohl nicht mehr ausfindig zu machen. Überliefert ist es von dem amerikanischen Theologen REINHOLD NIEBUHR, aber Anklänge daran finden sich auch bei vielen anderen (HANS-JÜRGEN LUIBL, Das Gelassenheitsgebet. Anmerkungen zu einer Legende: EvTh 54 [1994] 519–535). Geht es auf den stoischen Philosophen EPIKTET zurück, der ähnliche Gedanken geäußert hat? Dann stünden wir wieder an der philosophischen Quelle der Providenzlehre (← 4.1.1). Gelassenheit gehört für Epiktet zur Kunst, Dinge zu unterscheiden, und ihre Lebensform ist die Reflexion auf das, was menschlichem Wirken überlassen wird und was ihm entzogen bleibt. Sie kann die Form des Nach-denkens annehmen, das Widerfahrnisse einordnet und ihnen damit den Anschein des Unbegreiflichen, Bedrohlichen nimmt. Anders das Gebet um die Kraft zur Unterscheidung: Hier setzen sich Beter und Beterinnen Gottes Fürsicht aus, sie fragen nach Gottes Willen, und damit steht ihr Reden in einem anderen Kontext.

Die Providenzlehre will helfen, eine Lebensgeschichte oder einen Teil davon in Beziehung zu setzen zu dem, was theologisch gesagt werden kann. Meisterhaft schildert dies ein Schriftsteller: JOHN IRVING in »A Prayer for Owen Meany« (New York [William Morrow] 1989, übersetzt von Edith Nerke/Jürgen Bauer: Owen Meany, Zürich 1990).

Owen Meany ist ein Junge, der sich für auserwählt hält, für ein Werkzeug Gottes. Für einen Moment hat er beim Theaterspiel den eigenen Grabstein mit dem Todesdatum vor sich gesehen. Von nun an versucht er, sein eigenes Leben auf dieses Ende hin einzurichten – mit einer Konsequenz, die ihm selber nur bruchstückweise einsichtig wird, und im Vertrauen auf Gottes Fürsicht, von der er nur einen Zipfel erhaschen konnte. Er kann nicht umhin, Pläne zu schmieden, doch zugleich wird ihm blitzartig immer wieder bewußt, daß er sein Leben nicht zu planen vermag, schon gar nicht zu einem Heldentod hin, von dem er geträumt hat. Immer wieder erlebt er Rückschläge bei seinen Anstrengungen, das eigene Planen mit der Vision seines Todes in Einklang zu bringen. Erst ganz zum Schluß bekommt er – und bekommen wir – die Verknüpfung zu sehen: eine sportliche Übung, ein kleines Detail, augenscheinlich ohne Gewicht und Bedeutung, von dem er in keiner Weise absehen konnte, wozu es nütze sein sollte. Dank dieses Trainings kann er Kinder vor ihrem Mörder retten, um den Preis seines eigenes Lebens. Nach diesem fehlenden Verbindungsglied hatte er immer wieder vergeblich gesucht und hatte doch schon immer mit ihm zu tun, planlos, ohne es zu wissen. Es lief gleichsam nebenher, ohne greifbare Beziehung zu allem, was er vor sich sah. Etwas Absichtsloses spielt eine ganz entscheidende Rolle.

Owen Meany hatte momentan eine Vorstellung davon erhalten, wann und wie sein Leben enden würde. Auf diese Prognose läßt er sich aber nicht fixieren, sosehr sie ihm immer zu schaffen macht. Er möchte glauben: sich an Gott halten, nach Gottes Willen fragen in aller eigenen Lebensplanung, sich nicht durch Selbstzweifel von den unerbittlichen Zweifeln, die die Lebensumstände liefern, abbringen lassen. Was er mit anderen und mit sich selbst erlebt, was er darüber denkt und wie er darüber spricht: die Rechnung geht nicht auf. Dem Erzähler gelingt es trotzdem, die Geschichte weder in Aspekte zerfallen zu lassen noch psychologisierend zusammenzureimen. Lücken und Unstimmigkeiten versperren jede schlüssige Deutung. Owen Meanys Exaltiertheit könnte zwar auch als pathologische Selbstverliebtheit entlarvt werden, und der Erzähler läßt durchaus offen, ob dies nicht je und dann möglich wäre. Oder wir könnten Owen Meanys Geschichte auch so lesen: Ein typisch amerikanisches Erwählungsbewußtsein wird aus seinen Glücksträumen aufgeschreckt und auf ein Sterben für andere vorbereitet. »Zum Leiden ausersehen«: lautet so die neue, paradoxe Erfolgsbotschaft? Der sterbende Owen Meany wünscht immerhin noch, eine Tapferkeitsmedaille verliehen zu bekommen. Dies dürfte aber nur ein weiteres Indiz für das höchst verwickelte Verhältnis von persönlicher Entscheidungsfähigkeit und problematischem politischem Geschick sein, das Owen Meany seit langem gequält hat.

Die Innenspannung zwischen dem, was wir theologisch sagen können, und dem, was wir vor uns sehen: aus dieser Konstellation erwachsen Einsichten, die sich zu neuen Denkerfahrungen verdichten können. Oder es stellen sich Einsichten ein, die schon vertraut sein mögen, in anderer Situation aber etwas neu sagen.

Zur Fundamentaltheologie: WOLFHART PANNENBERG, Grundzüge der Christologie, Gütersloh 1964, 80–84. – DERS., Wissenschaftstheorie und Theologie, Frankfurt a. M. 1973, Nachdruck 1987. – GERHARD EBELING, Erwägungen zu einer evangelischen Fundamentaltheologie: ZThK 67 (1970) 479–524. – DERS., Hermeneutische Theologie: DERS., WuG II, Tübingen 1969, 99–120. – DERS., Leitsätze zur Frage der Wissenschaftlichkeit der Theologie: DERS., WuG III, Tübingen 1975, 137–149. – WILFRIED JOEST, Fundamentaltheologie. Theologische Grundlagen- und Methodenprobleme, Stuttgart 1974. – HANSJÜRGEN VERWEYEN, Gottes letztes Wort. Grundriß einer Fundamentaltheologie, Düsseldorf 1991.

Zur Enzyklopädie: KARL BARTH, Einführung in die evangelische Theologie, Zürich 1962. ⁴1987. – EBERHARD JÜNGEL, Das Verhältnis der theologischen Disziplinen untereinander: DERS., Unterwegs zur Sache (BEvTh 61), München 1972, 34-59. – FRIEDRICH MILDENBERGER, Theorie der Theologie. Enzyklopädie als Methodenlehre, Stuttgart 1972. – OSWALD BAYER, Was ist das: Theologie? Eine Skizze, Stuttgart 1973. – GERHARD EBELING, Studium der Theologie. Eine enzyklopädische Orientierung, Tübingen 1975. – Einführung in das Studium der evangelischen Theologie, hg. von Henning Schröer, Gütersloh 1982. – EDWARD FARLEY, Theologia: The Fragmentation and Unity of Theological Education, Philadelphia, Pa. (Fortress Press) 1983.

Zur Providenzlehre: CAROLINE SCHRÖDER (Hg.), Gottes Für-Sicht. Texte zur Lehre von Gottes Vorsehung (in Vorbereitung für die Theologische Bücherei).

4.2 »Kontextuelle Theologie« als Gegenströmung zur Dogmatik

4.2.1 Das Reizwort »Kontext«

Das Wort »Kontext« ist in der Theologie weltweit seit Mitte der sechziger Jahre in Umlauf gekommen. Mit dem, was es andeutet, soll die Theologie auf den Boden der Gegebenheiten gestellt werden, auf dem sich die Christenheit heute bewähren muß: angesichts politischer Konflikte, ökonomischer Gegensätze, sozialer Spannungen und Unterdrückungen mannigfacher Art. »Kontext« bezeichnet das Gesamt dieser Gegebenheiten, aus dem – so heißt es – die Herausforderungen an die Theologie vernehmbar werden und in dem sich auch ihre Antworten abzeichnen müssen.

»Kontext« ist deshalb ein Reizwort. Es zeigt kulturelle Auseinandersetzungen an, die das Gespräch zwischen Kirchen, die sich unter verschiedenen Umständen entwickelt haben, oder zwischen Theologen und Theologinnen unterschiedlicher Herkunft prägen. Die Abhängigkeit von der eigenen Herkunft und den eigenen Lebensbedingungen muß erst einmal bewußt gemacht und durchleuchtet werden, damit sie in Angriff genommen werden kann: so lautet die Forderung derer, die »Kontexte« für die Erklärung von Theologie einfordern. Meistens verbindet sich damit die Abkehr von theologischen Traditionen europäischer Prägung. Wenn der Kontext dieser Traditionen hervortritt, macht sich auch ihre Begrenzung bemerkbar. Kann dann nicht endlich ihr bisheriger Vormachtsanspruch wirksam bestritten werden? Denn nun erst wird der Blick geschärft für die Vielfalt von »Theologien«, die heute möglich und nötig sind, weil sie der Verschiedenartigkeit kulturellen Lebens und seiner Bedingungen in unserer gemeinsamen Welt entsprechen.

Insofern hat das Schlagwort »Kontext« einen Ort, der im Zuge dieses Sprachgebrauchs selber als »Kontext« bezeichnet werden kann: nämlich eine Gesprächslage, für die maßgebend ist, daß nachweisbare Bedingungen, unter denen Theologie entsteht, diese Theologie nicht nur formen und ihr äußerlich bleiben, sondern sie zutiefst bestimmen. Wenn es sich so verhielte, würde Theologie sich jeweils aus dem Kontext erklären, in dem sie beheimatet ist. Und dies wäre dann »eine« Theologie unter anderen, nicht mehr »die« Theologie schlechthin. Wer den Kontext einer Theologie hinreichend kennt, weiß immer schon, welche Theologie er erwarten kann – und vielleicht im vorhinein auch, was er von ihr zu halten hat.

Es lohnt sich, daran zu erinnern, daß dieser Sprachgebrauch durch einen bedeutenden Beitrag zur christlichen Ethik angestoßen wurde: durch PAUL L. LEHMANNS »Ethics in a Christian Context« (New York [Harper & Row] 1963; übersetzt von Dietz Lange: Ethik als Antwort. Methodik einer Koinonia-Ethik, München 1966). Lehmann (1906–1994) bezeichnet als »Kontext« die Kirche als Beziehungsfeld ethischer Reflexion: christliches Handeln innerhalb der »koinonia« des Glaubens, der Gemeinde Jesu Christi in der Gemeinschaft mit Gottes Handeln in Jesus Christus – und damit im Vernehmen des Handelns Gottes in der Welt. Das Beziehungsfeld »Kirche« weist (so kann Lehmanns Argumentation paraphrasiert werden) auf diesen Kontext erster Ordnung: Gottes Handeln in der Welt erschließt sich für uns immer nur aus dem Zusammenhang der »messianische[n] Tat Gottes in Leben, Tod, Auferstehung und Himmelfahrt Jesu von Nazareth« (97). Das bedeutet jedoch gerade nicht, daß wir Gottes Handeln aus einer Analyse des kulturellen, sozialen und politischen Beziehungsgeflechtes unseres Handelns erschließen könnten, ebensowenig wie Gottes Weisung aus den Notlagen, Bedürfnissen und Chancen vernehmbar wird, die wir vor uns sehen. Dieser Zusammenhang ist Lehmann zwar stets gegenwärtig, aber er nennt ihn bezeichnenderweise nicht den Kontext, auf den sich die ethische Reflexion primär bezieht; diese kritische Selbstbesinnung befaßt sich vielmehr mit der Frage »Was soll ich als an Jesus Christus Glaubender und als Glied seiner Kirche tun?« (19).

Der Sprachgebrauch derer, die den »Kontext«-Begriff favorisieren, hat sich gerade an diesem wegweisenden Punkt von Lehmanns Anstoß entfernt. »Kirche« soll nun durch ihren empirischen (den sog. sozio-kulturellen) Kontext bestimmt und erschlossen werden. Damit wird die Gegenrichtung dessen eingeschlagen, was Lehmann zur Orientierung christlicher Ethik bemerken wollte. So zum Beispiel bei JAMES CONE, einem Wortführer der »Schwarzen Theologie« als »Theologie der Befreiung«, Lehmanns jüngerem Kollegen am New Yorker Union Theological Seminary, der wenige Jahre später erklärt:

> Because a perspective refers to the whole of a man's being in the context of the community, the sources and norm of Black Theology must be consistent with the perspective of the black community.

»Kontextuelle Theologie« als Gegenströmung zur Dogmatik 327

Since white American theologians not do belong to the black community, they cannot relate the Gospel to that community. Invariably, when white theologians attempt to speak to the black people about Jesus Christ, the Gospel is presented in the light of the social, political and economic interest of the white majority. (One example of this is the interpretation of Christian love as nonviolence.) Black theologians must work in such a way as to destroy the corruptive influence of white thought by building theology on the sources and norm that are appropriate to the black« community (A Black Theology of Liberation, Philadelphia, Pa. [Lippincott] 1970, 53).

Weil eine jede Perspektive sich auf das Ganze menschlichen Daseins im Kontext der Gemeinschaft bezieht, müssen die Quellen und die Norm der Schwarzen Theologie mit dem Blickwinkel der Gemeinschaft der Schwarzen übereinstimmen. Da weiße amerikanische Theologen nicht zur schwarzen Gemeinschaft gehören, können sie das Evangelium dieser Gemeinschaft nicht erzählen. Wenn weiße Theologen versuchen, zu Schwarzen von Jesus Christus zu sprechen, wird das Evangelium unweigerlich im Lichte der sozialen, politischen und ökonomischen Interessen der weißen Mehrheit vorgestellt. (Ein Beispiel dafür ist die Deutung christlicher Liebe als Gewaltlosigkeit.) Schwarze Theologen müssen in einer Weise wirken, daß sie den zersetzenden Einfluß weißen Denkens zerstören, indem sie die Theologie von den Quellen herleiten und auf die Normen aufbauen, die der schwarzen Gemeinschaft gemäß sind.

Der Begriff »Kontextuelle Theologie« zeigt diese folgenschwere Richtungsänderung an, ja geradezu einen Geisteswandel, der die Theologie in allen ihren Arbeitszweigen, besonders aber die Dogmatik, in Mitleidenschaft zieht. Dieser Geisteswandel rührt von einem Motivbündel her:

Engländer und Amerikaner verstehen unter »context« einen »Zusammenhang«, und zwar in verschiedenen Bedeutungen: ursprünglich heißt »context« das Gewebe, speziell das Wortgewebe, d. h. die Verknüpfung von Zeichen mit anderen Zeichen, die einen Text bilden. Herkömmlich bedeutet »Kontext« den *formuliert* vorliegenden Zusammenhang, in dem Wortzeichen stehen und ohne den sie nur unzureichend verstanden werden könnten; gemeint ist also eine hermeneutische Relation.

Die Weiterentwicklung der Linguistik, zumal unter dem Einfluß der Sozialwissenschaften, hat dieses Textverständnis ausgedehnt, wenn nicht gar in sich aufgehoben: Texte werden gleichsam in einem Fluidum vor- und außerliterarischer, ja auch vorsprachlicher Kommunikation lokalisiert. In Texten hat sich diese Kommunikation verfestigt, aber nur vorübergehend, so daß sie immer wieder von neuem in Fluß gebracht werden kann. Dieses Fluidum soll wie ein Text entziffert werden können, es soll als »Kontext« für Texte lesbar sein oder lesbar gemacht werden. Kontext ist nunmehr die Umwelt eines Textes – entziffert freilich durch Äußerungen, die ihrerseits in der Regel wiederum auf Texte zweiter Stufe zurückgehen, und zwar auf die hochartifiziellen Texte der Wissenschaften, die Theorien über diese Umwelt entwickelt haben: Soziologie, speziell Wissenssoziologie und Soziolinguistik, mitunter auch assistiert durch Psychologie und Tiefenpsychologie.

Ist heute von »Kontextualität« die Rede, dann in aller Regel gerade nicht im Interesse einer Texthermeneutik – oder in einem so übertragenen Sinne, daß eine Hermeneutik ganz anderer, nämlich universaler Größenordnung verbindlich gemacht wird. »Kontext« wird zum Inbegriff einer Welthermeneutik: Texte erscheinen als Elemente eines Funktionszusammenhanges, der diese Texte verständlich werden lassen soll – und zwar oft anders, als es ihnen unmittelbar entnommen werden kann. Um sie in dem verständlich zu machen, was sie in ihrem Kontext und in Auseinandersetzung mit ihm leisten, müssen sie oft genug gegen den Strich gebürstet, ihr verborgener Mitteilungscharakter muß entlarvt werden; es gilt, ihnen zu entlocken, was sie gemeint haben oder hätten meinen sollen, wenn dies nicht durch andersläufige Absichten unterdrückt worden wäre.

4.2.2 »Kontext« als Wurzel der Theologie?

Den Weg dafür hat eine andere Nuance des Wortes »context« bereitet: »context« kann alltagssprachlich und ohne genauere Differenzierung das »Umfeld« heißen, die Umgebung, die gegebene »Lage«, die Situiertheit, und zwar vorzugsweise das Gefüge von Bedingungen, in denen etwas existiert, geschieht, getan und gesagt wird.

Der erste Schritt in diese Richtung erscheint noch unverfänglich: Was spricht dagegen, Äußerungen oder Gedanken durch die Umstände zu *beleuchten*, unter denen sie entstanden sind, um sie dadurch deutlicher zu sehen? Wer aber der Frage nach den Umständen den kleinen Finger reicht, dem kann unversehens die

»Kontextuelle Theologie« als Gegenströmung zur Dogmatik 329

ganze Hand entrissen werden: Angenommen, wir kennen die Umstände hinreichend, dann können wir auch das, was hier gesagt und gedacht wird, daraus *erklären* oder es zumindest plausibel »machen« – falls Gesagtes und Gedachtes ein Produkt ist, das sich in der Auseinandersetzung mit Umständen herausbildet.

Eben dieses nachzuweisen, beansprucht der Rekurs auf Kontextualität. Er will das Entstehen einer jeden Theologie möglichst restlos erklären, und zwar so, daß er ihre »Gedanken« auf die Umstände (oder auf die Auseinandersetzung mit ihnen) zurückführt, unter denen sie entstanden sind. »Unter denen ...«: dies bezieht sich jetzt nicht mehr nur auf eine Lage, die lokalisiert werden kann, sondern es bildet die Bestimmungsgröße, aus der Funktionen abgeleitet werden sollen. Kurz: Theologie wird funktional erklärt. Und auch wenn man nicht so weit gehen will: Die Annahme, wir könnten einen »Kontext« wirklich hinreichend erfassen, verrät ein erstaunliches Zutrauen in die Kenntnisse, die wir von dem Ausschnitt einer Lebenswelt haben können, und in das Vermögen, die erforschten Beziehungen in dem umfassenden Beziehungszusammenhang zu sehen, den wir »unsere Welt« nennen. Doch welche Instrumente haben wir zur Hand, um eine Situation vollständig zu überschauen? Wie können wir auch noch in das Geflecht dieses Segmentes eindringen, um nachzuweisen, warum jemand so denken und reden konnte, wie er es getan hat, wie er es aber nicht wissen konnte, weil er in seinen Voraussetzungen befangen bleiben mußte?

Nun wird freilich nicht jeder und jede mit dieser radikalisierten Aufklärung so weit gehen wollen. Häufig ist von »Kontext« in dem bescheideneren Sinne von »Umfeld« die Rede: etwa begrenzt auf das Wechselspiel von »Biographie« und »Theologie«. Doch auch hier werden keine geringeren als die eben skizzierten methodologischen Probleme aufgeworfen. Inwiefern und wie weit kann das, was wir vom Lebenslauf, von den Lebensumständen eines Theologen oder einer Theologin wissen, erhellen, was sie geschrieben haben, und zwar besser, als es eben nun einmal geschrieben steht? Was wir z. B. im nachhinein zeitgeschichtlich in Erfahrung bringen können, kann uns gewiß zusätzlich manches aufschlußreiche Detail zur Gesicht bringen und die eine oder andere Andeutung facettenreicher sprechen lassen. Aber rührt dies wirklich an die Substanz des Gedachten und Ausgesagten? Beispielsweise DIETRICH BONHOEFFER, dessen theologisches Denken schon früh bezogen war auf die Kirche je in ihrer Zeit, auf deren

Gestaltungsaufgaben und Mitverantwortung für das Wirklichwerden Jesu Christi in der Welt: Gewiß spielten bei Bonhoeffer die seinerzeit erregenden »Umstände« eine Rolle, die nicht hoch genug einzuschätzen ist. Gerade Bonhoeffer hat sich aber gegen eine biographische Entschlüsselung seiner Arbeiten verwahrt – was manchen seiner heutigen Interpreten nicht lieb sein dürfte, gilt er doch inzwischen als Schlüsselfigur für den Konnex von »Biographie« und »Theologie«. Vor allem steht bei ihm, der so aufs »Konkrete« drängte, ein christologischer Denkweg im Hintergrund, und mehr als das: die Christologie ist für ihn etwas grundlegend anderes als eine Folie für ein Programm christlicher Weltgestaltung oder gar als eine Funktion für die Gemengelage von Interessen.

Oder, um ein anderes prominentes Beispiel zu erwähnen: KARL BARTH. Er soll einmal die Bemerkung fallengelassen haben, es könnte doch ganz aufschlußreich sein, eine Art Synopse der Entstehung seiner voluminösen »Kirchlichen Dogmatik« und der zeitgleichen politischen und kirchengeschichtlichen Vorgänge herzustellen, also immerhin über einen Zeitraum von über 35 Jahren (1932–1967) – und was für bewegten Jahren! Was diese Synopse erbringen könnte, hat er allerdings nicht verraten. Wie wenige Spuren hat doch z. B. der Kalte Krieg, gegen den Barth so vehement Stellung bezog, in Barths Versöhnungslehre (KD IV/1–IV/3) hinterlassen, die 1953–1959 erschien, also auf dem Höhepunkt einer unversöhnlichen militärisch-politischen Konstellation und der Spaltung Europas, ja der Welt!

Ist das theologisch Gedachte nicht bloß ausgedacht, sondern denk-würdig, dann hat es seine eigene Würde. Es ist sicherlich nicht zeitunabhängig oder gar zeit- und ortlos, aber es will als theologisches Argument respektiert und so ins Gespräch gebracht werden. Es sei denn, es käme gar nicht mehr auf Argumente, sondern viel eher auf Absichten an, auf Reflexe statt auf Reflexion, auf Reaktionen, ausgelöst von Herausforderungen, statt auf Denkerfahrungen mit einer Spannweite, die beanspruchen darf, auch anderen mitgeteilt zu werden, die nicht den gleichen Erlebnishorizont teilen – und zwar nicht bloß durch Übertragung aus einem Kontext in den anderen.

Bisher sind hauptsächlich Interpretationsfragen und Rekonstruktionsprinzipien zur Sprache gekommen, die im Einzugsgebiet einer radikal historischen, soziologisch und vielleicht auch psychologisch angereicherten Betrachtungsweise enstanden sind. Dies ist eine alte Schnittstelle zwischen Historismus (einer radikalen Erklärung aller Produktivität aus ihren geschichtlichen Entstehungsbedingungen) und Systematischer Theologie, eine Schnittstelle, die immer wieder als Wunde aufbrechen und infiziert werden kann. Darum ist es für die Gesundheit der Theologie so wichtig, den Begriff »Kontext« wissenschaftstheoretisch zu analysieren und ihn nicht unbekümmert um seine Risiken und Nebenwirkungen zu gebrauchen.

(62.) Kontextuelle Theologie will die Theologie durch eine umfassende Reflexion auf Handlungen in einer historisch-kulturell-sozialen Realität aufbauen und damit zeigen, wie Theologie hervorgebracht wird. Sie wird soweit als Funktion einer Wirklichkeitsbewältigung erklärt, daß sie als Theologie, d. h. als Rede mit einer spezifischen Verpflichtung zu wahrheitsfähigen Aussagen, im Grunde überflüssig wird.

Von Kontextueller Theologie sollte nur dann die Rede sein, wenn sie sich als funktionale Erklärung der Theologie versteht. Denn dieser Anspruch wird in ihrem Namen erhoben. Und diese Absicht trifft den Nerv christlicher Theologie: die Christologie.

In den letzten Jahren haben sich die Versuche verstärkt, eine kontextuelle Fragestellung vor allem an die Christologie heranzutragen, ja diese ihr geradezu zu unterwerfen. Dies geschieht im Interesse des christlich-jüdischen Gesprächs. Hier wird der »Kontext« der Person Jesu oftmals in einer unmittelbaren Beziehung zum Judentum in dessen geschichtlicher Kontinuität bis heute gesucht. Das Christus-Prädikat erscheint dann als Interpretament einer geschichtlichen Entwicklung, welche die Völker durch die Person Jesu, des Juden, am Handeln des Gottes Israels teilhaben läßt. Jesus von Nazareth sei und bleibe kraft seines Jude-Seins das Bindeglied zwischen seinem Volk und den Heiden. So soll das Entstehen der Kirche als legitimer Seitenzweig des Gottesvolkes Israel rekonstruiert werden. Die Wahrheitsfähigkeit des Bekenntnisses zu Jesus Christus und der christologischen Bekenntnisaussagen hängt somit von der Verwirklichung der Koexistenz von Juden und Christen ab – von einer kontextuell erkennbaren Beziehung also. Allein sie kann Christen erlauben, von Gott zu reden, zumal nach dem Versuch zur Vernichtung des jüdischen Volkes, an dem die Kirche mitschuldig geworden ist, indem sie ihre Existenz anders als im »Sein mit Israel« verstand und so dazu beitrug, daß das Daseinsrecht von Juden eingeschränkt, problematisiert oder gar völlig bestritten wurde.

Die Wahrheit des Redens von »Gott in Jesus Christus« wird hier nicht mehr von dem Urteil Gottes geleitet, daß in der Person Jesu, in seinem Sterben und Leben wahrgenommen und in seiner gnadenhaften Gegenwart, ohne jede weitere Begründung, empfangen werden darf: »Die Gnade und Wahrheit ist durch Jesus Christus geworden. Niemand hat Gott je gesehen; der Eingeborene [Einzige], der Gott ist und in des Vaters Schoß ist, der hat ihn uns verkündigt« (Joh 1,17b. 18).

Der »klassischen« Christologie wird nunmehr vorgehalten, sie habe immer mehr die Geschichte Israels als den »Kontext« Jesu von Nazareth und seiner Bedeutung aus dem Blick verloren und dadurch die Trennung vom Judentum schuldhaft vollzogen. Die altkirchliche Dogmenbildung hatte ja die Frage »Wer ist Jesus Christus, den wir verkündigen, zu dem wir beten und auf den wir hoffen?« mit der Formulierung beantwortet: »Jesus Christus ist wahrer Gott und wahrer Mensch« (← 1.3.2). Das sei – so lautet nun die Kritik – eine Abstraktion, ein typischer Fehlweg griechisch-metaphysischen, generalisierenden Denkens. Statt dessen müsse es heißen: »Jesus Christus war wahrer Jude«, denn dann sei auch sein Verhältnis zu Gott, nämlich zum Gott Abrahams, Isaaks und Jakobs, mitgenannt. Das Sein Jesu Christi, und auch sein Sein für uns, seine Bedeutung für die Menschheit, erschließe sich einzig und allein aus seiner Teilhabe an der Geschichte Israels, einer Leidensgeschichte, die im Leiden des Gottesfürchtigen, wie Jesus von Nazareth einer war, immer wieder als Vertrauen auf Gott und auf die Erfüllung seiner Verheißungen beredt wird.

Spätestens hier macht sich der Pferdefuß kontextueller Theologie bemerkbar: die Absage an die Externität der Theologie. In der Christologie bedeutet diese Externität das Kommen Jesu Christi von Gott, Gottes Handeln an und mit ihm, seine Einheit mit Gott und aus diesem Grunde sein wahres Menschsein, an dem wir Anteil bekommen – und zwar nicht, weil er Jude war, so entscheidend es ist, daß er, als Jude geboren, den Gott der Väter als seinen und unseren Vater angerufen hat. Diese theologischen Aussagen mit ihren glaubensnotwendigen Unterscheidungen bilden den Kontext des Redens von Jesus Christus.

4.2.3 Entdeckungs- und Begründungszusammenhang

(63.) Primärer Kontext christlichen Redens ist der theologische Begründungszusammenhang: das Gesamt der dogmatischen Aussagen, die der Erstreckung des Handelns Gottes folgen wollen.

Es wäre ein Denkfehler, als »Kontext« das Ganze der Welt zu verstehen, d. h. immer schon im voraus zu begreifen, was die Welt im innersten zusammenhält, um alles einzuordnen, was nur irgend gesagt, getan, gedacht wird – und geglaubt und gehofft werden darf. Eine solch konsequent Kontextuelle Theologie wäre unvorstellbar bedrückend und ein Instrument der Unterdrückung. Ist sie ein bloßes Schreckgespenst, oder streckt sie nicht schon längst ihre totalitären Fühler aus, und sei es mit der Begleitmusik einer Befreiung von den Fesseln traditionellen Denkens?

Sofern es sich hierbei um Denkprobleme handelt, empfiehlt es sich, den Entdeckungszusammenhang theologischer Aussagen vom theologischen Begründungszusammenhang zu unterscheiden.

(64.) Der »Entdeckungszusammenhang« theologischer Aussagen umfaßt theoretisch alle Faktoren, die auf irgendeine Weise Einsichten befördern oder zu Entdeckungen beitragen, die sich als bedeutsam erweisen.

Der Physiker WERNER HEISENBERG soll seine besten Einfälle auf Spaziergängen gehabt haben, am besten in aufsteigendem Gelände und im Halbschatten. Das ist physiologisch und in noch manch anderer Hinsicht interessant, trägt aber zur Begründung der so gewonnenen Aussagen nichts aus. Es ist ähnlich aufschlußreich für die Bedingungen geistiger Produktivität, wie der faule Apfel, den FRIEDRICH SCHILLER als Stimulans für seine Dichtungen gebraucht haben soll – oder auf einer anderen Stufe, wenn LUTHER gelegentlich bemerkt, er verdanke der Musik Entscheidendes für sein theologisches Denken. Oder denken wir an die großen Theologen des Mittelalters: Welche Rolle hat für ihre grandiosen Systeme die *vita contemplativa* in der Abgeschlossenheit des Klosters gespielt, im genau abgemessenen Rhythmus ihres Tageslaufes und bis hin zu den Umgängen im Geviert des Kreuzganges? Wer müßte da nicht mit der Zeit zum Systematiker werden, für den alles, was er abschreitet, seine bestimmte und ausgewogene Ordnung hat! Doch was trägt das etwa für ANSELMS Argument für Gottes Existenz oder für THOMAS VON AQUINOS Einsichten aus? Sie sind keine Spiegelbilder der Schritte, die sie jahrelang täglich gegangen sind.

Auf eine andere Spur führt uns eine der Entdeckungen AUGUSTINS. In seinen »Bekenntnissen« versucht er zu schildern, wie er der Zeit bewußt wird, die er erlebt hat: der Zeit, die aus dem Noch-Nicht der Zukunft in das Nicht-Mehr der Vergangenheit verfließt, wie sie nur im Augenblick des Jetzt »da« ist und sogleich verschwindet, in das Gedächtnis hinein, aus dessen Schatzkammer es immer wieder hervorgerufen werden kann (Confessiones X,8.12ff.: CSEL 33, 238-243). Augustins Erforschung des menschlichen Zeitbewußtseins, jenseits jeder bloßen Zeitmessung, gehört zu den Einsichten christlicher Theologie (← 4.1.3), die sich als bedeutsam erwiesen haben, in diesem Fall auch für die Psychologie und Phänomenologie, die sich mit der »inneren«, der erlebten Zeit beschäftigen. Augustin verliert sich aber nicht in den staunenswerten Leistungen des menschlichen Zeitempfindens. Er ist bedrückt davon, daß die Erinnerung im Laufe der Lebenszeit unaufhaltsam anwächst und der Spielraum der Hoffnung demgegenüber naturgemäß immer mehr zu schwinden scheint. Doch Hoffnung auf Gott erwächst ihm, sobald er seine Lebensgeschichte in den Zusammenhang der Erstreckung des Handelns Gottes von der Schöpfung der Welt bis zum Ende aller Dinge stellen darf (Confessiones XI,13,16ff.: CSEL 33, 291ff.). So lernt er, seine Geschichte neu im Zuge der Geschichte Gottes mit der Menschheit zu erzählen und daraus die Hoffnung zu schöpfen, die über seinen Tod hinaus reicht. – Augustin macht den Zusammenhang seiner Entdeckung autobiographisch namhaft: der Tod seines Freundes ließ ihn sich selber zur Frage werden und weckt das Interesse an sich selbst, ließ ihn in sich selbst gehen, um Gott zu finden; eine weitere Komponente können wir aus den Einflüssen des Neuplatonismus und weiteren Ansätzen zur Besinnung auf die Zeit nachweisen, also philosophiegeschichtlich. Diese und andere mögliche Faktoren begründen jedoch Augustins Entdeckung nicht, wenn wir sie nicht von ihrem Kontext isolieren. Dieser Kontext besteht aus seinen Bekenntnissen, die immer wieder von Gebeten gleichsam durchschossen sind, von denen Einsichten herkommen und in die diese wieder einmünden. Die Einsichten gewinnen ihren Zusammenhalt und ihre Verweisungen durch den theologischen Begründungszusammenhang.

Der theologische Begründungszusammmenhang (← 3.1.1) ist »Kontext« im strengen, präzisen Sinne eines sprachlichen Zusammenhanges, in dem wir uns bewegen, der unabgeschlossen bleibt – und der doch so kohärent und konsistent ist, daß er einzelne Argumente trägt und auszuscheiden erlaubt, was nicht stichhaltig ist. In ihm wird der Gegenstand christlicher Theologie ausgesagt, soweit wir seine Erstreckung zu fassen vermögen.

Durch den Begründungszusammenhang, in den wir hineinwachsen und mit dem unsere theologische Argumentation verwächst, werden wir als Theologen und Theologinnen davor bewahrt, nur auf uns selber zu blicken und so füreinander interessant oder problematisch zu werden. In diesem Begründungszusammenhang wird ja ausgesagt, daß wir in ein Labyrinth von Komplikationen geraten würden, wollten wir uns selber durchschauen. Gerade hier steht unsere theologische Integrität auf dem Spiel: Reden wir letztlich von uns selbst, von der Auseinandersetzung mit unseren Lebensbedingungen, unserer sozialen Rolle, unserer rassischen und Geschlechtsbestimmtheit? Oder riskieren wir es, uns einem Gespräch mit anderen auszusetzen? Deren Reaktion läßt unsere Herkunft bewußt werden, oft recht schmerzhaft, weil wir einsehen müssen, wie begrenzt unser Blickfeld ist, auch in der Theologie, in der wir aufgewachsen sind. Diese Komplikationen können jedoch nur im gemeinsamen Wachsen in den theologischen Begründungszusammenhang überwunden werden – nicht aber, indem wir uns einer Betrachtungsweise anvertrauen, die uns verspricht, restlos zu erklären, wie wir »situiert« sind und warum.

GIANCARLO COLLET (Hg.), Theologie der Dritten Welt. EATWOT als Herausforderung christlicher Theologie und Kirche (NZM.S 37), Immensee 1990, bes. 142–161. – NOTGER SLENCZKA, Kontext und Theologie. Ein kritischer Versuch zum Programm einer »kontextuellen Theologie«: NZSTh 35 (1993) 303–331.

4.3 Ethik als Katalysator für Dogmatik?

Kontextuelle Theologie will theologisches Denken in – wie sie meint – größere Zusammenhänge stellen. Sie wird dabei auch von der Absicht geleitet, mit Gleichgesinnten außerhalb christlicher Gemeinschaften zugunsten gemeinsamer Ziele tätig werden zu können. Eine ähnliche Blickrichtung beherrscht seit der Aufklärung ebenfalls weithin das Interesse an der Ethik in Theologie und Kirche. Ethik gilt hier als *Übergang von Kirche als abgegrenztem Kommunikationsraum zur gesellschaftlichen Öffentlichkeit*. Im Gemeinwesen, in Wirtschaft, Politik und je länger desto mehr in einer durch die Massenmedien gestalteten globalen Informationsgesellschaft müssen Christen auf Gedeih und Verderb zusammen mit anderen leben, arbeiten, sich verständigen, wenn sie sich nicht in ein Ghetto zurückziehen wollen, was meistens nur partiell gelingen kann. Um die grenzübergreifende Verständigung für das Handeln muß sich die Ethik kümmern, diese Verständigung ist selber eine ethische Aufgabe größten Ausmaßes. Die Dogmatik kann sich dafür allenfalls indirekt auswirken, indem sie an Werte und Normen der Glaubensüberlieferung erinnert und eine Frömmigkeit stärkt, die Impulse zur Lebensführung zu geben vermag. Aus diesem Blickwinkel mag die Dogmatik in der Kirche mit ihrer »Binnensprache« weiter vor sich hin gedeihen wie in einem Biotop, dessen Luxus sich die Gesellschaft gönnt, um der Artenvielfalt von Überzeugungen einen geschützten Raum zu gewähren. Doch erst in der Ethik wehe, so heißt es, der rauhe, aber auch abhärtende Wind, vor dem die »Konsequenzen« von Glaube und Hoffnung sich bewähren müßten. Glaube und Hoffnung werden dann als Prämissen der Lebensgestaltung angesehen, die wir gleichsam im Hinterkopf haben oder als Motivationshintergrund im Seelenhaushalt pflegen, aber nicht im Visier der Lebensführung haben können. Wenn dogmatisch gedachte Maximen sich dem ethischen Diskurs aussetzen müssen, dann wirkt dieser auf sie wie ein Katalysator, der eine Reaktion von Substanzen in Gang bringt, die sonst nicht so oder nicht so rasch erfolgen würde. Vom ethischen Diskurs wird erwartet, daß er die Dogmatik aus ihrer Trägheit herausreißt. Er unterzieht die dogmatischen Partikel einer tiefgreifenden Reaktion, die sie teils nutzbar macht, teils ihre schädlichen Auswirkungen – die Verschmutzung der geistigen Atmosphäre durch starre Überzeugungen – in erträglichen Grenzen hält.

4.3.1 Die Schnittstelle von Dogmatik und Ethik

Wird die Ethik einem universalen Kommunikationsraum zugeordnet, dann werden die Grenzen des Geltungsbereiches theologischer Aussagen (← 2.9.2) wieder virulent. Und dann verspricht die Ethik einen Zugang zur Dogmatik, der deren Grenzen respektieren mag, aber diese Begrenztheit gleichsam unterläuft. Was dogmatisch gesagt wird, soll anschaulich gemacht werden, damit es mit dem Verhalten von Zeitgenossen, die dem Christentum fernstehen, verglichen werden kann. Dabei fällt jedoch auf, daß hauptsächlich in Grenzbereichen gravierende Unterschiede hervortreten, die auf ganz unterschiedliche Beweggründe zurückschließen lassen. Gibt es demnach ein spezifisch christliches Handeln und entsprechend ein christliches Ethos? Verschwimmen nicht gerade in der alltäglichen Lebensführung die Konturen des Christlichen?

Diese Beobachtung wird durch ein Bedenken gestützt, das besonders in den reformatorischen Kirchen und ihrer Theologie zu Hause ist: *Kann christliches Leben überhaupt Gestalt annehmen?* Bleibt dieses Leben nicht »verborgen mit Christus in Gott« (Kol 3,3)? Wollten *wir* versuchen, seine Unanschaulichkeit zu demonstrieren, müßten wir es mit einer besonderen *Lebensführung* veranschaulichen. Und dann ist der *Moralismus* nicht mehr fern: die Gleichsetzung des göttlichen Willens mit dem, was Menschen, die sich auf dieses Wollen berufen, im Unterschied zu anderen Menschen tun, oder noch eher: was die Erwählten gerade nicht tun. Vor solchem Moralismus, vor der dogmatistischen Instruktion zum rechten Leben, hat die Theologie eine Heidenangst entwickelt, und dies wahrlich nicht ohne bedrückende Anlässe. Welche Nebenwirkungen hat er in rigoroser Gruppenmoral gehabt, etwa im linken Flügel der Reformation oder bei den amerikanischen Puritanern! Ihre Maximen für eine gottgemäße Lebensführung formten Generationen nachhaltig, aber um einen hohen Preis: Sie kosteten die erbarmungslose Unterdrückung oder Ausgrenzung Andersdenkender und in den eigenen Reihen eine nachhaltige seelische Verformung, Skrupulosität und Befangenheit, die aus unablässiger Selbstbeobachtung entsteht.

Dieses Beispiel, das sich leicht durch ähnliche Problemfälle vermehren läßt, sollte unsere Aufmerksamkeit auf den neuralgischen Punkt einer solchen Sittlichkeit mit christlichem Anstrich lenken: Theologische Urteilsbildung wird ersetzt durch eine Bewertung von Tun und Lassen, die das, was sie von Gottes Willen zu sagen weiß, im Rücken zu haben meint, statt sich diesem Willen auszusetzen. Der Zugang zur Dogmatik, den eine ethische Reflexion auf Beweggründe zum Handeln zu vermitteln verspricht, erweist sich jetzt als Sackgasse. Denn er endet bei dem, was Menschen sich zutrauen können, und führt nicht dazu, unsere Urteile, die wir wohl oder übel bilden müssen, dem Urteil Gottes zu unterstellen. Und hier treffen wir auf eine völlig andere Grenze als diejenige, die im Vergleich von Verhaltensweisen und auch von Normen und Werten in Sicht kommen kann.

Wo überschneiden sich Dogmatik und Ethik? Wo schneiden sie sich unter Umständen auf recht empfindliche Weise? Dort, *wo die klassische Grundfrage der Ethik nach dem rechten Handeln auf die Wahrnehmung des Handelns Gottes trifft.* Dort, wo die elementare Frage »Was sollen wir tun?« in unerwarteter Weise drängend wird. Dort, wo die Antwort darauf nicht mehr in Sichtweite ist, geschweige denn auf der Hand liegt.

Wann fragen Menschen: »Was sollen wir tun?« – nicht bloß aufgerüttelt aus ihrer Trägheit oder angesichts einer verwirrenden Fülle von Handlungsmöglichkeiten! Die Frage »Was sollen wir tun?« rückt in ganz anderem Sinne unausweichlich nahe, wenn das Reich Gottes angekündigt wird, das vor das Ende aller Dinge stellt, wenn die Zeit menschlichen Handelns an Gottes Kommen strandet (Lk 3,10). Oder wenn mit dem Kommen des Gottesgeistes die Geschichte Jesu Christi so nahekommt und nahetritt, daß Menschen außer sich geraten (Apg 2,37ff.). Was bisher ihr Lebensziel gewesen sein mag, wird erschüttert. Die Frage »Was sollen wir tun?« wird hier mit der Einladung zur Taufe beantwortet. Wer die Taufe empfängt, wird Gottes Willen übereignet. »Was sollen – was können wir tun?«: in der Erwartung der Rechtfertigung, des Urteils Gottes, unter dem all unser Tun und Lassen steht, und in der Hoffnung auf Gottes Heiligung des menschlichen Wirkens – womöglich auch augenscheinlicher Wirkungslosigkeit, seiner Folgen und Folgenlosigkeit.

Die Einladung zur Taufe gibt auch einen Hinweis darauf, wie wir Gottes Handeln im Verhältnis zu dem auffassen dürfen, was wir als unsere Handlungsmöglichkeiten ansehen und wie wir uns immer schon als handelnde Wesen begreifen. Gott ist kein Handlungssubjekt in Konkurrenz zu anderen Akteuren, gar der Übermächtige, welcher allen anderen nur einen Bewegungsspielraum innerhalb seiner eigenen Aktionen ließe. Menschen wären in diesem Spiel keine Personen mehr, sondern bekämen Rollen zugewiesen, wie im »Großen Welttheater« von HUGO VON HOFMANNSTHAL nach PEDRO CALDERON. Was der theologische Personbegriff gerade ausschließen sollte – das Verständnis von »Person« als Maske oder Rolle –, würde sozialanthropologisch wieder in Szene gesetzt.

Gottes Handeln kommt unserem Tun und Lassen zuvor, und er erschafft uns zu Handelnden, die vollbringen, was die Bibel »gute Werke« nennt: die Taten, die Gott uns bereitet hat – so, daß wir gleichsam in sie hineinschlüpfen und uns zwanglos in ihrem Format bewegen. »Denn wir sind sein Werk, geschaffen in Jesus Christus zu guten Werken, die Gott zuvor bereitet hat, daß wir darin wandeln sollen« (Eph 2,10). Gottes Schöpfung können wir nur bewahren, wenn wir uns als Gottes Geschöpfe verstehen, Frieden vermögen wir nur anzustreben im Frieden mit Gott, nach Gerechtigkeit trachten wir als diejenigen, denen Gottes Gerechtigkeit widerfahren ist. Um Aufgaben umreißen zu können, müssen wir zuallererst und immer wieder lernen, wer wir als Handelnde sind. Und dazu bedarf es keiner Handlungstheorie, sondern der Urteilsbildung, die zwischen dem, was für uns getan ist, weil wir es gar nicht erbringen können, und dem, was uns zu tun aufgegeben wird, unterscheidet. In dieser Urteilsbildung folgen wir einer von Gott gesetzten Unterscheidung, die wir in unserem Urteil immer neu auszuloten versuchen.

Deshalb lassen sich dogmatische Aussagen nicht in ethische transformieren, dogmatische Begriffe nicht in ethische Direktiven ummünzen. Gottes Wirken läßt sich nicht in unserer Wirklichkeit ausweisen, für die die Ethik dann eine Theorie bilden könnte (so der Versuch TRUTZ RENDTORFFS, Ethik I–II [ThW 13/1], Stuttgart, ²1990; [ThW 13/2], ²1991). Beispielsweise »Versöhnung«: Diese überraschende und unermeßliche Tat, mit der Gott das Verhältnis zu ihm, das durch menschliche Schuld unrettbar zerstört war, von neuem geschaffen hat, wird zur göttlichen Initiative für eine universale Aussöhnung und Friedensstiftung, die mit dem Verhältnis der Menschheit zu Gott beginnt und sich in der Aussöhnung von Menschen miteinander erfüllt. Dadurch verändert sich unversehens auch der theologische Begriff »Versöhnung«, er wird zum Ausdruck für die »Aussöhnung« Gottes mit den Menschen, um nicht zu sagen: für die friedliche Koexistenz von Gott und Menschheit.

(65.) Theologisches Urteilen unterscheidet und verbindet: Gottes Handeln und menschliches Handeln, Gottes Willen und unser Wollen, seine Verheißung und unsere Zielsetzungen, seine Güte und das für unser Ermessen Gute, Gottes Gerechtigkeit und unseren Sinn für das Richtige, seine Vollendung und das für uns Vollkommene.

Die Verhältnisbestimmung von Dogmatik und Ethik hält sich an die Unterscheidung von Gottes Handeln und menschlichem Handeln, die in theologischer Urteilsbildung nachvollzogen werden muß. Das theologische Urteil folgt dieser Unterscheidung. Die dogmatisch explizierte Unterscheidung ist die Regel, an die sich das theologische Urteil hält. Die Dogmatik hat nicht nur von Gottes Handeln zu reden und die Ethik nicht nur vom menschlichen Handeln. Vielmehr hat die Dogmatik von Gottes Handeln so zu reden, daß die Ethik nicht auf das menschliche Handeln begrenzt bleibt. Die Unterscheidung von Gottes Handeln und menschlichem Handeln gehört zur Lehre von Gottes Vorsehung. Beide lassen sich weder trennen noch vermischen, es entsteht vielmehr eine Spannungslage zwischen Gottes Fürsicht und menschlicher Voraussicht.

Die Frage nach Gottes Willen umfaßt beides: den Willen, den Gott von uns getan haben will, und den, den er sich selber vorbehält (HINRICH STOEVESANDT, Deus iustificans gubernator. Notizen zur »Vorsehungslehre«: Rechtfertigung und Erfahrung, hg. von Michael Beintker/Ernstpeter Maurer/Hinrich Stoevesandt/Hans G. Ulrich, Gütersloh 1995, 113-136, bes. 132f.). Dies ist keine quantitative Bestimmung, keine Aufteilung, die uns zuhanden wäre. Vielmehr fragen wir nach Gottes Willen, auf daß wir in diesen Willen einstimmen können. Die Providenzlehre erinnert daran, daß Gottes Wille unvergleichlich ist gegenüber jeder denkbaren Summe der Willen derer, die in Gottes Willen einstimmen möchten. Diese Unterscheidung läßt uns innehalten in unserem Drang, unsere Handlungsmöglichkeiten überschauen zu wollen, um aus dieser Übersicht heraus die rechte Entscheidung zu treffen.

Das Gebet bildet das Gelenk zwischen Providenzlehre und Ethik. Es macht darauf aufmerksam, daß Gottes Vorsehung sich nicht in der Erhaltung der Schöpfung erschöpft, sondern daß unser Wille auf *Gottes ausgesprochenen Willen* trifft, der uns in seinem *Gebot* gegenübertritt. Das Gebot teilt uns mit, wo und wie wir von Gottes verheißungsvollem Handeln in unserem Tun und Lassen umfangen sind. Und das Gebet geschieht, weil wir so von ihm umfangen sind. An dem Umstand, daß überhaupt gebetet wird, wird deutlich, daß wir es mit begrenzten menschlichen Möglichkeiten zu tun haben. Im allgemeinen denken Menschen, wenn sie ethisch fragen, ins Unabsehbare hinein: unwillkürlich rechnen sie damit, unabsehbar und unermeßlich viel Zeit zu haben und in dieser Zeit entweder die Folgen ihres Handelns bestimmen oder, wenn erforderlich, diese Folgen noch korrigieren zu können – wenn sie nur genug wissen und übersehen. Der Drang ins Unabsehbare geht in alle Richtungen. Diese Richtungen abzuschreiten, kann zu einer Last werden, unter der Menschen zusammenbrechen und handlungsunfähig werden. In der Bitte »Dein Wille geschehe wie im Himmel so auf Erden« wird gefragt, wo wir haltmachen dürfen vor solch einer Unabsehbarkeit. Gottes Wille ist ja kein willkürlicher und kein unabsehbarer Wille, sondern der in seinem Tun, in seiner Verheißung und seiner Weisung ausgesprochene Wille.

Es bedarf der Urteilsbildung, sobald Rechenschaft über unser Tun und Lassen verlangt wird: Wenn wir gefragt werden oder uns selber fragen müssen, warum wir dies tun und jenes nicht – oder ob wir nicht eigentlich viel mehr tun müßten. Der Ton liegt dabei auf dem »*dies*«: auf einem bestimmten Handeln also, nicht auf dem »warum«, das zum Gegenstand einer weiteren, speziellen Rückfrage werden kann. Urteile müssen gewonnen werden, wenn Unklarheit eingetreten ist – oder dann, wenn etwas überraschend deutlich zu werden beginnt, sich aber noch nicht zu einem Urteil, d. h. zu einer distinkten Wahrnehmung herausgebildet hat. Es ist eine Wahrnehmung, die des Distinkten gewärtig ist, nicht aber selber Distinktionen setzt.

4.3.2 Zur ethischen Urteilsbildung in der Theologie

Wie verhält sich Dogmatik als theologische Urteilsbildung zur ethischen?

(66.) Wahrnehmung des Handelns Gottes – und theologische Urteilsbildung als eine bestimmte Form dieser Wahrnehmung – ist besonders dann vonnöten, wenn nicht nur Unterscheidungen getroffen und Entscheidungen gefällt werden müssen, sondern wenn es nottut, die Form unserer Wahrnehmung verändern zu lassen, damit wir Gottes Willen angesichts von Handlungsaufgaben und -chancen prüfen können. Dafür kann die Übung des Denkens in dogmatischen Zusammenhängen hilfreich sein. Theologisch-ethische Urteilsbildung prüft unser Handeln, wie es durch mancherlei herausgefordert wird: daraufhin, ob es Gottes ausgesprochenem Willen folgt.

Die Dogmatik läßt sich den Begründungszusammenhang des Redens von Gottes Willen angelegen sein: Gottes Vorsehung als Fürsicht dessen, dessen Treue unser Leben hält, indem er es in Verbindung hält zu dem, was er will. Wir erfahren Gottes Providenz in der Heimsuchung unseres Tuns und Lassens. Er läßt uns frei, sich auf ihn zu verlassen, seiner Verheißung zu vertrauen, und zwar inmitten dessen, was wir tun und woraufhin wir es tun. Doch er entläßt unser Handeln nicht, er läßt es nicht los.

Die Prüfung, was Gottes Wille ist, folgt der Frage, was *Gott für uns im einzelnen will* und daraufhin *von uns will*. Gottes Willen können wir nur ermessen, wenn wir zu sagen wissen, was er verheißungsvoll für uns getan hat. Darauf ist zu beziehen, was wir meinen, tun zu sollen, geleitet vom Gebet »Dein Wille geschehe«. Zu prüfen, was Gottes erklärter, ausgesprochener Wille sei, daraufhin ein Urteil über das »Gute, Wohlgefällige und Vollkommene« (Röm 12,2) zu fällen: darin besteht die äußerste ethische Konkretion. Gottes Wille in concreto ist gleichsam ein *Zusammenwachsen* seines Handelns an uns und für uns mit unseren Handlungsmöglichkeiten. Indem wir die Absichten und Zielsetzungen unseres Handelns auf diese Konkretion hin prüfen, setzt sich unser ethisches Abwägen dem Urteil Gottes aus, in der Erwartung, daß er auch unser Tun in den Zusammenhang seines richtenden und rettenden Handelns versetzen möge.

Ein »Zusammenwachsen« von Gottes Handeln und menschlichem Handeln bringt keine andächtige Haltung gegenüber der religiösen Tiefenschicht oder dem Urgrund des eigenen Handelns hervor. Es bringt durchaus störend zu Bewußtsein, daß sich Gottes Handeln nicht abschütteln läßt. Der Mensch ist nicht allein in dem, was er tut. Zwar mag es so aussehen, als seien Gottes Handeln und das Handeln des Menschen zwei Parallelen, die sich im Unendlichen schneiden – indem Gottes Handeln gleichsam im Jenseits dem menschlichen Tun und Lassen parallel liefe und Gottes Nähe ausgeklammert bliebe. Doch Gottes Nähe läßt sich von uns weder auf die lange Bank schieben noch ins Kalkül ziehen. Wird sie als Intervention in Geschehens- und Handlungsabläufe gedeutet, dann fragen wir nur bei Vorgängen, die sich nicht einordnen lassen, dann fragen wir bloß bei Brüchen im sonst überschaubaren Handlungszusammenhang nach Gottes Vorsehung.

Bei allen diesen Versuchen, unser Erleben und Handeln Gottes Handeln zuzuordnen, soll ihr *Zugleich* ausdrücklich gemacht werden. Gefährlich wird es, wenn dies nur schematisch geschieht: entweder im Verhältnis von Voraussetzungen und Konsequenzen oder indem Gottes Handeln wie die unhörbare Begleitmusik zu dem, was auf Erden lautstark vor sich geht, vorgestellt wird. Die Dogmatik kann hingegen auch methodisch für ethische Urteilsbildung hilfreich sein: indem sie unschematische Unterscheidungen einprägt, die das Geheimnis der Gegenwart Gottes aussagen (← 1.2.1). Diese theologische Urteilsbildung kommt mit ethischer Reflexion nicht zur Deckung: zum Zeichen dafür, daß der Mensch nicht nur ein handelndes Wesen ist.

Wenn Dogmatik darauf zu achten hat, was es unter allen Umständen zu sagen gilt, muß daraufhin gesagt werden, was Menschen in ihrer Situation zugemutet werden darf – also unter bestimmten und vielleicht sich wandelnden Umständen.

Was wird ihnen möglich, indem ihnen Gottes Handeln vor Augen gestellt bleibt, gegenwärtig in seiner Verheißung und für ihre Hoffnung?
  Es gilt also zu fragen, wie sich menschliche Lebensvollzüge zu Gottes Handeln verhalten – und dies nicht im allgemeinen und durchaus nicht erst in den eben erwähnten Krisensituationen, sondern angesichts dessen, was uns jeweils vor Augen steht.

Beispielhaft sagt dies ein Gebet:

> Herr Christus, weil du willst, daß wir handeln als deine Stellvertreter, bis du kommst, ermögliche es uns, Hungrigen so Nahrung zu verschaffen, daß sie nach dir als dem Brot des Lebens fragen; Kranke so zu pflegen und zu tragen, daß sie ausschauen lernen nach deiner großen Hilfe, und den Gefangenen und Gebundenen so zur Seite zu stehen, daß sie von dir Befreiung erbitten. Laß uns dort mit dabei sein, wo um Gerechtigkeit gekämpft wird, damit deine Wahrheit nicht länger verdunkelt werde. Erinnere uns daran, daß du Früchte bei uns suchst. Wir möchten dir nicht bloß anhangen, sondern gehorchen (Neuer Erde Morgenstern. Gebete aus der Hoffnung, Zürich 1965, 21).

Das wiederholte »so« in diesem Gebet: dies ist es, was erfragt werden muß. Und zwar nicht als Rezept für eine Handlungsweise oder als Gepräge einer augenfälligen Bereitschaft: *So* und nicht anders muß dein Handeln beschaffen sein, um wirklich Not zu wenden, Hilfe zu schaffen, Solidarität zu üben – und darüber hinaus auch noch auf Gott zu verweisen, auf ihn aufmerksam zu machen als den, der das Unzureichende deiner allerbesten Anstrengungen komplettieren muß! Das *so* soll vielmehr die Verhältnismäßigkeit des Handelns anzeigen, seine Richtigkeit in Beziehung zu Glauben, Hoffnung und Liebe; es soll sagen, ob und inwiefern es sich nicht im (ausdrücklichen oder heimlich-unheimlichen) Gegensatz zu dem bewegt, was in der Erwartung der Rechtfertigung und Heiligung, in der Bitte um Gottes Segen gesagt werden kann. Das *so* soll keine Entsprechung angeben, sondern es richtet sich auf die Zugehörigkeit unseres Handelns zu Gottes Handeln: daß es für das, was Gott getan hat und zu tun sich vorbehält, durchsichtig wird.

Anders als ein »christliches Ethos«, das die Unanschaulichkeit des Christenlebens zugunsten eines markanten Lebensstils aufheben will, kommt das Leben, das »verborgen [ist] mit Christus in Gott« (Kol 3,3) in der Art und Weise zum Zuge, wie Menschen Beten und Urteilen miteinander verbinden. Diese Aufgabe will in jeder christlicher Existenz vollzogen werden. Zur Darstellung wird sie wohl nur dann kommen, wenn eine ausdrückliche Rechenschaft darüber verlangt wird, von anderen oder von denen, die um das eigene Urteil ringen müssen.

Deshalb ist eine Urteilsbildung vonnöten, die auf dieses *»so«* ausgerichtet ist und darüber Rechenschaft gibt. Eine solche Urteilsbildung gehört zur Ethik, und zwar in *Form des ethischen Urteils*. Eine Theorie dieses Urteils ist als Disziplin für die Theologie erforderlich – ebenso wie es der Dogmatik als einer theologischen Urteilsbildung bedarf, in der umrissen wird, was im Glauben und auf Hoffnung hin gesagt werden kann, unter Ausschluß seines Gegenteils.

Die dogmatische Urteilsbildung versucht, Gottes Handeln zu ermessen: im Blick auf das Handeln, das er uns bereitet. Sie trifft auf die Sucht des Menschen, ins Unabsehbare hinein zu denken: »Ich habe noch so viel Zeit, sonst könnte ich gar nicht verantwortlich handeln – und ich muß die Folgen meines Handelns im Blick haben und mich dafür verantworten, ohne damit je zu Ende zu kommen.« Dagegen begrenzt Gottes Handeln das unsrige, indem wir vernehmen, was wir unter gar keinen Umständen tun und beurteilen können.

Dies wird in einer der Bitten des zitierten Gebetes markiert: »unser Kampf um Gerechtigkeit – Gottes Wahrheit«. Wie hängen sie zusammen? Gemeint ist ja hoffentlich nicht, daß über Gottes Wahrheit dort entschieden wird, wo Menschen um Gerechtigkeit kämpfen. Wer bittet, dort zu sein, wo um Gerechtigkeit gekämpft wird, damit Gottes Wahrheit nicht verdunkelt wird, der setzt sich dieser Wahrheit aus, und zwar gerade dort, wo er nicht umhin kann, Partei zu ergreifen. Wie verhält sich diese unvermeidliche Frontenbildung zu Gottes Wahrheit? Wird sie etwa nur auf der eigenen Seite gesucht, gar mit dieser identifiziert?

Wissen wir, worum wir bitten, wenn wir um Gottes Beistand und um seinen Segen bitten, um sein Handeln an und mit den Handelnden?

Ethische Urteilsbildung in der Theologie dient der Klarheit dieser Bitte. Wir würden uns und andere täuschen, wenn wir unser Handeln mit falschen Erwartungen belasten oder nur von Entschuldigungen entlasten wollten. Diese Klarheit muß von Fall zu Fall gewonnen werden: im Fällen des Urteils, nicht in der Anwendung einer ein für allemal als gültig erkannten Richtlinie auf einen Sachverhalt, der je nach der Situation, in der er zum Problem wird, nach einer Lösung verlangt.

Eine solche Urteilsbildung dürfte auch Paulus meinen, wenn er auffordert: »Laßt euch die Form eurer Wahrnehmung verändern, damit ihr prüfen könnt, was Gottes Wille ist, nämlich das Gute und Wohlgefällige und Vollkommene« (Röm 12,2). Zuvor hatte er über die Gnadentaten Gottes gesprochen und von ihrer Verheißung über den unerforschlichen Wegen und Vorhaben Gottes. Nun ermahnt er zum »Opfer« der Existenz derer, denen diese Gnade widerfahren ist und die ihre Verheißung vernommen haben. »Opfer« bedeutet völlige Hingabe zum »vernünftigen Gottesdienst«. Wer sich so opfert, kann sich nicht der »Welt« gleichschalten lassen, sondern sein Sinn, das Ganze seines Wahrnehmungsvermögens, wird einer Verwandlung unterzogen, und dieser Erneuerung soll er sich unterziehen. Aber nicht, um eine »neue Gesinnung« zu erhalten und damit eine Gesinnungsethik zu praktizieren, die mit radikal veränderten Prinzipien alles niederreitet! Die Form des Urteils soll sich vielmehr verändern lassen, damit geprüft werden kann, und zwar nicht diese oder jene Handlungsmöglichkeit, sondern nichts geringeres als Gottes Wille selbst. Er soll geradezu auf die Probe gestellt werden, indem im einzelnen gesagt werden kann, was er unserem Handeln positiv zumutet.

Was Paulus dann weiter sagt, klingt ethisch durchaus nicht revolutionär. Seine Paränese, die Einweisung in das Handeln und die Einübung in die Rechenschaft darüber, erbringt keine grundstürzend neue Sittlichkeit, d. h. keine neue Einstellung des für sein Handeln verantwortlichen Subjektes zur Zeit seines Tuns und zum Spielraum seiner Möglichkeiten. Statt dessen kommt immer wieder zur Sprache, was die Angesprochenen sind: Gottes Geschöpfe, begnadigte Sünder, die nicht sich selber, sondern Christus leben und sterben (Röm 14,8). Und daraufhin zeichnet sich je und dann ab, was in ihrem Handeln anders sein oder anders werden könnte, zunächst im Vergleich zu dem, was früher ihr Tun und Lassen prägte, dann vielleicht auch im Seitenblick auf andere, die sich anders verhalten. Der Vergleich mit dem, was andere tun, ist jedoch niemals leitend für die ethische Urteilsbildung.

Daraus dürfte sich der Befund erklären, daß sich die ethischen Partien der neutestamentlichen Schriften weitgehend mit Moralanschauungen vertragen, die zu ihrer Zeit auch sonst weithin herrschten, sofern überhaupt ethische Maßstäbe galten und sich nicht bloße Beliebigkeit ausbreitete. Das frühe Christentum hat keine besondere Sittlichkeit und schon gar nicht eine Eliteethik hervorgebracht. Und doch haben sich Weichenstellungen vollzogen, machen sich an neuralgischen Stellen Veränderungen bemerkbar, die sich später nachhaltig auswirkten. Die Weichenstellung besteht nicht jedoch in einzelnen neuen oder radikalisierten Vorschriften, auch wenn etwa in den »Haustafeln« der neutestamentlichen Briefe je und dann Neues gesagt wird. Entscheidend ist vielmehr, daß der gesamte Alltag Gottes Urteil unterstellt wird – und nicht versucht wird, Gottes Urteil in den Alltag hinein zu übersetzen, damit es ethisch dingfest gemacht werden könnte.

Oder um ein späteres Beispiel zu nennen: MARTIN LUTHER nahm dem Wort »Beruf« die Festlegung auf eine ausgezeichnete, »geistliche« Lebensform, auf eine Berufung, die nur wenigen zuteil werden kann, und nannte »Beruf« jede Tätigkeit, mit deren Hilfe das Leben aller weitergeht (GUSTAF WINGREN, Luthers Lehre vom Beruf [FGLP X/3], München 1952). Beruf wird zum vernünftigen Gottesdienst. Dadurch wird er jedoch gerade nicht als solcher sanktioniert, sondern zum bestimmten Feld der Prüfung des Willens Gottes. Deshalb bedarf die Wahrnehmung des Berufes der Urteilsbildung, andernfalls wäre eine gewissenhafte Berufsausübung unbefragbar, weil »geheiligt«. Das frühere Verständnis von Berufung zu einer monastischen Lebensweise als

»Beruf« hatte gegenüber allen anderen, »weltlichen« Tätigkeiten zumindest zeigen wollen, daß das Leben nicht nur aus Arbeiten oder gar bloß aus Bewerkstelligen und Verfertigen besteht. Ob dies auch für »Beruf« in einem ganz weiten Bedeutungsfeld gilt, muß eigens beurteilt werden, sonst droht der Beruf zum Götzendienst zu werden.

Für diese Prüfung arbeitete Luther die Urteilsform der »*Zwei-Reiche-Lehre*« aus: die christliche Existenz befindet sich in »Welt« und »Kirche«. »Kirche« und »Welt« bedeuten zwei Schnittmengen des Handelns im Glauben und auf Hoffnung hin: Christen sind im Vernehmen des Evangeliums und in ihrer Befolgung dessen, was für das Gedeihen eines rechten Gemeinwesens erforderlich ist, von Gottes Weisung und Verheißung umfangen. Auf verschiedene Weise erfahren sie die Einheit des Handelns Gottes, der auf seine Weise im Staat und in der Kirche am Werke ist. Darum bedeutet »Welt« nicht das Allgemeine, in dem Christen durch besonderes Handeln hervortreten könnten: auch die Kirche gehört als Körperschaft zur »Welt«, und zwar zu der Welt, die sich Gottes Willen widersetzen kann und der Gott deswegen entgegentreten muß.

4.3.3 Hoffen im Handeln

Sollte Gottes Handeln – irrigerweise – als Voraussetzung menschlichen Handelns verstanden werden, dann würde Ethik einen Rückgang zu dem Ursprung unseres Handelns, von seinen Zielen und Bewertungen zu ihrem Motivationshintergrund verlangen. Ein jeder Aufblick auf Gottes Verheißung in seinem Handeln und in der Frage nach der Vernetzung unseres Handelns führt uns jedoch zum *Gebet*, und zwar ebenso zu Klage wie zu Bitte, Fürbitte und Dank (← 2.3.2). Dieses Gebet wird hervorgerufen durch Verkündigung, Seelsorge, Unterricht und andere Formen des Redens im Glauben, auf Hoffnung hin und aus Liebe.

(67.) Das Gebet leitet uns dazu an, auch in unserem Urteilen über Tun und Lassen in eine bestimmte Lebensform hineinzuwachsen: in das Leben in der Erwartung des Urteils Gottes.

DIETRICH BONHOEFFER hat vorgeschlagen, diese Lebensform als Unterscheidung des »Letzten« von allem »Vorletzten« einzuüben: Gottes unumkehrbares Wort als die Rechtfertigung des Sünders, das letzte Wort, dem »vorletzte Dinge« vorausgehen: »ein Tun,

Leiden, Gehen, Wollen, Unterliegen, Aufstehen, Bitten, Hoffen, also ganz ernstlich eine Spanne Zeit, an deren Ende es steht« (Ethik, hg. von Ilse Tödt/Heinz Eduard Tödt/Ernst Feil/Clifford Green [DBW 6], München 1992, 140f.). Diese Kategorisierung könnte allerdings auf den Gedanken bringen, daß *wir* die Unterscheidung zwischen Letztem und Vorletztem vollziehen könnten, auch in zeitlicher Hinsicht – doch dergleichen wäre irreführend, ja verhängnisvoll. Daß wir kein letztes Wort sagen können, wird uns nicht nur auf die Grenze unseres Urteilens aufmerksam machen, sondern an das Vernehmen des ausgesprochenen Willens Gottes weisen. In solchem Vernehmen werden wir von Gottes Geist geführt (Gal 5,18): auch dies gehört zur Lebensform der Erwartung des Urteils Gottes, die im Geführt-Werden und Sich-Führen-Lassen erfahren wird.

Aus schlechten geschichtlichen Erfahrungen mögen wir bedenklich geworden sein gegenüber allen Versuchen, ein »christliches Ethos« ermessen zu wollen: ein Ethos, das die Frage, wie recht zu leben sei, unübersehbar anders beantwortet, als es im Umfeld der Christenheit geschieht. Doch dies darf uns nicht hindern zu fragen, wie eine Lebensform erlernt werden kann, und zwar im Wissen darum, daß Glaube, Hoffnung und Liebe keine Lernziele sind (← 2.7) und daß das »christliche Leben« sich nicht in Handlungsdirektiven abzeichnet. Gleichwohl sind in der Geschichte der Kirche Normen überliefert und immer wieder vergegenwärtigt worden, die helfen sollen, nicht in Lebensweisen abzugleiten, die Glauben, Hoffnung und Liebe widersprechen und dadurch die Gemeinschaft mit Jesus Christus aufs Spiel setzen. Diese Normenbildung vom Moralismus zu unterscheiden, ist eine der vorzüglichen Aufgaben theologischer Urteilsbildung in der Ethik.

Solche Urteilsbildung bezieht sich – wie die Dogmatik – vordringlich auf das kirchliche Handeln als die primäre Öffentlichkeit der Theologie und wird von diesem Handeln immer wieder gespeist. Ebensowenig wie die Dogmatik in eine kirchliche Selbststeuerung gebannt werden darf, besteht Ethik als theologische Aufgabe in der Konstruktion einer Gruppenmoral. Wenn Theologen wie STANLEY HAUERWAS (In Good Company: The Church as Polis, Notre Dame/London [University of Notre Dame Press] 1995) die christliche Ethik im Anschluß an Lebensformen der Kirche entwickeln, so beabsichtigen sie nicht, die Ethik an eine bestimmte Kirche als ideale Gemeinschaft zu binden. Vielmehr wollen sie den Gottesdienst und die Fülle seiner liturgischen Formen für das Erlernen von Lebensformen erschließen. Zur Liturgie gehört nicht zuletzt das Bekenntnis der Schuld in der Bitte um Vergebung, in der wir früheres Handeln, unseres und uns widerfahrenes, der Fürsicht Gottes anheimstellen, in der Hoffnung, daß uns Zukunft für unbefangenes Handeln gewährt wird.

Dogmatik in der Kirche greift in die ethische Urteilsbildung immer dann ein, wenn wir innehalten in unserem Handeln, wenn die Frage bedrängt, worauf wir in unserem Tun und Lassen unser Vertrauen setzen. Wenn Handlungsmöglichkeiten beurteilt werden müssen, wenn eine Wahl getroffen werden muß, dann kommt es darauf an, daß wir mit diesem Urteil keine Entscheidung über uns treffen, über unser Sein oder Nicht-Sein, sondern daß dieses Urteil von der Erwartung des Urteils Gottes geformt wird. Dieses Urteil gehört zur Verborgenheit des christlichen Lebens, das Gott allein als solches ansieht und besiegelt (Mt 6,18). Und solche Erwartung ist besonders dann vonnöten, wenn wir gar keine Chancen zum Handeln mehr vor uns sehen, sei es, daß unsere Zeit zum Handeln unwiderruflich zu Ende geht, sei es, daß uns die Freiheit zur Entscheidung genommen wird. Daß es auch dann nicht mit uns zu Ende ist: diese Hoffnung wider alle Hoffnung ist die eschatologische Perspektive, für die die Dogmatik einzustehen hat und wo sie uns hoffentlich auch in der Ethik begegnet.

KARL BARTH, Vom christlichen Leben, München 1926; wieder abgedruckt: DERS., Predigten 1921-1935, hg. von Holger Finze, Zürich 1998, 443-469. – HANS-JOACHIM BIRKNER, Das Verhältnis von Dogmatik und Ethik: Handbuch der christlichen Ethik I, hg. von Anselm Hertz/Wilhelm Korff/Trutz Rendtorff/Hermann Ringeling, Freiburg i. Br. u. a. und Gütersloh ²1979, 281-296. – MARTIN HONECKER, Einführung in die Theologische Ethik, Berlin/New York 1990, 20-32. – HANS G. ULRICH (Hg.), Evangelische Ethik. Diskussionsbeiträge zu ihrer Grundlegung und zu ihren Aufgaben (TB 83), München 1990. – REINHARD HÜTTER, Evangelische Ethik als kirchliches Zeugnis. Interpretationen zu Schlüsselfragen theologischer Ethik in der Gegenwart (Evangelium und Ethik 1), Neukirchen-Vluyn 1993. – BERND WANNENWETSCH, Gottesdienst als Lebensform. Ethik für Christenbürger, Stuttgart u. a. 1997.

5. Dogmatik als Beruf

5.1 Berufsbild und Berufskrankheiten

Der Dogmatik begegnen wir in Menschen, die dogmatisch denken und – was dasselbe bedeutet – die theologisch zu urteilen verstehen. Ob sie dies nun professionell tun, weil sie als theologische Lehrer und Lehrerinnen »Dogmatik treiben«, oder ob ihnen die Dogmatik in einem anderen Arbeitsfeld so ans Herz gewachsen ist, daß sie ohne sie nicht tätig sein, ja nicht einmal ohne sie existieren können: sei es im Pfarramt, sei es in der Schule oder sonstwo – das ist für »Dogmatik als Beruf« zweitrangig, dafür sind glücklicherweise keine Grenzen des Arbeitsmarktes gesetzt. Und auch wenn es für die eigene Zeiteinteilung durchaus eine Rolle spielt, wieviel Zeit für dieses Denken und Urteilen immer wieder aufgewendet werden muß, so kommt es noch mehr darauf an, ob jemand von Grund auf dogmatisch denken gelernt hat und lernend in der Übung bleibt. Dann wird er auch Zeit sparen, weil er Umwege vermeiden kann, und nicht zuviel Kraft verschwenden, die für Holzwege und Sackgassen aufgewendet werden müßte, so reizvoll sie anfänglich auch erscheinen mögen.

Was gehört zur Dogmatik als Beruf – jetzt einmal abgesehen von den Arbeitsmitteln (← 1.2), den Grundkenntnissen (← 3.1), dem Blick dafür, worauf es bei unterschiedlichen Aufgaben ankommt (← 2.1-9), und der Bereitschaft, sich mit allen Kräften für sie einzusetzen, ohne davon besessen zu sein? Welche berufsspezifischen Merkmale bilden sich hier aus? Wie können wir ermessen, ob jemand in der Dogmatik erfahren ist oder bloß mit angelernten dogmatischen Begriffen um sich schlägt? Davon könnte ja abhängen, ob wir hier wirklich auch der Dogmatik begegnen oder vielmehr einem Zerrbild von ihr, das uns dann auch alle Freude am Erlernen der Dogmatik nehmen dürfte. Wem aber die Dogmatik wirklich zum Beruf geworden ist, der kann auch zum Zugang zu ihr verhelfen, zumindest Vertrauen für sie erwecken, wie es Experten auch in anderen Berufen vermitteln.

Wenn nun einige dieser Merkmale und Berufseigenschaften skizziert werden sollen, dann muß auch von typischen Berufskrankheiten die Rede sein. Es sind Risiken und Nebenwirkungen der Dogmatik als Beruf, Gefahren, die nicht immer vermieden werden können. Die einen sind dafür anfälliger als andere. Wir müssen diese Krankheitssymptome kennen und erkennen können, nicht nur, um vor ihnen auf der Hut zu sein, sondern auch, damit wir uns nicht von ihnen verwirren und in die Irre führen lassen, wenn sie uns an anderen stören – womöglich so sehr, daß wir von Krankheitssymptomen auf die Dogmatik zurückschließen und meinen, sie sei die Ursache, könne also nur krank machen und sei deshalb besser zu vermeiden.

Zur Dogmatik gehört *erstens*: theologische Zusammenhänge zu sehen, in ihnen konsequent zu denken und den Überblick über das zu gewinnen, was in diesem Rahmen gesagt werden kann, Beziehungen zu entdecken, kurz: weiterzudenken. Insofern ist die Dogmatik eine systematische Disziplin, auch ohne Systemzwang (← 3.1).

»Ich hatte keine Zeit, Systematiker zu werden«: so läßt THORNTON WILDER in seinem Roman »Der achte Schöpfungstag« einen Ingenieur sagen, der fliehen mußte, weil er unschuldig eines Mordes verdächtigt wurde. Nun eilt er von Ort zu Ort, ist fast immer auf dem Wege, froh über jeden Tag, den er übersteht, und findet keine Muße, um zurück- und weiterzudenken, am wenigsten Muße dafür, über sich in weiteren Zusammenhängen nachzudenken.

Wer systematisch denken will, braucht hinreichend Zeit zum Nachdenken – nicht nur in der Theologie, aber hier eben auch. Es braucht eben Zeit, damit eine Frage als glaubensnotwendig ermessen werden kann, denn dazu bedarf es der Zusammenhänge des Gedenkens und der Hoffnung, der Beweglichkeit im theologischen Kontext. Eine Herausforderung zum Handeln auf Gottes Willen hin zu prüfen: dies verlangt einen langen Atem. Andernfalls würde sich der »Umgang« mit Dogmatik darin erschöpfen, einen Vorrat von Wörtern und Themen auszubeuten, frei nach GOETHES »Faust«: »Denn eben, wo Begriffe fehlen, / Da stellt ein Wort zur rechten Zeit sich ein«, damit »theologisch etwas dazu gesagt werden kann« – möglichst zu allem und jedem, um zu zeigen, daß die betreffende Sache auch mit Gott und unserem Glauben zu tun hat. Und ebensowenig ist Dogmatik – und darin unterscheidet sie sich von manchen Konzeptionen Systematischer Theologie – bloß ein theoretischer Rahmen, in dem das Ganze von Gott und Welt und der Menschheit in ihrer Geschichte seinen Platz findet.

Dogmatisch denken heißt: auf die Erstreckung des Handelns Gottes hin weiterdenken, die *damit* sich erschließenden Zusammenhänge sehen.

Hier stellt sich jedoch leicht eine Komplikation ein: Wie gelingt es, in dieser Richtung weiterzudenken, statt nur menschlich-allzumenschliche Schlüsse zu ziehen? Konsequenzmacherei ist ein Risiko jedes systematischen Denkens. In der Dogmatik besteht dafür ein erhöhtes Risiko, weil mit menschlichen Mitteln von Gottes Handeln geredet werden soll. Darum ist größte Sensibilität vonnöten für sprachliche Verknüpfungen, für das Verhältnis von Gesagtem zum Nicht-Sagen-Können, für Fragen, deren Beantwortung neue Fragen aufwirft.

Bloßes Weiterdenken kann gefährlich werden – die Entwicklung der Dogmatik (← 3.1.3) und die Krise der Frage nach ihrem rechten Anfang (← 4.1.2) kennt Beispiele dafür zur Genüge. Doch wer erst einmal eingeübt ist in das Sehen von Zusammenhängen und in das Herstellen von Beziehungen, wer gelernt hat, Einzelheiten in den Zusammenhang dessen zu stellen, was theologisch unbedingt und unter allen Umständen zu sagen ist, der kann dazu neigen, hauptsächlich auf die Konsequenzen dessen zu achten, was theologisch »angedacht« und »angesagt« wird. Und je besser jemand dazu noch kirchen- und theologiegeschichtlich gebildet ist, desto häufiger wird er fragwürdige Folgerungen und gefährliche Folgen vermuten. Er wird dann eher früher als später vor solchen Konsequenzen warnen wollen, er wird diese, wenn er sie wirklich als verhängnisvoll ansehen muß, mit allen Kräften zu verhindern trachten. Das ist nicht nur psychologisch verständlich, sondern dürfte auch gerechtfertigt erscheinen – wenn und sofern wirklich glaubensnotwendige Unterscheidungen erkannt und entsprechende Scheidungen vollzogen werden müssen.

Doch nur: wenn und sofern! Wer meint – und jeder möge sich selber danach fragen –, das Gras wachsen und die Flöhe husten zu hören, dem raschelt meistens nur das Stroh im eigenen Kopf. Wer nur auf mögliche Konsequenzen achtet und sie gar wie ein Menetekel an die Wand malt, um sie zu verhindern, der *kann* auch zu einer Überängstlichkeit verleitet werden, die jedes Wagnis blockiert. Die Spannweite systematischen Denkens, an dem auch die Dogmatik teilhat, wird hier überlastet.

Prognosen von Experten werden oft dadurch getrübt, daß bekannte Probleme in der Voraussicht stärker hervortreten als die Chance noch unvertrauter Problemlösungen. Warum sollten Dogmatiker und Dogmatikerinnen vor dieser Selbstblockade gefeit sein? Einen ungewohnten und gar risikoreichen theologischen Gedanken auszuprobieren, ihn der Bewährung auszusetzen: dies sollte nicht nur zugestanden werden, es ist sogar dringend nötig, wenn wir nicht nur Vertrautes repetieren wollen: ein Wagnis, weil bewährte Denkerfahrungen in der Dogmatik zu Recht hoch geschätzt werden. Theologie und Kirche brauchen jedoch andererseits auch Einsichten mittlerer Reichweite: revidierbare Einsichten für das, worauf es zur Zeit und in einer bestimmten Situation ankommt.

Oder ein anderes Risiko: Viele Beiträge zur Dogmatik erscheinen als zwanghafte Versuche, eine geistige Welt in Ordnung zu halten und darauf zu achten, daß sich nur ja keine Risse und Sprünge bilden und nichts auseinanderbricht. Diese Anstrengung kann bis in die Körpersprache hinein wirken: Gesten wollen zusammenhalten, was gleichsam in der Luft herumfliegt, sie wollen eine chaotische geistige Welt so umgreifen, daß sie wieder übersichtlich wird. Oder eine Hand saust wie ein Beil herunter, um Trennungen zu markieren und Gedankengespinste abzuschneiden. Oder: Hände greifen wie ins Leere, sie wollen herbeiholen, was nicht schon schwarz auf weiß vor Augen steht.

Solche Psychogramme zeigen die Verwicklung der Person des Dogmatikers, der Dogmatikerin in das, was er oder sie zu sagen hat. Darum gilt es, Dogmatik als Beruf – statt als verkörperte Problembewältigung – zu beschreiben und zu begreifen: als Tätigkeit, die Hingabe als Sachlichkeit erfordert.

Sie verlangt nicht, letzte Worte zu sagen. Was unter allen Umständen zu sagen ist: dies sind *nicht* die letzten Worte, mit denen wir stehen oder fallen. Wir sollten und können uns irren dürfen, sollten deshalb den Mut haben, auch Aussagen zu treffen, die sich als revisionsbedürftig erweisen. Dieser Mut kann uns auch helfen, uns nicht zu verrennen und uns damit alles Weitere zu verbauen. Er befreit vom Zwang des Rechthabenmüssens – das ist das Schönste an der Dogmatik.

Die Dogmatik lehrt *zweitens*, zwischen richtigen und falschen Aussagen der Theologie zu unterscheiden. Es gehört zu ihren elementaren Aufgaben, die Unterscheidung zwischen »wahrheitsfähigen« und virtuell »falschen« Aussagen zu treffen. Sie muß durch solche Unterscheidungen eingrenzen, was in der Theologie »richtig« gesagt werden kann.

Dies ist der Wahrheitskern des Begriffes »orthodox«, der oft abschreckt, weil er die Vorbehalte gegenüber der Dogmatik noch verstärkt: autoritätsgläubig, besserwisserisch, starr zu sein. Orthodox heißt »rechtgläubig« und sollte vielleicht besser übersetzt werden mit »dem Glauben gemäß«: dem gemäß, was wir aus Glauben und auf Hoffnung hin sagen können. Orthodox denken heißt: im Glauben zu bleiben, das rechte Gedächtnis zu bewahren, glaubwürdig zu sein im Sinne dessen, was unter allen Umständen gesagt werden muß – die Abweichung von alledem wäre heterodox. Orthodoxie klammert sich darum nicht an Tradition, sondern fragt nach der rechten Überlieferung, um in deren Bahnen weiterzugehen. Ein glaubensnotwendiges Unterfangen, das ein hohes Maß an Aufmerksamkeit und Spürsinn verlangt!

Leider gibt es Virtuosen in unserer Zunft, die immer schon mit beängstigender Geschwindigkeit zu sagen wissen, was »orthodox« ist, lieber noch, was »heterodox« ist – und letzteres bedeutet dann gar nicht mehr nur, eine andere, abweichende Meinung zu haben, sondern »ungläubig«, »glaubensfeindlich«, wenn es nicht gar gleichbedeutend ist mit »vom Teufel«.

Die Dogmatik ist jedoch nicht eine Fabrikationsstätte für Ketzerhüte, sie hat auch keine auszuteilen. Zu ihren Aufgaben gehört es, die richtigen Fragen zu stellen: Fragen, die mit theologischen Gründen beantwortet werden können, und sie so von falschen und deshalb irreführenden Fragen zu unterscheiden, die nur unnötig Zeit und Kraft kosten und noch weit schlimmeren Schaden anrichten. Dogmatik braucht Zeit, wehrt aber jeder Zeitverschwendung.

Dogmatik lehrt *drittens*, Sachverhalte theologisch zu identifizieren und ein theologisches Urteil zu fällen. Mit welcher Innenspannung dies geschehen kann, haben wir am Beispiel der Vorsehungslehre gesehen (← 4.1.1, 4.1.3, 4.2.2). Solche Identifikation darf nicht zur Etikettierung entarten: immer sogleich schon zu wissen, »was Sache ist«, und eine Bezeichnung dafür zur Hand zu haben, die Phänomenen oder auch bloßen Gedankengebilden nur noch angehängt wird. Die Dogmatik wird rasch nachhaltig geschädigt, wenn in ihr nur noch Themen arrangiert, Eindrücke assoziiert und weitmaschige Analysen ausgespannt werden, die nichts mehr wirklich erfassen.

Dann wird Erkenntnis abgekürzt durch einen Beobachtungs-Schematismus, der Auskünfte ausstößt wie eine Prägemaschine, die nach einem Muster erzeugt und diese Erzeugnisse nur noch auswirft. Schematismus ist die Erstarrung eines Schemas, d. h. einer Wahrnehmungsform. Wir kommen nicht ohne Schemata aus, sonst könnten wir gar nichts erkennen. Die grundlegenden Unterscheidungen der Theologie stellen solche Wahrnehmungsmöglichkeiten bereit, z. B. die Einheit von Gott und Mensch in Jesus Christus als Bestimmung des Verhältnisses von Gott und Welt. Zu einem Schematismus erstarrt (etwa: »Gott ist in die Welt eingegangen«), wiederholen sie nur ein und dieselbe geprägte Auskunft, statt zur Wahrnehmung zu verhelfen.

Der rasche Griff zu Schematismen, zur Auskunftei, der auf Gespräche zur Erkundung von Sachverhalten verzichtet: solche Berufskrankheiten rühren von einer Überbeanspruchung richtiger Einsichten her, oder sie entstehen aus Fehlhaltungen, oder es sind nichts weiter als Abnutzungserscheinungen, Erstarrungen oder Ermüdungen. Daher sind sie wesentlich ernster zu nehmen als etwa üble Nachreden wie: dogmatisch sei gleichbedeutend mit unbeweglich, ein für allemal festgelegt, autoritär.

5.2 Dogmatik als Diagnostik und Anwaltschaft

MARTIN LUTHER hat, als er den Gegenstand der Theologie bestimmte (← 3.2.1), vergleichend auf Medizin und Jurisprudenz geblickt. Dies entspricht übrigens der Stellung der Theologie in der Universität, wie sie in den deutschen Reformprogrammen zu Beginn des 19. Jahrhunderts gesehen worden ist: Diese drei Fakultäten heißen »positive Wissenschaften«, weil sie in Forschung und Lehre auf Gegebenem aufbauen; sie sind auf die Ausbildung für Berufe ausgerichtet, die Menschen direkt zugute kommen und deshalb in öffentlichem Interesse stehen.

Ich möchte wagen, den Vergleich mit ärztlicher Kunst und der juristischen Fähigkeit, andere in ihrer Sache zu vertreten, nicht nur abgrenzend durchzuführen (wie Luther), sondern auch einige Ähnlichkeiten der Berufsausübung zu umreißen.

(68.) Die Dogmatik soll Vorgänge, Sachverhalte und Äußerungen theologisch erkennen helfen: gleichsam diagnostisch (also in genauer Unterscheidung) markieren, was sie für das Glaubensge-

spräch besagen, ohne daß dies immer auch bedeuten müßte, sie unmittelbar mit theologischen Begriffen zur Sprache zu bringen.

Die Dogmatik – eine Art Diagnostik? Ein guter Theologe, eine gute Theologin dürfte sich im Gespräch mit anderen Menschen, die sich an sie wenden oder mit denen sie zu tun haben, nicht viel anders verhalten als ein guter Arzt oder Psychologe. Es gilt, einen Sachverhalt, der mit alltäglichen Worten, Andeutungen und Hinweisen mitgeteilt wird, zu identifizieren: als das zu erkennen, was er ist, und von dem zu unterscheiden, was er nicht ist. Der Philosoph BOETHIUS läßt in seiner Schrift über den Trost der Philosophie (*De consolatione philosophiae*) die Philosophie als Meisterin der Diagnose dem Philosophen gegenübertreten. Sie zeigt ihm Schritt für Schritt, wo und wieso er fehlgegangen ist.

Wenn ein Arzt oder Psychologe eine Krankheit erkennen will, bedarf es der Anamnese der oder des Kranken: nicht nur durch bestimmte Tests, sondern durch ein Gespräch soll herausgefunden werden, »worum es geht«. Um Äußerungen – Schmerzempfindungen beispielsweise – lokalisieren zu können, haben Ärzte und Psychologen ihr Wissen um mögliche Krankheitsursachen, ihre Begleiterscheinungen und Symptome, die jedoch auch auf falsche Fährten locken können, im Kopf zu haben, nicht gleich auf der Zunge. Denn Leidende können die Diagnose vielleicht gar nicht als solche verstehen, ihnen genügt es womöglich, einen Anhaltspunkt zu haben, der einen Schritt weiter hilft. Die richtige und frühzeitige Diagnose ist lebensnotwendig. Diagnostizieren heißt unterscheiden, und eine Differentialdiagnose, die einem komplexen, schwer von anderen abgrenzbaren Erscheinungsbild zu Leibe rücken muß, bedarf größter ärztlicher Kunst. Rasche Rückschlüsse und pauschale Erklärungen können lebensgefährlich ausfallen.

Große Seelsorger und Seelsorgerinnen sind immer auch bedeutende Diagnostiker, und zwar gerade dann, wenn sie nicht versuchen, mit psychologischem Alltagswissen nur noch zu benennen, was ihnen mitgeteilt wird. Sie urteilen unschematisch, weil sie hinhören können – und weil sie theologisch sehr viel wisssen, ohne dies gleich auszuplaudern in der Meinung, damit am besten helfen zu können. Sie müssen wissen *können*, worum es geht, um dann in ein sachgemäßes Gespräch eintreten zu können.

Der Berührungspunkt der Dogmatik als Beruf zu einer Anwaltspraxis besteht darin, andere in Komplikationen zu vertreten, die die »Betroffenen« weder sprachlich noch fachlich, d. h. auf der Entscheidungsebene, selber meistern können.

In diesem Sinne hat MARTIN KÄHLER den Dogmatiker den »Vertreter des Laien« in der Theologie genannt (Jesus und das Alte Testament [1896]: DERS., Dogmatische Zeitfragen I². Zur Bibelfrage [1907], Nachdruck Gütersloh 1937, 11-175, 117). Laie sei nicht jemand, der kein kirchliches Amt besitzt, sondern »wer nicht Fachmann ist, wie gebildet er sonst sei« (117 Anm. 1). Laie heiße er also nicht, weil er dem Kleriker unterstünde, sondern im Unterschied zum Gelehrten, dem »Fachmann«, der - so wäre Kählers Kennzeichnung hinzuzufügen - sich gerade darin als Experte auszeichnet, daß er nicht in alles dreinredet, sondern sich auf dasjenige beschränkt, worin er erfahren und wofür er kompetent ist.

Für diese Expertise hat Martin Kähler einen neuralgischen Punkt herausgegriffen: das Bibellesen. Der Laie liest die Bibel unvoreingenommen, sofern er damit rechnet, daß Gott in ihr und durch sie zu ihm redet. Er nimmt sie in ihrem ausgesprochenen Anspruch ernst, daß Gott durch menschliche Geschichten und durch das, was Menschen als ausgesprochenen Willen Gottes erfahren haben, an Menschen weiterhin handeln will. Und nun wendet er sich an den Dogmatiker mit der Frage, ob er dies so tun dürfe.

Der Laie ist ja dazu berufen, Gottes Wort zu vernehmen, aus ihm zu leben und es so mitzuteilen. Deshalb ist er Bibelleser, und als solcher stellt er spezifische Fragen an die Theologie, vor allem die Frage nach der Bibel als Grundlage des christlichen Glaubens. Seine Schrifttreue (oder sein Zweifel daran) fordert von der Theologie - auch unbeschadet ihrer Verflechtung mit der Wissenschaftsentwicklung -, Rechenschaft über die Gewißheit der mit Hilfe der Bibel gewonnenen Erkenntnis.

Der Dogmatiker vertritt den Laien also in einer Grundfrage der Theologie, die ihm, dem Dogmatiker, besonders vertraut sein muß, weil und sofern er sich in Begründungsfragen auskennt und ihm die Fragen: »Wie anfangen?« und »Woraufhin denken?« geläufig sind. Inwiefern betreffen diese und andere Fragen der Dogmatik den Laien? Ist nicht der Dogmatiker geradezu »verrufen«, weil er »dafür gilt, daß er in Gebiete der Theologie hineingehe, die den Laien gar nichts angehen«? (Kähler, 117): vermutlich in die Felder, in denen Historiker ihre Ausgrabungen vornehmen und auf denen sie ihre Rekonstruktionen errichten, die durch unberufene

Hände nur in Unordnung gebracht werden, oder in die Felder einer »Praxis«, in denen Lebensäußerungen der Frömmigkeit durchschaut werden sollen, und zwar so, daß sie besser gesteuert werden können.

Der Dogmatiker, die Dogmatikerin haben sich darum zu kümmern, wie theologische Aussagen gewonnen werden müssen und wie sie begründet sind. So nehmen sie sich der Vielfalt von Fragen an, über die Laien nicht fachmännisch Auskunft geben können, so sehr sie sie betreffen und beschäftigen. Sie sind Experten mit entsprechenden Erfahrungen – aber keine Glaubensexperten, die vorexerzieren könnten, wie jeder und jede »zum Glauben kommen kann« und »Glauben bewahrt«.

(69.) Dogmatiker sind als Experten für Begründungsprobleme der Theologie Anwälte von Laien für ihre Frage nach dem Grund des Glaubens.

Der Dogmatiker ist Anwalt des Laien in der Frage, wie das Reden von Gott und vom Menschen anzufangen habe. Daß er Anwalt ist, heißt auch, daß er im Ernstfall eine andere Sprache sprechen und andere Gesichtspunkt ins Feld führen können muß als der Laie. Er muß über das reden, was dem Laien »selbstverständlich« sein oder werden muß.

5.3 Dogmatik als Form und Forum des Glaubensgespräches

Dogmatik als Form ist die Struktur von glaubensnotwendigen Fragen und ihrer Beantwortung – kein unabsehbares Gespräch, keine unendliche Geschichte. Sie hilft zu wissen, womit anfangen und womit innehalten, um weiterzugehen, ohne aufzuhören, Kristallisationspunkte für Gespräche zu finden, die aus verschiedensten Anlässen entstehen und mit vielleicht äußerst entlegenen Gesichtspunkten beginnen können, die sich aber zu Fragen nach Glauben, Hoffnung und Liebe hin bewegen; zu solchen Fragen gilt es vorzustoßen, Schemata durchzubrechen, zur rechten Zeit und am rechten Ort »Halt!« sagen zu können, aufzumerken, in die Weite zu blicken und dabei nicht in die Luft zu gucken. Dogmatik ist kein Spinnennetz, in dem unsere Fragen oder gar wir selbst hängen bleiben.

(70.) Die Dogmatik ist das Gesprächsforum für die Gemeinschaft des Glaubens, für das Glaubensgespräch. Dessen Form ist dadurch bestimmt, daß – bei aller Rücksicht auf die gegebene Situation und ihre Anforderungen – gemeinsam erkannt werden muß, was unverwechselbar unbedingt gesagt werden muß, um die Erwartung für alle nicht zu verlieren.

Wann brauche ich Dogmatik – nach dem Studium? Beispielsweise dann, wenn ich allein vor einem Text sitze, um eine Predigt vorzubereiten, oder wenn ich ein theologisches Urteil in ethischer Verantwortung fällen muß. Dann genügt »Systematische Theologie« als bloßer Rahmen einer theologischen Gesamtanschauung nicht. Ich bedarf des Gespräches mit denen, die mir in dieser Urteilsbildung oder in glaubensnotwendigen Unterscheidungen vorangegangen sind, die dabei ihre Denkerfahrungen gemacht und formuliert haben. Jeder Beitrag zur Dogmatik, der in diese Wahrnehmungsfähigkeit einübt, zieht uns in das Glaubensgespräch der christlichen Kirche hinein. Wir werden dabei erfahren, wie wir in der Kirche stehen und von ihren Denkerfahrungen getragen werden, auch wenn wir all das selbst vollziehen müssen, was ein theologisches Urteil bildet.

Jedesmal, wenn wir zur Dogmatik »greifen«, wenn wir ihre Hilfestellung in Anspruch nehmen, begegnen wir der Kirche als einem Thema der Dogmatik: als fortwährendem Gespräch derer, die aus Glauben auf Glauben hin hören und miteinander reden wollen.

Der Umgang der Dogmatik mit den Texten der Theologie bietet die Gelegenheit zum Gespräch mit den »Vätern und Brüdern«, mit den »Müttern und Schwestern« – ohne zeitliche und geographische Grenzen. Wie lebenswichtig diese verborgene Gemeinschaft des theologischen Gespräches ist, wird sich gerade in Stunden der Einsamkeit im Beruf und in Entscheidungssituationen zeigen: Niemand von uns steht allein, weil wir gemeinsam vor Gott stehen. Dies sucht die Dogmatik in ihren Aussagen und (metatheoretisch) in der Art und Weise, wie sie sie gewinnt, zum Ausdruck zu bringen.

Die Dogmatik weist auf ein Jenseits ihrer selbst, das auch jenseits der Kirche ist. Und in dieser Offenheit wird sie die Erwartungen für alle nicht verlieren dürfen und verlieren können. Gesprächsforum für Glaubensgespräche bedeutet, daß Dogmatik nicht einen bestimmten Standard des Denkens, nicht eine bestimmte Menge von Auskünften parat hat. Eine gute Dogmatik ist kein bloßes Nachschlagewerk, sondern stellt Argumente bereit für ein Glaubensgespräch, das unter Umständen ganz anders anfangen kann als mit theologischen Begriffen oder auch theologisch ausgeprägten Fragen. Ein Seelsorgegespräch wird von einem ungeplanten, ja ungefragten Moment an zum Glaubensgespräch werden können, vielleicht gerade dann, wenn dies nicht ausdrücklich so gewollt ist. Daß ein Gespräch zum Glaubensgespräch wird: sich dafür bereitzuhalten, dafür vorbereitet zu sein durch die Beweglichkeit des Denkens im theologischen Begründungszusammenhang – darauf kommt es an. Und darum ist, was im Studium der Dogmatik gelernt werden kann, Vorbereitung für Glaubensgespräche, die das eigene Leben und das Leben von Menschen miteinander durchziehen.

Dogmatik beruht auf Denkerfahrungen – nicht auf Grundsätzen, die nicht mehr befragbar sind und nur noch erörtert werden dürfen, indem sie entfaltet werden. Dogmatische Aussagen sind vielmehr Sätze, die bis auf Widerruf tragen, auf die wir uns verlassen können, an die wir immer wieder anknüpfen und zu denen wir zurückkehren können. Wer Dogmatik so versteht, der wird das Material der Dogmatik gar nicht weit genug fassen können. Die Dogmatik hat es nicht nur mit dogmatischen Texten zu tun, sie bildet selber Texte, und zwar im Konnex mit Texten verschiedenster Art: mit biblischen Texten, mit anderer Literatur, aber auch mit Gebrauchstexten oder Tagesäußerungen. Sie können zur Dogmatik führen, wenn sie durchsichtig werden für das, was im Glauben, auf Hoffnung hin und aus Liebe gesagt werden kann. Was wäre davon ausgeschlossen – in geringerer oder größerer Entfernung? Darum ist Dogmatik keine hermetische Angelegenheit. Gerade wenn wir sie konzentriert betreiben, öffnet sie unsere Wahrnehmung in ungeahntem Maße.

KORNELIS HEIKO MISKOTTE, Der moderne Dogmatiker als Dilettant und Dirigent: EvTh 20 (1960) 245-262. – GERHARD SAUTER/THEODOR STROHM, Theologie als Beruf in unserer Gesellschaft (TEH 189), München 1976.

Anhang

Leitsätze

Diese Auflistung der Leitsätze soll zur Entdeckung von Verknüpfungen und Zusammenhängen anleiten. Kursive Wörter markieren Pointen.

aus Kapitel 1:

1. Dogmatik erscheint als Bezugssystem von Glaubensäußerungen, das zeigt, wie diese Äußerungen *zusammenstimmen*. (24)

2. Dogmatik im genuin theologischen Sinne sagt aus, was als *glaubwürdig* unbedingt und unter allen Umständen zu sagen ist: Gott hat kundgetan, wer er ist. Er hat sich selbst geäußert – in der Zusage seines Handelns. Diese Zusage befreit menschliche Urteilskraft zur Wahrnehmung der von Gott verheißenen Wirklichkeit, sie erweckt Glauben: zum Glauben als Gottes Werk und als Einstimmung von Menschen in sein Wirken. Gottes Verheißung steht der Kirche gegenüber, indem sie Menschen zu diesem Glauben ruft. (26)

3. Dogmatik wird gebildet als Gefüge von Antworten auf die dreifach elementare Frage, *warum wir glauben, wenn wir glauben, was wir glauben*. (36)

4. Aufgabe der Dogmatik ist es, die *Tiefenstruktur der Wahrheit des Glaubens* an Jesus Christus und dessen Erstreckung anders zum Ausdruck zu bringen, als es eine systematisierende Schriftauslegung vermag. Dogmatik eröffnet ein komplexes Gefüge von Glaubenssätzen, die aufeinander verweisen, sich wechselseitig beleuchten und zu verstehen geben. (40)

5. Dogmatik ist der Versuch, die *Endgültigkeit und Fülle des Handelns Gottes* auszusagen, das die Geschichte der Menschen nicht abschließt, sondern ihnen Zukunft zusagt: die vollendete Gemeinschaft Gottes mit den Menschen, die sich bereits jetzt ankündigt, wo Gottes Geist Menschen mit Gott und miteinander verbindet. (45)

6. Die Homologie spricht aus, was sich für Glaubende *aus sich selbst versteht* – und so macht sie zugleich deutlich, wie es zum bekennenden Glauben überhaupt kommen kann. Im Bekennen stellt sich die Person vorbehaltlos in das hinein, was von Gott her geschieht und damit auch ihr zuteil wird – sie bekennt sich dazu, weil sie sich hier vor Gott

findet. Wer homologisch redet, setzt an bei dem, auf das hin er selber angesprochen worden ist: bei Gottes Rede und seinem Handeln. Die Homologie sagt, womit wir im Glauben und auf Hoffnung hin zu reden anfangen. (56)

7. Eine exemplarisch »dichte« Glaubensaussage kann »Dogma« heißen. Wer sich auf sie beruft, zeigt an, worauf er unter allen Umständen *zurückgreifen* darf, wenn er in der Erwartung Gottes *voranschreiten* will. (63)

8. Dogmatik markiert den Stand theologischer Erkenntnis, der *vorläufigen Ergebnischarakter* hat: Er erlaubt einen theologischen Diskurs, der sich auf bewährte Fragestellungen und Antworten verlassen kann, ohne bei ihnen zu verharren; vielmehr ist er bereit und fähig, Einsichten im Gespräch über bestehende Grenzen hinweg zu bewähren, um im Glauben wachsen zu können. (70)

9. Die Dogmatik setzt mit *glaubensnotwendigen Unterscheidungen* ein: zwischen dem, was »im Glauben« und »auf Hoffnung hin« unter allen Umständen zur Sprache gebracht werden muß, und dem, was unter keinen Umständen gesagt werden kann. (74)

10. Den Kern der Dogmatik bilden *theologische Dialogregeln*. Sie weisen zum Glauben und zur Hoffnung, indem sie aussagen, worauf wir uns unter allen Umständen argumentierend verlassen können. (82)

11. Dogmatik wird durch den – nach vorn hin *offenen* – *Zusammenhang* aller theologischen Aussagen gebildet. (91)

12. Kirchliche Lehre spricht aus, was eine Kirche sich unbedingt *gesagt sein lassen* will. (96)

13. In ihrer Lehre unterstellt sich Kirche ihrer Externität: Sie spricht in einer ihrem Erkenntnisstand entsprechenden Weise aus, was ihre *Urteilskraft* kennzeichnet. (100)

14. Ein begrenztes Textgebilde, das aus theologischen Aussagen besteht, erweist sich durch seine Rezeption als so tragfähig, daß eine Kirche sich dazu bekennt und es als kirchliche Lehre kenntlich macht – zum Zeichen ihrer *Dialogdefinitheit*. Lehre ist Glaubenssprache in unverwechselbarer Präzision. (101)

15. Lehre entsteht, wo ein Dissens überwunden, ein Konsens entdeckt wird. (103)

16. Dogmatische Texte werden durch theologische Aussagen gebildet. Diese Aussagen formulieren Sachverhalte, und zwar so, daß sie sich der Frage stellen, ob sie *wahr oder falsch* sind. Die Bedeutung einer Aus-

sage hängt nicht von denen ab, die sie einmal formuliert haben, und ebensowenig ist sie an die gebunden, die sie überliefern. (112)

17. Dogmatische Aussagen sind um der *relativen Subjektunabhängigkeit* der Theologie willen erforderlich – als Platzhalter für die Externität der Verheißungen Gottes. Ihre Voraussetzung ist die Geistesgegenwart Gottes. Darum sind sie Aussagen sui generis. (122)

18. »Der Glaube« steht zwischen der Krisis menschlicher *Selbsterkenntnis* und der erneuten *Anrufung* Gottes. (126)

19. Dogmatik ist die Gedächtnisstütze des geistlichen Lebens, weil sie hilft, daß nichts Wesentliches vergessen wird. (130)

aus Kapitel 2:

20. Wird nach der Begründung kirchlichen Handelns, nach seinen inneren Gründen gefragt, so ist die Antwort im theologischen Begründungszusammenhang, also dogmatisch zu formulieren. (140)

21. Dogmatik richtet sich vor allem auf Unklarheiten und Konflikte in der Kirche – auf das, was unter Christen *strittig ist oder strittig sein sollte,* wenn es um Glauben und Unglauben, um Reden von Gott und Verschweigen, um Nachfolge Jesu Christi und seine Verleugnung und in alledem auch um das Kirche-Werden und Kirche-Bleiben geht. (146)

22. Dogmatik, die die inneren Gründe kirchlichen Handelns aussagt, ist eine *Denkpraxis, sinnvoll in sich selber,* nicht von anderen Zweckmäßigkeiten abhängig, insofern auch keine »Funktion« einer übergeordneten Bestimmung der Kirche. Die Dogmatik nötigt deshalb zur Rücksichtslosigkeit – ein anderer Ausdruck für ihre Unbedingtheit und Voraussetzungslosigkeit als Wissenschaft: Sie hat ihre eigenen Gründe zur Geltung zu bringen, sich weder nach Gründen anderer Herkunft zu richten noch sich bestimmen zu lassen durch das, was als brauchbar und verwertbar angesehen wird. (149f.)

23. Im Bekennen der Sünde Gott gegenüber und in der Anrufung des Erbarmens Gottes vertrauen Menschen sich *Gottes Urteil* an. Sie erkennen sich und die »Tatsachen«, die sie hervorgebracht haben und von denen sie betroffen sind, als der Vergebung Gottes bedürftig: Sie sind nun zu seiner Sache geworden, seinem Handeln unterstellt. (151)

24. Der innere Grund des Sündenbekenntnisses ist die Erinnerung an Gottes Tat. So markiert es den Anfang der *Gotteserkenntnis* und der *Selbsterkenntnis.* (153)

25. Christen können Schuld nur bekennen, indem sie alle Schuld allein

als von Jesus Christus *getragene* kennen, sie dann freilich auch als *anderweitig untragbare* erkennen. (155)

26. Die Regel zu glauben beruht auf der Regel, der das Beten folgt. Daß wir gerade auch für andere beten, gibt die Begründung des Gebets zu erkennen, die dogmatisch zu bedenken ist. (160)

27. Das Gebet ist der *Weg des Einstimmens in Gottes Handeln* und dessen Dimensionen. Die Gebetsformen charakterisieren Stadien dieses Weges und zugleich Konturen des Redens von Gott. (163)

28. Das Hören der Verkündigung markiert einen *Anfang,* der nicht hintergangen werden kann. Darum hält jede Verkündigung die Frage nach dem Anfang des Redens von Gott wach – in allen Formen, in denen Verkündigung geschieht. Der innere Grund jeder Verkündigung ist die Überraschung durch Gottes verheißungsvollen Einspruch. (170)

29. Daß Gott unserem Reden *zuvorkommt,* ist und bleibt die *Verheißung* der Verkündigung. (172)

30. Verkündigung richtet eine *unerfragte, unerwartete Botschaft* aus: Gott hat gehandelt – damit werden Menschen jetzt angeredet, die Verheißung dieses Handelns wird ihnen zugesprochen, und damit werden sie auf die Fülle der Gegenwart Gottes, seiner unerkannten Nähe, aufmerksam gemacht. (179)

31. Gottesdienst ist diejenige Gestalt des Handelns Gottes, die Menschen unmittelbar auffordert, *Gott zu dienen,* indem sie *ihn an sich wirken lassen.* (183)

32. Der innere Grund des Segens ist der Zuspruch der Heilsgegenwart Gottes. (185)

33. Die Anrede mit dem Gottes-Gruß konstituiert das »Wir« der christlichen Gemeinde. Darauf bezieht sich die *inklusive Sprache* der Dogmatik. (187)

34. Der innere Grund der Seelsorge ist Gottes Gnade, die menschlichen Willen auf ihn richtet. (195)

35. Seelsorge kann helfen, sich dem Urteil Gottes auszusetzen und dieses Urteil anzunehmen. (197)

36. Seelsorge hat teil an Gottes Aufrichtung seines Reiches, an Christi Sieg über die Mächte des Verderbens. (200)

37. Im Glauben unterwiesen zu werden, bedeutet zu *lernen, daß Glaube nicht erlernt werden kann*. Er will jedoch eingeübt werden: indem gelernt wird, Fragen, die sich unter allen Umständen stellen, im Blick

auf Gottes Verheißungen zu formulieren und darauf zu antworten, ohne daß sie damit beantwortet (im Sinne von »erledigt«) wären. (209)

38. Kirchenordnung beruht darauf, daß Christen *sich das Entscheidende sagen lassen* müssen – auch von anderen Menschen, die dadurch zu Brüdern und Schwestern für sie werden. (219)

39. Konsens als Einstimmung in den Glauben ist ausgesprochene Kirchenleitung. (222)

40. Christliche Mission geschieht in der unbegrenzten und grenzenlosen Bitte, sich mit Gott versöhnen zu lassen, d. h. *sich die Versöhnung der Welt mit Gott in Jesus Christus gefallen zu lassen,* ihr sich auszusetzen. (233)

41. Die Reichweite theologischer Aussagen ist so unbegrenzt wie Gottes versöhnendes Handeln. *Geltungsbereich* theologischer Aussagen ist die Kirche, ohne daß die *Reichweite* dieser Aussagen dadurch beschnitten würde. (237f.)

42. Mission geschieht im Sich-Aussetzen von Glaubensaussagen in einen *Kommunikationsraum* hinein, in dem sie noch nicht gelten, aber ihre Geltung empfangen wollen. (240)

aus Kapitel 3:

43. Theologische Gründe sind derart miteinander verbunden und vielfach verschränkt, daß sie einen Zusammenhang ergeben, den theologischen Begründungszusammenhang. Er vereinigt in sich sämtliche grundlegenden Aussagen, soweit sie in *theologischen Denkerfahrungen* bislang gewonnen worden sind. (244)

44. Der *theologische Begründungszusammenhang* steht der Kirche gegenüber: zum Zeichen der Treue Gottes, der Spannweite seiner Verheißungen und der Tragweite seines Handelns. (245)

45. Die Christusfeste erlauben uns, *immer wieder von neuem* anzufangen und in ihrem Rhythmus voranzuschreiten, ohne daß wir Gottes Fülle schrittweise einholen könnten. (248)

46. Die Disposition des Kirchenjahres entlastet von der hoffnungslosen Anstrengung, alles Entscheidende *auf einmal* sagen zu müssen oder immer wieder etwas völlig Neues sagen zu wollen. (249)

47. Grundkenntnisse der Dogmatik ergeben sich aus der *Verknüpfung* der Fragen und Folgefragen, von denen Dogmatik ausgeht – zu denen sie auch immer wieder zurückkehrt, um den rechten Anschluß zu finden. (257)

48. Das *Gesicht der Theologie* ist durch Aussagen über Gottes Sein, Gottes Offenbarung und Gottes Handeln charakterisiert – durch die theologische Antwort auf die Fragen »Wer ist Gott, den wir anrufen?«, »Wie begegnet Gott uns, wie treffen wir auf ihn?« und »Wer sind wir im Verhältnis zu Gott?« (263)

49. Der *Charakter der Dogmatik* kommt durch theologische Grundaussagen zustande, die zudem in einem bestimmten Verhältnis zueinander stehen und in dieser Verbindung einen Zusammenhang bilden. (267)

50. Christliche Theologie umreißt das Geschehen, das als Gottes Begegnung mit uns erkennbar wird, ohne daß wir es voraussagen könnten. Dabei werden *Bewegungen* kenntlich. Deshalb sind die Axiome der Theologie dialektisch konstituiert. (274)

51. Dogmatik hat auszusagen, was Menschen »um Gottes willen« zu sagen haben – während sie andernfalls schweigen müßten. (277)

52. Die Bibel darf nicht hintergangen werden. (282)

53. Die Berufung auf die Schrift besteht darin, sich auf den theologischen Begründungszusammenhang einzulassen, ihn innerhalb der biblischen Schriften und deren Innenspannung wahrzunehmen, kurz: die Bibel in der begründeten Annahme zu lesen, daß Gott hier eingreift, das Wort ergreift. (285)

54. Das in der Schrift vernommene Wort Gottes ist *Letztberufungsinstanz* der Christen auf Erden. (286)

55. Die Bibel ist als Ganzes (»Schrift«) Kunde der Treue Gottes. (289)

56. Die dogmatischen Unterscheidungen »Geist und Buchstabe«, »Gesetz und Evangelium«, »Verheißung und Erfüllung« bauen ein *Wahrnehmungsgefüge* für Schrifttreue auf. (292)

aus Kapitel 4:

57. Dogmatismus kann aus einer Überanstrengung dogmatischer Folgerichtigkeit erwachsen: wenn theologische Urteilsbildung verwechselt wird mit einem Wahrnehmungsschema, das alles, was Menschen begegnet, aus ihrem Angewiesensein auf »Gott« zu deuten beansprucht und daher immer schon zu wissen meint, was geschehen kann. Dogmatismus ist ein Gegner *theologischer Integrität*. (301)

58. Die spezifische Unschärfe dogmatischen Redens kommt zustande, weil wir Sachverhalte theologisch bezeichnen und insofern sprachlich, sogar begrifflich *identifizieren, ohne* damit Gottes Handeln *feststellen* zu

können. Dieses Urteil bleibt Gott überlassen – eine eschatologische Perspektive, der Hoffnungsaspekt jedes dogmatischen Redens. (308)

59. Theologische Integrität bedeutet: nicht mehr versprechen, als man halten kann; nicht eine Sicht vortäuschen, die nur verquer gewonnen werden kann; keine *Denkfehler* und *Diskursvermengungen* in Kauf nehmen, auch nicht in bester Absicht. (309)

60. Dogmatik gerät in eine Krise, wenn Theologen und Theologinnen nicht mehr sicher sind, womit sie *anfangen* dürfen: Wenn versucht wird, einen Grund für die Theologie zu legen, der allgemein einsichtig sein soll, wenn Zugänge eröffnet werden, die zunächst zu Allgemeinverbindlichem führen, damit sich der Schritt zum Glauben wie in ein Séparée anschließen kann. (310)

61. In der theologischen Prinzipienlehre oder Fundamentaltheologie wird in der Regel nach der Möglichkeit der Begründung der Theologie im Sinne von inter- und transsubjektiv gültigen Grundsätzen gefragt. Es ist die Anstrengung, die Theologie als virtuell unbestreitbar – wenn auch aktuell höchst strittig – darzustellen. Glaube soll einsichtig gemacht werden, wo er als unglaubwürdig gilt für das, was Menschen im allgemeinen denken, für möglich halten und nachvollziehen können. (313)

62. Kontextuelle Theologie will die Theologie durch eine umfassende Reflexion auf Handlungen in einer historisch-kulturell-sozialen Realität aufbauen und damit zeigen, wie Theologie hervorgebracht wird. Sie wird soweit als Funktion einer Wirklichkeitsbewältigung erklärt, daß sie als Theologie, d. h. als Rede mit einer spezifischen Verpflichtung zu wahrheitsfähigen Aussagen, im Grunde *überflüssig* wird. (331)

63. Primärer *Kontext* christlichen Redens ist der *theologische Begründungszusammenhang:* das Gesamt der dogmatischen Aussagen, die der Erstreckung des Handelns Gottes folgen wollen. (333)

64. Der *Entdeckungszusammenhang* theologischer Aussagen umfaßt theoretisch alle Faktoren, die auf irgendeine Weise Einsichten befördern oder zu Entdeckungen beitragen, die sich als bedeutsam erweisen. (333)

65. Theologisches Urteilen unterscheidet und verbindet: Gottes Handeln und menschliches Handeln, Gottes Willen und unser Wollen, seine Verheißung und unsere Zielsetzungen, seine Güte und das für unser Ermessen Gute, Gottes Gerechtigkeit und unseren Sinn für das Richtige, seine Vollendung und das für uns Vollkommene. (339)

66. Wahrnehmung des Handelns Gottes – und theologische Urteilsbildung als eine bestimmte Form dieser Wahrnehmung – ist besonders dann vonnöten, wenn nicht nur Unterscheidungen getroffen und Ent-

scheidungen gefällt werden müssen, sondern wenn es nottut, die Form unserer Wahrnehmung verändern zu lassen, damit wir Gottes Willen angesichts von Handlungsaufgaben und -chancen prüfen können. Dafür kann die Übung des Denkens in dogmatischen Zusammenhängen hilfreich sein. Theologisch-ethische Urteilsbildung prüft unser Handeln, wie es durch mancherlei herausgefordert wird: daraufhin, ob es Gottes ausgesprochenem Willen folgt. (341)

67. Das Gebet leitet uns dazu an, auch in unserem Urteilen über Tun und Lassen in eine bestimmte *Lebensform* hineinzuwachsen: in das Leben in der Erwartung des Urteils Gottes. (347)

aus Kapitel 5:

68. Die Dogmatik soll Vorgänge, Sachverhalte und Äußerungen theologisch erkennen helfen: gleichsam diagnostisch (also in genauer Unterscheidung) markieren, was sie für das Glaubensgespräch besagen, ohne daß dies immer auch bedeuten müßte, sie unmittelbar mit theologischen Begriffen zur Sprache zu bringen. (356f.)

69. Dogmatiker sind als Experten für Begründungsprobleme der Theologie Anwälte von Laien für ihre Frage nach dem Grund des Glaubens. (359)

70. Die Dogmatik ist das Gesprächsforum für die Gemeinschaft des Glaubens, für das Glaubensgespräch. Dessen Form ist dadurch bestimmt, daß – bei aller Rücksicht auf die gegebene Situation und ihre Anforderungen – gemeinsam erkannt werden muß, was unverwechselbar unbedingt gesagt werden muß, um die Erwartung für alle nicht zu verlieren. (360)

Vorarbeiten und Ergänzungen

zum Ganzen:

Arbeitsweisen Systematischer Theologie. Eine Anleitung (mit Alex Stock), München und Mainz ²1982

Dogmatik I.: TRE 9, 1982, 41–77

Systematische Theologie/Dogmatik: Einführung in das Studium der evangelischen Theologie, hg. von Henning Schröer, Gütersloh 1982, 116–132 *zu einzelnen Abschnitten:*

zu 1.1

Dogma – ein eschatologischer Begriff: Erwartung und Erfahrung. Predigten, Vorträge und Aufsätze (TB 47), München 1972, 16–46

Dogma, Dogmatik I, evangelische Sicht: Ökumene-Lexikon, hg. von Hanfried Krüger u. a., Frankfurt a. M. 1983. ²1987, 274–276

zu 1.2 und 1.3

Wissenschaftstheoretische Kritik der Theologie. Die Theologie und die neuere wissenschaftstheoretische Diskussion. Materialien – Analysen – Entwürfe (mit Jürgen Courtin, Hans-Wilfried Haase, Gisbert König, Wolfgang Raddatz, Gerolf Schultzky und Hans Günter Ulrich), München 1973

Dialogik II. Theologisch: TRE 8, 1981, 703–709

zu 1.4

Verbindlichkeit als Lehre?: GlLern 3 (1988) 120–130

Confessio – Konkordie – Consensus. Perspektiven des Augsburger Bekenntnisses für das Bekennen und Lehren der Kirche heute: EvTh 40 (1980) 478–494

Nachwort: Ernst Wolf, Barmen. Kirche zwischen Versuchung und Gnade (BEvTh 27), München ³1984, 183f.

Consensus: TRE 8, 1981, 182–189

Konsens als Ziel und Voraussetzung theologischer Erkenntnis: Theologischer Konsens und Kirchenspaltung, hg. von Peter Lengsfeld/Heinz-Günther Stobbe, Stuttgart u. a. 1981, 52–63.162–164

Konsensus: Ökumene-Lexikon, hg. von Hanfried Krüger u. a., Frankfurt a. M. 1983. ²1987, 711–713

Was ist Wahrheit in der Theologie? Wahrheitsfindung und Konsens der Kirche: In der Freiheit des Geistes. Theologische Studien, Göttingen 1988, 57–82

zu 1.5

Spiritualität und Glaube: erscheint in FS Bernhard Casper (in Vorbereitung)

Wozu dogmatische Aussagen?: ZKTh 111 (1989) 409–419; auch: Mit dem Rücken zur Fundamentaltheologie. Theologische Passagen, FS

Hans Jorissen, hg. von Reinhard Hoeps/Theodor Ruster (BDS 10), Würzburg 1991, 107–120

zu 2.1

Theologie – eine kirchliche Wissenschaft?: Jenseits vom Nullpunkt? Christsein im westlichen Deutschland, FS Kurt Scharf, hg. von Rudolf Weckerling, Stuttgart 1972, 287–299

Der Ursprung der Kirche aus Gottes Wort und Gottes Geist: Handbuch der Fundamentaltheologie III, hg. von Walter Kern/Hermann Josef Pottmeyer/Max Seckler, Freiburg i. Br. u. a. 1986, 198–211

Die Hoffnung der Kirche in der Dogmatik: Gottes Zukunft – Zukunft der Welt, FS Jürgen Moltmann, hg. von Hermann Deuser/Gerhard Marcel Martin/Konrad Stock/Michael Welker, München 1986, 39–47

Dogmatics in the Church: PSB 12 (1991) 9–17

zu 2.2

Versöhnung und Vergebung. Die Frage der Schuld im Horizont der Christologie: EvTh 36 (1976) 34–52

»Vergib uns unsere Schuld ...« Eine theologische Besinnung auf das Stuttgarter Schuldbekenntnis: G. Sauter/Gerhard Besier, Wie Christen ihre Schuld bekennen. Die Stuttgarter Erklärung 1945, Göttingen 1985, 63–128

Schulderkenntnis in der Bitte um Vergebung: GlLern 1 (1986), 109–119

Bekannte Schuld: EvTh 50 (1990) 498–511

Verhängnis der Theologie? Schuldwahrnehmung und Geschichtsanschauungen im deutschen Protestantismus unseres Jahrhunderts: KZG 4 (1991) 475–492

zu 2.3

Das Gebet als Wurzel des Redens von Gott: GlLern 1 (1986), 21–38

zu 2.4

»Kein Jahr von unserer Zeit entflieht, das dich nicht kommen sieht«. Dogmatische Implikationen des Kirchenjahres: In der Schar derer, die da feiern. Feste als Gegenstand praktisch-theologischer Reflexion, FS Friedrich Wintzer, hg. von Peter Cornehl/Martin Dutzmann/Andreas Strauch, Göttingen 1993, 56–68 *zu 2.6*

Die Sorge um den Menschen in der evangelischen Theologie des 19. und 20. Jahrhunderts: Seelsorge und Diakonie in Berlin. Beiträge zum Verhältnis von Kirche und Großstadt im 19. und beginnenden 20. Jahrhundert, hg. von Kaspar Elm/Hans-Dietrich Loock, Berlin/New York 1990, 3–21

Erkenne, daß du dich nicht erkennen kannst! Die Aporie menschlicher Selbsterkenntnis als innerer Grund der Seelsorge: »Daß allen Menschen geholfen werde«. Theologische und anthropologische Beiträge, FS Manfred Seitz, hg.v. Rudolf Landau/G. R. Schmidt, Stuttgart 1993, 223–238

»Rechtfertigung« als Grundbegriff evangelischer Theologie (TB 78), München 1989, 9–29

Rechtfertigung IV–VII: TRE 28, 1997, 315–364

zu 2.7

Glaube und Lernen. Zeitschrift für theologische Urteilsbildung, Einführung der Herausgeber: GlLern 1 (1986) 2–11

Zur theologischen Revision religionspädagogischer Theorien: EvTh 46 (1986) 127–148

Religionspädagogik – eine theologische Disziplin? Rückfragen an Gert Otto: EvTh 47 (1987) 360–366

Kann man Glauben lernen? Glaubenslehre im Religionsunterricht: EK 23 (1990) 553–556

Religiöse Erziehung: Pädagogische Grundbegriffe II, hg. von Dieter Lenzen, Reinbek bei Hamburg 1989, 456–464

zu 2.8

Kirchenleitung als Theologie: GlLern 2 (1987) 47–60

zu 2.9

»Versöhnung« als Thema der Theologie (TB 92), Gütersloh 1997, 7–47

zu 3.1

Theologie aus Glaubenserfahrungen: In der Freiheit des Geistes, 83–94

Mensch sein – Mensch bleiben. Anthropologie als theologische Aufgabe: Anthropologie als Thema der Theologie, hg. von Hermann Fischer, Göttingen 1977, 71–118

Anhang

Einführung in die Eschatologie, Darmstadt 1995

zu 3.2

Der Charakter der Theologie: Tragende Tradition, FS Martin Seils, hg. von Annegret Freund/Udo Kern/Aleksander Radler, Frankfurt a. M. u. a. 1992, 143–155

»Einfaches Reden von Gott« als Gegenstand der Dogmatik: Einfach von Gott reden. Ein theologischer Diskurs, FS Friedrich Mildenberger, hg. von Jürgen Roloff/Hans G. Ulrich, Stuttgart u. a. 1994, 159–171

Die »dialektische Theologie« und das Problem der Dialektik in der Theologie: Erwartung und Erfahrung, 108–146

Was heißt: nach Sinn fragen? Eine theologisch-philosophische Orientierung, München 1982

zu 3.3

Einführung: James Barr, Fundamentalismus, München 1981, 9–23

Die Kunst des Bibellesens: EvTh 52 (1992) 347–359

Schrifttreue ist kein »Schriftprinzip«: Die Zukunft des Schriftprinzips, hg. von Richard Ziegert, Stuttgart 1994, 259–278

zu 4.1

Vor einem neuen Methodenstreit in der Theologie? (TEH 164), München 1970

Wie entsteht Theologie?: LM 10 (1971) 533–535

Die Aufgabe der Theorie in der Theologie: Erwartung und Erfahrung, 179–207

Die Begründung theologischer Aussagen – wissenschaftstheoretisch gesehen: ZEE 15 (1971) 299–308; auch in: Erwartung und Erfahrung, 262–275

Möglichkeiten der Theoriebildung in der Theologie: Die Theologie in der interdisziplinären Forschung, hg. von Johann Baptist Metz/Trutz Rendtorff, Düsseldorf 1971, 58–64

Wissenschaftstheoretische Kritik der Theologie, München 1973

Überlegungen zu einem weiteren Gesprächsgang über »Theologie und Wissenschaftstheorie«: EvTh 40 (1980) 161–168

Grundlagen der Theologie – Ein Diskurs (mit Wolfhart Pannenberg, Sigurd Martin Daecke und Hans Norbert Janowski [UB 603]), Stuttgart u. a. 1974

Die systematische Theologie: Wissenschaftliche Theologie im Überblick, hg. von Wenzel Lohff/Ferdinand Hahn (KVR 1402), Göttingen 1974, 48–55

Der Praxisbezug aller theologischen Disziplinen: Praktische Theologie heute, hg. von Ferdinand Klostermann/Rolf Zerfaß, Mainz und München 1974, 119–131

Beobachtungen und Vorschläge zum gegenseitigen Verständnis von Praktischer und Systematischer Theologie: ThPr 9 (1974) 18–26

Der Wissenschaftsbegriff der Theologie: EvTh 35 (1975) 283–309

Hermeneutisches und analytisches Denken in der Theologie: In der Freiheit des Geistes, 152–165

Eschatologische Rationalität: In der Freiheit des Geistes, 166–195

Fundamentaltheologie – Grundlagenforschung oder Orientierungskrise?: VF 35 (1990/1) 30–40

zu 4.2

Wie kann Theologie aus Erfahrungen entstehen?: Theologie im Entstehen. Beiträge zum ökumenischen Gespräch im Spannungsfeld kirchlicher Situationen, hg. von Lukas Vischer (TB 59), München 1976, 99–118

Kontextuelle Theologie als Herausforderung der Dogmatik: »Ihr alle aber seid Brüder«, FS Adel Theodor Khoury, hg. von Ludwig Hagemann/Ernst Pulsfort, Würzburg und Altenberge 1990, 365–383

Zum Kontext deutscher evangelischer Theologie in den dreißiger Jahren – und zum Problem seines kontextuellen Verständnisses heute: Text und Kontext in Theologie und Kirche, hg. von Friedrich Hauschildt (zur sache 29), Hannover 1989, 64–95

Die Wahrheit im Kontext des Redens von Gott. Zum Stellenwert von »Kontexten« in der systematischen Theologie: ThGl 86 (1996) 157–166

Kontextuelle Theologie im »Kirchenkampf«?: Kaum zu glauben. Von der Häresie und dem Umgang mit ihr, FS Heiner Faulenbach, hg. von Athina Lexutt/Vicco von Bülow (Arbeiten zur Theologiegeschichte 5), Rheinbach 1998, 221–239 *zu 4.3*

Was heißt »christologische Begründung« christlichen Handelns heute?: Evangelische Ethik. Diskussionsbeiträge zu ihrer Grundlegung und ihren Aufgaben, hg. von Hans G. Ulrich (TB 83), München 1990, 98–112

Zur Zwei-Reiche-Lehre Luthers (TB 49), München 1973, VII–XIV

zu 5

Der Dogmatiker als Anwalt des Laien in der Theologie: Vom Amt des Laien in Kirche und Theologie, FS Gerhard Krause, hg. von Henning Schröer/Gerhard Müller, Berlin/New York 1982, 278–295

Register

Bibel

Altes Testament

Gen 1–3: 225
Gen 15,6: 119
Gen 50,19f.: 304

Ex 13,21: 26
Ex 20,2f.: 81

Num 6,22–27: 185

Dt 5,6f.: 81

Ruth 1,16: 207

2. Sam 12,1–15: 154

Ps 8,5: 252
Ps 33,4: 294
Ps 51,6: 153

Jes 2,2–4: 232
Jes 55,11: 180, 234

Mi 4,1–5: 232
Mi 6,8: 277

Neues Testament

Mt 4,1–11: 287
Mt 5,22.28.32.34.39.44: 290
Mt 6,13: 94
Mt 6,18: 349
Mt 6,33: 227
Mt 7,12: 154
Mt 10,19: 116
Mt 11,28: 235
Mt 11,28f.: 209
Mt 18,18: 110
Mt 20,25f.: 216
Mt 20,28: 216
Mt 22,32: 40
Mt 28,18–20: 230, 234

Mk 9,24: 274
Mk 15,34: 164
Mk 16,8: 176

Lk 3,10: 338
Lk 4,1–13: 287
Lk 18,10–14: 150
Lk 22,42: 306
Lk 24,26: 305

Joh 1,17b. 18: 332
Joh 1,29: 157
Joh 3,17: 234
Joh 5,39: 282
Joh 10,30: 258
Joh 14,6: 75
Joh 15,26: 234
Joh 16: 234
Joh 16,7b–11: 234
Joh 16,13: 170
Joh 17,18: 234

Apg 2,22–36: 175
Apg 2,37ff.: 338
Apg 4,12: 238

Röm 3,24: 282
Röm 5,3f.: 308
Röm 5,6–19: 234
Röm 7,9–24: 197
Röm 8,15ff.: 167
Röm 8,20–22: 307
Röm 8,22–25: 307
Röm 8,26: 116, 131, 166, 307–308
Röm 8,28f.: 307
Röm 8,31f.: 307
Röm 8,32: 176
Röm 8,38f.: 307
Röm 9–11: 307
Röm 10,9: 58
Röm 10,9f.: 55, 58, 59
Röm 10,17: 169
Röm 11,36: 307
Röm 12,2: 17, 342, 345
Röm 14,8: 346
Röm 15,1–6: 225

1. Kor 1,18: 113
1. Kor 1,23: 39
1. Kor 1,30: 89, 113
1. Kor 3,11: 283, 320
1. Kor 4,7: 194
1. Kor 6–10: 46

1. Kor 12: 46, 218
1. Kor 12,3: 113
1. Kor 13,13: 33, 43
1. Kor 14: 218
1. Kor 14,33: 219
1. Kor 15: 30–35
1. Kor 15,1: 34
1. Kor 15,3f.: 31
1. Kor 15,15: 35
1. Kor 15,16: 34
1. Kor 15,17: 35
1. Kor 15,18: 35
1. Kor 15,19: 34
1. Kor 15,20–28: 113
1. Kor 15,23–28: 35
1. Kor 15,28: 35, 202, 232, 238
1. Kor 15,44: 46
1. Kor 15,57: 35
1. Kor 16,22: 202

2. Kor 1,20: 40, 290, 320
2. Kor 3: 293
2. Kor 3,6: 293
2. Kor 4,5: 293
2. Kor 4,13: 232
2. Kor 5,7: 129
2. Kor 5,17: 131, 155
2. Kor 5,18–21: 233
2. Kor 5,19: 89, 236
2. Kor 5,20: 89, 220
2. Kor 5,21: 155, 188
2. Kor 13,12: 187
2. Kor 13,13: 186, 188

Gal 3,23–29: 293
Gal 4,6: 28
Gal 5,18: 348

Eph 2,10: 339
Eph 2,13: 320
Eph 3,17–19: 92
Eph 4,14: 99
Eph 4,15f.: 220

Kol 3,3: 337, 344

2. Thess 3,2: 210

1. Tim 1,10: 98
1. Tim 2,1–4: 159, 160
1. Tim 2,2: 161
1. Tim 2,5f.: 111, 161
1. Tim 3,16: 105, 111
1. Tim 6,3: 98

2. Tim 1,13: 98
2. Tim 4,3: 98

Tit 1,9: 98
Tit 2,8: 98

1. Petr 2,9: 219
1. Petr 2,17: 93
1. Petr 3,15: 100, 256

1. Joh 4,1: 110
1. Joh 4,19: 166

Hebr 1,1f.: 111, 251

Offb 1,17f.: 137
Offb 3,16: 223
Offb 22,18f.: 105
Offb 22,20: 202

Basistexte (chronologisch)

Symbolum Nicaeno-Constantinopolitanum 65, 67, 87, 134 bis 135
Symbolum Apostolicum (Credo) 121–122, 126, 130, 247
Christologische Formel von Chalcedon 58, 86, 89–90
Symbolum Athanasianum (Quicunque vult) 58–59
M. Luther, Kleiner Katechismus 61, 121
M. Luther, Großer Katechismus 196–197
Confessio Augustana (Augsburger Bekenntnis) 68, 101–106, 111, 147
Schmalkaldische Artikel 143
Heidelberger Katechismus 212
Formula Concordiae 196, 286
Barmer Theologische Erklärung 74–82, 86, 89, 90, 93, 101–103

Namen

Abbing, P. 150
Ahrendt, H. 152
Albert, H. 47, 270, 298
Allen, D. 321
Alting, H. 317
Anselm von Canterbury 252, 334
Asmussen, H. 220
Assel, H. 150
Auf der Maur, H. 137
Augustin von Hippo 42–44, 159, 173, 192–195, 200, 212, 252, 334
Austin, J. 117
Bach, J. S. 249
Barth, K. 139, 148, 174, 234, 277, 296, 319, 324, 330, 349
Basilius von Caesarea 49
Bayer, O. 124, 324
Beavin, J. 117
Beintker, M. 158, 291, 340
ben Chorin, S. 177
Bengel, J. A. 295
Bieritz, K. H. 137
Birkner, H. 349
Blumhardt, J. Chr. 198–202
Boethius 357
Bohren, R. 183
Bonhoeffer, D. 148, 217, 329, 330, 347
Boyer, L. 129
Brand, G. 38, 95

Namensregister

Brecht, M. 295
Brooks, C. 271
Brunner, E. 148
Brunner, P. 190
Buber, M. 294
Bukowski, P. 203
Calderon, P. 338
Calixt, G. 316
Calvin, J. 65, 173, 208, 267
Carnes, J. 269
Cleve, J. v. 249
Collet, G. 335
Cone, J. 326
Daiber, K. F. 298
Davies, H. 22
Descartes, R. 275
Diem, Hermann 221
Dornseiff, F. 105
Ebeling, G. 311, 319, 324
Einstein, A. 270–271, 276
Elze, M. 53
Epiktet 322
Farley, E. 319, 324
Federer, K. 167
Felmy, K. 22
Fraas, H.-J. 209
Frege, G. 112
Frei, H. 314
Frettlöh, M. 190
Friedrich der Große 217
Gassmann, G. 118
Geense, A. 150
Geyer, H.-G. 118
Glasser, A. 241
Goethe, J. W. 352
Grillmeier, A. 30
Grosse, F. 217
Gunnemann, L. 97–98
Hamann, J. G. 196
Harnack, A. v. 38, 87
Hauerwas, S. 348
Hebel, J. P. 288, 318
Heerbrand, J. 281
Hegel, G. W. F. 67

Heisenberg, W. 333
Henry, G. 167
Herms, E. 228
Herrmann, W. 62
Herzog, F. 97–98
Hirsch, E. 255, 302
Hofmannsthal, H. v. 338
Honecker, M. 349
Huber, W. 132, 134, 280
Hütter, R. 112, 349
Irenäus von Lyon 172, 252
Irving, J. 323
Iwand, H. J. 53, 197
Jackson, D. 117
Jeanrond, W. 296
Jeffner, A. 95
Jenson, R. 30, 53
Joest, W. 312, 324
Johannes von Damaskus 44
Jones, C. 129
Jongeneel, J. 241
Josuttis, M. 298
Kähler, M. 235, 241, 287, 358
Kamlah, W. 69
Kant, I. 161, 297, 317
Keiling, H. 97
Kerr, F. 95
Kierkegaard, S. 211
Klaiber, W. 22
Kocsis, E. 148
Koopmans, J. 53
Kretschmar, G. 134–135
Kuhn, Th. 14, 226, 263, 268
Leclerq, J. 129
Lehmann, P. 326
Lindbeck, G. 129
Lohff, W. 100
Lohse, B. 134
Lorenzen, P. 69
Luhmann, N. 20–21, 23, 27, 32
Luibl, H.-J. 322
Luther, M. 27, 61, 77, 108,
 120–121, 126, 142, 153, 173,
 195–197, 201, 208, 213, 228,

266, 274, 282–284, 286, 293, 307, 333, 346, 347, 356
McClendon, J. 23
McGavran, D. 241
McGinn, B. 129
Mann, Th. 305
Marcion 37
Marquardt, M. 22
Martikainen, E. 112
Maurer, E. 30, 321, 340
Melanchthon, Ph. 173, 209
Melito von Sardes 175
Meyendorff, J. 129
Micskey, K. 280
Mildenberger, F. 215, 296, 324
Miskotte, K. H. 183, 361
Moffett, S. 229
Morse, C. 112
Müller, G. 129, 228
Munz, R. 95
Niebuhr, Reinhold 322
Nieke, W. 297
Nietzsche, F. 37
Nipkow, K. E. 215
Nitzsch, C. I. 318
Oden, Th. 22
Origenes 292–293
Pannenberg, W. 53, 311, 324
Pascal, B. 206, 267
Paulus 30–36, 39, 42, 46, 55 bis 56, 113–114, 131, 166, 187–188, 197, 218–219, 225, 232, 293, 306–308, 345–346
Pelagius 192–195, 200, 212
Pelikan, J. 262
Peters, A. 124
Peters, G. 241
Polanyi, M. 270
Prosper von Aquitanien 159
Putnam, H. 268
Rahner, K. 50, 52, 236
Ratschow, C. H. 53, 281
Reinhart, L. F. 316
Rendtorff, T. 339, 349

Ricœur, P. 170
Ritschl, A. 213
Ritschl, D. 112, 280
Ritter, A. M. 44
Rokeach, M. 298
Rosenzweig, F. 190
Rubione, W. de 186
Ruhbach, G. 129
Sauter, G. 95, 148, 183, 197, 246, 280, 296, 361
Schelling, F. W. J. 67
Schiller, F. 161, 333
Schlatter, A. 280, 296
Schleiermacher, F. D. E. 101, 139, 210, 226–227, 271–272, 319
Schlink, E. 53
Scholz, H. 226
Schröder, C. 324
Schweitzer, A. 47
Schweitzer, F. 215
Searle, J. 119
Seils, M. 150
Senior, D. 241
Slenczka, N. 335
Soosten, J. v. 217
Staniloae, D. 21
Steiger, L. 137
Stock, A. 95, 246
Stoevesandt, H. 183, 340
Strohm, Th. 361
Stuhlmueller, C. 241
Sundermeier, Th. 241, 280
Swartley, M. 23
Tacke, H. 203
Tertullian 86
Thiel, J. 314
Thomas von Aquino 22, 263 bis 266, 268–269, 305, 334
Tillich, P. 28, 140, 148, 190–191, 214, 236, 319
Torrance, Th. 269
Track, J. 69
Troeltsch, E. 317

Turre, R. 150
Twesten, A. D. Ch. 281
Ulrich, H. G. 53, 215, 340, 349
Vandenbroucke, F. 129
Verweyen, H. 312, 324
Vischer, L. 112
Vogel, H. 220
Wächter, O. 32, 48, 295
Wackerzapp, H. 298
Wainwright, G. 22, 129, 167
Wakefield, G. 129
Wannenwetsch, B. 349
Watzlawick, P. 117
Whitehead, A. 269
Wickert, U. 53
Wilder, Th. 352
Williams, R. 129, 291, 310
Wingren, G. 173, 346
Wittgenstein, L. 84, 95
Wolleb, J. 281
Yarnold, E. 129
Zehner, J. 158
Zündel, F. 201

Theologische Begriffe

(Begriffe, die für dieses Buch spezifisch sind, erscheinen in Kursive.)

Adiaphora 147
Allgemeingültigkeit 238, 310, 312, 314
Anbetung 165, 167
Anthropologie (→ Mensch) 61, 65–67, 77, 162–163, 173, 192–198, 252, 255, 266–267
Apologetik/Apologeten 303–304
Aporie 203
Appropriation 188
Argumente, theologische → Theologie
articuli fidei 265
Ausgangspunkt (starting point) 279

Aussage(n) 60, 69, 71, 112–124
– *assertorische* 109, 112–124
– *Aussagen sui generis* 112, 115
– *dialogdefinite* → Dialogdefinitheit
– *dogmatische* → Dogmatik
– *generative* 70–73, 259–260
– *theologische* → Theologie
– *universale* → Universalität
– *wahrheitsdefinite* 69
– *Wahrheitsgehalt einer Aussage* 115–122
– *Wahrheitswert einer Aussage* 112, 116
Autorität 40, 47, 72, 104, 122, 187, 228, 252–253, 284, 298, 316
Axiom 267–279, 300, 313
Barmherzigkeit 151–152, 159, 276
Bedeutung 113
Bedeutung, theologische → Theologie
Bedingung(en) 28–29, 32, 55, 59–62, 72, 76–77, 113–114, 118–119, 157, 161, 264, 268, 299, 325, 328, 331, 333
Bedingung, theologische → Theologie
Bedingungen, (glaubens-)notwendige 62, 72 (→ Glaube)
Befreiung 37, 89–91, 111, 134, 157, 175, 177, 201, 227, 326, 333, 343
Begegnung 274
Begriffsbildung, theologische → Theologie
begründen/Begründung 31–32, 44, 50–51, 64, 101, 122, 135, 140, 142, 149, 160, 180, 193–194, 204, 210, 216, 224, 232, 236, 254, 256, 284–285, 300, 309, 312–314, 318, 332 bis 333

Begründung, biblische 216, 285
Begründungsfragen 358
Begründungszusammenhang 140, 144–145, 243–247, 256, 285, 300, 309, 313, 315, 333–335
Beichtspiegel 196
Beispiel 37, 42, 65, 70, 83, 95, 97, 128, 141, 148, 186, 258, 271, 274, 279, 287, 299, 302, 304, 310, 326–327, 330, 337, 346, 355
Bekehrung 168
bekennen/Bekenntnis 55–63, 99, 215
Bekenntnis zu → Jesus Christus
Beschreibung 241, 299
Bestimmtheit der → *Lehre*
Bestimmungsrichtungen 24
bezeugen 119, 145, 173, 217, 219, 221, 231, 263, 290
Bibel 30, 37–43, 49, 51, 59, 65, 72–73, 75, 78, 87, 93–94, 105, 124, 159, 181, 187, 198, 203, 221–222, 242–243, 246, 252–253, 265, 273, 280–296, 339, 358 (→ Kanon)
Bitte 156, 163–167, 236–237
Botschaft 170–180 (→ Christusbotschaft)
Buße 168, 196
Charismen 218
Christologie 86, 110–111, 113–115, 132–137, 164, 178, 216–218, 230, 250–255, 330–332
Christusbotschaft 134
communio sanctorum → Kirche
creatio continua 195
creatura verbi et spiritus 148
Dank 78, 89, 93, 151, 161–162, 165–167, 181, 323, 347
Deduktion 299
Denkbewegung 29, 69, 260
Denkerfahrung 63–69, 130, 244, 254–255, 257, 259, 300, 310, 361
Denkschritte, dogmatische → Dogmatik
Diakonie 147
Dialektik 121, 274–279
Dialogdefinitheit/dialogdefinit 63–70, 89, 101, 260, 273, 301
Dialogregeln, theologische → Theologie
Dienst 217
Dienstgemeinschaft 220
Disposition der → Dogmatik
Dissens 31, 103 (→ *Konsens*)
Dogmatik/dogmatisch 19–21, 23–30, 33, 36, 38–43, 45–48, 50–54, 56, 61, 68–74, 82–83, 91–92, 95–97, 100–103, 115, 118–119, 123, 125, 127, 130–132, 135, 137, 139–142, 144–150, 158, 160, 162, 172, 174–175, 179–182, 185, 187–192, 202–203, 209, 211, 241–247, 249–251, 254–263, 267, 273, 275, 277–281, 296–303, 306, 309–320, 322, 325, 327, 330, 335–338, 340–344, 348–349, 351–361
– *Aussagen, dogmatische* 122–124, 174, 301, 339
– *Basiswissen, dogmatisches* 257, 259
– *Begriffe, dogmatische* 339
– *Denken, dogmatisches* 186
– *Denkschritte, dogmatische* 299
– *Disposition der Dogmatik* 247–262
– Dogma/Dogmen 46–53, 63–69, 269
– Dogmatik als Funktion der Kirche 147
– Dogmatismus 298–310
– Dogmenbildung 135
– explizite Dogmatik 25

Begriffsregister

- Gegenstand der Dogmatik 174, 278–280, 300
- implizite Dogmatik 24
- Komposition der Dogmatik 258
- Konstitution der Dogmatik 259, 299
- *Reden, dogmatisches* 26, 70, 124
- *Texte, dogmatische* 53, 95, 112, 258

Doxologie 165, 167, 307
Einheit 70, 88, 111, 144, 159, 219
Einheit der → Kirche
Einstimmen/Einstimmung 31, 46, 54–63, 68, 107, 112, 116, 148, 160, 162, 165, 184, 209, 222–228, 299–300, 308 (→ *Konsens*)
Ekklesiologie 52, 93–95, 139–150, 252–253 (→ Kirche)
elementar 36, 205, 208, 210
Entdeckungszusammenhang 333–335
Entscheidungen 110
Enzyklopädie 310, 324
Erfahrung, religiöse 19–20, 24–25, 31–32
Erfahrungsrahmen 24 (→ Denkerfahrung)
Erkenntnis 214–215 (→ Gotteserkenntnis; Selbsterkenntnis)
Erkenntnis, theologische → Theologie
Erkenntnisprinzip (principium cognoscendi) 280
Erkenntnisstand, theologischer → Theologie
Erkenntnisweg 258
Erlösung 136, 160, 201, 217
Ermöglichungsgrund 28, 122
Erstreckung, theologische → Theologie
Erwählung 307

Eschatologie 34–36, 199–203, 256
Ethik 326, 335–349
- *Urteilsbildung, ethische* 339–349
Ethos, christliches 348
Evangelium 72, 107–108
Evidenz 54
Externität 27–28, 38–39, 70, 76, 100–103, 115, 120, 122, 144, 149, 158, 173, 244–245, 273–274, 299–300, 306, 312, 332
Externität der → *Verheißung*
Externität des → *Glaubens*
extra nos → *Externität*
Freiheit Gottes → Gott
Freiheit, menschliche → Mensch
Fürbitte 94–95, 158–163, 165, 181, 347
Fundamentaltheologie 311–319
Gebet 86, 128, 158–167, 193–195, 308, 322, 340, 347
Gebetsregel 160
Gegenstand der → Theologie
Gegenstand kirchlicher → *Lehre*
Gegenstandsbereich 263
Gegenüber 25–27, 31, 81, 93, 95–96, 106, 109–110, 118, 123, 140, 171, 184, 189–190, 215, 245, 264, 317
Gehalt, propositionaler 41
Geheimnis/Mysterium 89, 273, 276
Geheiß 76, 290
Geist Gottes/heiliger Geist 46, 73, 115, 166, 169, 181, 188, 202, 234, 255, 293, 348
- Geist und Buchstabe 292–293
- Geistesgegenwart 113–116, 122, 128, 179–183 (→ Pneumatologie)
Geltung, kirchliche (→ Kirche; *Lehre*)

Geltungsbereich 149, 236–240, 312, 336
Gemeinde 132, 159, 162, 178, 180, 189–190, 221
Gemeinschaft 188
Gemeinschaft mit Christus → Jesus Christus
Gerechtigkeit Gottes → Gott
Gericht Gottes 154 (→ Gott; Eschatologie)
Geschichte des Menschen → Mensch
Geschichte Gottes → Gott
Geschichte Jesu Christi → Jesus Christus
Geschöpflichkeit 46, 61, 153
Gesetz und Evangelium 292–294
Gewissen 28, 76, 99, 149, 158, 196, 209, 222, 228, 287
Glaube/glauben 24, 26–28, 30–34, 36, 38, 40–46, 49–50, 52–74, 76–77, 82–85, 89–92, 94–96, 98, 101–107, 109–112, 115, 119–122, 124–130, 136, 140, 142, 145–146, 148–149, 153, 159–160, 167–170, 173–174, 178–180, 197–198, 203–212, 214–215, 221–224, 227, 231–232, 235–244, 248, 251, 253–254, 256–257, 262, 270, 272–279, 281–284, 293, 296, 299, 301–303, 307–313, 318, 321, 323, 336, 344, 347–348, 352, 355, 359–361
– *auf Glauben hin* 52, 61, 63–64, 66, 71, 109, 360
– *aus Glauben* 54, 63, 71, 121, 129, 145, 209, 241, 253, 257, 273, 281, 301, 312, 355, 360
– Externität des Glaubens 28, 70, 103, 115, 120, 245, 312
– *Glaubensäußerungen* 213
– *Glaubensaussagen* 32–33, 36, 41, 46, 60, 62, 63–65, 212, 240
– *Glaubensentscheidung* 223
– *Glaubenserfahrungen* 209
– *Glaubensfrage(n)* 36, 224
– *Glaubensgespräch* 64, 83, 86, 170, 301, 361
– *Glaubensgewißheit* 27
– *Glaubenslehre* 215
– *Glaubensregel*/regula fidei 38, 40, 84, 251
– *Glaubenssatz* 40, 50
– *Glaubenssprache* 32, 62, 124–129, 130–131, 301
– *Glaubenswahrheit/Wahrheit des Glaubens* 40–41, 104, 209, 221, 245
– *Glaubenszuversicht* 308
– *im Glauben* 30–31, 33, 38, 41, 52, 54–56, 60–62, 64, 66, 68, 70–74, 77, 83–84, 95–96, 103–105, 107, 109, 111, 115, 125–128, 130, 142, 149, 174, 178, 179, 197, 203–204, 206–210, 214, 222, 238–239, 243–244, 253, 256, 282, 293, 302, 306, 309, 311–312, 344, 347, 355, 361
– *Verbindlichkeit im Glauben* 105, 107 (→ *Grenzziehung, glaubensnotwendige; Unterscheidung, glaubensnotwendige; Unterscheidung, glaubensweisende*)
Gnade → Gottes Gnade; gratia praeveniens
Gnadenlehre 160, 162–163, 195, 203, 252–253, 255
Gott 26, 28–33, 35–43, 45–46, 49, 51, 54–56, 58–69, 71, 73, 75–79, 81–82, 85, 87–96, 99, 107–115, 117–121, 124–137, 140, 144–146, 148–159, 161–170, 172–186, 188–189, 193, 195–197, 199–203, 205, 207, 209, 214–215, 218–220,

223, 225, 227, 232–240, 243, 246–249, 251–253, 256, 261–267, 272–277, 281–290, 293–296, 299–301, 303–308, 312, 320–323, 331–332, 334, 337–340, 342, 344, 347, 349, 352, 356, 358–360
- Ankunft Gottes 167
- Anrufung Gottes 126, 157
- Anspruch Gottes 290
- Geschichte Gottes 136, 180

Gottes
- Allwirksamkeit 162
- Barmherzigkeit 151
- Freiheit 293
- Für-Sicht 94, 307–310, 322, 349 (→Vorsehung; Providenz)
- Gebot 40, 94–95, 194, 340
- Gegenwart 169, 183, 189, 236, 255, 276, 291, 301
- Geheiß 76
- Gerechtigkeit 94–95, 120, 151, 164, 188, 195, 339 (→ Gericht)
- Gnade 22, 72, 116, 120, 125–126, 151–153, 156–157, 160, 162–163, 165, 169, 186–189, 192–196, 200, 205, 208, 212, 217, 220, 227, 236, 252, 274, 332, 345 (→ gratia praeveniens)
- Handeln 35–36, 39, 43, 45–46, 65, 68, 72, 90, 100, 107–108, 115–116, 119, 123–124, 128, 133, 142, 144–146, 148–149, 153, 155, 158, 160, 162–163, 165, 174, 181, 183–186, 188, 194, 196–198, 203, 206, 208, 211–212, 222, 231, 235–236, 238–239, 243–245, 252–253, 255, 260, 263–264, 273, 294–295, 299, 300, 303, 307–308, 320, 326, 332, 338–340, 342–344, 347, 353
- Kommen 128, 338

- Liebe 188
- Nähe 182, 342
- Name 175
- Recht 154
→ Reich
→ Segen
- Sein 66, 263, 273
- Selbstmitteilung 12, 282
- Selbstoffenbarung 276
- Souveränität 115
- Tat 66, 153, 194, 233, 285
- Treue 245, 289
- Urteil 90, 110, 111, 113, 120, 196–198, 285, 293–294, 305, 337–338, 342, 347–349
- Verborgenheit 164, 182
- Verheißung 26–28, 31–32, 40, 45, 54, 76–77, 94, 99, 114, 116–117, 119–120, 123, 125, 144, 149, 164, 172–173, 179–180, 185, 221, 225, 231, 275, 285, 292, 294–296, 304, 308, 339, 341–343, 345, 347
  - Externität der Verheißung 76, 144, 149
  - Verheißung und Erfüllung 292, 294–296
- Wahrheit 28, 109, 164, 197, 345
- Weisung 347
- Wille 94, 120, 162–164, 194 bis 195, 199, 217, 304–307, 323, 337–342, 345–346, 352
- Wirklichkeit 28, 120
- Wort 73, 76, 108, 119, 174, 286
- Zusage 119, 203
- Zuwendung 126
- Gottesprädikate → Gotteslehre
Gottesdienst 82, 86, 128, 152, 157, 159, 169, 178, 183–190, 227, 348
Gotteserkenntnis 153, 157 (→ Selbsterkenntnis; Erkenntnis)

Gotteslehre 173–174, 276–277
gratia praeveniens 126, 160
Grenzaussagen 100, 268
Grenzbestimmung 103
Grenzziehung, glaubensnotwendige 95
Gründe, theologische → Theologie
Grund, innerer 120, 140–141, 149, 153, 159, 170, 179–181, 185–186, 192, 195, 207, 233, 236, 241
Grundaussage 37, 114
Grundbedingung(en) 55, 63, 68–69, 299
Grundstruktur 43
Häresie 39
Handeln Gottes → Gott
Handeln, kirchliches → Kirche
Handeln, menschliches → Mensch
Heiligung 89–91, 113, 199, 338, 344
Heilslehre 172–173
Herrengebet 165, 199
Herrenmahl 86, 146–147
Herrschaft Christi → Jesus Christus
heterodox 355
hinweisen 56, 81, 94, 143, 182, 219, 357
Hören 77–78, 169–175, 228
Hoffnung 34–35, 70, 120, 125, 180, 202, 343, 349 (→ Eschatologie)
– *auf Hoffnung hin* 30, 31, 33, 38, 41, 54, 56, 73, 74, 83, 95–96, 109, 115, 121, 125, 127–130, 142, 145, 149, 179, 203, 208, 238–239, 241, 243–244, 253, 256–257, 273, 293, 301–302, 306, 309, 312, 344, 347, 355, 361
– *in der Hoffnung* 35, 111, 130, 201, 206–208, 222, 248, 338

Homologie 54–63, 70, 179
Immanenz 120
Induktion 299
Integrität, theologische → Theologie
Jesus Christus 28, 31–35, 37–40, 46, 51, 55, 57, 62, 70, 73, 75–76, 78, 85–92, 107–108, 110–114, 121, 123, 126, 130–137, 145–147, 154–155, 157, 161, 169, 173–178, 180, 186–189, 191, 196–197, 200, 202, 206–207, 209, 212–213, 217–221, 227, 230–236, 238, 240, 247–248, 250–253, 255 bis 256, 261, 263, 267, 272–273, 276, 282–283, 287, 289–290, 292–293, 296, 303, 305, 307, 321, 326–327, 330–332, 337–339, 343–348, 356
– Christusbekenntnis/Bekenntnis zu Jesus Christus 111, 114, 156, 238
– Christusbotschaft 134
– Christusfeste 134, 248
  – Advent 250
  – Christfest/Weihnachten 135, 249
  – Epiphanias 135
  – Himmelfahrtsfest 135
  – Karfreitag 135, 249
  – Ostern 130, 132–133, 135, 149
– Christusgeschichte/Geschichte Jesu Christi 55, 134, 136, 147, 178, 247–251, 296
– Gemeinschaft mit Christus 209, 248
– Herrschaft Jesu Christi 219, 230, 234
– Kommen Jesu Christi 202, 247, 261, 303, 332
– Sendung Jesu Christi 180 (→ Christologie; Person)

Begriffsregister

Kanon 36–44, 181, 221, 251, 282, 291
Katechese/Katechetik 169, 207
Kerygma 180
Kirche 19, 21–22, 25–27, 29, 36, 38–40, 42, 44–53, 57, 59–60, 63–64, 69–75, 77–79, 81, 86–87, 93–103, 106, 108–109, 112–113, 121, 131–137, 139–149, 156, 158–159, 162, 166, 172, 174–175, 177–178, 181, 188–189, 204–209, 214–223, 226–230, 232, 234–239, 241, 245, 251–253, 255, 264, 270, 272, 281–282, 285–287, 291–293, 303, 306, 308, 311, 315, 317, 319–322, 326, 329, 331, 335–336, 347–349, 354, 360 (→ Ekklesiologie)
– Einheit der Kirche 101, 106, 147, 166
– Geltung, kirchliche 238–239
– Handeln, kirchliches/Handlungen, kirchliche 139–150, 172, 175, 181, 230, 241, 301, 308, 322
– Kirchenleitung 215–228
– Kirchesein 96, 142
– Leib Christi 46, 218
– notae ecclesiae/Zeichen der Kirche 142–150
– Selbstbindung der Kirche 96
– sichtbare/Sichtbarkeit der Kirche 143
– verborgene/Verborgenheit der Kirche 142, 144 (→ Lehre)
Kirchenjahr 131, 181, 247–251 (→ Christusfeste)
Klage 128, 163–167, 181, 347
Kommunikation 123
Komposition der → *Dogmatik*
Konsens 31, 69, 103, 107, 111, 148, 209, 221–227

Konstitution dogmatischen Denkens → *Dogmatik*
Kontext/context/Kontextualität 250, 325–335, 352
Leben, geistliches → *Spiritualität*
Lebensform 25, 347–349
lectio continua 128 (→ *Kanon*)
Lehre 96, 99–103, 106–112, 214
– *Bestimmtheit der Lehre* 111
– *Lehraussagen* 101, 108
– *Lehrbildung* 101, 103
– Lehre, kirchliche 96, 100, 103, 259–260
– Lehrsätze 109
– Verbindlichkeit als Lehre 112
– Verbindlichkeit der Lehre 208, 215
Leib Christi → Kirche
Leiden 199
Letztberufungsinstanz 157, 253, 286–287
Liebe 180, 188, 203
– *aus Liebe* 121, 149, 179, 203, 208, 241, 256, 306, 309, 347, 361
– *in der Liebe* 92, 145, 220, 293, 301
– Liebe Gottes → Gott
Literalsinn 181
Liturgie 134, 150, 158, 169, 349
Lobpreis 163–167
Mensch(en) 20, 26, 32–36, 42–43, 45, 47, 52–53, 56, 59–60, 62–71, 73, 76–79, 83, 85, 87–89, 104, 106–107, 109–114, 116, 118–119, 121–124, 126–128, 130–132, 134–136, 141, 143, 145–146, 150–167, 170, 173–174, 178–180, 182–198, 200–204, 209, 211–212, 215–219, 222–223, 225, 228–231, 234–235, 237–240, 243, 246–247, 251–255, 260,

262–264, 266–267, 272, 274–277, 279, 282, 284, 289–290, 293–296, 299–301, 303–304, 306–309, 311, 313, 315–316, 321, 332, 334, 337–345, 347, 356–359, 361
- Freiheit, menschliche 162, 192, 194–195, 197
- Geschichte des Menschen 136
- Handeln, menschliches 90, 145, 156, 164, 175, 184, 339–340, 342–349
- Reden, menschliches 121
- *Selbsterkenntnis* 126, 153, 155, 157, 196, 200, 203 (→ Gotteserkenntnis)
- *Selbstgespräch* 76, 78, 156, 170
- *Selbstvergessenheit* 85, 116, 123, 171
- Wille des Menschen 157, 194, 196–197, 200, 339
Mission 149, 228–242
Missionsbefehl 230–231
Moral/Moralismus 337, 248
Nachfolge 87, 90, 146, 230
Natur 169, 193
Neuschöpfung 194, 200
Norm/Wert 338, 348
normal science 263
notae ecclesiae → Kirche
Offenbarung 46, 263, 273, 276
Ordnung der → Kirche
orthodox 355
Partikularität 27, 103
Person 65–67, 184, 200, 338
Philosophie 321
Pneumatologie 166, 255 (→Geist Gottes)
Praxis 48, 57, 107, 135, 145, 147, 150, 210, 212, 228, 236, 318, 359
Predigt 94, 147, 167–175, 181, 189

Priestertum aller Gläubigen 219
primum principium 283–284, 313, 320
principium der → Theologie
Prinzipienlehre 311–319
pro nobis 120
Problem 57, 90, 171, 186, 212–214, 246, 268, 302, 318, 345
Prolegomena 148, 280, 296, 311
Providenz/Providenzlehre → Vorsehung; Vorsehungslehre
Rechtfertigung 90–91, 151, 253, 282 (→ Gottes Gerechtigkeit)
Rechtfertigungslehre 54, 70, 73, 119–120, 153–158, 173, 198, 203
Reden, dogmatisches → Dogmatik
Reden, menschliches → Mensch
Regeln 25, 53, 130
Regeln, dialogdefinite → *Dialogdefinitheit*
regula fidei → Glaubensregel
Reich Gottes 94–95, 199–202, 227–338 (→ Gott; Eschatologie)
Reichweite, theologische 149, 236–239, 240, 312
Relation 188
Religionspädagogik/Religionsunterricht 209–215 (→ Unterricht)
Repräsentation 273
Reue 196
Sakrament 145, 147, 189 (→ Taufe; Herrenmahl)
Sakramentalismus 146–147
Sätze, dialogdefinite → *Dialogdefinitheit*
Sätze, theologische → Theologie
Satz, universaler 236
Schöpfung 136, 255
Schöpfungslehre 61
Schrift → Bibel
Schriftprinzip 280–291

Schrifttreue 280–291
Schuld 110, 144, 145, 150–151, 154–158, 201, 206, 339, 349
Schuldbekenntnis/Bekennen der Schuld 150–153, 155–158, 206–349
Seelsorge 190–203, 347
Segen 183–190, 308
Selbsterkenntnis → Mensch
Selbstgespräch → Mensch
Selbstvergessenheit → Mensch
Sendung → Mission
Sendung Jesu Christi → Jesus Christus
Sequenz, theologische → Theologie
Sinn 24, 61, 84–85, 92, 109, 123–125, 127, 142, 151, 153, 156, 188, 191, 229, 246, 287, 290, 292–293, 295, 305–306, 309, 312, 339, 345
Sinnfrage 191, 214, 279
sola fide 282
sola gratia 281
sola scriptura 281, 285–287
solus Christus 282
Spiritualität 116, 128–129, 225, 332
Sprachstruktur 53
Sprachzusammenhang 70, 91, 269
Strukturen 24
Sünde 150–152, 154–158, 196, 253
Sündenbekenntnis/Bekennen der Sünde 151, 153, 155–158
Sündenlehre 150–153, 252–253
Sündenvergebung → Vergebung
Sünder 54, 72, 150–153, 221, 230, 253, 255, 266, 346
Taufe 145, 147, 205, 230–231, 338 (→ Sakramente)
Texte, dogmatische → Dogmatik
Texthermeneutik 328

Theodizee 309
Theologie/theologisch 19, 21–23, 25, 28–29, 37–38, 44–54, 56, 64, 67, 69–71, 74, 80, 82–84, 95, 97, 101, 109, 110, 112, 116–118, 120, 122–124, 129, 139–140, 147–150, 153, 158, 163, 168–169, 173–175, 177, 183–184, 190–192, 198, 202, 204, 207–208, 212–216, 220–221, 223, 224, 226, 230, 236, 239, 241, 246, 252–255, 257, 259, 262–268, 270–274, 276–277, 279–282, 284, 295–298, 300, 302, 309–321, 324–337, 341, 344–345, 348, 352, 354, 356, 358–361
– *Argumente, theologische* 149
– *Aussagen, theologische* 83, 91, 112–124, 149, 250, 273–278, 301, 307, 313, 336, 354
– *Bedeutung, theologische* 125
– *Begriffsbildung, theologische* 124
– *Charakter der Theologie* 262–263
– *Dialogregeln, theologische* 82–91, 166
– *Erkenntnis, theologische* 70, 243
– *Erkenntnisstand, theologischer* 70
– *Erstreckung, theologische* 45, 136
– *Gegenstand der Theologie* 153, 262–264, 273, 279
– *Gründe, theologische* 114, 224, 244, 322
– Integrität, theologische 309–310
– principium der Theologie 313, 320
– *Sätze, theologische* 100, 239, 301

- *Sequenz, theologische* 34, 136, 158, 250
- theologia crucis 173-174
- theologia viatorum 69, 250 bis 251
- Theologie als Wissenschaft 266
- Theologie, heilsgeschichtliche 295
- Theologie, kontextuelle 325 bis 336
- Theologie, narrative 177
- Theologie, systematische 191 bis 192
- Theologie, praktische 318
- *Ursituation, theologische* 139
- *Urteilsbildung, theologische* 25, 73-95, 96, 209-210, 213, 337, 339-341, 348, 355

Tiefenstruktur 32, 40, 71, 126, 272
Trinität, immanente 188
Trinität, ökonomische 188
Trinitätslehre 45-46, 66, 87, 120-121, 132-134, 136-137, 174, 178, 185-188, 251, 255, 263-264
Trost 143, 213, 221, 250, 357
Übereinstimmung → Konsens
Überlieferung 21-22, 26, 31, 38, 39, 44, 49, 204, 206, 226, 316, 320, 355
Universalität 236-238, 321
Unterricht 203-215, 347
Unterricht im christlichen Glauben 207-215, 236 (→ Katechese; Religionsunterricht)
Unterricht, kirchlicher 209-215
Unterscheidungen, glaubensnotwendige 74, 78, 80, 88-89, 93, 103-130 (→ Glaube)
Unterscheidungen, glaubensweisende 130 (→ Glaube)
Urteil Gottes → Gott
Urteilsbildung, ethische → Ethik

Urteilsbildung, theologische → Theologie
Urteilskraft 26-28, 100, 157, 204
Vaterunser → Herrengebet
Verbindlichkeit 24, 96, 100, 104
Verbindlichkeit als/der → Lehre
Verbindlichkeit im → Glauben
Vergebung 143, 147, 154-156, 158, 197, 201, 206, 307
Verheißung Gottes → Gott
Verknüpfung 127
Verkündigung 95, 107, 167-183, 228, 347
Vernunft 254
Verpflichtung, ausgesprochene 100
Versöhnung 89, 188, 220, 225, 233-236, 237, 240, 339
Versöhnungslehre 233-236
Vertrauen 32, 34, 43, 45, 63-64, 71, 75-78, 80, 82, 85, 91-92, 116-117, 120, 151, 160, 163, 212, 284, 290, 308, 323, 332, 342, 349, 351
verweisen 110, 142, 188
Verweisungsstruktur 125
Vollendung 136, 166
Vorsehung 94, 305-310, 340-346
Vorsehungslehre 302-310, 322-324, 340-346
Wahrheit 122, 222
Wahrheit des → Glaubens
Wahrheit Gottes → Gott
Wahrheitsgehalt einer → Aussage
Wahrheitskriterium 119
Wahrheitswert einer → Aussage
Welt 37-38, 40, 42, 45-46, 60-61, 65-66, 70, 73, 77, 80-81, 85-87, 89, 93-94, 105, 107, 110, 113, 120, 126, 131, 133, 135, 143, 154, 155, 157-158, 163, 165-168, 173, 177-180, 182-185, 188, 191,

197–198, 203, 206, 209, 214,
217–218, 220–221, 223,
225–226, 228–237, 240,
246–247, 255–256, 264–268,
275–276, 279, 291–292,
295–296, 300, 303–304, 309,
320–321, 325–326, 329, 330,
333–335, 345, 347, 352–356

Wort 181
Zeichen 169
Zeichen der → Kirche
Zeit 248
Zeiterfahrung 136
Zugangsfrage 254
Zwei-Reiche-Lehre 347

Religion, Theologie, Kirche und Gesellschaft – weltweit und ökumenisch

„Das EKL erfüllt alle Erwartungen, die man an ein theologisches Fachlexikon stellen kann. Dabei ist die notwendige Kürze und Knappheit der Artikel, verglichen mit umfangreicheren Nachschlagewerken, nicht selten sogar ein Vorzug, wenn es gelingt, die Dinge auf den Punkt zu bringen. Alles in allem: Kompakt ist nicht nur der handhabbare Umfang, sondern auch der Inhalt, der im besten Sinne ‚auf dem neuesten Stand' ist. Und bis auf weiteres ist das kompakte und kompetente EKL konkurrenzlos."
Prof. Dr. Rolf Rendtorff,
Heidelberg (Altes Testament)

„...ein gelungenes Lexikon. Die ökumenische Ausrichtung weitet den Blick und erlaubt Rückschlüsse, vor allem, weil wirkliche Kenner der Materie als Bearbeiter gewonnen worden sind. Hier werden geläufige Begriffe in einen Zusammenhang gebracht, der das Nachdenken über diese Phänomene notwendig erscheinen läßt. Meine Empfehlung: In Examensvorbereitungen sollte das EKL häufig genutzt werden!"
Prof. Dr. Klaus-Peter Jörns,
Berlin (Praktische Theologie)

Evangelisches Kirchenlexikon (EKL)

Internationale theologische Enzyklopädie

Herausgegeben von Prof. D.Dr. Erwin Fahlbusch, Prof. Dr. Jan Milič Lochman, Prof. Dr. John Mbiti, Prof. Dr. Jaroslav Pelikan und Prof. Dr. Lukas Vischer.

4 Textbände und ein Registerband.
3831 Seiten, Leinen
ISBN 3-525-50144-7

Vereinbaren Sie die Möglichkeit der Ratenzahlung mit Ihrem Buchhändler.

„... auf dem neuesten Stand der Erforschung des älteren und neueren Christentums. Und was mir besonders willkommen ist: es hat einen weiten Blick für Vorgänge jenseits unseres europäischen Horizonts und für die Herausforderungen, die sie für uns bedeuten."
Prof. Dr. Eberhard Busch,
Göttingen (Reformierte und Systematische Theologie)

Vandenhoeck & Ruprecht